Conoce todo sobre
Google Adwords

Diseña tu estrategia ganadora

Fernando Martín Ortega

Conoce todo sobre Google Adwords

Diseña tu estrategia ganadora

Fernando Martín Ortega

Ra-Ma®

La ley prohíbe
fotocopiar este libro

Editado por:
RA-MA Editorial
Madrid, España

Colección American Book Group - Negocios y Empresa - Volumen 5.
ISBN No. 978-168-165-726-4
Biblioteca del Congreso de los Estados Unidos de América: Número de control 2019935058
www.americanbookgroup.com/publishing.php

Maquetación: Antonio García Tomé
Diseño de portada: Antonio García Tomé
Arte: Freepik

A Maria José mi mujer,
por su apoyo incondicional y
a mi madre por su amor sin límites

SOBRE EL AUTOR

Fernando Martín Ortega es especialista en marketing online y optimización web, especializado en SEM con google adwords. Emprendedor de negocios online desde el año 2000, ha desarrollado varias ideas y proyectos web y en la actualidad ayuda a empresas como gestor de cuentas de adwords.

Autor del libro +CLIENTES con google adwords y creador de varios cursos en vídeo de SEO y SEM para plataformas como *http://losmegacursos.com* y *http://Despegando.net*

Sigue su blog de coaching y marketing online: *www.ObjetivoGanar.com* y su canal en Youtube: *www.youtube.com/user/objetivoganar.*

Agradecimientos:

Pixabay.com, Wordreference.com, freepik.com, google support, parking picasso málaga, *quirodemiactm.es, furgoplon.com, atraabogados* y a todos mis clientes.

ÍNDICE

INTRODUCCIÓN

BREVE HISTORIA DE UN EMPRENDEDOR ONLINE.
DESCUBRIENDO EL PAGO POR CLIC

Desde que empecé a trabajar en *marketing online* y descubrí la herramienta publicitaria de Google, han pasado más de 10 años y todavía puedo recordar la bombilla que se me iluminó en mi cabeza cuando mi compañero de trabajo en aquel entonces, me informó que el buscador que todos usábamos, había puesto en marcha un sistema publicitario de pago por clic. Algo ocurrió dentro de mi cerebro, algunas conexiones neuronales se alinearon y empezaron a saltar chispas; de repente no podía parar de pensar y ver posibilidades a este nuevo invento, de hecho, todavía me ocurre y me fascina.

En aquel preciso momento, yo trabajaba como desarrollador web para una empresa de telecomunicaciones, aunque ya hacía mis pinitos como emprendedor *online* y ya disponía de una flota de varias webs en las que trataba de conseguir visitas a la antigua usanza, es decir, sin posicionamiento en Google[1]. Al conocer la existencia de Google Adwords y su maravilloso sistema de pago por clics, comencé de inmediato a probarlo con algunas de mis webs, en las que vendía productos de terceros, como camisetas, y como si se tratara de algo mágico, en un par de días estaba vendiendo como nunca antes. Había creado mi primer negocio *online* en piloto automático.

---

1   Hace algunos años no existía el SEO, básicamente antes de la aparición de Google.

Decidí que debía dominar esta herramienta de Adwords para obtener los mejores resultados posibles. Y así lo hice: leí todos los libros que pude encontrar y realicé todos los cursos disponibles, que hace algunos años no eran demasiados, y sobre todo dediqué mucho tiempo a utilizarla y sacarle el máximo rendimiento con mis propios productos.

Con el tiempo fui mejorando mi habilidad con Google Adwords de manera que podía vender más productos y gastar menos en clics. Mi proceso de aprendizaje sigue siendo una prioridad para mí, ya que la herramienta evoluciona y mejora constantemente ofreciendo nuevas posibilidades publicitarias a sus usuarios. Herramientas, que por supuesto vamos a conocer en este libro.

Me alegra decir que no solo vendí muchos productos y conseguí ganar bastante dinero, sino que también he podido ayudar a muchas empresas a conseguir lo mismo. De hecho, todavía lo hago y me encanta.

Durante los últimos cinco años, he podido observar y descubrir varias cosas interesantes:

1. Cómo ha crecido exponencialmente el uso de Google para realizar todo tipo de búsquedas.

2. Cómo aumenta cada año el comercio electrónico.

3. Cómo el uso de dispositivos móviles ha cambiado el terreno de juego, de hecho, más de la mitad de las búsquedas en Google se hacen a través de móviles y sigue subiendo.

4. Google se utiliza cada vez más para buscar casi cualquier cosa.

Otra cosa que no deja de sorprenderme es que todavía haya empresas que no conocen este tipo de publicidad tan interesante y rentable. Cada vez que veo un *flyer* en un parabrisas o un anuncio de una nueva clínica dental colocado en un autobús, no puedo evitar pensar que están malgastando su dinero. Están promocionando su negocio como se ha hecho siempre, pero no se han dado cuenta que el mundo ha cambiado y ahora existe una herramienta publicitaria que te permite poner tu publicidad justo delante de tus clientes potenciales y esto es genial y súper rentable, si sabes cómo hacerlo, y al final de este libro os garantizo que lo sabréis.

Existen herramientas como Google My Business, que ha superado con creces a las famosas páginas amarillas y que te permite incluir tu empresa en un listado local y aparecer en Google totalmente gratis. Esto no te garantiza los primeros puestos, pero te da visibilidad en el buscador y en el famoso Google Maps.

Existen muchas otras utilidades que Google pone a nuestra disposición totalmente gratis, como Gmail, Google Drive, Calendar y todo para hacernos la vida un poco más fácil, deberíamos aprovecharlo, ¿no crees?

Muchos de vosotros podéis pensar por qué Google ofrece estos servicios gratuitos cuando su modelo de negocio es la publicidad de pago, y es que ofrecer buenos productos gratis a sus usuarios, es una estrategia muy efectiva de *marketing*, casi me atrevería a decir que la mejor que existe en estos tiempos, ya que le permite a Google dos cosas fundamentales: la primera, introducir nuevos usuarios y posibles clientes cada día; y la segunda, aportarles valor. El resultado de hacer esto, ya lo podéis ver con vuestros propios ojos: Google es una de las compañías más rentables del mundo.

Mi primer libro *+CLIENTES con Google Adwords*, fue una apuesta y una gran experiencia con la que conseguí mis dos objetivos principales: ayudar a las pequeñas y medianas empresas a comenzar con sus campañas en Google y mejorarlas; y por otro lado hacer algo que me encanta, escribir.

El siguiente paso lógico es este libro que tienes delante, una guía completamente nueva y actualizada con lo último y más novedoso que nos vamos a encontrar en esta herramienta publicitaria llamada Google Adwords y todas sus posibilidades. No he escatimado en detalles y en información para dar a conocer las nuevas funcionalidades de Adwords, como el *remarketing*, las extensiones de anuncios, la Red de Display, la publicidad para móviles y muchas cosas más.

Espero y deseo de verdad, que este manual te ayude a conseguir y mejorar tus objetivos.

¿Empezamos?

LA NUEVA REVOLUCIÓN DEL PPC

"You're not you when you're hungry"

Snikkers.

En 2013 una famosa marca de chocolatinas creó una campaña tan original y rompedora como la idea de mostrar sus anuncios a trabajadores hambrientos en horarios cercanos a la hora del almuerzo. ¿Cómo lo hicieron?

Algunos estudios indican que cuando tenemos hambre, somos un poco más torpes en muchos aspectos, pero uno en particular es que cometemos errores al escribir, y dichos errores se acentúan cuando estamos en la oficina haciendo mil cosas, con el estómago vacío y con un ordenador y un teclado a nuestra disposición.

Este hecho les dio una idea genial a los creativos de la agencia AMV BBDO para hacerles llegar un mensaje a todos los que tecleaban mal sus búsquedas en Google, y ofrecerles, cómo no, un gratificante mensaje que, por supuesto, también estaba mal escrito y decía así: "Yu cant spel properli when hungrie", que más o menos quiere decir: "No puedes deletrear correctamente cuando tienes hambre", con el consiguiente mensaje publicitario: "Si quieres dejar de cometer errores, píllate una chocolatina".

Investigaron junto con la tecnología de Google hasta conseguir aproximadamente unas 500 palabras mal escritas que se repetían en búsquedas cotidianas en el buscador y crearon sus campañas apostando por estas palabras erróneas y haciendo llegar su mensaje de una manera muy original.

De manera que si alguien escribía la palabra "buisness" queriendo buscar *business*", lo que se encontraban en Google era esto:

Quizás quisiste decir: business

Buisness?
www.youarenotyouwhenyouarehungy.com
Yu cant spel properlie wen hungry. Grab yourself a Snikkers.

¿No te parece genial? Y lo mejor de todo fueron los resultados, en apenas 2 días obtuvieron 558,589 impresiones de su anuncio, lo que les produjo unas 5,874 visitas a su sitio web, a un coste inferior, ya que compraron clics para palabras mal escritas, cuya competencia era casi nula, pero cumplieron con su objetivo, ya que esta campaña fue diseñada para obtener impresiones y poner a la marca en frente de sus clientes potenciales.

La agencia tuvo que pedir permiso expreso para que sus anuncios fueran aprobados por Google, ya que publicar y utilizar palabras mal escritas en anuncios está prohibido en los términos de Google. De hecho, en la actualidad, Google ha optimizado tanto su algoritmo que puede mostrar los anuncios incluso cuando descubre que se ha escrito mal la búsqueda o es un pequeño error de escritura, que por otra parte, casi todos cometemos alguna vez, sobre todo a la hora del almuerzo...

Hay muchos ejemplos como este de campañas en Google con éxitos increíbles que han sorprendido por su eficacia y rentabilidad, y por algo que a mí personalmente me ha fascinado desde que conocí esta nueva fórmula publicitaria llamada Adwords: cualquiera puede hacerlo.

Ya no es necesario gastar miles de euros en costosos estudios de mercado, realizar encuestas, investigar comportamientos, ni siquiera es necesario contar con un equipo ejecutivo de *marketing* para crear una campaña en Google y conseguir tus objetivos.

Ahora es todo mucho más sencillo, rápido y eficaz. Por supuesto, no trato de decir que los estudios de mercado y los equipos de *marketing* no sean necesarios, ya que realizan un trabajo muy importante, lo que digo es que, si no tienes una multinacional con millones de sobra para gastar en *marketing*, ahora sí que tienes una herramienta capaz de ponerte al mismo nivel y ofrecerte las mismas posibilidades que tiene una gran empresa, de que un cliente te pueda encontrar.

Vivimos en la era de la información y debemos acercarnos a estas nuevas herramientas publicitarias teniendo esto muy en cuenta. El ejemplo de la famosa chocolatina se pudo llevar a cabo gracias a que tenían toda la información que necesitaban sobre el comportamiento, las búsquedas que realizaban sus usuarios y la capacidad de mostrarles un anuncio relevante al instante. Esta es la magia de Adwords y por eso ha revolucionado el mercado de la publicidad *online*, hasta tal punto de que la inversión publicitaria *online* se ha multiplicado exponencialmente durante estos últimos años.

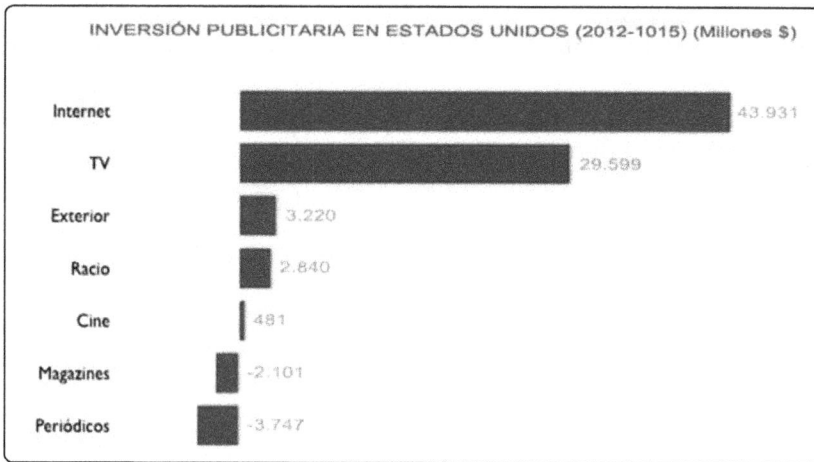

INVERSIÓN PUBLICITARIA EN ESTADOS UNIDOS (2012-1015) (Millones $)

Internet	43.931
TV	29.599
Exterior	3.220
Racio	2.840
Cine	481
Magazines	-2.101
Periódicos	-3.747

Figura 0.1

Todo esto se debe a su eficacia y la capacidad de ofrecernos información de primera mano acerca de nuestros usuarios y sus necesidades.

¿Sabías que puedes consultar ahora mismo cuántas personas buscaron el año pasado en Google la palabra "comprar chocolate" y compararla con las que buscaron "comprar bombones"?

También puedes saber si estos términos se buscaron en Google a través de un móvil, de una tableta o de un ordenador personal. ¿No te parece increíble?

Toda esta información, y mucha más, la tenemos disponible gracias a Google en algunas de sus herramientas como Google Trends y el planificador de palabras clave de Adwords que veremos a fondo en el capítulo 3.

Te invito ahora mismo a que hagas una prueba con esta herramienta llamada Google Trends; lo único que tienes que hacer es acceder a esta web: *https://www. Google.es/trends/*

Y ahí empezarás a ver mucha información interesante de tendencias y búsquedas en Google.

Lo que te voy a pedir es que compares dos términos de búsquedas tan dispares como "bufandas" y "gafas de sol" para que veas cómo te muestra la información, y de paso compruebes las tendencias de búsquedas en el tiempo. Seguro que ya te puedes imaginar en qué meses se buscan cada uno de estos artículos, pero mejor verlo con la información que nos da Google.

Lo único que tienes que hacer es escribir "bufandas" justo arriba en la caja de búsquedas y verás el resultado. A partir de ahí puedes ir comparando con otros términos y empezarás a ver una información muy interesante. Si continuas hacia abajo, verás mucha más información, como interés geográfico y búsquedas relacionadas.

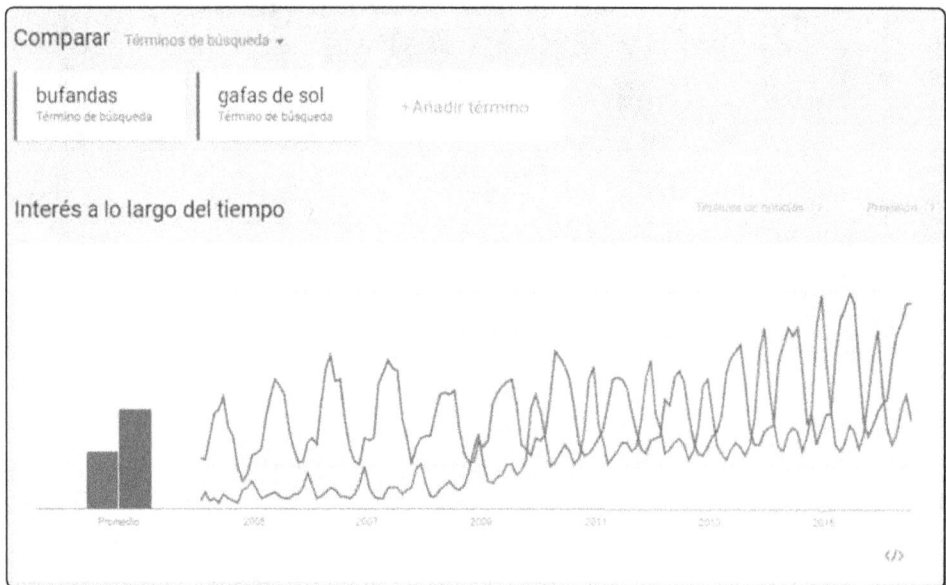

Figura 0.2

Como habrás podido observar en este ejemplo, la palabra "bufandas" sube en las búsquedas en los meses de invierno y baja en primavera y verano, donde suben las "gafas de sol". Un ejemplo simple que nos demuestra el poder de estas herramientas y las posibilidades que nos ofrece el tener tanta información al alcance de un clic.

El siguiente paso es que compruebes la demanda de alguno de tus productos o servicios y quizás te encuentres con alguna sorpresa de valor para tu negocio. Eso sí, no olvides de configurar el país de búsqueda y el periodo de tiempo para que la información sea la más acertada posible.

Si queremos descubrir más en detalle las diferentes palabras o frases que utilizan nuestros usuarios y el total de búsquedas, utilizaremos el planificador de palabras clave de Adwords, que veremos con más detalle en el capítulo 3 y que se convertirá en una utilidad imprescindible en nuestro trabajo con Adwords.

La red, y en especial las herramientas de Google, ponen a nuestra disposición una cantidad de información que nos resultará muy útil para muchos de nuestros objetivos publicitarios, y lo mejor de todo es que estos datos están a nuestra disposición y son accesibles sin coste, al menos de momento, así que será mejor aprovecharlo, ¿no crees?

Imagina que eres el dueño de una pizzería y te gustaría saber cuánta gente busca cada día "pizza a domicilio" en Google desde sus móviles y en tu ciudad. Esta información y mucho más es lo que podemos obtener en un par de clics y en tan solo un par de minutos. Así que no hagas todavía el pedido de 25.000 *flyers* para promocionar tu pizzería, sigue leyendo y verás que no los vas a necesitar.

En este libro, vamos a aprender a extraer toda esta información y a utilizarla a nuestro favor, para crear campañas publicitarias rentables. ¡Garantizado!

SEO Y SEM

▶ **SEO**: *Search Engine Optimization.*
▶ **SEM**: *Search Engine Marketing.*

Me gustaría dejar clara las diferencias entre SEO y SEM ya que en este libro no vamos a hablar de SEO (posicionamiento en buscadores), sino de SEM (*marketing* en buscadores). La diferencia puede parecer mínima, pero déjame decirte que para mí, la diferencia en este caso, lo es todo.

El SEO es el posicionamiento en Google de manera natural u orgánica, es decir, que tu web aparece en los resultados de Google porque el buscador ha determinado que tu web es la mejor para ciertas búsquedas. Lo que implica que Google "decide" si tu web aparece o no y en qué posición.

Sin embargo, en el SEM el que decide eres tú, ya que le dices a Google que muestre tu web para ciertas búsquedas y dependerá de nuestra puja de pago por clic y de la calidad de nuestras campañas, la posición que obtengamos.

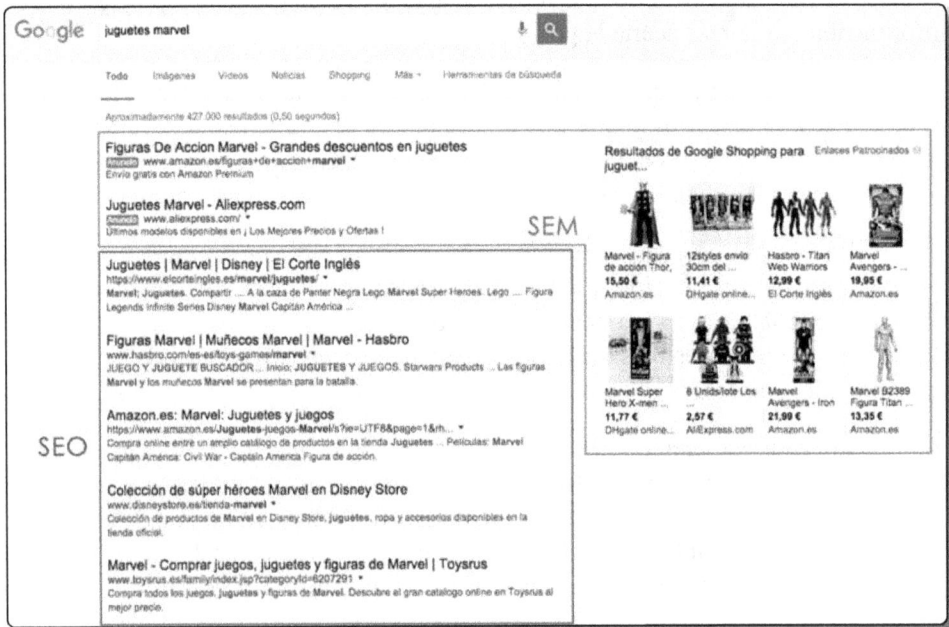

Figura 0.3

En el SEO nuestro trabajo consiste en realizar optimizaciones en nuestro sitio web, redactar y publicar buenos contenidos, estar al día sobre los factores de *ranking* en Google y sobre todo, rezar para que el gran buscador considere que nuestra web es la más adecuada y merece salir en una buena posición. ¿Cansado, verdad? Bastante, y además debes saber que posicionarse de manera natural para algunos términos resulta casi imposible debido a la competencia.

Sin embargo, en el SEM lo único que tenemos que hacer es crear nuestra cuenta de Google Adwords y decirle a Google que ponga nuestro anuncio con nuestra web en los primeros resultados de cualquier búsqueda. ¿Verdad que suena bien?

Por supuesto, que tanto uno como otro tiene sus ventajas e inconvenientes: el SEO es gratis, relativamente hablando, ya que la inversión de tiempo y trabajo es algo que bien podría ser costoso. Por no decir que meses de trabajo pueden resultar en muy pocos resultados o incluso ninguno si Google decide realizar un cambio de algoritmo inesperado de última hora. Créeme, esto me ha pasado a mí.

Con el SEM pagamos sólo por cada clic, lo que nos ofrece algunas ventajas muy interesantes: la mejor de todas es que no tendrás que esperar meses para ver si tu producto o servicio funcionan y resultan rentables. ¿Te imaginas tener que esperar seis meses de duro trabajo para darte cuenta que tu producto no se vende? Pues esto lo puedes averiguar en tan solo unos minutos en Google Adwords. De hecho, es muy recomendable hacer un test en Adwords de tus productos antes de comenzar tu trabajo de posicionamiento.

Otra de las mejores ventajas del SEM es que, si lo hacemos bien, podemos obtener resultados increíbles. Esta es mi misión, así que déjame que te muestre cómo, capítulo a capítulo.

Como ya habrás podido observar, no soy muy fan del SEO, aunque lo recomiendo para todo el mundo que tiene una web o tienda *online*, como algo fundamental de base, pero no como tu principal estrategia de *marketing*, sino como algo que siempre debes hacer, por lo menos para que Google indexe tu web y la tenga en cuenta.

Si quieres vender y tener los mejores resultados deberás estar en la primera página de Google, esto es la cruda realidad. ¿Recuerdas la última vez que has buscado algo en Google? ¿Pasaste de la primera página de resultados? Seguro que no.

Google tiene a su disposición cientos de programadores expertos que trabajan para nosotros, es decir, para ofrecernos la mejor experiencia al utilizar Google y que podamos encontrar lo que buscamos con la mayor exactitud y con la mayor brevedad. Este es el secreto de Google y, por supuesto, continúan trabajando y mejorando sus algoritmos para que cada vez sea mejor.

Por esto mismo, casi nunca es necesario llegar a la segunda o tercera página de resultados para encontrar lo que buscamos. Pero estamos de suerte, porque para eso está el SEM y los chicos de Mountain View[2] lo tenían muy claro desde el principio.

---

2   Sede central de Google en California.

EL MUNDO DE LA PUBLICIDAD HA CAMBIADO

En este libro voy a mostrarte cómo funciona Google Adwords y algunos buenos trucos. Pero mi objetivo va un poco más allá: quiero que te des cuenta que el mundo de la publicidad ha cambiado mucho y para bien, quiero que descubras que ahora todo es mucho más fácil y que conseguir nuestros objetivos y ventas en internet es más sencillo de lo que pueda parecer. ¿Cómo haremos esto? Nos centraremos en lo básico, en lo realmente importante y no perderemos el tiempo en malabarismos que nos alejen de nuestro principal objetivo: conseguir clientes.

¿Alguna vez has tenido que comprar publicidad en prensa o en alguna publicación? ¿O quizás en las páginas amarillas? Es algo muy estresante, ya que tienes que crear el anuncio perfecto, la combinación de colores, texto y mensaje ideal para que tu publicidad tenga el efecto deseado. Pero claro, existen algunos inconvenientes: el primero, te costará miles de euros, o al menos es lo que costaba hace algunos años; y el segundo y más importante, una vez que mandes tu anuncio a la publicación, no podrás cambiarlo durante el periodo que hayas contratado. ¡Ah!, y otro inconveniente digno de tener en cuenta: la responsabilidad de que tu publicidad llegue a tus usuarios y sea efectiva recae en manos de un tercero, cuyos intereses son demasiados como para centrarse en tu público objetivo.

¿Qué ocurriría si tu anuncio no tiene la respuesta deseada? ¿Qué ocurriría si el mensaje publicitario no está funcionando? Lo que pasaría y de hecho pasaba, es que tenías que esperar unos meses para cambiarlo, lo que suponía una inversión nula o absolutamente nefasta.

Hoy en día podríamos decir que este tipo de publicidad es demasiado cara y poco rentable, y podría hacer una lista de tipos de publicidad que aún se utilizan sorprendentemente, poco o nada rentables. Sirva como ejemplo una avioneta que cada verano nos invita a mirar al cielo para ver un cartel que a duras penas puedes leer, ya que estas en la playa tumbado, normalmente con gafas de sol o sin ellas cuando estás en el agua.

¿Quieres otro ejemplo de publicidad nefasta? Te hablaré de la vida del *flyer*: un *flyer* nace y crece en la imprenta, llega a tu empresa y muere en el contenedor azul. Sé que es una historia un poco triste, pero real y cuanto antes lo sepas, mejor.

Soy un fan de la rentabilidad, soy de los que piensan que cuando pagas por publicidad, debes obtener beneficios medibles. También soy de los que piensan que la publicidad no es ni cara ni barata, es efectiva o no lo es, y para llegar a esta conclusión he tenido que desperdiciar tiempo y dinero en toda clase de publicidad inútil.

¿Qué puede ser más efectivo que mostrar tu publicidad a alguien que te está buscando?

Os cuento esto para que podáis apreciar la revolución de Google Adwords y de cómo ha cambiado el mundo para los que queremos hacer una publicidad efectiva y rentable.

Solo necesitamos unos pocos euros y diez minutos para crear nuestra cuenta de Adwords y empezar a mostrar anuncios a la gente que está buscando nuestro producto o servicio, y no pagaremos un solo céntimo hasta que alguien haga clic en nuestro anuncio y entre en nuestra página web. Podemos cambiar nuestros anuncios siempre que queramos, podemos crear varios para ver cuáles son más efectivos, podemos crear un anuncio específico para móviles y muchas cosas más que veremos más adelante.

Podemos incluso crear un *spot* publicitario de bajo coste y mostrarlo a nuestra audiencia ideal en YouTube a un precio casi ridículo, puede hasta salirnos gratis si los usuarios se saltan la publicidad. ¿Te imaginas poder hacer esto en la TV? Si tus usuarios no ven tu *spot*, no pagas. Es increíble.

Me alegra decirte que al final de este libro conocerás todas estas nuevas fórmulas y herramientas para que durante todo tu proceso de ventas y publicidad, obtengas los mejores resultados posibles. Además conoceremos a fondo todo lo que debemos saber sobre esta enorme y brutal máquina publicitaria de Google Adwords para que no se malgaste ni un solo euro de nuestro presupuesto.

1

TE PRESENTO A GOOGLE ADWORDS

"La máquina de marketing directo más fascinante
que nunca se ha creado"

Perry Marshall. (Adwords Gurú)

1.1 QUÉ ES GOOGLE ADWORDS

Google Adwords es la plataforma publicitaria del conocido buscador Google, ese sitio web donde millones de personas realizan todo tipo de búsquedas cada día, tratando de encontrar información que les ayude. Gracias al programa publicitario de Adwords, Google permite a sus anunciantes (en adelante nosotros) la posibilidad de pujar por que nuestro anuncio salga en los primeros resultados del buscador, cuando alguien realice una búsqueda que contenga las palabras o frases que hayamos elegido. Y sólo pagaremos cuando alguien haga clic en nuestro anuncio.

Es más fácil utilizarlo que explicarlo, pero estoy convencido que la mayoría ya conoce para qué sirve Google Adwords, así que no perderé mucho tiempo con la teoría. Pero podríamos decir que es el tipo de publicidad de pago por clic por la que sólo pagas cuando alguien llega a tu web o alguien te llama.

Figura 1.1

Los anuncios en Google Adwords son fáciles de identificar. Podrás ver una pequeña etiqueta amarilla que indica "Anuncio" o "*Ads*" en inglés. Estos son también conocidos como los anuncios patrocinados. Además, Google también puede mostrar anuncios en un catálogo de miles de páginas web diferenciadas por temáticas, llamada la Red de Display y en el mismo YouTube, que veremos en el capítulo 8.

Todavía me sorprende cuando le cuento a algunos de mis clientes cómo funciona Adwords, algunos se me quedan mirando con cara de asombro y responden: "¿pero se puede hacer eso?", y se les ilumina la cara con la buena noticia. Puede parecer inaudito, pero todavía hay mucha gente que no conoce esta herramienta, y me encanta ser yo quien se la descubra.

Con Google Adwords se abre un mundo de posibilidades, cuando sabes que algo así existe no puedes dejar de tener ideas y proyectos, y de repente te das cuenta que has encontrado la plataforma publicitaria perfecta para tu negocio.

En Google Adwords pagas únicamente por resultados y este era uno de sus eslóganes cuando fue lanzado en el año 2000. Pero conozcamos el origen de esta magnífica tecnología.

Algunos meses antes de la fundación del propio Google como buscador, un tal Bill Gross[3] creó un buscador llamado *Goto.com* programado con la tecnología de anuncios patrocinados, toda una idea innovadora que por supuesto iba a cambiar el mundo de la publicidad. Hasta ese momento la publicidad *online* consistía en pagar por impresiones, es decir, incluir anuncios en páginas web pagando una suma determinada por cada mil impresiones (CPM), o directamente pagando por mostrar

---

3   Fundador de Idealab, creador de *Goto.com* y precursor del PPC.

tu anuncio en una determinada página, portal web o directorio. Nada que ver con las búsquedas ni el pago por clic.

Sergey Brin y Larry Page, fundadores de Google, estaban investigando la fórmula de monetizar su buscador, que se estaba convirtiendo en el más utilizado y mejor valorado debido a su algoritmo de Pagerank.

La fórmula de *Goto.com* consistía en una subasta donde los anunciantes que más pagaban obtendrían una mejor posición en los resultados del buscador, naciendo así el pago por clic. Pero esta idea tenía un pequeño inconveniente que los chicos de Google supieron superar y mejorar: al dejar que las primeras posiciones pertenecieran solo a los mejores postores, los anuncios patrocinados eran muy poco relevantes, o mejor dicho, *spam*.

En el año 2002 los fundadores de Google, que anteriormente estaban probando una plataforma publicitaria basada en CPM, lanzaron Adwords como una plataforma renovada y mejorada que mezclaba la tecnología de pago por clic, patentada por *Goto.com*, y un algoritmo llamado **"Quality Score"**, que consistía en la relevancia de los anuncios que se mostraban en los resultados, evitando así el *spam*. Debemos decir, que este pequeño giro en sus algoritmos ha conseguido que Google Adwords sea lo que es hoy en día, ya que si nuestro anuncio no es relevante, no aparecerá en los resultados de Google, aunque seas el mejor postor.

Goto.com fue adquirido por Yahoo, otro gigante de las búsquedas, que no tardó en demandar a Google por usar su tecnología de PPC. Google ya se estaba convirtiendo en un gigante y decidieron llegar a un acuerdo por el que Google cedió 2,7 millones de acciones para tener una licencia perpetua de uso de la tecnología.

El algoritmo desarrollado por Bill Gross, fue la semilla que hizo posible la existencia de Google Adwords, claro que bastante mejorado por los chicos de Google.

Muy poco después, Google salió a bolsa con un valor de 27 mil millones de dólares y continúa creciendo hasta el día de hoy.

Todo esto ocurría a principios del 2000, cuando los buscadores web todavía no dominaban el tráfico *online* como lo hacen hoy. Estaba claro que se estaban produciendo las circunstancias para el internet que vivimos y disfrutamos en la actualidad, donde el usuario demanda la mejor información al instante y esto lo sabían Sergey y Larry[4].

---

4   Sergey Brin y Larry Page fundadores de Google.

1.2 ASÍ NACIÓ ADWORDS, LA GALLINA DE LOS HUEVOS DE ORO

¿Por qué Google se convirtió en el mejor buscador?

Gracias a algo muy simple, se centraron en el usuario, y todavía lo hacen. Con sus algoritmos Pagerank, los fundadores de Google le dieron una vuelta de tuerca excepcional a su buscador Google. Este algoritmo permite que los resultados de cualquier búsqueda en Google se muestren ordenados de una manera democrática. Es decir, la programación contempla varios parámetros relacionados con los enlaces que unas páginas tienen con otras, y muchos otros factores, para determinar la posición en los resultados.

Para que se entienda mejor, si una página web cualquiera tiene muchos enlaces entrantes de otras webs y los usuarios pasan más tiempo en ella, significa que es una web relevante para sus usuarios y esto es un buen indicador para el buscador y la pondrá en mejor posición que otra que apenas tenga enlaces de referencia.

De esta manera, los resultados de búsquedas se listan de una manera ecuánime y más justa, dándole mejor posición en el *ranking* a las páginas más valoradas, y por tanto ofreciendo mejores resultados. En la actualidad el algoritmo de Google contempla más de 200 factores a tener en cuenta en su *ranking*, pero siempre con la meta de ofrecer el mejor resultado posible a las búsquedas.

La rapidez también es otra arma secreta de Google, ya que es capaz de generar su superíndice y catalogar toda esa información en un tiempo récord. También puede mostrarlo a una velocidad asombrosa, como bien puedes observar, justo encima de los resultados ejecutados donde siempre indican el tiempo que ha tardado en mostrarse la consulta.

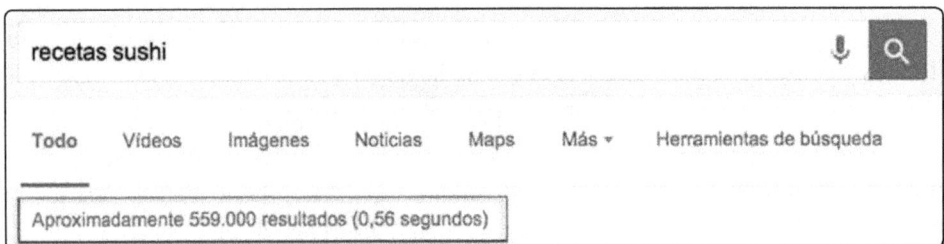

> recetas sushi   🎤   🔍
>
> Todo   Vídeos   Imágenes   Noticias   Maps   Más ▾   Herramientas de búsqueda
>
> Aproximadamente 559.000 resultados (0,56 segundos)

Figura 1.2

No vamos a entrar en detalles de cómo Google consigue toda esa información de la red, pero debes saber que realizan un trabajo magnífico y muy importante que vas a entender con un ejemplo:

Imagínate por un momento que no existen buscadores como Google y necesitas encontrar información de cómo hacer un nudo de corbata Windsor, tienes tu ordenador y tu conexión a internet. ¿Por dónde empezarías?

Ni más ni menos, necesitarías conocer la dirección web de algunas páginas que hablaran sobre el tema en cuestión, algo prácticamente imposible, en un mar de millones de páginas web de diferentes temáticas, que aumentan cada día.

En realidad Google es más que un buscador, es un motor de búsquedas *o Search Engine*, que va recorriendo la *world wide web* buscando y clasificando la información de millones de páginas web, para luego poder hacernos la vida más fácil y mostrarnos la mejor web que nos enseñará cómo hacer el mejor nudo de corbata Windsor.

Hay infinidad de estadísticas que muestran cómo Google ha superado con creces a todos los buscadores de una manera arrolladora, casi dejando las migajas a sus competidores como Bing y Yahoo. En apenas unos años después de su lanzamiento, Google no ha dejado de subir y captar nuevos usuarios, convirtiéndose en el buscador más utilizado en casi todo el mundo.

"Búsquedas mensuales en el mundo (billones)"

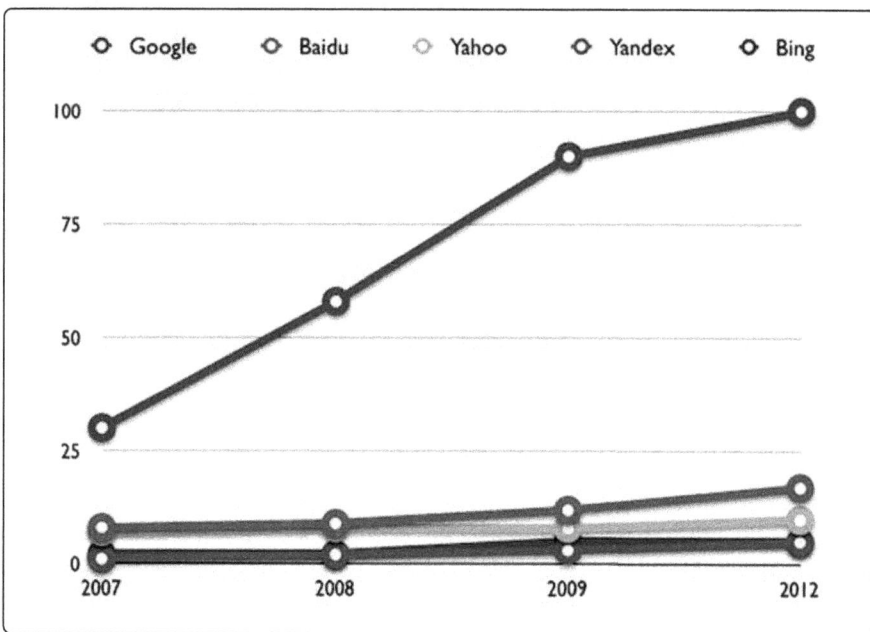

Figura 1.3

En este gráfico que nos muestra el volumen de búsquedas mundiales desde 2008 hasta 2012, podemos observar como Google ya está posicionado como el buscador líder con casi un 78% de todas las búsquedas mundiales que continúa creciendo hasta hoy, lo que le ha dado una gran oportunidad de monetización con su plataforma de Adwords.

Para aquellos que no conozcáis los demás buscadores, os diré que Baidu es el buscador más usado en China, Yandex en Rusia, Microsoft Bing es la apuesta de Bill Gates para competir con Google, aunque apenas lo consigue, y Yahoo es bastante conocido por que empezó siendo tan solo un directorio web y ahora está muy bien considerado y es el tercero más utilizado.

¿Cuántas búsquedas se realizan en Google cada año? En el siguiente gráfico podemos comprobarlo:

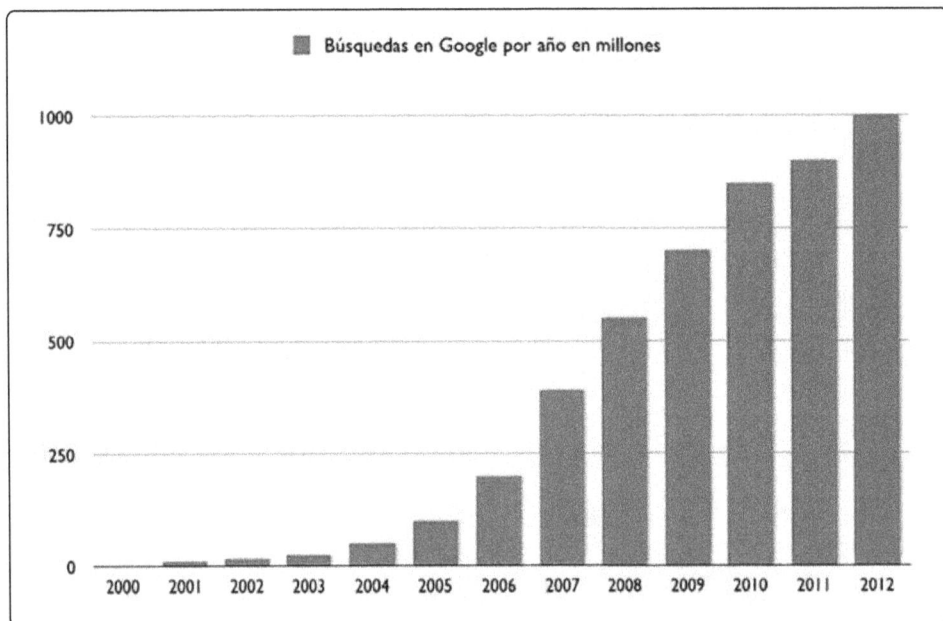

Figura 1.4

En este gráfico podemos observar desde sus comienzos en 1998, donde manejaban unas 10.000 consultas diarias, y en 2006 esas 10.000 eran por segundo, hoy en día las búsquedas en Google se cuentan por miles de millones por día. Y un dato bien interesante a tener muy en cuenta es que actualmente, más de la mitad de las búsquedas se realizan a través de dispositivos móviles.

Como puedes observar, las gráficas de Google son siempre en ascendente y con el uso de Google Adwords no es diferente.

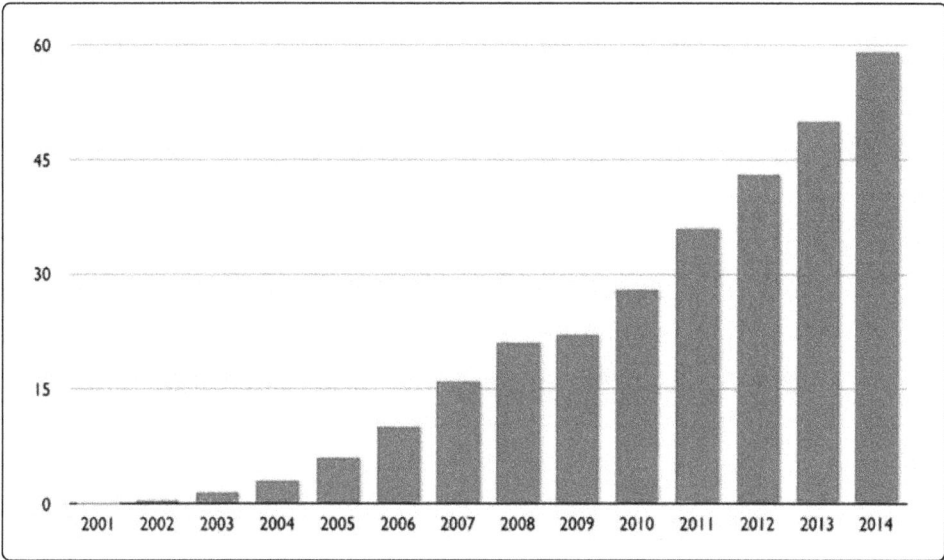

Figura 1.5

En esta gráfica podrás observar los beneficios de la publicidad en Google desde 2001 hasta 2014 en billones de dólares. Todo un récord que ni siquiera Facebook es capaz de alcanzar.

Google domina las búsquedas en internet y Adwords domina la publicidad *online*, así que nos queda claro por qué estamos aquí, no perderemos más tiempo con estadísticas ni gráficas, vamos a sacarle partido a esta herramienta tan fantástica que puede hacer tanto por nosotros y nuestro negocio.

A partir de ahora, las únicas estadísticas que nos van a interesar, serán las de nuestros beneficios.

1.3 CUENTAS DE GOOGLE

Para utilizar cualquiera de los servicios gratuitos de Google, como Gmail, YouTube, Google+, Maps, Calendar, y por supuesto, Adwords, necesitaremos una cuenta de Google. Esto es tan sencillo como tener una cuenta de Gmail o crear una cuenta de Google gratuita en*https://accounts.google.com.* Si ya tienes una cuenta de @gmail no será necesario que la crees, porque ya la tienes.

Figura 1.6

Si prefieres utilizar tu dirección de correo habitual, puedes hacerlo sin problema, solo tienes que rellenar el formulario y al finalizar ya tendrás tu cuenta de Google, que te va a permitir acceso universal a todas las herramientas y servicios de Google.

Es muy recomendable tener una sola cuenta, ya que nos sería imposible conectar los diferentes servicios de Google entre sí, con cuentas diferentes, como por ejemplo cuando queramos conectar nuestra cuenta de Analytics con Google Adwords.

Ahora que ya tenemos nuestra cuenta de Google, (*email* y *password*), podremos acceder a Google Adwords y crear nuestra primera cuenta, para ello accedemos a *http://Adwords.Google.es* introduciendo nuestra cuenta de Google o Gmail y nos dará acceso a Adwords.

Figura 1.7

Pulsa el botón azul donde pone "Empezar ahora" y comenzaremos a crear nuestra cuenta de Adwords.

A continuación Google nos pedirá algunos datos importantes para configurar nuestra cuenta de Adwords como país y moneda. Estos datos no se podrán cambiar más adelante, así que tenlo en cuenta. El proceso es bien sencillo y además Google nos ayuda con una guía paso a paso en la que también nos pedirá nuestros datos de facturación y que creemos nuestra primera campaña, pero no debes preocuparte, simplemente sigue los pasos y crea un anuncio sencillo, solo para terminar el proceso; un poco más adelante nos encargaremos de esta campaña.

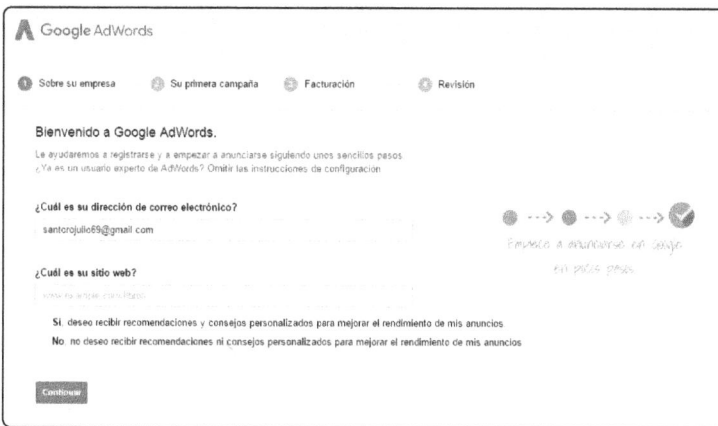

Figura 1.8

Si tienes alguna duda o consulta, puedes obtener asistencia gratuita de Google llamando al 900 814 547

Una vez hayamos accedido a nuestra cuenta de Adwords iremos a la pestaña de "Campañas" y pondremos en pausa la que hemos creado en el proceso de configuración. Volveremos con ello más adelante.

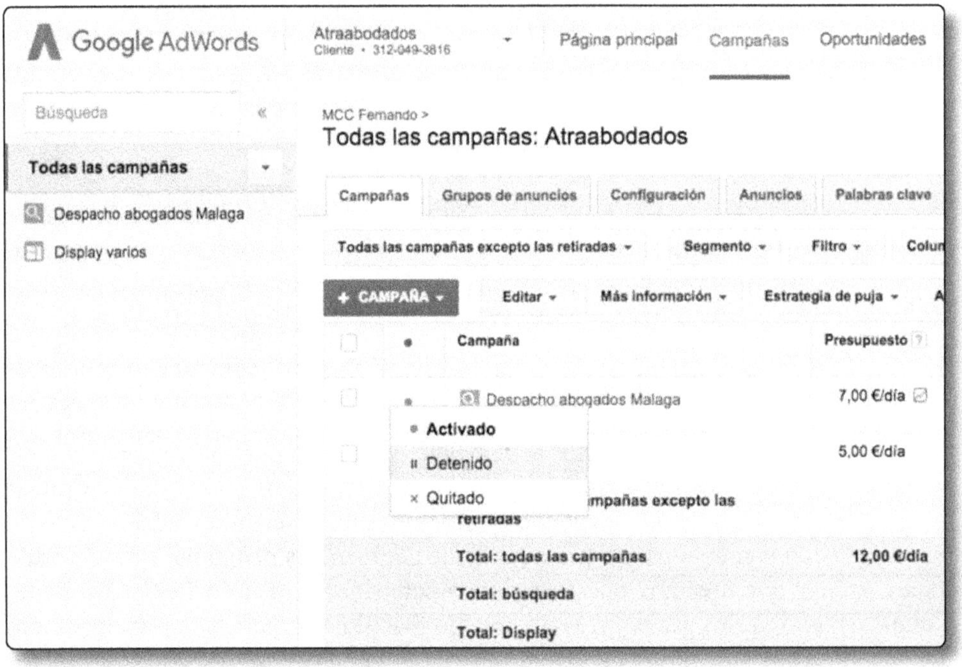

Figura 1.9

Es importante que pausemos esta campaña para que no empiece a mostrar nuestro anuncio, ya que Adwords funciona muy rápido y lo ideal es que preparemos mejor nuestra primera campaña y nos aseguremos que nuestro anuncio estará perfecto cuando lo activemos.

Como ves, esta es otra de las ventajas de esta herramienta: nuestras campañas, anuncios y palabras clave, pueden ser detenidos y activados en función de nuestras necesidades. De esta manera podemos tener campañas detenidas que podemos activar cuando nos convenga, por ejemplo, en determinadas fechas o días, así como grupos de anuncios que activaremos y detendremos a nuestro antojo. Esto también nos permite ir preparando con más tiempo nuestras campañas mientras las tenemos en pausa.

Adwords es una herramienta muy versátil que nos permite prácticamente cualquier edición en tiempo real sobre nuestros anuncios y campañas, lo que nos ofrece un montón de posibilidades incluso nos permite automatizar algunas tareas de edición, para que no tengamos que estar pendientes en todo momento.

Todo esto lo vamos a ir viendo más detalladamente en los siguientes capítulos, ahora déjame que te muestre una de las últimas ideas de Google para los negocios locales: Adwords Express.

1.4 ADWORDS EXPRESS

Es una versión más simple y cómoda de Adwords enfocada exclusivamente para negocios locales, es decir, para empresa cuya publicidad es exclusivamente local, como una tienda, un local de negocio, restaurante, etc.

Figura 1.10

Con Adwords Express vamos a conseguir crear un anuncio que aparecerá en los resultados de búsquedas y en el mapa de Google en unos pocos y sencillos pasos. Además, es más simple de gestionar que el propio Adwords y no es necesario tener una página web para poner anuncios, ya que nos da la oportunidad de crear una ficha en Google My Business.

Para crear tu anuncio en Adwords Express accede aquí: *http://www.Google.com/Adwords/express* y sigue los pasos, ya verás que resulta muy sencillo y rápido.

Lo primero que nos va a pedir es nuestra página web y, si no tenemos, nos dará la opción de crear una en Google My Business. A continuación nos pedirá la dirección de nuestro negocio, muy importante para posicionarnos en el mapa y añadir nuestro número de teléfono.

El siguiente paso es seleccionar el público, es decir, la ubicación y el rango de kilómetros en el que se va a mostrar nuestro anuncio. Varía entre 25 y 65 kilómetros alrededor de nuestro negocio. Luego elegimos el idioma de nuestro público y describiremos nuestro producto o servicio lo más detallado posible. Ejemplo: "Restaurante Japonés".

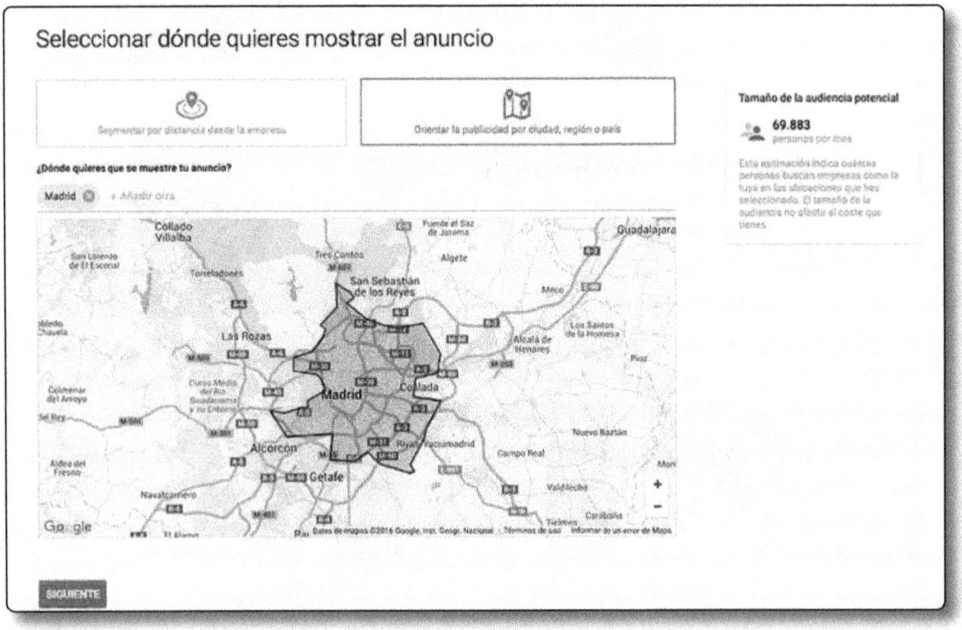

Figura 1.11

A continuación nos pedirá información sobre nuestro producto o servicio y el idioma para orientar los anuncios.

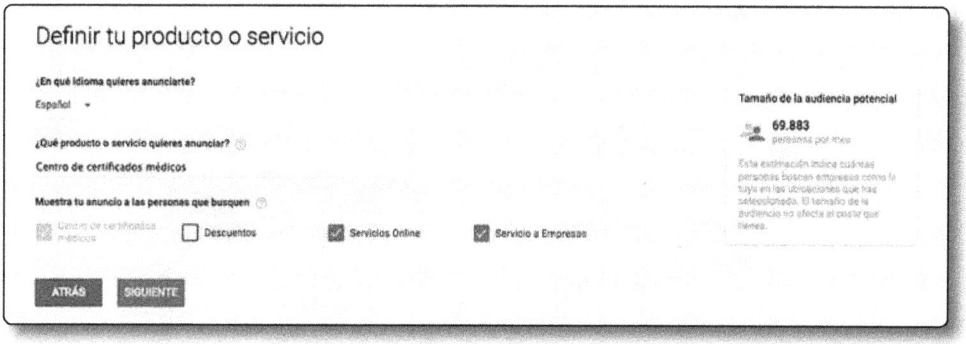

Figura 1.12

Continuamos con el siguiente paso, donde crearemos nuestro anuncio, con un título y dos líneas descriptivas. Lo ideal es redactar un título relevante, donde aparezca la palabra o frase clave que utilizan los usuarios, y luego asegúrate de poner en la descripción tus ofertas y descuentos. En el capítulo 6 aprenderemos a redactar anuncios profesionales y de impacto.

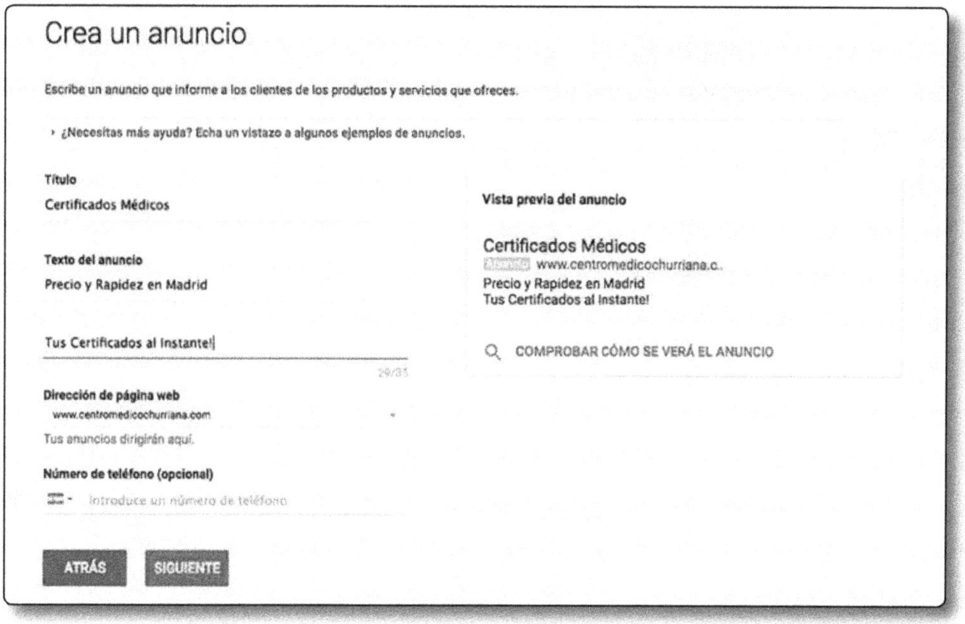

Figura 1.13

Podemos comprobar cómo se verán nuestros anuncios haciendo clic en la opción justo debajo de la vista previa del anuncio.

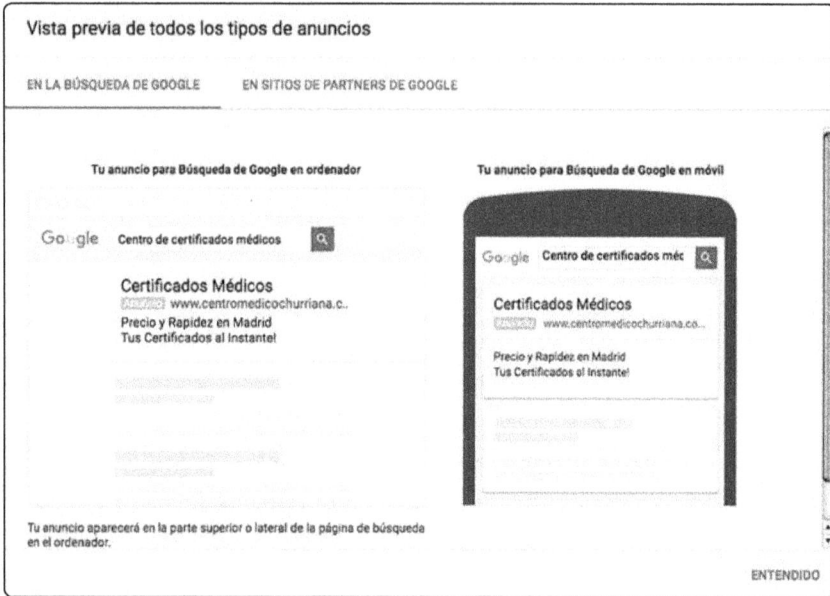

Figura 1.14

En el siguiente paso estableceremos el presupuesto diario y mensual que estamos dispuestos a gastar en clics. El propio sistema nos recomienda un presupuesto que considera el adecuado, nosotros podemos cambiarlo y ajustarlo a nuestras necesidades siempre que queramos.

Figura 1.15

Una vez realizados todos estos pasos y revisado nuestro anuncio, procederemos al último paso donde creamos nuestro perfil de facturación, añadimos nuestros datos y, por último, aceptaremos los términos y condiciones de uso, y ya habremos creado nuestro primer anuncio en Adwords Express.

Como has visto esta solución de Google para los negocios locales es bastante interesante, aunque no tiene todas las funcionalidades que nos ofrece Adwords. Estas son algunas de las diferencias entre la versión Express y Adwords.

	Adwords Express	Adwords
Pago por clic	Si	Si
Gestión automatizada	No	Si
No hace falta página web	Si	No
Anuncios en la red de búsquedas de Google	Si	Si
Otros formatos de anuncio (*banner*, vídeo)	No	Si
Orientación Geográfica	25-65 km	Cualquiera

Si quieres sacarle todo el partido a tu publicidad *online*, tener todo el control posible sobre tus anuncios, redes, ubicaciones y mucho más, mejor será que nos pongamos manos a la obra con Google Adwords.

1.5 PRIMEROS PASOS CON GOOGLE ADWORDS

Seguro que ya tenemos todos nuestra cuenta de Adwords recién creada, y lo que vamos a hacer es entrar para dar un paseo por la interfaz y conocer las diferentes pestañas y menús que vamos a utilizar de ahora en adelante.

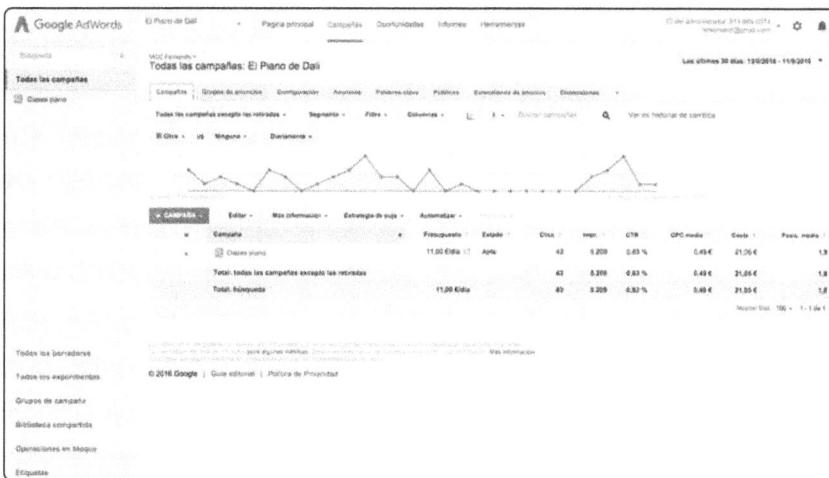

Figura 1.16

Una vez estamos dentro, accedemos directamente a la sección de "Campañas", donde tenemos toda la información de nuestras campañas, en este caso la que hemos creado al principio en el registro.

En la parte de arriba puedes observar el menú principal que consta de "Página Principal", "Campañas", "Oportunidades", "Informes" y "Herramientas. Un poco más a la derecha verás tu información de usuario con tu ID de Adwords y un icono de utilidades donde podremos configurar nuestra cuenta.

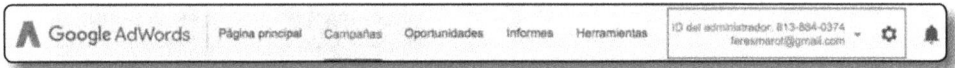

Figura 1.17

El icono final a la derecha es una campana y nos tendrá informado de todas las notificaciones que Google nos envíe. Veamos más de cerca cada sección del menú principal:

1.5.1 Página principal

En esta página vamos a encontrar un resumen detallado del rendimiento de nuestra cuenta, con estadísticas, de manera que en un solo vistazo veamos los datos de nuestro trabajo. Está dividido en módulos que se pueden personalizar si lo deseas, para que tengas la información más interesante para ti.

Los módulos en esta página son intercambiables y los podemos mover, cerrar y eliminar a nuestro antojo. Recuerda que toda esta información se muestra en un periodo de tiempo determinado que nosotros podemos cambiar en cualquier momento en el botón que verás en la imagen, arriba a la derecha.

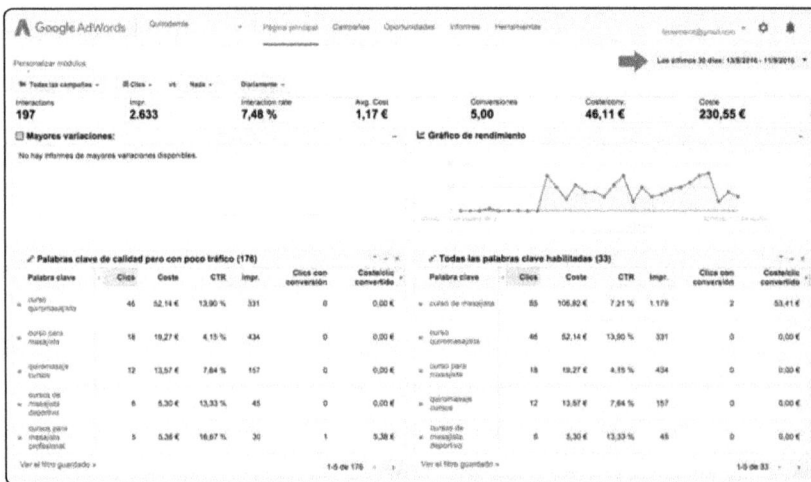

Figura 1.18

Puedes personalizar tus módulos haciendo clic en "Personalizar Módulos", arriba a la izquierda, justo debajo del logo de Google Adwords. También tienes la opción de establecer esta página como tu página de inicio en Adwords, en lugar de "Campañas" que es la establecida por defecto.

Yo prefiero acceder directamente a las campañas y ver cómo va todo justo ahí donde se cuece todo. Apenas miro esta página, pero está muy bien si de vez en cuando no tienes mucho tiempo y quieres ver cómo van tus campañas en un instante. Para ello asegúrate de tener los módulos adecuados, así tendrás toda la información y verás si todo va perfecto. Seguro que sí.

1.5.2 Campañas

Esta es la sección más importante: es donde se realiza el trabajo, donde se crean las campañas, grupos de anuncios, palabras clave y donde editamos todo. No te asustes si ves muchas pestañas y demasiada información, las iremos viendo y utilizando poco a poco capítulo a capítulo.

Figura 1.19

En esta sección es donde pasarás más tiempo, ya que es donde realizamos el trabajo y donde tenemos toda la información de lo que está pasando en nuestras campañas. Podemos navegar por nuestras campañas y grupos de anuncios a través de dos menús, uno a la izquierda donde tenemos todas las campañas y grupos de anuncios en forma de árbol, y en la vista general.

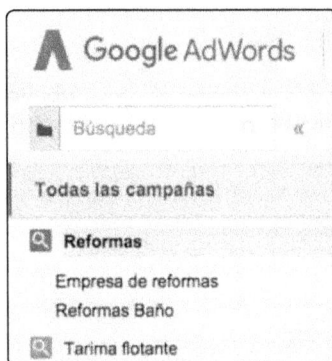

Figura 1.20

Dentro de cada campaña tenemos los grupos de anuncios, y desde aquí podemos ir directamente a cada uno de ellos. Esto lo veremos más detalladamente en organización de cuentas en el capítulo 2.

Una vez que hemos seleccionado en este menú una campaña o grupo de anuncios, podremos ver a la derecha la vista correspondiente donde encontramos toda la información, y diferentes pestañas que nos ayudarán a tener la mejor vista posible de nuestros datos, así como de hacer los cambios necesarios en nuestras campañas, grupos de anuncios, palabras clave y mucho más.

Figura 1.21

En esta vista podemos observar las campañas con toda la información del rendimiento en los últimos 14 días. También puedes observar las diferentes pestañas de arriba:

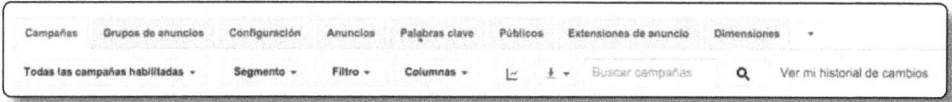

Figura 1.22

Estas son las diferentes pestañas y para qué nos sirven:

▼ **Campañas:** nos muestra la vista con toda la información de nuestras campañas, desde aquí podemos mostrarlas todas, pausarlas, eliminarlas y acceder a los grupos de anuncios.

▼ **Grupos de anuncios:** nos muestra la vista de grupos de anuncios.

▼ **Configuración:** desde esta pestaña podremos acceder a la configuración principal de cada campaña, también a la configuración de "Dispositivos", "Ubicaciones" y "Programación de anuncios".

▼ **Anuncios:** nos mostrará todos nuestros anuncios por campaña o grupo de anuncios.

▼ **Palabras clave:** nos muestra nuestras palabras clave por campaña o grupo de anuncios, lo ideal es verlas por grupos de anuncios.

▼ **Públicos:** la veremos más adelante en la sección de *remarketing*

▼ **Extensiones de anuncios:** nos dará toda la información de las extensiones de anuncios que hayamos configurado (capítulo 6).

▼ **Dimensiones:** esta pestaña nos va a permitir generar una vista personalizada con información muy interesante y valiosa sobre nuestras campañas, también nos permite crear filtros.

▼ **Red de Display:** esta pestaña nos lleva a la información sobre nuestras campañas en la Red de Display, lo veremos detalladamente en el capítulo 8.

Podemos eliminar de la vista algunas pestañas que no vamos a utilizar haciendo clic en la flecha del final a la derecha.

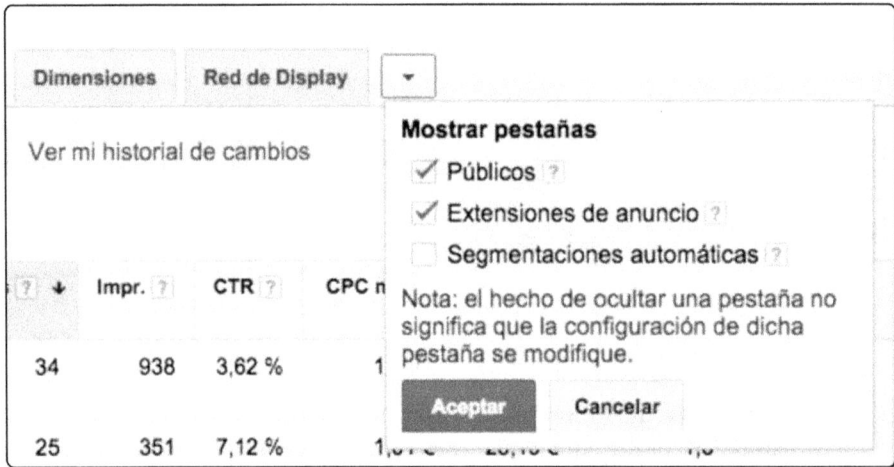

Figura 1.23

Justo debajo de nuestras pestañas tenemos algunos botones que nos van a permitir filtrar un poco más la información, para que obtengamos la vista más detallada de nuestros anuncios, campañas y rendimiento en general. Podremos segmentar la información por varios parámetros que nos da Adwords y crear filtros. También podremos desde aquí, modificar las columnas que deseamos visualizar, crear gráficos y descargar informes.

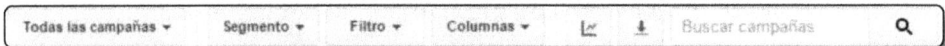

Figura 1.24

Todas estas pestañas y su correspondiente uso lo vamos a ver con más detalle en cada uno de los siguientes capítulos, así que no te preocupes por ahora si hay algo que no entiendes, ya que con el uso irás viendo para qué nos sirve cada pestaña y botón.

Básicamente, gracias a este panel y todas las diferentes opciones, podremos obtener una información súper detallada de cualquier aspecto de nuestras campañas, por ejemplo, si queremos saber qué día de la semana hemos tenido más impresiones en un grupo de anuncios, iremos a la pestaña "Grupo de anuncios" y luego nos iremos a "Segmento" para elegir ver la información por día.

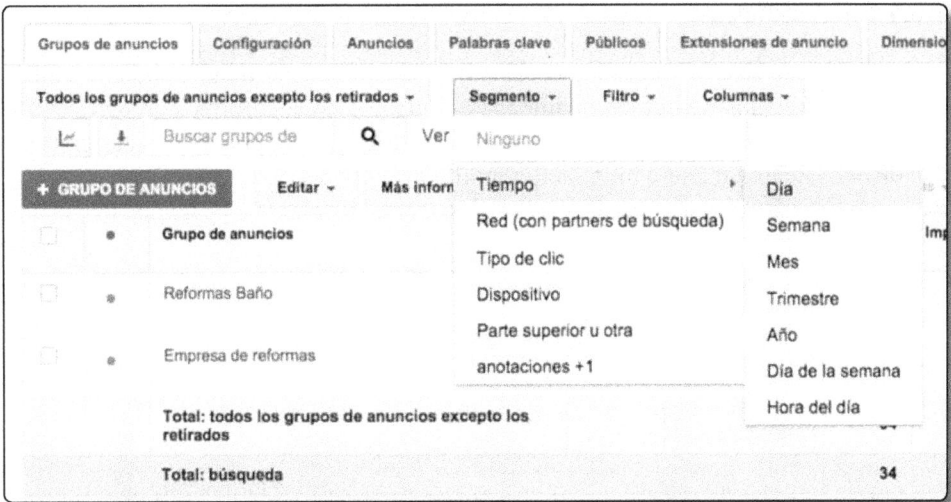

Figura 1.25

Podemos utilizar los segmentos en campañas, grupos de anuncios, anuncios y palabras clave, dependerá sobre la pestaña en la que estemos trabajando.

Para depurar todavía más la información podremos crear un filtro, pero esto lo veremos más adelante; ahora solo nos basta con conocer todas las opciones y pestañas necesarias para navegar por nuestra cuenta.

1.5.3 Oportunidades

Esta sección del menú principal nos ofrece información que nos vendrá directamente de Google, es decir, el sistema detecta que podemos mejorar en algo nuestras campañas y nos enviará un aviso como una oportunidad. Por ejemplo, nos pueden avisar algo como que si añadimos más palabras clave a nuestro grupo de anuncios, tendremos más impresiones y por lo tanto más clics.

Esta sección la verás a menudo, en la práctica, ya que el sistema no se cansa de ofrecernos oportunidades de mejora. Claro que prefiero que esos cambios los hagas con tu sentido común y con tu conocimiento de la herramienta y no los dejes en manos de Adwords, ya que Google Adwords a veces cuenta con que tenemos un presupuesto infinito.

Lo recomendable es echar un vistazo a las recomendaciones y ver si en algún caso son interesantes, esta utilidad está creada para usuarios *amateurs*, o que no tienen demasiada práctica, así que a nosotros no nos va a hacer falta.

1.5.4 Informes

En esta sección accedemos al editor de informes, donde podemos crear informes detallados de nuestras campañas. Podemos crear informes predefinidos y modificarlos, guardarlos, descargarlos y compartirlos. Hasta podemos crear gráficos estadísticos de una manera muy fácil e intuitiva.

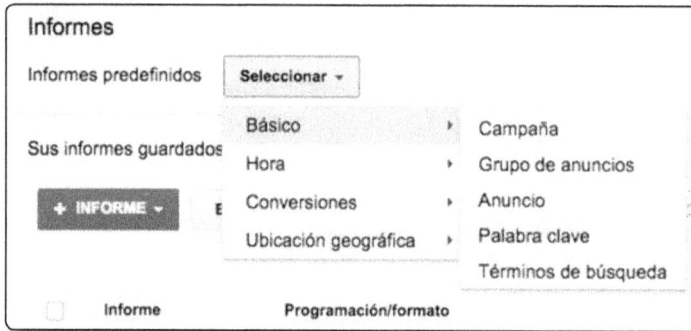

Figura 1.26

1.5.5 Herramientas

En esta última sección del menú principal nos encontramos con las herramientas que vamos a utilizar muy a menudo, como el "Planificador de palabras clave", el "Planificador de la Red de Display", "Vista previa" y algunas opciones más como "Historial de cambios", "Conversiones", "Atribución", conexión con Google Analytics y Google Merchant Center, donde trabajaremos con los artículos de *shopping*, en el caso que lo vayamos a necesitar.

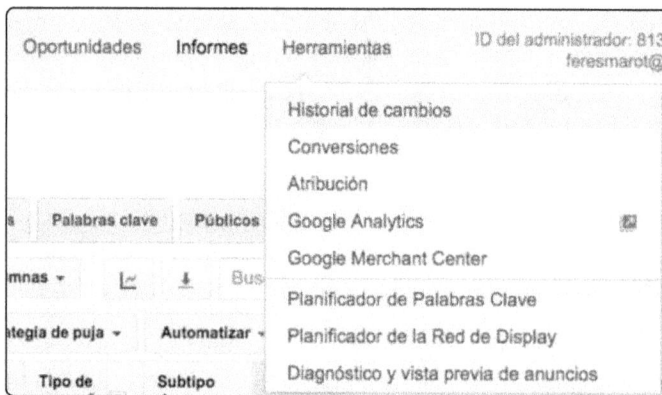

Figura 1.27

▼ **Historial de cambios:** donde podemos ver todos y cada uno de los cambios que se realizan en nuestra cuenta y quién los realiza.

▼ **Conversiones:** en el capítulo 9.

▼ **Atribución:** en el capítulo 11.

▼ **Google Analytics:** en el capítulo 11.

▼ **Google Merchant Center:** en el capítulo 5.

▼ **Planificador de Palabras Clave:** nuestro recurso favorito para encontrar palabras clave, lo veremos en el capítulo 2.

▼ **Planificador de la Red de Display:** en el capítulo 8.

▼ **Diagnóstico y vista previa de anuncios**: nos permite ver una vista previa de nuestros anuncios en los resultados de Google para hacer nuestro diagnóstico y confirmar que nuestra publicidad está funcionando correctamente. Ejemplo: si tenemos una campaña en otra ciudad o país y queremos ver nuestro anuncio en Google.

Por último y para acabar con nuestro menú principal, tenemos la herramienta de configuración para nuestra cuenta, perfil de facturación y ayuda.

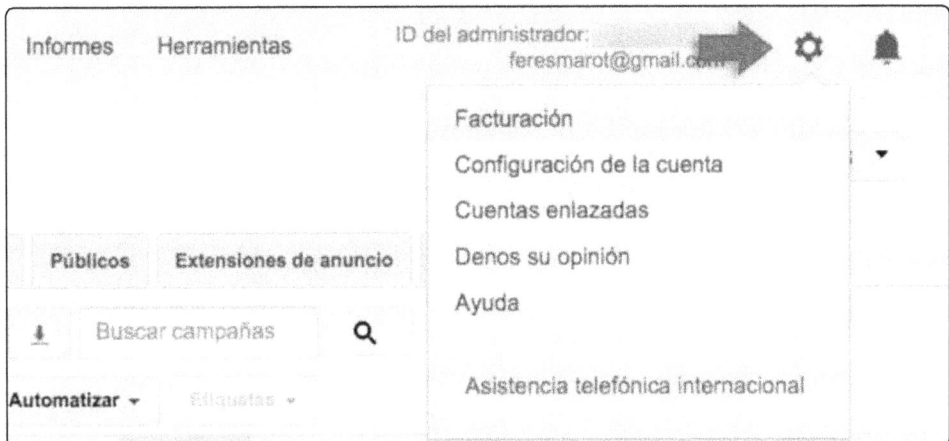

Figura 1.28

Desde aquí podremos ajustar nuestros datos de facturación y de nuestra cuenta, como accesos y notificaciones. También podemos ir a la sección de ayuda de Adwords, enviar correos y llamar al servicio de asistencia, así que no tendrás nada que temer si te quedas bloqueado/a en cualquier cosa, siempre tendrás ayuda.

Hemos terminado el paseo por Google Adwords, ahora te toca a ti. Espero que le eches un buen vistazo a todo y repases lo que hemos visto, no te preocupes si todavía no alcanzas a dominar todas las herramientas y no entiendes algunas de las opciones, estás delante de una de las máquinas publicitarias más potentes que existen y lo vas a poder comprobar a cada capítulo de este libro.

Si escribimos una lista de todo lo que puedes conseguir para tu empresa o negocio con Google Adwords, sería muy larga, pero déjame que te recuerde alguna de las más interesantes.

▼ Sólo pagas por clic, ya sé que es evidente, pero piénsalo detenidamente, esto significa que si lo hacemos bien, estaremos pagando por clientes. Algo que no existe en ningún otro medio publicitario.

▼ Puedes poner tu anuncio delante de quien está buscando tu producto o servicio.

▼ Puedes modificar cualquier aspecto de tus campañas en tiempo real.

▼ Puedes saber cuánto te cuesta un cliente.

▼ Puedes poner tus anuncios en páginas web que visitan frecuentemente tus clientes potenciales.

▼ Puedes pagar sólo por llamadas.

▼ Puedes programar tus anuncios para que se aparezcan en un horario determinado.

▼ Puedes crear anuncios exclusivos para móviles.

▼ Puedes crear *banners* publicitarios sin que seas un experto en diseño.

En definitiva, puedes hacer casi cualquier cosa para poner tu empresa o negocio delante de tu cliente ideal, sin malgastar ni un solo euro.

Cómo hacer todo esto y mucho más es lo que vamos a ver a partir de la siguiente página, así que, comenzamos por la parte más importante de todo este proceso, cómo piensa nuestro usuario.

2

PALABRAS CLAVE
TODO EMPIEZA CUANDO ALGUIEN
BUSCA EN GOOGLE

Todo nuestro proceso de *marketing online* comienza en un sitio que puede parecernos inaccesible y difícil de entender: la mente de nuestro usuario.

En la actualidad se hacen muchos estudios neurocientíficos acerca del comportamiento y de lo que pasa en el cerebro de un consumidor cuando éste realiza una compra, o simplemente cuando busca algo que necesita. Hay mediciones y estudios increíbles que logran captar señales en partes de nuestro cerebro que se iluminan cuando observamos algo que nos interesa, o cuando nos sentimos recompensados por haber realizado una compra. Todo este proceso de decisión por el que pasa un consumidor es fascinante, y si te interesa saber un poco más al respecto, te recomiendo un libro fantástico llamado *Buyology* de Martin Lindstrom.

Todos estos avances son muy importantes sobre todo para los expertos en *marketing*, pero nosotros no vamos a necesitar de estos métodos neurocientíficos ni de máquinas para realizar escáneres cerebrales que nos descubran lo que está ocurriendo en la cabeza de nuestros usuarios. Nosotros tenemos una gran ventaja para conocer de primera mano las necesidades y lo que pasa por la mente de nuestros clientes potenciales, las palabras clave.

En este preciso momento hay alguien sentado delante de su ordenador, o en cualquier parte con su móvil, realizando una búsqueda en Google. Es algo que todos realizamos muchas veces al día como una actividad más, que resulta para nosotros algo cotidiano e incluso algo que damos por sentado y no lo vemos como algo importante. Desde nuestro punto de vista, sí que lo es. En este proceso de búsqueda es donde nuestro usuario interpreta con palabras o frases, aquello que le interesa o necesita, y transcribe con sus propias palabras lo que tiene en su mente.

Alfredo es el dueño de una cafetería en el centro de Madrid que abre 24h, de repente un sábado por la tarde tiene un problema con su cafetera expreso profesional, ha dejado de funcionar correctamente y no para de soltar agua. Alfredo tiene que cortar el suministro de agua en su cafetería para evitar una avería mayor, acto seguido debe buscar una solución y decide coger su *smartphone* y realizar una búsqueda en Google.

¿Qué palabras o frases crees que usaría Alfredo para solventar su problema? Recuerda que es sábado por la tarde. Hay diferentes posibilidades, tantas como personas, ya que cada uno de nosotros interpreta sus pensamientos de manera diferente, y cuando llega el momento de expresarlo con palabras, la cosa se complica.

Alfredo podría buscar "servicio técnico cafeteras Madrid" o quizás "técnico cafeteras urgente Madrid", incluso podrá ser más concreto y escribir "cafetera rota Madrid" o "dónde encontrar técnico de cafeteras Caffelato", "técnico cafeteras 24h", etc.

También podría buscar el problema concreto si lo conoce "válvula de presión cafetera bloqueada" o hacer una pregunta: "cómo reparar cafetera que suelta agua". Habría diferentes combinaciones de palabras y frases que podría utilizar Alfredo, y todas para encontrar la solución al mismo problema.

Este ejemplo nos indica que cada persona tiene una forma diferente de buscar, o mejor dicho, de interpretar sus pensamientos en palabras. Por cierto, si eres técnico de cafeteras, acuérdate del pobre Alfredo y redacta un anuncio que le ayude a encontrarte, pero esto lo veremos más adelante.

A la hora de buscar lo que nos interesa o la solución a un problema, lo hacemos casi siempre utilizando ciertas fórmulas:

- Con preguntas.
- Con la respuesta a la pregunta.
- Con una descripción del problema o de lo que nos interesa.
- Con un síntoma.
- Con un nombre concreto de producto / servicio / marca.

Google nos lo pone todavía más sencillo con su nueva opción de búsqueda por voz, en la que solo tienes que preguntarle directamente a tu móvil, tableta u ordenador. Para ello solo tienes que hacer clic en el icono de micrófono que podrás ver a la derecha de la caja de búsquedas en Google y en la *app* para móviles. Una herramienta muy útil sobre todo para dispositivos móviles en la que puedes hacer preguntas como "qué tiempo hará mañana", "dónde está el taller más cercano" o cualquier consulta. Una vez que la pruebes, no volverás a escribir.

Figura 2.0

En cualquier caso, es muy importante que consideremos "cómo están buscando" nuestros clientes potenciales y usuarios. Esta es la clave para conseguir llegar a ellos de la mejor manera posible y ofrecerles la solución o la respuesta a sus búsquedas.

La mejor manera de hacer esto es conocer bien a nuestros usuarios, tener un perfil lo más completo posible acerca de nuestro cliente potencial. Cosas como edad, sexo, estudios, trabajo, estado civil, etc., nos completarán una idea global detallada de nuestro usuario, y esto nos ayudará a encontrar las palabras clave que pueden usar cuando realicen sus búsquedas.

También es importante la **intención** de nuestro usuario en el preciso momento que realiza la búsqueda, ya que puede determinar que utilice una frase u otra muy distinta y esto nos dé algunas pistas para mostrarles un anuncio u otro. O quizás no mostrar ninguno, esto se entiende mejor con un ejemplo:

Si alguien realiza una búsqueda como, **"precios pisos Madrid"** puede estar interesado de manera muy general o puede que esté investigando la compra venta de pisos o incluso revisando precios de la competencia, en cualquier caso puede que nunca se convierta en un comprador, mientras que si alguien busca algo como **"comprar piso 2 dormitorios Madrid centro"** está mucho más claro cuál es su intención.

Dependiendo de la intención de búsqueda podemos conseguir clientes interesados o mejor aún, clientes potenciales. En el ejemplo anterior nos podrían valer las dos frases, lo único a tener en cuenta sería nuestros objetivos de *marketing* y nuestra estrategia de captación, ya que se trata de dos usuarios con necesidades distintas. Lo recomendable en este caso es utilizar dos grupos de anuncios distintos, uno para cada palabra clave que ofrezca un anuncio diferente y específico con la respuesta a cada búsqueda. Esto lo veremos más detalladamente en organización de campañas y grupos de anuncios, pero toma buena nota, porque esto es muy importante para que nuestras campañas sean relevantes y por lo tanto, más rentables.

Palabra clave *"precios pisos Madrid"*
Grupo de anuncios: Captura de interesados
Anuncio:
¿Buscas Piso en Madrid?
www.InmoEjemplo.com
Descubre Nuestras Ofertas de Pisos.
Tu Inmobiliaria más Cercana.

Palabra clave *"comprar piso 2 dormitorios Madrid"*
Grupo de anuncios: Oferta piso Madrid
Anuncio:
Oferta Piso 2 Hab. Madrid
www.InmoEjemplo.com/Oferta-Madrid/
2 Dormitorios por sólo 92,357€
100% Financiación. Visítanos

Como verás en este ejemplo hemos creado dos grupos de anuncios diferentes para clientes con necesidades distintas, así podemos crear el mejor anuncio posible y poder llegar a cubrir las expectativas de nuestros usuarios.

En el primer grupo de anuncios lo que hacemos es captar la atención de posibles interesados en buscar un piso, lo atraemos a nuestra web principal y le ofreceremos nuestros servicios como inmobiliaria y un buen listado de pisos y precios en Madrid. Por otro lado, en el segundo grupo de anuncios le respondemos directamente con la oferta más parecida a lo que nuestro usuario está buscando, en este caso, un piso con 2 dormitorios en Madrid, así que le ofrecemos una oferta concreta, incluimos el precio y además lo dirigimos a una web específica donde le mostramos la oferta detallada. Básicamente le sacamos la alfombra roja a nuestro cliente potencial y nos encargaremos de que todo esté a su gusto.

Este aspecto es fundamental en la psicología de las búsquedas, ya que el proceso que va a seguir nuestro usuario es el siguiente:

1. El USUARIO convierte sus necesidades en una "palabra clave".
2. Ve nuestro anuncio y hace clic.
3. Accede a nuestro sitio web.
4. Decide tomar la "acción" (Contactar - Comprar).

2.1 EXPECTATIVAS

¿Qué es lo que un usuario espera cuando realiza una búsqueda? Si comprendemos bien este proceso tendremos una ventaja impagable en nuestra publicidad. Todos los usuarios de Google, incluidos tu y yo, tenemos ciertas expectativas a la hora de buscar algo en el buscador, esto implica que si esperamos encontrar algo, en el momento que lo tengamos delante, lo aceptaremos de buena gana como la respuesta a nuestra búsqueda. Esto afecta incluso en cómo leemos los resultados de Google. Somos capaces de detectar aquello que se asemeja más a nuestra búsqueda en apenas segundos.

Cuando hacemos una búsqueda, queremos una respuesta, y lo más rápido posible. Nuestra expectativa está en la respuesta a nuestra búsqueda. Podríamos decir que incluso antes de hacer clic en el botón de búsqueda, ya tenemos en nuestra mente la respuesta que deseamos encontrar.

Por supuesto que esto está muy relacionado con el uso de las palabras clave. Si utilizamos en nuestros anuncios las palabras clave que utiliza el usuario en su búsqueda, le será mucho más fácil elegir, ya que relacionará rápidamente su consulta con nuestro anuncio. Es una técnica sencilla que se recomienda incluso desde el propio Google, incluir las palabras clave en tu anuncio te dará relevancia. Profundizaremos sobre esto en el capítulo 6 en la redacción de buenos anuncios.

Creo que va quedando claro la importancia de que nuestros anuncios sean la respuesta ideal a lo que nuestros clientes potenciales están buscando. Esto no es sólo importante para nuestro usuario, sino para nosotros, ya que Google nos recompensará con un menor coste si nuestros anuncios son más relevantes. Para el algoritmo de Google, lo más importante, por encima de todo, es que el usuario encuentre lo que está buscando, y eso incluye los anuncios de Adwords.

2.2 PALABRAS CLAVE

Todo esto nos lleva a las **palabras clave**, que son la primera línea de contacto que tenemos con nuestro usuario y sus necesidades. Las palabras clave (*keywords*) son la traducción en palabras o frases de lo que nuestro usuario tiene en su mente y la mejor de nuestras herramientas.

Ya hemos mencionado el tipo de búsquedas más frecuente, si profundizamos un poco más podremos descubrir diferentes tipos de palabras clave desde el punto de vista de nuestros objetivos publicitarios.

Estos tipos podrían ser:

▼ Palabras clave genéricas o informativas.

▼ Palabras clave con poca competencia (*Long Tail Keywords*).

▼ Palabras clave de alta conversión.

2.2.1 Palabras clave genéricas o informativas

Estas son aquellas que tienen mayor tráfico, es decir, las más utilizadas de manera regular y masiva. Palabras como "pisos" o incluso "pisos Madrid" son bastante genéricas, ya que inducen a pensar en algo demasiado amplio y poco concreto. Estas palabras generan muchas impresiones y muchos clics, pero poca rentabilidad. No es recomendable utilizar palabras demasiado genéricas en nuestras campañas, a menos que lo hayamos contemplado en nuestro plan de *marketing online* con algún objetivo. En definitiva, son las palabras que utilizan los usuarios sólo para obtener información general y que pueden contener un amplio abanico de posibilidades.

2.2.2 Palabras clave con poca competencia (*Long Tail Keywords*)

Estas son las que más me gustan, no sólo porque no tienen tanta competencia, sino porque, al ser más concretas, nos hacen el trabajo más sencillo, además de que nos resultará más barato el coste por clic.

Long Tail Keyword significa "palabras clave de larga cola". Lo veremos un poco más adelante, pero se trata de frases de más de cuatro o cinco palabras que expresan una búsqueda muy concreta, justo como el ejemplo anteriormente citado: *"alquiler piso 2 dormitorios Madrid centro"*.

No hace falta que te diga que el uso de estas palabras clave nos será mucho más rentable y efectivo que cualquier otro. Tendremos menos impresiones y menos clics, pero serán mejores los resultados.

Algunos ejemplos de *Long Tail Keywords*:

▼ *"hotel con spa Valladolid centro"*.

▼ *"cómo arreglar bomba de cafetera expreso Caffelato"*.

▼ *"dónde encontrar el mejor helado de Marbella"*.

▼ *"bufete de abogados especialistas en testamentos"*.

2.2.3 Palabras clave de alta conversión

Estas también me gustan mucho. Son palabras clave que contemplan acción y que consiguen nuestro objetivo más a menudo; son escasas pero si las puedes usar, no lo dudes. Son las palabras clave que van a usar nuestros clientes potenciales más a menudo. Podemos identificarlas de dos maneras: una cuando observemos intención y verbos de acción como "comprar", "alquilar", "reservar", etc. por ejemplo: "comprar iphone 6 blanco *online*", "reservar habitación doble hotel Madrid centro", etc.; la otra manera de identificarlas será cuando la tengamos delante, es decir, en nuestros informes de palabras clave en Adwords, donde descubriremos ciertas palabras clave que convierten[5] mejor que otras.

¿Cuál de estas dos frases crees que convertirán mejor si tienes una tienda de móviles?

1. "precios móviles"
2. "comprar Xperia Z5 4k *online* contra reembolso "

Creo que te habrá quedado bien claro la importancia de la intención en las búsquedas y cómo podemos identificar nuestras palabras clave ideales para nuestros objetivos.

Otra manera muy interesante de encontrar palabras clave de alta conversión es investigando los datos reales de nuestra competencia y lo que están dispuestos a pagar por una palabra clave. Si tu competencia está dispuesta a pagar 3€ por clic en una palabra clave, significa que le debe resultar rentable, al menos si lo hace bien. Esto lo podremos comprobar más adelante cuando veamos cómo funciona el planificador de palabras clave.

Es interesante notar que cuantas más palabras tiene la frase de búsqueda de nuestro usuario, mejores resultados tendremos. Esto es obvio, de hecho, hay estudios que muestran que las frases con cuatro palabras son las que más conversiones consiguen en tiendas *online*. Lo que esto nos indica es que lo ideal es hacer caso de las frases más descriptivas y concretas si queremos tener una campaña rentable.

---

5   Más en el capítulo 9 "Conversiones".

2.3 TIPOS DE CONCORDANCIAS

Hemos hablado sobre las palabras clave y los tipos de búsquedas, pero ahora ha llegado el momento de ponernos un poco técnicos y empezar a trabajar con lo que tenemos para que Adwords sepa qué es lo que queremos conseguir. Para ello disponemos de los tipos de concordancia que nos permiten adecuar las palabras clave a nuestra conveniencia, para controlar cuándo y cómo se muestran nuestros anuncios.

Partiendo de nuestra lista de palabras clave nos sería realmente difícil adivinar todas las variaciones posibles de palabras o frases que un usuario puede escribir en Google cuando realiza una búsqueda, para eso necesitamos los tipos de concordancia, para filtrar nuestros anuncios.

Existen diferentes tipos de concordancia:

- Concordancia amplia.
- Concordancia amplia modificada.
- Concordancia de frase.
- Concordancia exacta.
- Concordancia negativa.

Veamos cómo nos puede ayudar cada una de ellas a la hora de filtrar nuestras palabras clave.

2.3.1 Concordancia amplia

Es la concordancia por defecto en la que no añadimos ninguna indicación a la palabra clave. Mostrará nuestro anuncio con una amplia variedad de palabras o frases similares, lo que incluye sinónimos, plurales y cualquier término relacionado.

Por ejemplo, la palabra clave **coches de ocasión** en esta concordancia hará que nuestros anuncios se muestren en búsquedas como estas:

- coches ocasión gratis.
- automóviles ocasión.
- videos de coches de ocasión.
- magazine de coches de ocasión.
- accesorios de ocasión para coches.
- vendo coche de ocasión.

Esta concordancia tiene sus inconvenientes, ya que nos muestra nuestros anuncios en muchas búsquedas que pueden resultar poco relevantes a nuestro objetivo, por otro lado, nos permite investigar para encontrar algunas buenas palabras que no habíamos tenido en cuenta. Es recomendable que cuando no tengamos demasiadas pistas sobre palabras, utilicemos esta concordancia al principio de nuestra campaña como una opción para investigar y conseguir un buen listado de sugerencias; luego la podemos editar.

2.3.2 Concordancia de frase

Esta concordancia muestra nuestros anuncios con nuestra palabra clave intacta dentro de una frase que pondremos entre comillas: **"coches de ocasión"**. Nuestros anuncios se mostrarán en búsquedas como estas:

- "coches de ocasión" baratos.
- tiendas de "coches de ocasión".
- "coches de ocasión" Madrid.
- ofertas de "coches de ocasión".

Como verás en esta concordancia, tenemos un poco más de control en la palabra clave y seguimos llegando a un buen número de variaciones interesantes. Esta concordancia en combinación con la *negativa* puede resultarnos la más beneficiosa.

2.3.3 Concordancia exacta

Esta concordancia activa nuestro anuncio con la palabra clave exacta y nada más. La indicaremos entre corchetes:

[coches de ocasión]

En esta concordancia no hay variaciones posibles, se trata de utilizar una palabra clave exacta. Puede resultarnos muy útil cuando tengamos un término que nos proporcione un tráfico rentable.

2.3.4 Concordancia amplia modificada

Esta es una modificación de la *amplia* donde el término modificado sólo mostrará ligeras variaciones pero no sinónimos, es decir, errores ortográficos, abreviaturas, y palabras con la misma raíz. Colocaremos un símbolo (+) justo delante de la palabra que no queremos que varíe. **+coches de ocasión,** de esta manera conseguiremos más control al utilizar la concordancia amplia.

- +coches de ocasión
- coches de +ocasión
- comprar +zapatos +hombre

Con el modificador conseguimos asegurar que la palabra que lo contiene no va a cambiar y estará siempre en la frase de búsqueda, ideal para nuestro CTR y para ahorrarnos tiempo en investigación de palabras clave. Es conveniente combinar este tipo de concordancia con otras como la de frase en el mismo grupo.

2.3.5 Concordancia negativa

Esta concordancia desactiva nuestro anuncio, y nos permite no mostrarlo cuando se utilicen ciertas palabras que no deseamos. Un buen ejemplo sería la palabra **-gratis** con un símbolo (-) delante, aunque no es necesario, ya que las palabras clave negativas se gestionan en un listado aparte que veremos más adelante.

El uso de las palabras clave negativas es fundamental en nuestras campañas, e incluso puede superar en número de términos a los que usamos para activar los anuncios. Más adelante veremos cómo encontrar palabras clave negativas y cómo nos ayudan a filtrar nuestros anuncios.

Aunque vamos a ver y a trabajar con las concordancias más a fondo, es recomendable usarlas en combinación unas con otras para poder obtener campañas más eficaces. Por ejemplo, podemos utilizar la concordancia amplia y la de frase en nuestro grupo de anuncios para llegar a una audiencia más amplia controlando un poco más el proceso.

Podremos modificar la concordancia de cualquier palabra clave en todo momento, siempre que nos convenga en el informe de palabras clave de nuestro grupo de anuncios. Hacemos clic sobre la palabra clave y veremos las diferentes opciones de edición.

Figura 2.1

(i) **IMPORTANTE**

Adwords no distingue entre mayúsculas y minúsculas, por lo que no será necesario duplicar nuestras palabras clave. Por ejemplo, no será necesario agregar *"Coches de Ocasión"* y *"coches de ocasión"* ya que Adwords tomará solo *"coches de ocasión"* para ambas frases.

2.4 ¿CÓMO ENCONTRAMOS BUENAS PALABRAS CLAVE?

En principio no debería ser muy complicado encontrar una buena lista de palabras clave para nuestras campañas. Existen varias fórmulas que nos ayudarán a encontrar las palabras clave perfectas, la más sencilla de todas es el sentido común, ya que tú mismo puedes coger lápiz y papel y redactar una buena lista de palabras, si tienes un equipo, pídeles ayuda y obtendrás un buen listado. Un buen consejo para hacer esto es ponerte en la piel de tu cliente potencial, nunca pienses que un usuario buscará tus productos con las mismas palabras que usarías tú mismo.

Otra buena fórmula interesante es la función autocompletar del buscador de Google que, además de hacernos las búsquedas más sencillas y rápidas, nos ofrece una máquina generadora de ideas. Lo más interesante es que estas palabras que podemos ver con esta función, están basadas en estadísticas reales de búsquedas de Google y por lo tanto perfectas para nuestra investigación.

¿Cómo funciona? muy sencillo, solo tenemos que ir a Google y empezar a realizar búsquedas relacionadas con nuestro producto o servicio. Apenas empieces a escribir, verás una lista de palabras o frases relacionadas que se despliega y te da algunas ideas para depurar tu búsqueda.

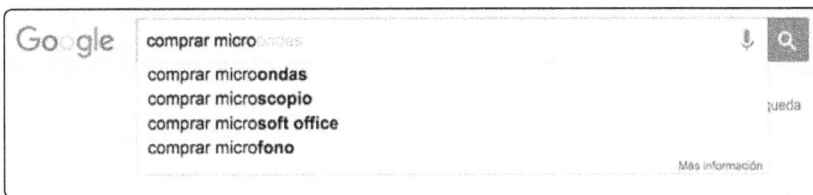

Figura 2.2

Aquí puedes encontrar muy buenas ideas, incluso puedes pasar un buen rato probando diferentes combinaciones, por ejemplo puedes empezar a escribir "comprar a ", "comprar b ", "comprar c ", etc., puedes llegar hasta la Z y dejar que Google te dé ideas.

Esta función es muy buena para encontrar palabras de poca competencia, puedes probar empezando con frases como: "cuánto cuesta a ", "cómo hacer a ", con algo relacionado con tu producto o servicio, en definitiva, algo que puedan estar buscando tus clientes potenciales. Esta función te ayudará a descubrir algunas buenas *keywords*; yo mismo me he encontrado con muchas sorpresas agradables. También puedes utilizar el asterisco (*) detrás o delante de las palabras, para obtener más términos relacionados en tu búsqueda.

Otra buena idea para encontrar palabras clave son las búsquedas relacionadas que podrás encontrar al final de los resultados de Google. Realiza una búsqueda sobre tu producto o servicio y ve hacia abajo, al final de la primera página de resultados de Google y verás algunas ideas relacionadas. Puedes repetir este proceso copiando alguna de estas ideas en Google y obteniendo más frases que pueden resultarte de interés.

Búsquedas relacionadas con lampara de lava

lampara de lava **casera**	lampara de lava **comprar**
lampara de lava **el corte ingles**	lampara de lava **experimento**
lampara de lava **amazon**	**como hacer una** lampara de lava **casera**
lampara de lava **precio**	**como hacer una** lampara de lava **facil**

Go ooooooooogle >

1 2 3 4 5 6 7 8 9 10   Siguiente

Figura 2.3

2.5 USANDO EL PLANIFICADOR DE PALABRAS CLAVE

Otra de las fórmulas más interesantes y más utilizadas, es el **planificador de palabras clave** de Adwords. Es una herramienta incluida en nuestra cuenta de Adwords que nos va a permitir encontrar ideas y palabras clave, así como ver datos de la competencia, demanda de ciertos términos, costes y mucho más.

Con el planificador de palabras clave tenemos a nuestra disposición un aparato estadístico impresionante donde podremos encontrar palabras clave para una campaña nueva que vamos a comenzar, o ampliar la que ya tengamos. También nos permite comprobar si nuestras palabras clave son demandadas, es decir, si hay gente buscando en Google nuestros productos o servicios y qué palabras o frases están utilizando.

Lo primero es acceder desde nuestro menú principal al planificador de palabras clave desde la opción "Herramientas".

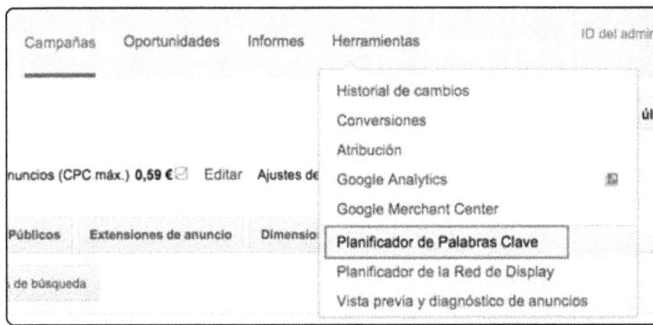

Figura 2.4

Una vez accedemos al planificador, Google nos muestra un asistente donde nos preguntará qué es lo que queremos hacer y nos ofrece varias opciones para realizar nuestra investigación.

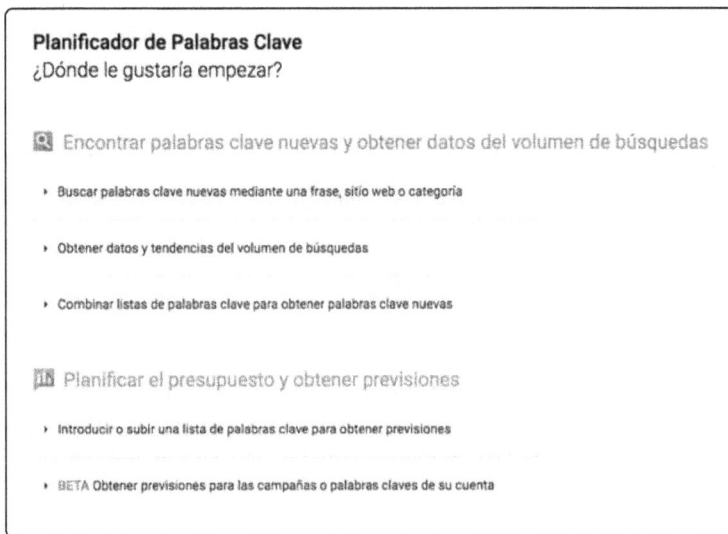

Figura 2.5

Lo que queremos hacer es encontrar buenas ideas de palabras clave y obtener datos estadísticos de volumen de búsquedas, así que escogemos la primera opción: "Buscar palabras clave mediante una frase, sitio web o categoría". Esta nos dará todos los datos que vamos a necesitar. Ver en imagen 6.

(Las otras opciones del planificador nos ofrecen la posibilidad de utilizar más cantidad de palabras clave para encontrar ideas y combinarlas entre sí, además de poder subir archivos de palabras clave para ampliar nuestra investigación).

Figura 2.6

Una vez hemos elegido la primera opción, nos encontramos con un formulario multiuso que nos pide algunas pistas para comenzar a darnos una lista de palabras clave.

1. Utilizaremos el primer campo si queremos encontrar ideas o palabras relacionadas a nuestro producto o servicio, lo único que tenemos que hacer es describir con una palabra o frase nuestro producto, o una palabra que exprese aquello sobre lo que queremos encontrar ideas y palabras clave. Podemos escribir una o varias, por ejemplo: "coches de segunda mano", "tartas de cumpleaños", "camisetas *Star Wars*", etc.

2. Utilizaremos el segundo campo "Su página de destino" para dos casos interesantes, el primero para que el propio Google revise nuestra web y nos ofrezca un listado de palabras clave relacionadas que se usan en

nuestro sitio y que quizás no hemos tenido en cuenta. La otra opción es bastante recomendable, se trata de poner la web de nuestra competencia directa, así podremos espiar un poco sus palabras clave y encontrar algunas que nos sean de gran ayuda.

3. En esta última opción "Categoría del producto" podemos buscar directamente por categorías en un menú desplegable que nos ofrece Google, muy interesante también para investigación. Podremos escribir o desplegar el menú y buscar.

A continuación podemos segmentar nuestra búsqueda con las opciones que ves abajo, justo antes del botón "Obtener ideas". Podemos segmentar, por ubicaciones, por idiomas, Google y socios de búsqueda y también podremos añadir alguna palabra negativa para filtrar mucho más nuestra investigación.

También podemos tener en cuenta el periodo sobre el que queremos ver los datos y personalizar la búsqueda con diferentes opciones, como mayor o menor promedio de búsquedas mensuales, competencia, etc.

No debes preocuparte si te parece algo confuso, no tienes por qué utilizar todas las opciones, es más sencillo de lo que parece, tan solo escribe una palabra en el primer campo y haz clic en el botón azul "Obtener ideas" y verás el resultado. Luego irás viendo las posibilidades y realizando búsquedas más filtradas si las necesitas.

Una vez que accedemos al planificador veremos un montón de información interesante que está dividida en cinco secciones.

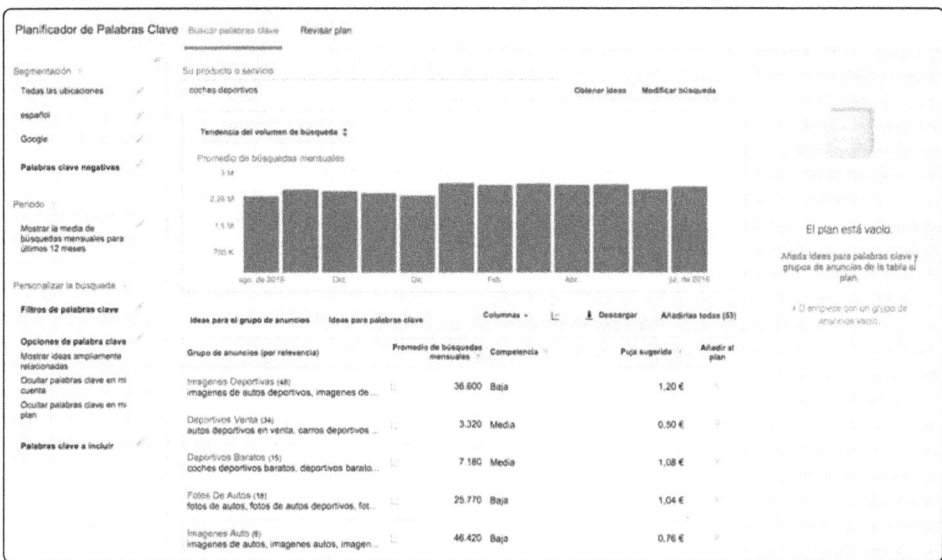

Figura 2.7

En la parte de arriba podrás ver un campo de búsquedas donde podremos modificar nuestra investigación en cualquier momento, por ejemplo, para depurar la búsqueda con otros términos que vayamos encontrando.

A la izquierda tenemos una columna de segmentación y personalización de la búsqueda, que nos filtrará nuestro estudio en tiempo real. Esta columna la podemos mover hacia la izquierda si lo necesitamos, haciendo clic en el icono "<<" en la parte superior derecha.

A la derecha tenemos otra columna donde podremos ir añadiendo ideas para palabras clave y grupos de anuncios para nuestras campañas.

En la columna central es donde está toda la información que vamos a necesitar, justo arriba tenemos un gráfico que nos muestra las tendencias de búsquedas mensuales en los doce últimos meses, o en el periodo que hayamos seleccionado en la columna de la izquierda. También podemos modificar este gráfico con diferentes estadísticas, como verás en el menú desplegable.

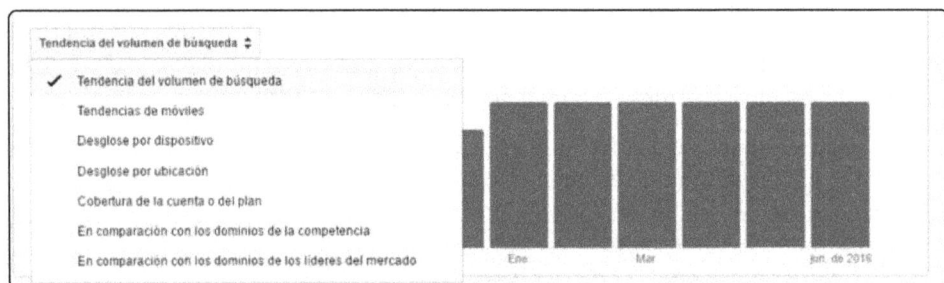

Figura 2.8

Una tendencia muy interesante a tener en cuenta es la "Tendencias de móviles" que nos ofrecen una información de promedio de búsquedas de nuestras palabras clave, a través de dispositivos móviles.

Debajo de este gráfico nos encontramos con el informe de palabras clave que está dividido en dos pestañas: "Ideas para el grupo de anuncios" e "Ideas para palabras clave".

▼ **Ideas para el grupo de anuncios:** aquí Google nos divide por grupos de términos similares las palabras clave, de manera que podamos añadir grupos de anuncios directamente a nuestras campañas.

▼ **Ideas de palabras clave:** aquí podemos ver el listado de ideas y palabras clave relacionadas a nuestra búsqueda.

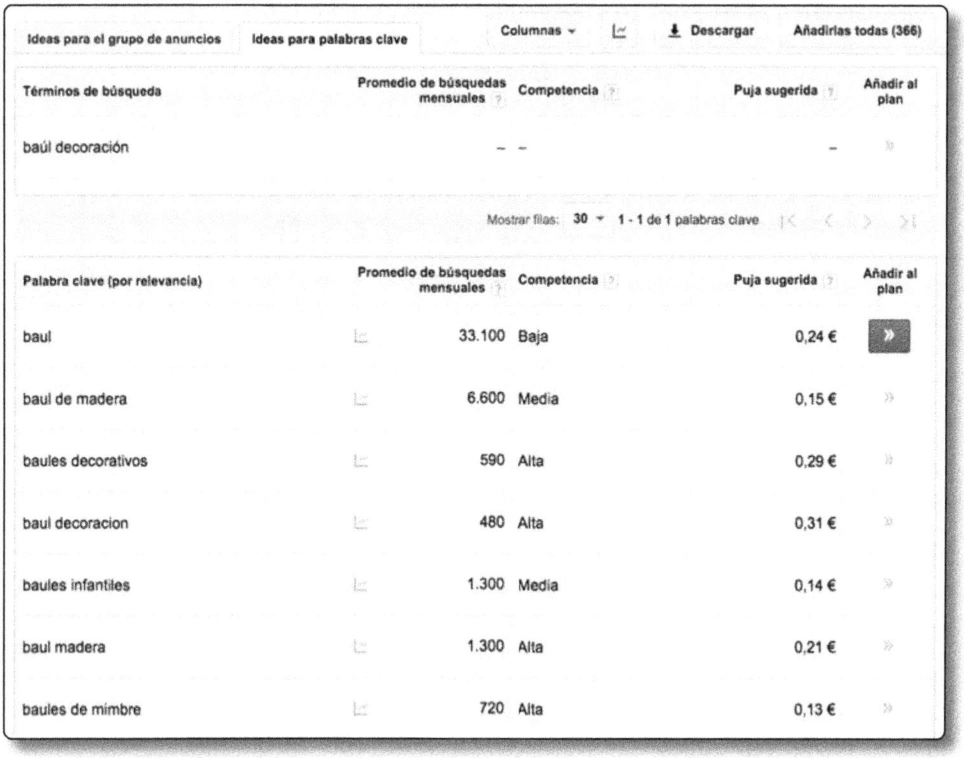

Ideas para el grupo de anuncios	Ideas para palabras clave		Columnas ▾	〜	⬇ Descargar	Añadirlas todas (366)
Términos de búsqueda		Promedio de búsquedas mensuales ?	Competencia ?		Puja sugerida ?	Añadir al plan
baúl decoración		– –			–	⟫

Mostrar filas: **30** ▾ 1 - 1 de 1 palabras clave |< < > >|

Palabra clave (por relevancia)		Promedio de búsquedas mensuales ?	Competencia ?		Puja sugerida ?	Añadir al plan
baul	〜	33.100	Baja		0,24 €	**≫**
baul de madera	〜	6.600	Media		0,15 €	⟫
baules decorativos	〜	590	Alta		0,29 €	⟫
baul decoracion	〜	480	Alta		0,31 €	⟫
baules infantiles	〜	1.300	Media		0,14 €	⟫
baul madera	〜	1.300	Alta		0,21 €	⟫
baules de mimbre	〜	720	Alta		0,13 €	⟫

Figura 2.9

En este listado de *keywords* tenemos una información muy útil para nuestro sondeo, como por ejemplo, el promedio de búsquedas mensuales de cada término, el nivel de competencia de esta palabra, la puja sugerida de coste por clic, porcentaje de impresiones, etc. Podemos añadir y quitar las columnas que más nos interese consultar en el menú arriba a la derecha. También podemos descargar el informe en formato CSV para Excel o incluso en Google Drive.

ⓘ **AYUDA DE ADWORDS "?"**

Podrás ver el símbolo "?" justo al lado de muchas opciones y menús en Adwords, solo tienes que dejar el ratón encima de la interrogación y Adwords nos mostrará ayuda y una explicación, además de darnos acceso al centro de ayuda de Google Adwords.

Podemos ir añadiendo las palabras clave más interesantes a nuestro "Plan" pulsando el botón azul de la última columna para luego hacer lo que más nos convenga. En este ejemplo hemos recopilado seis términos que hemos añadido uno a uno. Google nos crea un grupo de anuncios con el que podemos empezar a trabajar.

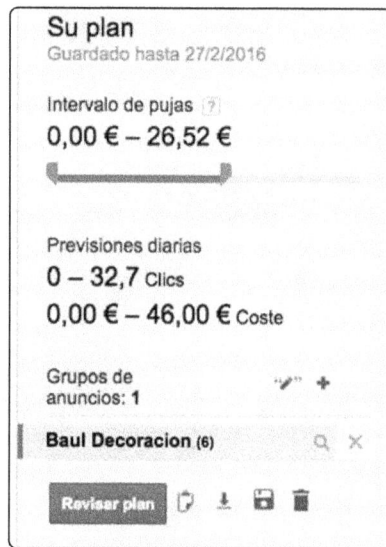

Figura 2.10

Desde aquí podemos hacer varias cosas con las palabras que hayamos seleccionado: podremos revisar el plan con más detalle e información, podremos copiar las palabras al portapapeles para hacer con ellas lo que queramos, por ejemplo, pegarlas dentro de nuestro grupo de anuncios existente, añadirlas a una hoja de cálculo, etc. También podemos descargarlas, guardar el plan para otro momento o simplemente eliminarlo.

Todo dependerá del objetivo de nuestra investigación de palabras clave, si estamos buscando ideas o inspiración para nuestras campañas, o estamos buscando palabras clave concretas para añadir a nuestros grupos de anuncios, o simplemente investigando los términos que utilizan nuestros competidores.

Como verás, el planificador de palabras clave nos ofrece un montón de opciones con las que podemos trabajar de una manera muy sencilla y rápida.

Ahora te toca a ti: accede al planificador y empieza a probarlo con todas las diferentes opciones, ya verás lo fácil que resulta utilizarlo y, ¿quién sabe?, quizás te encuentres con una buena lista de *Long Tail Keywords*.

2.6 SALVADOS POR LAS LONG TAIL KEYWORDS

Anteriormente hemos mencionado este tipo de palabras clave y os prometí profundizar un poco más sobre ello para que podamos saber cómo utilizarlas en nuestras campañas.

Long Tail Keyword o palabra clave de larga cola, proviene de un gráfico estadístico, o mejor dicho, del aspecto de curva que muestra una estadística de un listado de *keywords* o palabras clave que tiene forma de cola.

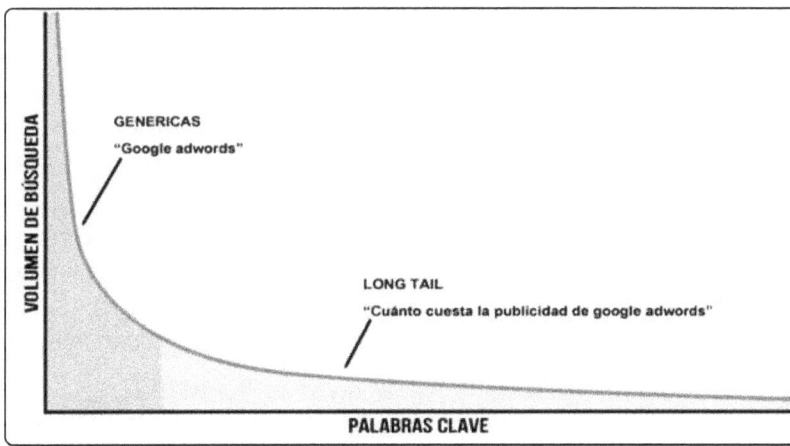

Figura 2.11

En este ejemplo se ve claramente la larga cola de la gráfica donde encontraremos las frases de búsqueda con mayor número de palabras, con menor volumen de búsquedas pero también con menor competencia. Además la larga cola nunca se acaba, con lo que siempre podremos encontrar un buen número de *Long Tail Keywords* estupendas para nuestras campañas. Básicamente, se trata de las búsquedas que están realizando cada día nuestros usuarios más interesados.

El uso de este tipo de palabras clave puede resultar muy rentable, de hecho, yo mismo soy un fan de estas *keywords* y las suelo utilizar siempre que me las encuentro. Te pondré un ejemplo: si accedes a Google y buscas "cuánto cuesta la publicidad de Google" podrás encontrar en las primeras posiciones un vídeo donde yo mismo te explico cómo funciona la publicidad en Google y cuánto cuesta. Utilicé esta *Lon Tail Keyword* para crear un vídeo y subirlo en YouTube, para ayudar a todos aquellos que no saben cuánto cuesta la publicidad de Google. Al ser una palabra clave de baja competencia, mi vídeo se posiciona bastante bien y me trae muchas visitas y lo mismo podríamos hacer en Google Adwords.

Este tipo de palabras clave son geniales porque conseguimos dos cosas: menos competencia, y por lo tanto menos coste por clic, y mejores clientes potenciales, ya que sus palabras clave indican más claramente lo que están buscando.

Tampoco te estoy invitando a utilizar este tipo de *keywords* exclusivamente, simplemente te digo que las tengas en cuenta cuando las descubras en tu investigación.

Seguro que ahora mismo te estás preguntando cómo podemos encontrar *Long Tail Keywords* y una de las mejores fórmulas es que te hagas una lista de las posibles necesidades, dudas o consultas que puedan tener tus clientes potenciales sobre tu producto o servicio. Con esta lista puedes utilizar las herramientas que ya hemos visto, como por ejemplo, la función autocompletar de Google, las búsquedas relacionadas y el propio planificador de palabras clave.

2.7 NEGATIVAS

Este tipo de palabra clave o mejor dicho de concordancia, es fundamental para el buen resultado en nuestras campañas como ya hemos visto. En realidad es mucho más importante de lo que parece, por eso vamos a tomarnos un momento para reflexionar un poco más sobre estas palabras y sacarle el máximo partido para obtener los mejores resultados posibles.

Gracias a tener un buen listado de palabras negativas podemos evitar gastar cientos de euros en clics ineficaces. Ya que vamos a evitar que nuestros anuncios se muestren cuando aparezcan estas palabras en el término de búsqueda.

En realidad se trata de asegurarnos que nuestros anuncios sean vistos por los clientes adecuados. En este caso podríamos usar el famoso dicho "más vale prevenir, que curar", en este caso, "más vale prevenir con negativas, que gastar demasiado".

Un ejemplo muy sencillo para entender el uso de negativas es la palabra "gratis", por ejemplo, si tenemos una academia y queremos anunciar "curso de inglés", "curso de informática", etc., es muy probable que no queramos mostrar nuestro anuncio a quién busca "curso de inglés gratis", o "curso de inglés gratuito".

- ▼ "curso de inglés".
- ▼ "curso de informática".
- ▼ -gratis.
- ▼ -gratuito.
- ▼ -pdf.
- ▼ -video.
- ▼ -online.
- ▼ -tutorial.

En este ejemplo puedes ver fácilmente cómo podemos evitar una masacre de clics de clientes nada interesados en nuestros cursos, solo tenemos que añadir nuestras negativas a nuestro grupo de anuncios o campaña. No queremos que alguien vea nuestro anuncio cuando está buscando un curso gratis o una guía en pdf para descargar.

Las palabras negativas también nos sirven para segmentar mejor nuestros grupos de anuncios, por ejemplo:

Grupo de anuncios 1: "Opel de Ocasión"
Palabras clave: *Coches Opel Ocasión*
Negativas: Audi, Renault, Peugeot, etc.
Grupo de anuncios 2: "Audi de Ocasión"
Palabras clave: *Coches Audi Ocasión*
Negativas: Opel, Renault, Peugeot, etc.

Esto te da una buena idea de cómo sacarle partido a las negativas sin tener que extremar el uso de palabras clave y concordancias.

También podemos utilizar las concordancias en nuestras palabras negativas, en concreto: amplia de frase y exacta. Esto amplía nuestro campo de acción para controlar mejor nuestros anuncios. Siguiendo con el ejemplo anterior al tener nuestra palabra clave principal en concordancia amplia podremos añadir algunas negativas más:

Grupo de anuncios 1: "Opel de Ocasión"
Palabras clave: *Coches Opel Ocasión*
Negativas amplia: Audi, Renault, Peugeot, etc.
Negativas de frase: "vendo Opel", "alquiler coches Opel", "concesionario Opel oficial", etc.
Negativas exactas: [Audi], [Opel], etc.

Podríamos evitar toda esta lista de palabras clave negativas si usáramos la palabra clave **[opel de ocasión]** en concordancia exacta, pero estaríamos dejando de lado un montón de posibilidades de frases que utilizan nuestros usuarios en sus búsquedas. Es un auténtico misterio el número de combinaciones que cualquiera puede llegar utilizar para realizar una búsqueda concreta. Para descubrirlo, y también para encontrar palabras clave negativas, tenemos el informe de "Términos de búsquedas" que nos muestra un listado de las frases que han utilizado nuestros usuarios y que han activado nuestros anuncios. Lo veremos un poco más adelante.

2.7.1 ¿Cómo encontrar palabras clave negativas?

En nuestra propia investigación de palabras clave nos vamos a ir encontrando un buen arsenal de negativas, lo único que tienes que hacer es estar atento/a. Podemos empezar escribiendo algunas que tengamos en mente de sentido común que nos eviten dolores de cabeza, luego podemos utilizar el planificador de palabras clave y echar un vistazo, ya que seguro que encontraremos un número interesante de palabras negativas.

Otra fórmula es realizar búsquedas en Google y consultar diferentes webs sobre nuestros productos o servicios para encontrar ideas de palabras negativas. En las descripciones de las páginas listadas en Google podemos encontrar pistas e información sobre negativas, así como en la función autocompletar y las búsquedas relacionadas del propio buscador.

Una de las mejores fórmulas es revisar lo que nuestros usuarios están escribiendo para encontrar nuestros productos o servicios, y ahí tendremos las mejores pistas para depurar nuestros anuncios con negativas. Para hacer esto consultaremos el informe de términos de búsquedas como vemos en la imagen 12.

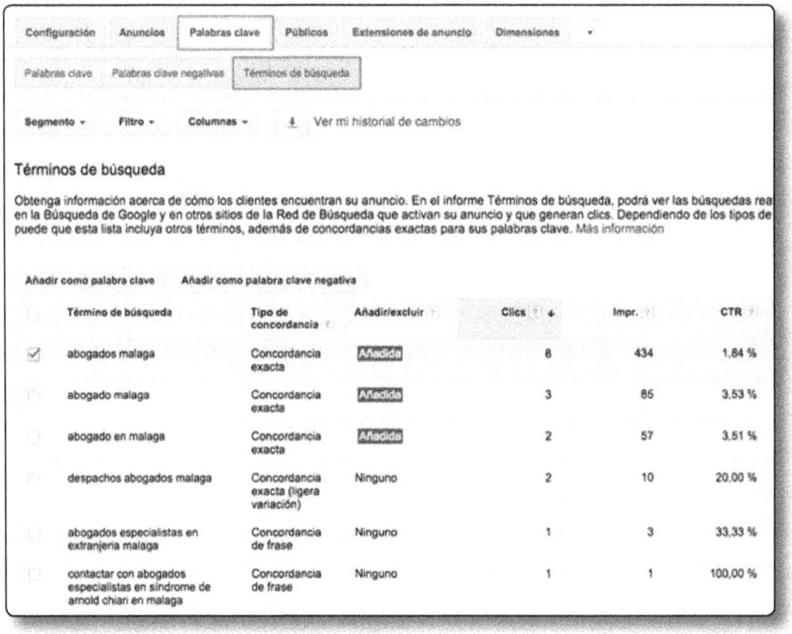

Figura 2.12

Lo primero que tenemos que hacer es ir a la pestaña "Palabras Clave", justo debajo podremos ver otro menú: "Palabras Clave" - "Palabras Clave Negativas" - "Términos de búsqueda". Hacemos clic en este último y obtendremos un listado de todas las combinaciones de palabras que han utilizado nuestros usuarios y que han activado nuestros anuncios. No te olvides de señalar el periodo de tiempo por el que quieres realizar el informe (esto lo puedes hacer en la parte superior derecha de tu cuenta).

Como puedes ver en la imagen, no solo tenemos el informe de palabras clave usadas por los usuarios, además podemos seleccionarlas y añadirlas como palabras clave o como negativas desde ahí mismo.

En este informe vamos a encontrar buenas ideas para palabras negativas que no habíamos tenido en cuenta, te recomiendo que lo utilices a menudo y dejes que tus usuarios te echen una mano con el proceso. Este informe también lo puedes descargar para trabajar con él o enviarlo.

Ahora veamos cómo trabajar con negativas en Adwords, ya que podemos utilizarlas en el nivel de campaña y de grupo de anuncios. Esto significa que podemos añadir palabras clave negativas a nuestra campaña completa, y filtrar mucho más añadiendo negativas más específicas en cada grupo de anuncios, como hemos visto en el ejemplo anterior.

2.7.2 ¿Cómo se hace esto?

En el mismo menú que acabamos de ver tienes la segunda opción "Palabras clave negativas". Desde aquí vamos a manejar nuestras listas de negativas.

Figura 2.13

Como verás, en la imagen 13 a la izquierda tenemos la lista de palabras negativas de nuestro grupo de anuncios y a la derecha la lista de las negativas de la campaña. Desde aquí podemos añadir nuestras palabras negativas, editarlas, y descargarlas. Otra función interesante es que podemos crear listas, de manera que podamos tener un documento de palabras claves negativas que puedan ser utilizadas en otras campañas a través de la biblioteca compartida de Adwords. Esto resulta realmente útil cuando tienes muchas campañas afines, ya que solo tienes que editar una lista de negativas para todas las campañas.

Como habrás podido observar, el uso de negativas es muy positivo, aunque sea un juego de palabras paradójico. De manera que a partir de ahora, asegúrate de tener tu lista de palabras negativas e investigar con frecuencia para seguir añadiendo y depurando tus campañas.

2.7.3 Manejo de palabras clave en Adwords

Hemos visto un buen montón de opciones con respecto a las palabras clave, tenemos toda la información de cómo encontrarlas y usarlas, pero ¿cómo las manejamos dentro de Adwords? Verás que resulta muy sencillo, ya hemos visto anteriormente que podemos listar nuestro informe de *keywords* desde la pestaña "Palabras Clave" (imagen 14).

Tanto si queremos añadir como si queremos editar o eliminar palabras clave, lo podemos hacer desde aquí. Pulsamos sobre la palabra clave para editarla directamente o pulsamos el icono de al lado para pausarla o activarla en tiempo real. Podemos hacer lo mismo con varias a la vez seleccionando cada una de las palabras clave en la caja de verificación a la izquierda, como podemos ver en la imagen 15.

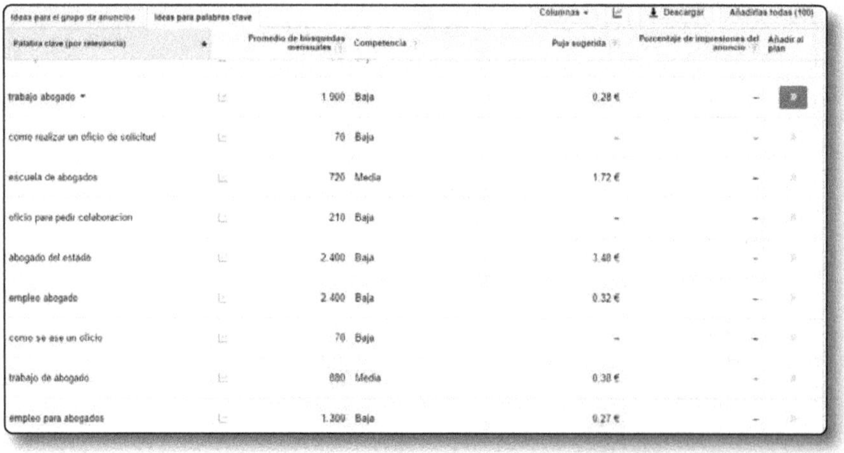
Ideas para el grupo de anuncios | Ideas para palabras clave | Columnas | Descargar | Añadirlas todas (100)

Palabra clave (por relevancia)	Promedio de búsquedas mensuales	Competencia	Puja sugerida	Porcentaje de impresiones del anuncio	Añadir al plan
trabajo abogado	1.900	Baja	0,28 €	–	
como realizar un oficio de solicitud	70	Baja	–	–	
escuela de abogados	720	Media	1,72 €	–	
oficio para pedir colaboracion	210	Baja	–	–	
abogado del estado	2.400	Baja	1,48 €	–	
empleo abogado	2.400	Baja	0,32 €	–	
como se ase un oficio	70	Baja	–	–	
trabajo de abogado	880	Media	0,38 €	–	
empleo para abogados	1.300	Baja	0,27 €	–	

Figura 2.14

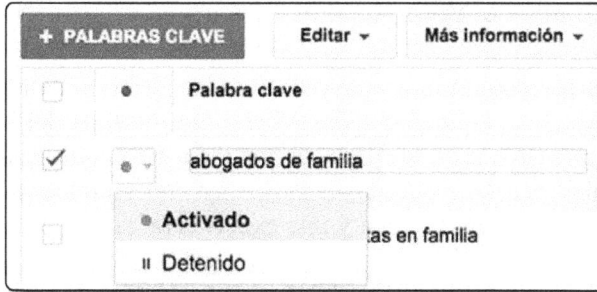

Figura 2.16

Si queremos añadir nuevas palabras clave a nuestro grupo de anuncios le
damos al botón "+ PALABRAS CLAVE" donde tenemos un cuadro de texto para
insertar nuestras palabras clave. Además, Google nos ofrece una pequeña versión
del planificador de palabras clave con un buen listado de términos relacionados que
podemos añadir directamente desde ahí.

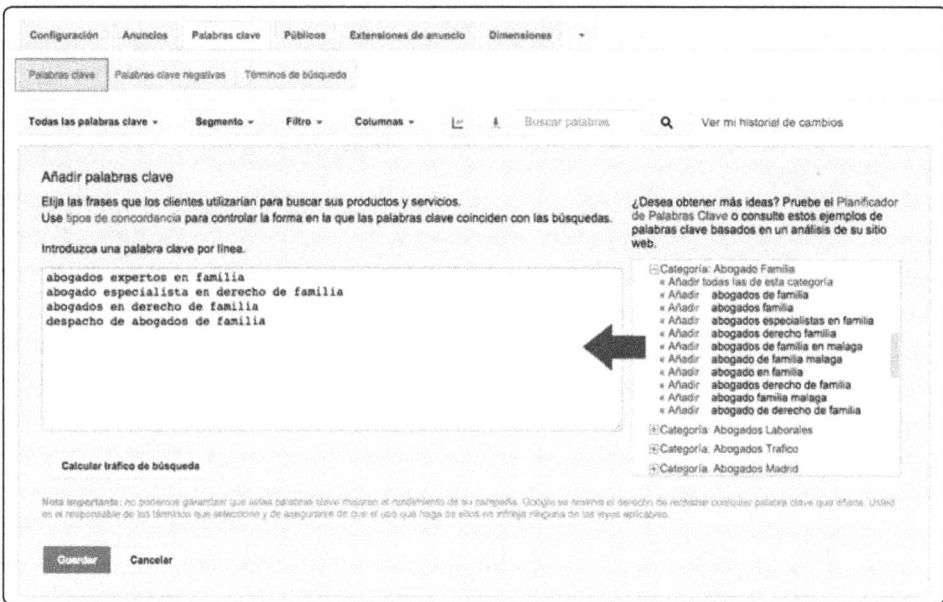

Figura 2.15

Siempre que te encuentres en la pestaña "Palabras clave" tendrás disponible
tu listado preparado para editar y configurar. Incluso puedes aumentar las pujas por
palabras clave individuales, pero eso lo veremos más adelante.

2.8 ALGO QUE TU COMPETENCIA NO SABE

Me gustaría recordarte algo que ya hemos visto y que es de suma importancia en nuestro trabajo SEM (*Search Engine Marketing*). Se trata del uso de palabras clave que hacen nuestros usuarios. Está demostrado, y cada día más, que nuestros clientes potenciales realizan búsquedas cada vez más concretas y específicas. En cada búsqueda se esconde una mentalidad y una expectativa: si eres capaz de reconocer las necesidades de tus usuarios a través de sus palabras claves, tendrás una ventaja extraordinaria frente a tus competidores, que tan solo utilizan palabras genéricas y términos poco específicos, creyendo que así conseguirán más impresiones para sus anuncios. En realidad lo conseguirán, pero a un alto precio.

Además, no debes pensar que por tener una mayor cantidad de palabras clave en tus grupos de anuncios, vas a tener mejores resultados. En la práctica verás que esto no tiene por qué ser así. En lugar de tener más palabras clave, lo ideal es tener las mejores para cada uno de nuestros anuncios.

El siguiente paso es organizar muy bien nuestra cuenta y nuestras campañas para obtener mejores resultados, veamos cómo se hace en el próximo capítulo.

3

ESTRUCTURA DE UNA CUENTA DE ADWORDS

3.1 ORGANÍZATE PARA GANAR

Antes de seguir avanzando en las casi infinitas posibilidades de Google Adwords, debemos pararnos a conocer bien la organización de nuestra cuenta.

Es un paso fundamental en nuestro trabajo publicitario conocer bien la estructura de nuestra cuenta, de nuestras campañas y grupos de anuncios. Nuestro éxito y la capacidad de sacarle el máximo rendimiento a Adwords depende de una buena organización. Esto debes tenerlo claro desde el principio, así todo te será mucho más simple y fluido.

La estructura básica de una cuenta de Adwords podríamos dividirla en campañas que a su vez se dividen en grupos de anuncios. Véase la imagen 1.

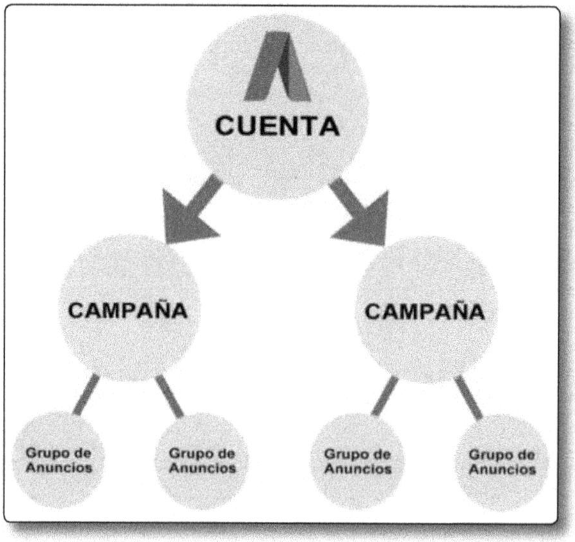

Figura 3.1

En el primer momento en el que accedes a Adwords, te lleva paso a paso hasta crear un anuncio, de esta manera ya tienes creada una campaña y un grupo de anuncios. Lo ideal es tener pleno conocimiento de lo que estamos haciendo y sobre todo saber dónde estamos en todo momento, si en una campaña o en un grupo de anuncios. Como veremos más adelante, Google nos lo pone bien fácil, ya que en cualquier momento y lugar donde te encuentres en tu cuenta, tienes toda la información a tu disposición, y puedes configurar casi cualquier cosa, pero es preferible tener bien claro en qué campaña o grupo de anuncios estamos trabajando.

Para empezar, veamos de qué consta una cuenta de Adwords básica, como la que tenemos ahora mismo para trabajar:

- 10.000 campañas (incluye activas y pausadas).
- 20.000 grupos de anuncios por campaña.
- 20.000 palabras clave, ubicaciones y públicos por grupo de anuncios.
- 300 anuncios gráficos de *display* por grupo de anuncios.
- 50 anuncios de texto por grupo de anuncios.
- 4 millones de anuncios por cuenta.
- 5 millones de palabras clave por cuenta.

Y mucho más, como por ejemplo listas de palabras negativas, extensiones, ubicaciones, etc., todo un cargamento de herramientas sorprendente que vamos a ir viendo poco a poco. Además no debes preocuparte si te resultan insuficientes, nada más lejos de la realidad: si estructuras bien tu cuenta tienes de todo lo que necesitas y además de sobra. No obstante, Google te puede aumentar la capacidad si fuera necesario.

3.2 ESTRUCTURA DE UNA CAMPAÑA

La estructura fundamental de nuestra cuenta de Adwords se dividirá en campañas. Es a partir de estas que crearemos toda nuestra labor publicitaria, y donde realizaremos los cambios más importantes.

Una campaña es una colección de grupos de anuncios donde configuraremos los siguientes aspectos:

▼ **Presupuesto diario:** cada campaña tendrá el presupuesto diario disponible para gastar que hayamos decidido según nuestros objetivos publicitarios.

▼ **Tipos de campaña y redes:** al crear una nueva campaña[6] definimos el tipo de esta y la red a la que queremos enfocarla: red de búsquedas o red de *display*, es decir, que nuestros anuncios salgan en el buscador de Google (búsquedas) o en el contenido de páginas web (*display*), así como una campaña de vídeo para YouTube, una de Google Shopping o una campaña para promocionar tus propias *apps*.

Figura 3.2

---

6   Dependiendo del tipo de campaña que elijamos, tendremos diferentes opciones en la configuración.

▼ **Ubicaciones:** podremos segmentar nuestra campaña por país, ciudad, región, código postal[7] e incluso delimitar una zona con un radio de kilómetros, de manera que nuestros anuncios sólo se mostrarán en la ubicación que hayamos seleccionado. También podemos excluir ubicaciones.

▼ **Idiomas:** elegiremos el idioma de los sitios donde aparecerán nuestros anuncios, por ejemplo, si nuestra campaña está orientada a España, podremos elegir, español, catalán e inglés, por si alguien realiza una búsqueda en esos idiomas y tenemos nuestras páginas orientadas y traducidas.

▼ **Estrategia de puja:** configuraremos nuestra puja de forma manual, lo que significa que nosotros decidimos el coste por clic (CPC) máximo que deseamos pagar. Dejaremos las demás opciones de puja avanzadas para capítulos posteriores.

▼ **Programación de anuncios:** tus anuncios se mostrarán en Google todos los días de la semana durante 24h por defecto. Deberás programar tus anuncios en el horario que consideres conveniente para cada una de tus campañas.

Para que se entienda mejor, si necesitas promocionar un producto en Barcelona de lunes a viernes en la red de búsquedas de Google, y por otro lado tienes que promocionar otro producto en Sevilla de jueves a domingo, necesitarás dos campañas diferentes y programar el horario de cada una.

CUENTA			
Campaña 1		**Campaña 2**	
Presupuesto 1		Presupuesto 2	
Configuración 1		Configuración 2	
Grupo de anuncios	**Grupo de anuncios**	**Grupo de anuncios**	**Grupo de anuncios**
Anuncios Palabras Clave	Anuncios Palabras Clave	Anuncios Palabras Clave	Anuncios Palabras Clave

Es muy recomendable que nombremos nuestras campañas de una manera en la que podamos identificarlas en un solo vistazo y así realizar nuestros ajustes más rápidamente. Por ejemplo, si tenemos una campaña para la red de búsquedas en Madrid para un producto concreto la podríamos nombrar "Producto X Madrid Búsquedas". Esto os resultará muy útil cuando tengáis que trabajar con un número elevado de campañas.

---

7   Esta opción solo está disponible en algunos países como Estados Unidos.

3.3 GRUPOS DE ANUNCIOS

Se trata de un conjunto de anuncios y de palabras clave relacionadas. Dentro de una campaña podremos crear tantos grupos de anuncios como necesitemos para nuestros objetivos. Cada grupo de anuncios puede contener uno o varios anuncios y un listado de palabras clave. Por ejemplo, si tenemos una tienda de ropa podríamos crear diferentes campañas para cada producto que queramos promocionar. Una campaña para pantalones, otra campaña para camisas, cada una con sus grupos de anuncios correspondientes:

TIENDA DE ROPA			
Campaña Pantalones		Campaña Camisas	
Grupo de anuncios	Grupo de anuncios	Grupo de anuncios	Grupo de anuncios
Pantalones vaqueros	Pantalones chinos	Camisas de rayas	Camisas de cuadros

Estructurar nuestras campañas con grupos de anuncios tan específicos, nos ayudará en varios aspectos importantes. Uno fundamental es que podremos utilizar menos palabras clave en el grupo de anuncios y otro es que nuestro anuncio será más preciso y concreto, de manera que el usuario responderá mejor a nuestro reclamo y Google nos dará puntos de calidad, conocidos como *Quality Score*[8], que veremos en el siguiente capítulo.

Utilizando el mismo ejemplo anterior, no es deseable que alguien busque una camisa de rayas y encuentre un anuncio de camisas de cuadros. Vamos a ver un ejemplo más definido de cómo organizar nuestras campañas y grupos de anuncios puede resultarnos beneficioso.

Imagina que tenemos la tienda de ropa y tan solo tenemos una campaña y un grupo de anuncios:

Cuenta: **Tienda de Ropa**

Campaña: **Ropa**

Grupo de anuncios: **Ropa de oferta**
Ropa de Oferta
www.TiendaRopa.es
Ropa y Complementos al 50%.
Visita Nuestra Web Ahora.

Lista de palabras clave: *"camisas de rayas", "camisas de cuadros", "pantalones vaqueros", "pantalones chinos", "pantalones de deporte", "jersey rojo" etc.*

---

8   Niveles de calidad.

Como puedes observar nuestro único anuncio no es nada relevante con las palabras clave que pueden estar utilizando nuestros clientes potenciales, ya que no importa lo que busquen, siempre verán el mismo anuncio. ¿Qué tal si hacemos esto?

Campaña Ropa	
Grupo de anuncios: **Camisas de rayas** **Oferta Camisas Rayas** www.TiendaRopa.es **Camisas** de Mil **Rayas** al 50%. Elige tu **Camisa** ideal.	Grupo de anuncios: **Pantalones vaqueros** **Pantalón Vaquero 50%** www.TiendaRopa.es Ofertas en **Pantalones Vaqueros**. Elige tu Mejor **Vaquero**.
Palabras clave: *"camisas de rayas", "camisa con rayas", "camisas rayadas"*	Palabras clave: *"pantalones vaqueros", "pantalón vaquero"*

Al dividir nuestra campaña en dos grupos de anuncios empezamos a verle sentido a la organización, además de poder ofrecer al usuario lo más cercano a lo que está buscando, algo fundamental si recuerdas cuando comentamos las expectativas del usuario. Cuando yo busco una camisa de rayas, quiero encontrar lo más parecido a una camisa de rayas lo más rápido posible ya que estoy en mi ordenador o en mi móvil y no tengo demasiado tiempo que perder. Acuérdate siempre de tu cliente potencial y pónselo fácil.

Por otro lado, habrás observado que hay ciertas palabras en **"negrita"** y esto lo hace Google en nuestros anuncios para resaltar la relevancia, ya que existen palabras que coinciden con las búsquedas, así que el buscador, nos recompensa con un anuncio más impactante. ¿No es genial?

3.3.1 Recuerda. ¡Sácale partido a la negrita!

Podéis comprobarlo vosotros mismos entrando en Google y realizando una búsqueda: descubriréis que los anuncios que contienen las palabras de vuestra búsqueda son los que resaltan más, debido a la negrita y por supuesto, a su relevancia.

Es posible que ahora mismo estés pensando que hacer esto te puede suponer mucho más trabajo, en realidad lo más sencillo sería crear una campaña, un grupo de anuncios y llenarlo de cientos de palabras clave diferentes, pero ¿sabes qué?, no va a funcionar. De hecho este es uno de los errores más comunes que me encuentro en las cuentas de clientes que requieren mis servicios, ¿por qué?, porque no les funciona. Gastan cientos o miles de euros en campañas que no son relevantes para sus clientes potenciales. Sus anuncios tienen impresiones y clics pero en el sitio y usuario equivocado.

Si todavía piensas que tener más palabras clave en tu grupo de anuncios es mejor, debes comenzar a organizar tus campañas como estamos aprendiendo, no se trata de tener más palabras sino de tener las adecuadas. Y por supuesto, redactar un anuncio lo más relevante posible para esas palabras clave, algo que veremos más adelante.

Estructurar y organizar cada cuenta y sus campañas es un arte que debes aprender y cultivar. Si sabéis hacer esto de la manera correcta, ya tenéis el 50% de vuestro éxito asegurado en vuestras campañas. Cada cuenta o, mejor dicho, cada negocio es diferente y tienes que configurar tus campañas teniendo en cuenta tus objetivos y necesidades.

Figura 3.3

En la imagen 3 podrás observar cómo vamos a ver nuestras campañas en Adwords. A la izquierda tenemos un menú de árbol en el que seleccionaremos cualquier campaña y se abrirá para mostrarnos los grupos de anuncios. Cabe notar que cada nombre de campaña lleva un icono identificativo a la izquierda que nos muestra en un vistazo el tipo de campaña. Desde aquí podemos seleccionar cualquier elemento y trabajar directamente en nuestro panel a la derecha.

Ya sea que listemos, campañas, grupos de anuncios, palabras clave o anuncios, podremos editar su estado haciendo clic en el icono verde a la izquierda del elemento:

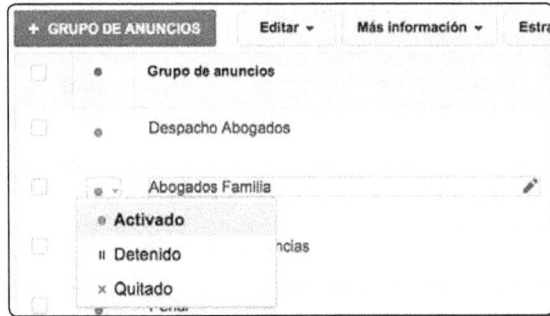

Figura 3.4

De esta manera tan sencilla podemos pausar, activar o eliminar cualquiera de nuestros elementos publicitarios en un solo clic. Por ejemplo, podemos pausar una campaña y esta dejará de mostrar nuestros anuncios, hasta que la reactivemos.

También disponemos de una opción muy interesante en la programación de anuncios de nuestra campaña que nos permite ponerle una fecha de finalización, de esta manera controlaremos hasta que día estará activa. Esto es muy útil cuando tenemos promociones con fecha de caducidad u ofertas especiales en días concretos.

Para hacer esto seleccionamos la campaña con fecha de finalización, vamos a "Toda la configuración" y abajo en configuración avanzada, veremos esta opción. Solo tenemos que hacer clic y seleccionar el día en que finalizará la campaña, le damos a guardar y listo. Véase la imagen 5.

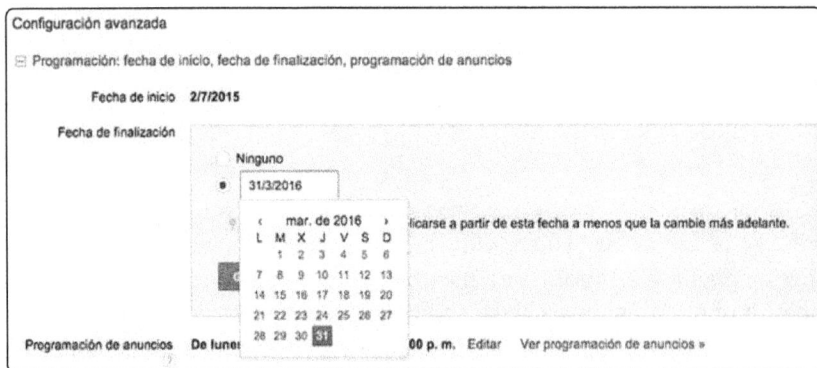

Figura 3.5

3.4 CAMPAÑAS Y OBJETIVOS

La forma más conveniente de estructurar nuestra cuenta de Adwords es a través de nuestros objetivos publicitarios. Podemos convertir cada uno de nuestros objetivos en campañas, de esta manera vamos a conseguir que nuestra cuenta se organice casi sin esfuerzo y de una manera fluida.

3.4.1 ¿Qué es un Objetivo?

Un objetivo publicitario o un objetivo de *marketing* es aquello que nos proponemos alcanzar en nuestro negocio en un determinado momento. Es lo primero que deberíamos hacer antes de invertir un solo euro en publicidad de cualquier tipo.

Al definir cada uno de tus objetivos detalladamente estarás determinando tus campañas y su configuración, ya que cada objetivo tendrá su presupuesto, fecha, ubicación, idioma, etc.

Déjame que te ponga un ejemplo real de uno de mis clientes para que lo entiendas mejor:

Se trata de una importante inmobiliaria situada en Marbella, Málaga, y en nuestra primera reunión hablamos sobre el tipo de objetivos que debíamos alcanzar con la publicidad en Google Adwords. Esta empresa inmobiliaria quería conseguir clientes en España y en Reino Unido que estuvieran buscando invertir o comprar una vivienda en Marbella. Además del idioma, debíamos tener otra cosa en cuenta, el perfil de cliente, ya que el británico, por ejemplo, necesita más tiempo para tomar una decisión y por consiguiente necesitaremos invertir más tiempo y dinero.

Por otro lado, la misma inmobiliaria alquilaba villas de lujo en verano para clientes españoles.

Teniendo en cuenta que cada una de las peticiones de nuestro cliente contaba con un presupuesto determinado, veamos cuales son nuestros objetivos:

1. Conseguir clientes en España para compra de vivienda en Marbella.

2. Conseguir clientes en Reino Unido para inversión y compra de vivienda en Marbella.

3. Conseguir clientes para alquiler en verano en España.

Como puedes ver ya tenemos definidas nuestras tres campañas y ni siquiera hemos tenido que entrar en Google Adwords. Las dos primeras son dos campañas diferenciadas por ubicación y presupuesto, la tercera por ubicación, presupuesto y fecha, ya que se trata una campaña en primavera y verano.

CUENTA		
Campaña: **Vivienda Marbella ES**	Campaña: **Vivienda Marbella UK**	Campaña: **Alquiler Verano Marbella ES**
Ubicación: España **Presupuesto:** XXX **Idiomas:** español	**Ubicación:** Reino Unido **Presupuesto:** XXXX **Idiomas:** inglés	**Ubicación:** España **Presupuesto:** XX **Idiomas:** español **Fecha:** mayo-agosto

Una vez que tengamos creadas nuestras campañas, empezaremos a establecer los grupos de anuncios que necesitemos para cada una y a investigar las palabras clave más interesantes que necesitemos para alcanzar a nuestros clientes potenciales.

Con este sencillo caso hemos visto lo fácil que resulta crear campañas a través de nuestras metas publicitarias, pero también puede ocurrir, y de hecho ocurre, que tengamos otros objetivos de *marketing* más interesantes o más centrados en nuestros productos o servicios.

Por ejemplo, puede que nuestro principal objetivo sea dar a conocer un producto totalmente nuevo, para lo que podemos utilizar la Red de Display. También podemos tener el objetivo de potenciar nuestra marca a nuestros usuarios habituales, o quizás queramos hacer que nuestros visitantes vuelvan a nuestra web, para lo que crearemos una campaña de *remarketing* en la red de *display*[9]. Todo esto lo veremos en el capítulo 8 con más detalle, pero resulta interesante notar que podemos desarrollar cualquier objetivo y concretarlo en nuestra cuenta a través de una buena organización.

Recuerda que siempre partiremos de nuestra campaña, que es donde se realizan los cambios más significativos y luego nos centraremos en los grupos de anuncios y palabras clave para lanzar el mejor anzuelo posible y captar la atención de nuestros clientes potenciales.

9   Capítulo 8 "*Remarketing*".

3.5 NAVEGANDO POR NUESTRAS CAMPAÑAS

Dejemos por un momento la teoría y vayamos a la práctica. En nuestra cuenta de Adwords, es importante saber ciertas cosas para que nos vaya todo como la seda en nuestras campañas.

Cada vez que accedemos a Google Adwords nuestra página de inicio será la pestaña principal de "Campañas" y lo primero que tenemos que configurar es el periodo de tiempo sobre el que queremos ver los resultados.

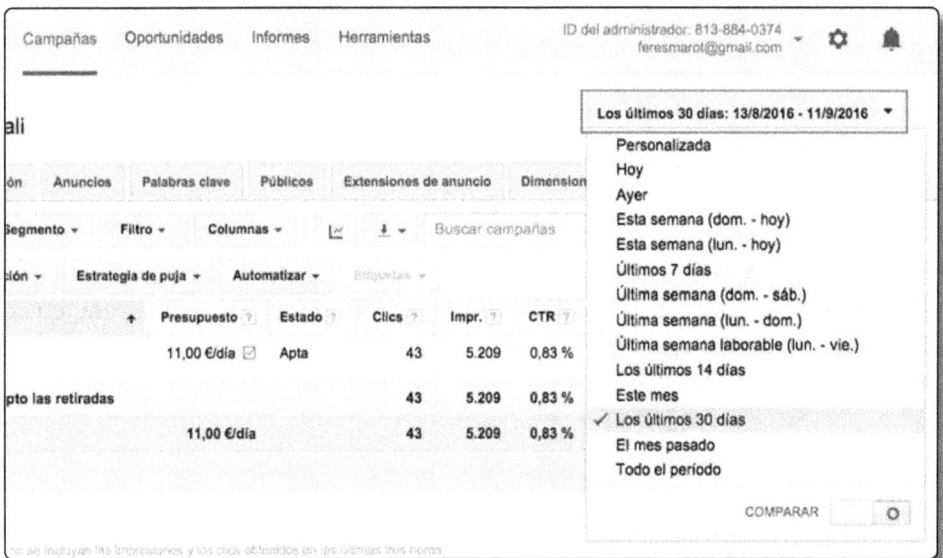

Figura 3.6

Como puedes ver en la imagen 6, tenemos varias opciones de tiempo para mostrar nuestros resultados, desde hoy mismo, ayer o incluso todo el periodo. Dependiendo de lo que queramos hacer, estableceremos un periodo u otro; por ejemplo, si quieres ir viendo cómo va tu campaña diaria, puedes ver los últimos siete días, si quieres un informe un poco más global para entregar a tu cliente, los últimos 30 días, el mes pasado, etc.

También disponemos de la posibilidad de personalizar el periodo de tiempo si es necesario, para ello hacemos clic en la opción "Personalizada" de nuestro menú de tiempo y Google nos mostrará dos campos para indicar fecha de inicio y final de nuestra consulta.

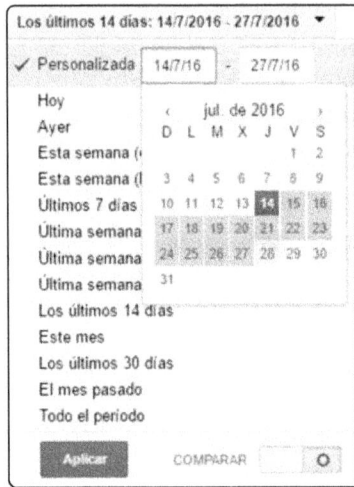

Figura 3.7

Google Adwords ha añadido recientemente la opción de "comparar" periodos de tiempo, lo que nos ofrece una información muy interesante y valiosa para tomar decisiones. Por ejemplo, podemos comparar el periodo que hayamos señalado, con uno anterior, o con el mismo periodo del año anterior, incluso podemos personalizarlo.

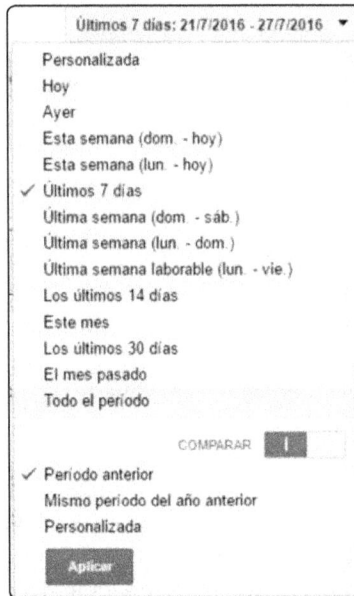

Figura 3.8

Una vez que le damos al botón "Aplicar" en una comparación de tiempos, Google nos añadirá un símbolo (+) en nuestras columnas de informes para hacer clic sobre él y mostrarnos la información de la comparativa.

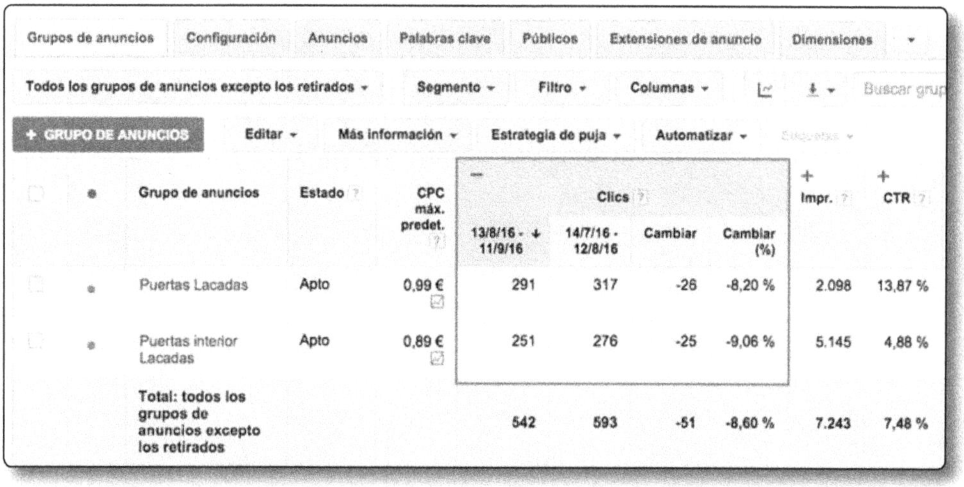

Figura 3.9

Como puedes observar en la imagen 9 vemos los clics de esta semana y de la anterior, y además nos ofrece la información de lo que ha cambiado y también el tanto por ciento. En este ejemplo, en nuestro primer grupo de anuncios hemos tenido once clics menos que la semana pasada, es decir, un 14,67% menos de clics que la semana anterior. Lo mismo podemos ver en las impresiones, CTR, costes, conversiones, etc. Una utilidad muy interesante sobre todo para tener los datos más rápido y poder tomar decisiones al momento sin tener que hacer demasiadas operaciones.

Seguimos en nuestra zona principal "Campañas" y vamos a ver algunos de los menús y opciones que podremos utilizar para configurar y optimizar nuestras campañas.

Para comprobar el rendimiento de una campaña y nuestros anuncios, empezaremos por seleccionar en el menú de árbol a la izquierda, la campaña o grupo de anuncios que queremos revisar.

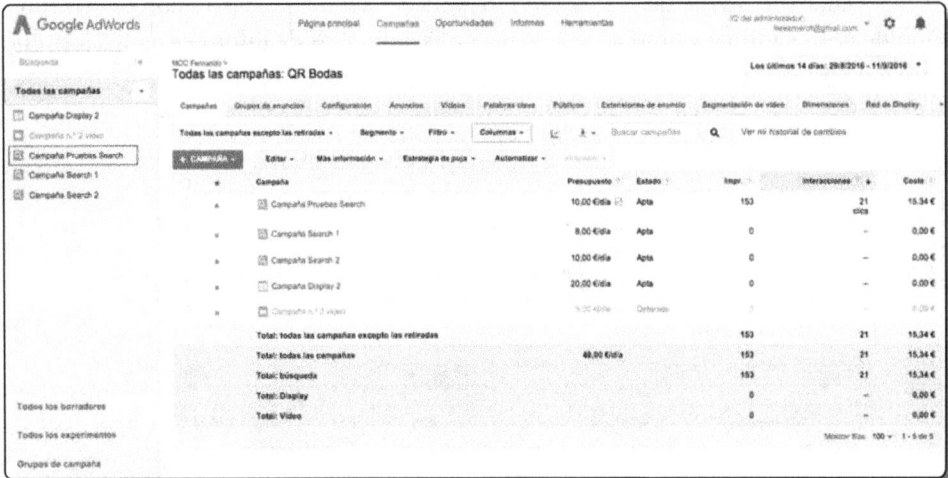

Figura 3.10

Podemos seleccionar nuestra campaña en el menú de árbol (*tree view*) a la izquierda o podemos hacerlo directamente en el panel de información, en cualquier caso nos mostrará los datos de nuestra campaña con las diferentes opciones y pestañas. Cada una de estas nos va a mostrar una vista diferente con datos de rendimiento, opciones de configuración y edición. Veamos cada una de ellas (imagen 11).

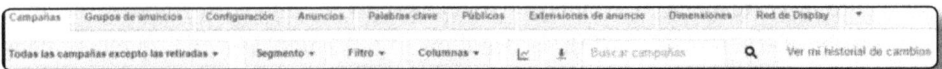

Figura 3.11

3.5.1 Campañas

Desde esta pestaña podremos analizar el rendimiento de todas nuestras campañas. Podemos comprobar en un solo vistazo las impresiones, presupuesto, conversiones y mucho más. Además podemos personalizar la forma en que vemos la información añadiendo o quitando columnas, creando segmentos y filtros. Esto lo podemos hacer con las opciones ("Filtro", "Segmento" y "Columnas") que tenemos justo debajo.

Por ejemplo, podemos listar las campañas que hayan tenido menos de 1000 impresiones en el último mes creando un filtro.

3.5.2 Grupos de anuncios

En esta pestaña analizaremos el rendimiento de nuestros grupos de anuncios de forma individual y nos permite ver muy clara la información que necesitamos para hacer cambios o mejoras.

3.5.3 Configuración

En esta pestaña configuramos todas las opciones que afectan a una campaña. Podemos editar toda la configuración, las ubicaciones, la programación de anuncios, segmentación por dispositivo, fecha de finalización, etc. Dentro de configuración podremos ver un submenú diferente con las siguientes opciones:

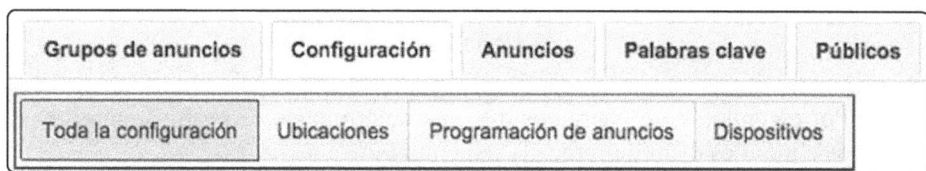

Grupos de anuncios	Configuración	Anuncios	Palabras clave	Públicos
Toda la configuración	Ubicaciones	Programación de anuncios	Dispositivos	

Figura 3.12

- ▶ **"Toda la configuración"**: nos permite acceder a los cambios generales de nuestra campaña, donde podemos editar cualquier parámetro, desde el nombre de la campaña, hasta el presupuesto diario.

- ▶ **"Ubicaciones"**: podemos ver la localización que hemos elegido, dónde se muestran nuestros anuncios y hacer cambios para añadir o excluir ubicaciones. Desde aquí también podremos aumentar o disminuir las pujas en diferentes lugares.

- ▶ **"Programación de anuncios"**: desde aquí podemos ver los resultados de nuestra programación de anuncios y realizar los cambios necesarios.

- ▶ **"Dispositivos"**: aquí podremos comprobar los resultados de nuestros anuncios en cada dispositivo, es decir, en ordenadores, móviles y tabletas. Si lo vemos oportuno Google nos permite aumentar o disminuir la puja para dispositivos móviles. De esta manera podremos controlar que nuestros anuncios se muestren más o menos en móviles. Para ello, hacemos clic en la columna "Ajuste de la puja" y elegimos aumentar o reducir un % Ver imagen 13.

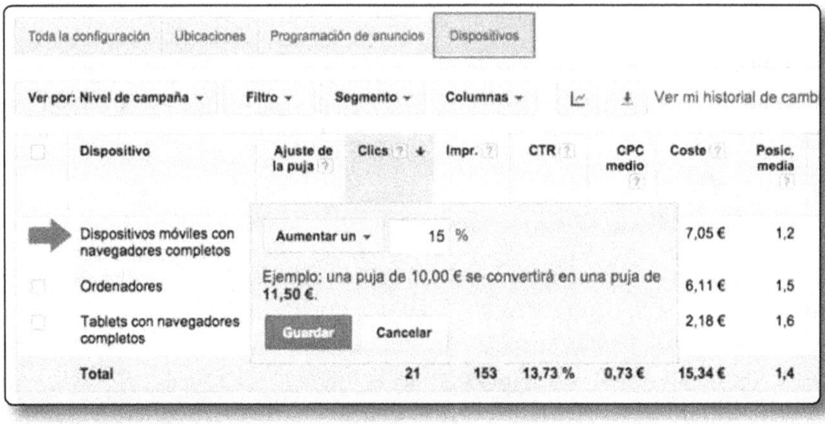

Figura 3.13

Por ejemplo, si no queremos que una determinada campaña se muestre en dispositivos móviles disminuiremos la puja un 100%.

3.5.4 Palabras clave

En esta pestaña accedemos al listado de palabras clave para administrarlas. Podremos ver los términos de toda una campaña, o seleccionar un grupo de anuncios determinado y ver el rendimiento de nuestras palabras clave. Al seleccionar esta subpestaña, veremos un submenú con las siguientes opciones:

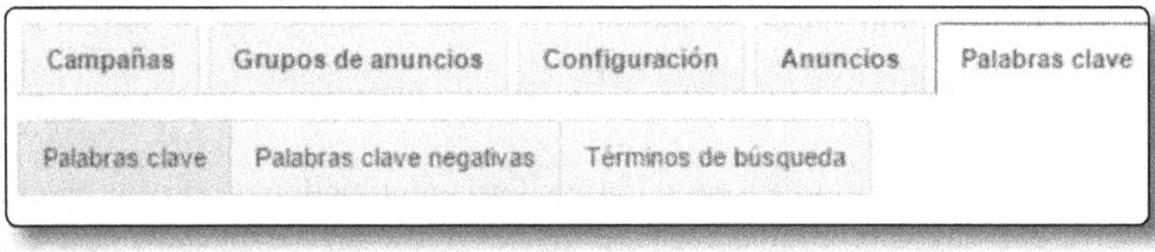

Figura 3.14

▶ **"Palabras clave":** nos muestra el listado de nuestros términos clave.

▶ **"Palabras clave negativas":** nos muestra nuestros listados de palabras negativas a nivel de grupo de anuncios y de campaña.

▶ **"Términos de búsqueda":** nos muestra un listado de las palabras o frases que están utilizando nuestros usuarios para realizar sus búsquedas y que activan nuestros anuncios. Esta opción es muy importante para encontrar las mejores palabras clave y también para descubrir negativas.

Este listado es una fuente de información muy provechosa, ya que nos está concretando los términos de búsquedas que están escribiendo nuestros clientes potenciales en Google. Si utilizamos concordancias amplias para nuestras palabras clave, deberemos vigilar este listado habitualmente para encontrar negativas y términos que no sean relevantes.

3.5.5 Extensiones de anuncios

En esta pestaña podremos seguir el rendimiento de las extensiones de anuncios que hayamos añadido. Las extensiones de anuncios son información adicional con la que podemos ampliar nuestros anuncios, como la dirección en el mapa de Google, el teléfono, enlaces de sitio, etc. Hablaremos más de las extensiones en el capítulo 5.

3.5.6 Dimensiones

En esta pestaña podremos desglosar la información que queramos en la dimensión que más nos interese analizar. Desde aquí podremos realizar informes con cualquier otro parámetro o pestaña de Adwords. Por ejemplo, podemos consultar tanto a nivel campaña como a grupo de anuncios las estadísticas por hora, día, mes o ubicación geográfica. Desde aquí podemos ver en qué hora del día tenemos más clics o conversiones y en qué zona geográfica y tomar medidas.

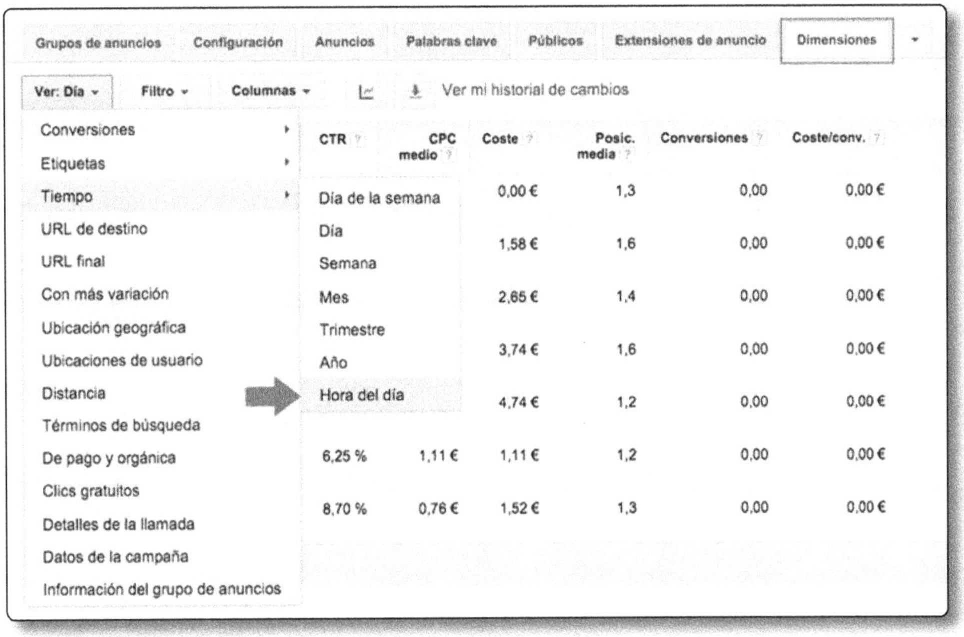

Figura 3.15

En "Dimensiones" podremos analizar información muy valiosa para hacer mejoras en nuestras campañas. Por ejemplo, si tenemos un presupuesto poco flexible, podemos hacer un informe para ver día, hora y ubicación geográfica dónde tenemos mejor CTR y coste por clic medio, para aumentar nuestra puja en estos parámetros y disminuirla en otros. También podemos comprobar a qué hora del día tenemos más conversiones, etc. Es una pestaña que debes probar e investigar.

3.5.7 Red de Display

Esta pestaña solo será visible si hemos seleccionado una campaña de la Red de Display o en el caso que estemos en "todas las campañas" y tengamos alguna de *display*. Desde aquí tenemos acceso a la administración de nuestras campañas de *display*. Lo veremos más en detalle en el capítulo 8.

Por último tenemos dos pestañas, ocultas por defecto, que podemos mostrar cuando nos convenga, se trata de "Públicos" y "Segmentación automática".

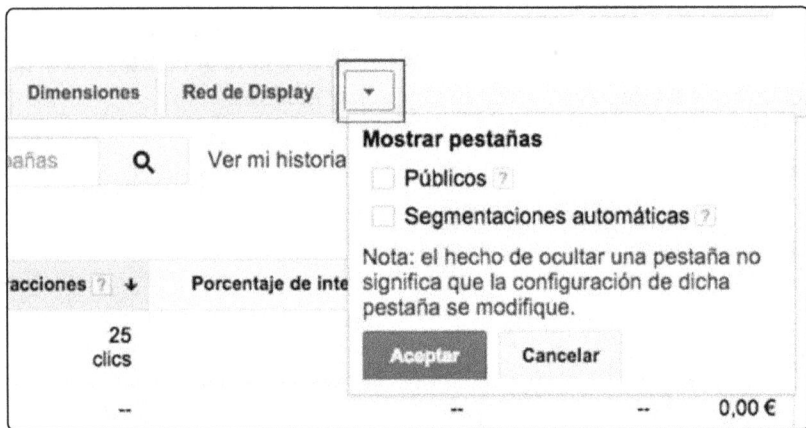

Figura 3.16

▼ **Públicos:** se utilizará cuando trabajemos con las listas de *remarketing* para búsquedas que veremos en el capítulo 8.

▼ **Segmentación automática:** se utilizan para anuncios de ficha de producto (Google Shopping) y anuncios dinámicos de búsqueda, lo veremos en los siguientes capítulos.

3.5.8 Métricas personalizadas

En nuestro panel central de información podemos personalizar nuestras estadísticas a nuestra conveniencia creando segmentos, filtros e incluso añadiendo u ocultando columnas. De manera que podamos configurar nuestros paneles de información a nuestro gusto y obtener la información más relevante en cada momento.

Para ello contamos con las opciones que puedes observar debajo de cada pestaña.

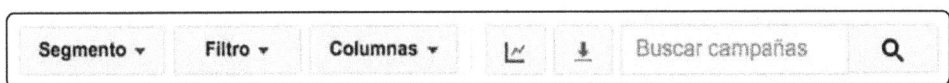

Figura 3.17

Todas estas opciones de "Segmentar" y "Crear filtros" las veremos más adelante, pero ahora veamos con más detalle cómo podemos personalizar las columnas de nuestro panel para mostrar las que vamos a necesitar y ocultar las demás.

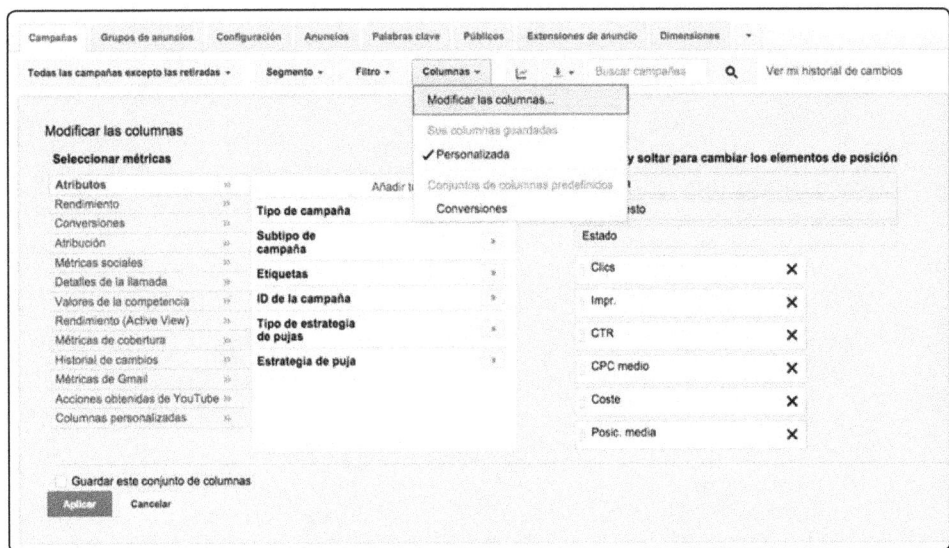

Figura 3.18

Hacemos clic en la opción "Columnas" y le damos a "Modificar las columnas…", a continuación se nos abre el panel con todas las opciones disponibles para personalizar nuestra vista de columnas, lo primero que debemos hacer es seleccionar una métrica en la columna de la izquierda, nos mostrará todas las columnas disponibles, luego añadimos o quitamos columnas a nuestra conveniencia. Pruébalo, es muy sencillo.

La mejor manera de empezar a probar todas estas herramientas es creando nuestra primera campaña en Google Adwords, así que prepárate, vamos a despegar.

4

TU PRIMERA CAMPAÑA EN GOOGLE ADWORDS

Es hora de comenzar a remangarse y ponerse manos a la obra en Google Adwords, no sin antes saber lo que estamos haciendo y por eso, hemos llegado hasta aquí habiendo tenido en cuenta cierta teoría que nos va a ayudar bastante en nuestros siguientes pasos.

Una de las particularidades de Google Adwords, es conocer a fondo, no solo la herramienta y su uso, sino todo un conjunto de métricas y términos que nos vamos a ir encontrando paso a paso en el proceso de creación de nuestras campañas. Al final de este libro encontrarás un glosario de términos donde te explico cada término y métrica que vayamos a encontrar, de manera que puedas consultarlo en cualquier momento.

Así que vamos a comenzar a crear nuestra primera campaña y lo primero que necesitamos es saber el tipo de campaña que vamos a crear. Como podrás observar, Google nos ofrece una variedad cuando pulsamos **"Nueva Campaña"**. En el capítulo anterior hemos hablado de la importancia de organizar nuestra cuenta y de estructurar acertadamente nuestras campañas teniendo en cuenta nuestros objetivos. Ha llegado el momento de ponerlo en práctica y escoger bien el tipo de campaña que vamos a necesitar.

Lo primero que tenemos que hacer es seleccionar "Todas las campañas" en nuestro menú principal de campañas a la izquierda, y seleccionamos la pestaña "Campañas". Podremos ver la opción de crear una nueva, pulsamos el botón y se nos desplegará un menú para elegir el tipo de campaña.

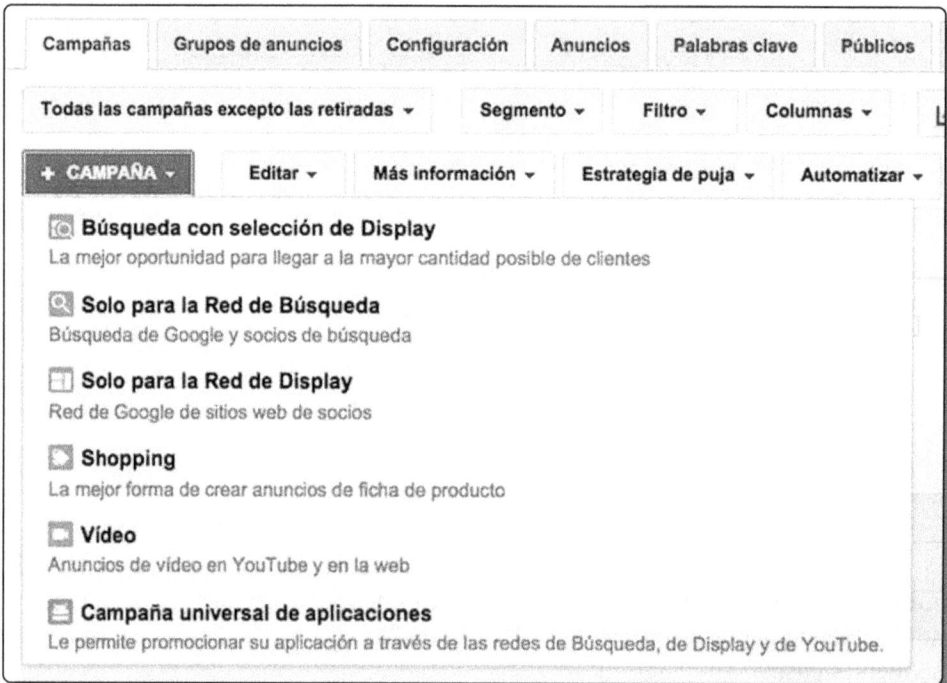

Figura 4.1

Como podrás observar en la imagen 1, actualmente disponemos de 6 tipos diferentes de campañas para elegir, hasta que Google decida añadir o quitar alguno más, cosa que pasa más a menudo de lo que parece[10], en cualquier caso deberemos elegir en función de nuestros objetivos publicitarios, por ejemplo, si quiero que mis anuncios se muestren en los resultados de Google.com lo ideal sería una campaña solo para la Red de búsquedas.

Cada tipo de campaña determina aspectos como dónde se muestran nuestros anuncios y qué formatos podemos utilizar, por ejemplo, texto, imágenes o vídeo. Veamos cada uno de estos tipos de campaña más de cerca.

---

10 Google realiza cambios en su herramienta a menudo para aumentar la eficacia y las posibilidades de los anunciantes.

4.1 RED DE BÚSQUEDAS

Este es el tipo de campaña que debemos elegir si queremos que nuestros anuncios se muestren en los resultados de Google (SERP[11]) incluyendo los *partners* de Google, es decir, otras webs que contienen buscadores y que ofrecen los resultados del motor de búsquedas de Google.

4.1.1 Red de display

Es la red de Google que permite mostrar nuestros anuncios en otras páginas web. Estas son miles, mejor dicho, millones de páginas por todo el mundo que ofrecen su espacio publicitario para los anuncios de Google. Seguro que cada día ves algunos de estos cuando estás navegando en internet. Estas webs son de temática variada y podremos elegir el mejor método de segmentación para colocar nuestros anuncios en el sitio perfecto para llegar a nuestra audiencia.

A través de esta red también podremos poner anuncios en aplicaciones para móviles o tabletas.

En la Red de Display de Google podemos utilizar anuncios de texto, imágenes, vídeo y Rich Media. Hablaremos más en detalle de esta red en el capítulo 8.

4.1.2 Red de búsquedas con selección de display

Este tipo de campaña puede parecer confuso, pero se trata de una combinación interesante que han desarrollado los chicos de Google para conseguir mejores resultados, sobre todo para captación de *leads*[12], aunque no sería recomendable para una tienda *online*. Este tipo de campaña nos ayuda a llegar a nuestros usuarios cuando estos buscan en Google o visitan sitios web.

Se trata de una campaña de búsquedas que destina una parte del presupuesto a la Red de Display con la particularidad de que se enfoca en el usuario con más posibilidades de convertir.

En versiones anteriores de Adwords se podía hacer campañas conjuntas de búsqueda y *display*, lo que no era demasiado rentable, ya que se trata de objetivos

---

11   *Search Engine Results Pages.*

12   Clientes potenciales.

diferentes y no se recomendaba hacerlo. Pero en este caso, los ingenieros de Google han dado una vuelta de tuerca más a la herramienta para sacarle el mayor provecho a este tipo de campañas, teniendo en cuenta los intereses del usuario para mostrarles nuestros anuncios. En definitiva es un tipo de campaña para experimentar.

4.2 SHOPPING

Nos permite promocionar nuestro catálogo de productos, ya sea de nuestra tienda *online* o comercio local, de una manera más detallada y enfocada al usuario, de manera que este pueda ver la información acertada cuando realiza una búsqueda. Este tipo de campañas incluye fotos de nuestro producto, precio, nombre de la tienda y mucho más. Al final de este capítulo hablaremos un poco más sobre este tipo de campañas.

Figura 4.2

4.3 VÍDEO

Este tipo de campaña nos permite crear anuncios de vídeo en YouTube y en la red de *partners* de vídeo de Google. Una opción muy interesante que veremos más adelante en el capítulo 13.

4.4 APPS

Es el tipo de campaña que debes elegir si quieres promocionar una *app* en la Google Play Store, en las búsquedas de Google y la Red de Display con la posibilidad de promocionar nuestra *app* dentro de otras *apps*. Hablaremos más detalladamente sobre el lanzamiento de tus *Apps* en el capítulo 10.

Bien, ya hemos visto los diferentes tipos de campaña que podemos crear, ahora nos toca configurar el que hayamos elegido para nuestra primera campaña. Cada uno de estos tipos de campaña tiene una configuración específica, aunque todos comparten los aspectos más importantes como la ubicación, idioma, puja y presupuesto diario.

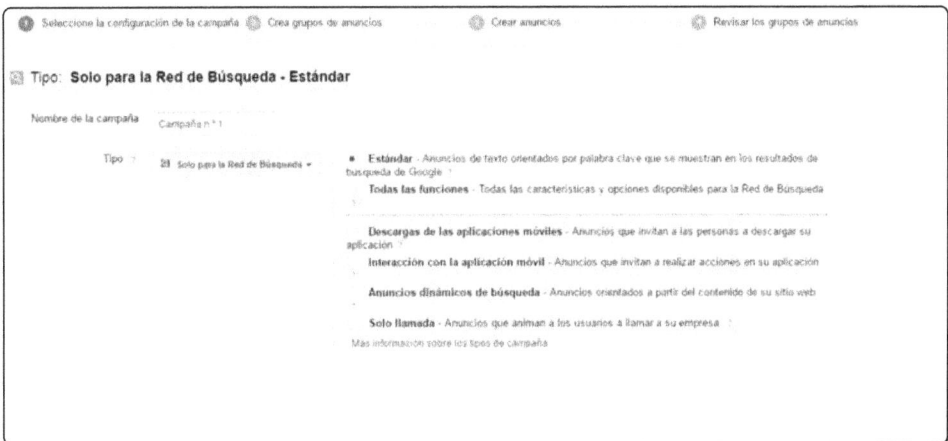

Figura 4.3

Una vez hemos elegido el tipo de nuestra campaña accederemos al panel de configuración y comenzaremos a conformar todos los aspectos de nuestra campaña, empezando por el nombre de esta. Asegúrate de poner un nombre descriptivo a tu campaña para que en un solo vistazo sepas de cual se trata, como mencionamos anteriormente, es aconsejable indicar en el nombre lo que identifique mejor nuestra campaña, por ejemplo, si tenemos una campaña para la red de búsquedas en Barcelona para promocionar un producto X, la podremos llamar "Producto X Bcn Búsquedas". En el caso de que no pongamos nombre a nuestra campaña, Google nos pondrá por defecto el nombre "Campaña nº 1", en el caso que sea la primera.

A la derecha en la imagen 3, podrás ver diferentes opciones para detallar nuestra configuración de campaña un poco más. Por ejemplo, podemos elegir entre una configuración **estándar** o una con **todas las funciones** disponibles, esta última nos dará muchas más opciones de configuración y control sobre nuestra campaña.

Veamos las otras opciones de tipos de campaña especializados:

▼ **Instalaciones de las aplicaciones móviles:** esta opción nos permite crear anuncios que lleven a nuestros usuarios a los sitios de descargas de aplicaciones, en el caso que estemos promocionando una *app* en la red de Búsquedas / Display y YouTube.

▼ **Interacción con la aplicación móvil:** esta opción nos permite crear anuncios para que los usuarios de una *app* la utilicen de algún modo. Para ello deben tenerla ya instalada en su dispositivo. Con estos anuncios se pretende la interacción del usuario en la aplicación.

▼ **Anuncios dinámicos de búsqueda:** son anuncios que se mostrarán en función del contenido de nuestro sitio web, es decir, no necesitaremos listas de palabras clave. Tiene sus ventajas e inconvenientes, lo veremos más adelante.

▼ **Solo llamada:** esta opción es muy interesante ya que nos permite crear campañas para captar únicamente llamadas y solo aparecen en dispositivos que permitan que se realicen llamadas, como *smartphones* y tabletas. Al hacer clic sobre este tipo de anuncios se realiza una llamada.

Llamar a: 555-555-222
Anuncio www.Ejemplo.com
Linea Descriptiva 1
Linea Descriptiva 2
📞 Call

Figura 4.4

Siguiendo con nuestra configuración, hemos elegido tipo de campaña para la red de búsquedas con todas las funciones y lo siguiente que nos encontramos es la configuración de redes, donde podemos incluir o excluir a los *partners* de búsqueda.

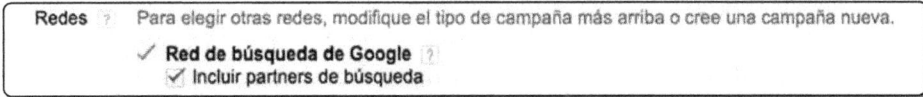

Figura 4.5

Los *partners* de búsqueda son sitios web fuera de Google que disponen de buscadores y ofrecen los resultados de Google, de manera que nuestros anuncios puedan salir en dichas páginas web, además de los resultados de Google.

4.5 CONFIGURACIÓN DE DISPOSITIVOS

Por defecto, nuestros anuncios en Google se muestran en todos los dispositivos disponibles, es decir, en ordenadores de sobremesa, móviles y tabletas, ya que Google apuesta por el entorno multidispositivo, ya presente en nuestro día a día, donde se utiliza internet desde cualquier parte.

Dentro de nuestros anuncios podremos indicar que estos se optimicen para dispositivos móviles con mayor o menor exposición, según nuestras necesidades, ya que puede ocurrir que en algunas ocasiones no tengamos necesidad de que nuestros anuncios se muestren en móviles y en otras sí. También podremos ajustar las pujas para los diferentes dispositivos en la pestaña "Configuración". Lo veremos en el capítulo 6.

4.6 UBICACIONES

Esta es una parte importante de nuestra configuración de campaña, ya que desde aquí, vamos a decidir, dónde se van a mostrar nuestros anuncios y además con una precisión asombrosa.

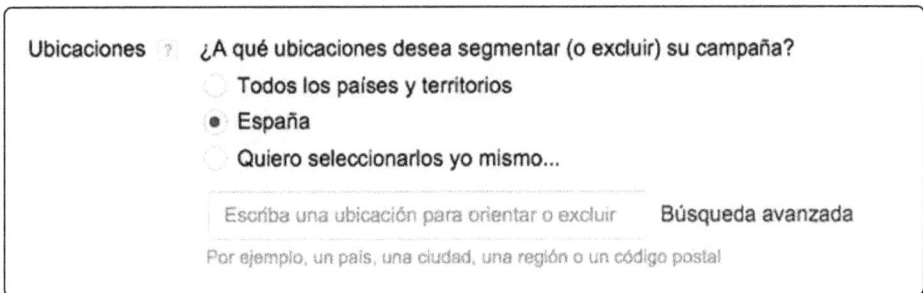

Figura 4.6

Podemos orientar nuestros anuncios a uno o varios países, ciudades, regiones e incluso a códigos postales[13]. También podemos seleccionar un punto del mapa o buscar una localidad en el cuadro de búsquedas y decidir la cobertura en kilómetros para que se muestren nuestros anuncios.

También podremos segmentar por grupos de ubicaciones, como sitios de interés, e incluso por datos demográficos como tramo de ingresos.

En realidad podemos hacer casi cualquier cosa para ubicar nuestros anuncios en el sitio que queramos. Veamos un ejemplo de una ubicación sencilla en la imagen 7.

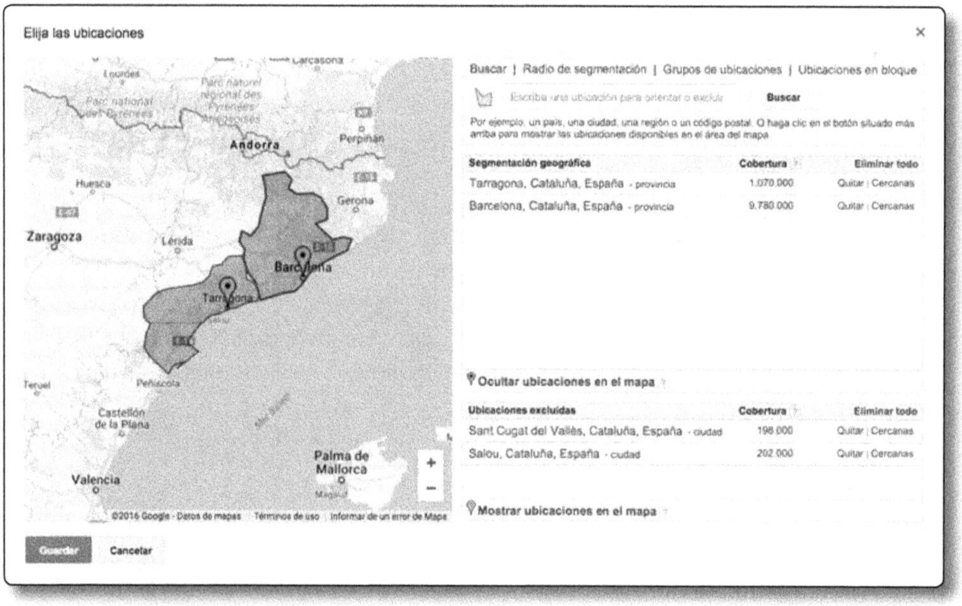

Figura 4.7

En este ejemplo hemos seleccionado como ubicaciones para nuestra campaña, Barcelona y Tarragona, y hemos excluido las poblaciones de San Cugat del Valles y Salou. Así que nuestros anuncios saldrán en Barcelona y Tarragona, pero no en San Cugat del Valles ni en Salou.

Para añadir o excluir ubicaciones podemos escribir una ubicación en el campo de búsquedas y elegir las alternativas en el desplegable.

---

13   Sólo disponible en EE.UU., Reino Unido, Canadá y Alemania.

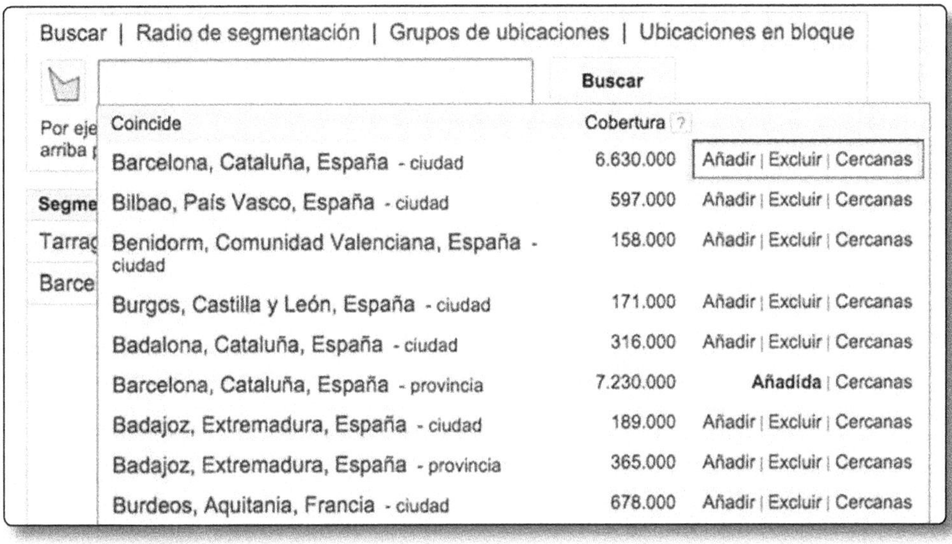

Figura 4.8

Veamos otro ejemplo de ubicación muy interesante. Se trata de utilizar el radio de segmentación donde podremos acceder a una zona concreta, barrio, calle, etc., y crear un radio de cobertura en kilómetros o millas.

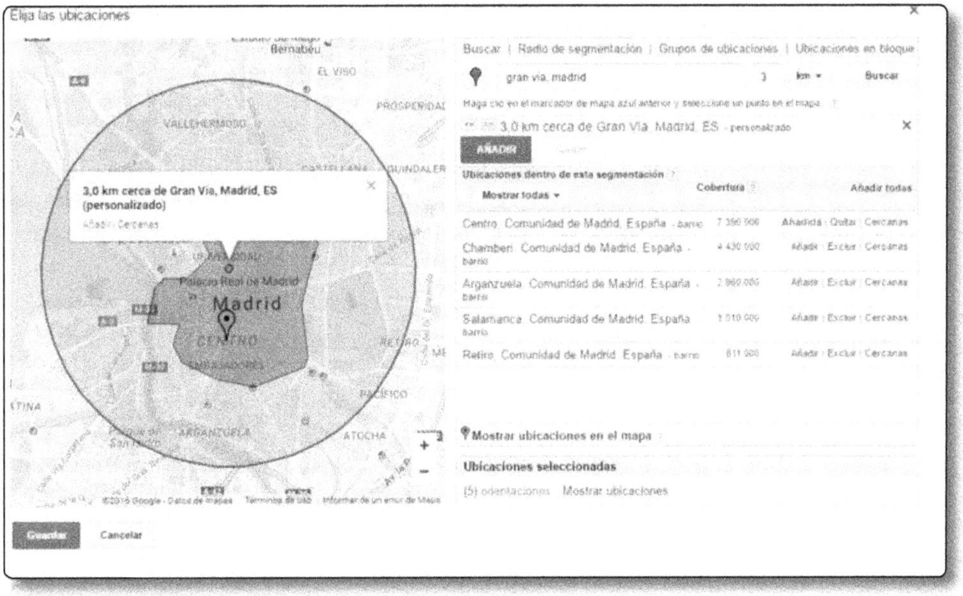

Figura 4.9

Además, Google nos ofrece más ubicaciones cercanas y que se encuentran dentro de la segmentación que hemos elegido. Como puedes observar, tenemos a nuestra disposición una súper herramienta de ubicaciones en la que podemos hacer casi cualquier cosa.

Más adelante, en nuestros informes podremos comprobar nuestro rendimiento por ubicaciones y optimizar nuestras pujas en función de cada emplazamiento, y así poder aumentar la exposición de nuestros anuncios en donde son más rentables y disminuir aquellos que lo son menos.

4.6.1 Opciones de ubicación (avanzadas)

Una vez hemos seleccionado dónde se mostrarán nuestros anuncios, todavía nos queda un paso más: se trata de la ubicación de las personas que van a ver nuestros anuncios. Pueden darse ciertos supuestos que debemos tener en cuenta. Veamos las opciones:

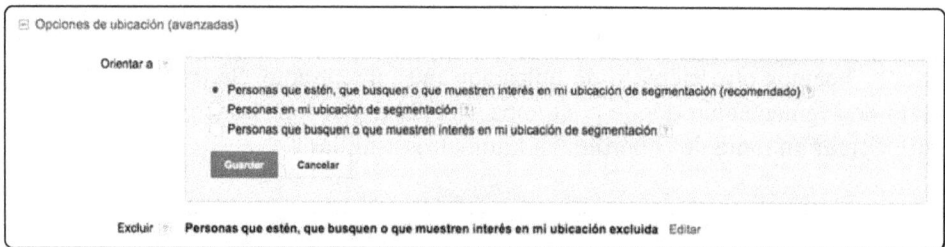

Figura 4.10

Por ejemplo, puede ocurrir que tengamos un hotel en Madrid y tengamos nuestra campaña ubicada solo en Madrid, pero alguien en Barcelona o en cualquier otra ciudad puede buscar un hotel en Madrid, y para tener esto en cuenta existen estas opciones de ubicación avanzadas. En este caso orientamos nuestros anuncios en la primera opción: "Personas que estén, que busquen o que muestren interés en mi ubicación de segmentación".

La segunda opción, "Personas en mi ubicación de segmentación" no deja lugar a dudas, los anuncios se mostrarán a las personas que se encuentren físicamente en nuestra ubicación seleccionada, aunque demuestren interés en otras ubicaciones en sus búsquedas.

La tercera opción, "Personas que busquen o que muestren interés en mi ubicación de segmentación", mostrará nuestros anuncios a aquellos que especifiquen en sus búsquedas nuestra ubicación. Dónde se encuentren físicamente es irrelevante.

También podemos excluir personas con estos mismos métodos de ubicación avanzados.

4.7 IDIOMAS

Esto es bien sencillo, se trata de elegir los idiomas que hablan las personas que verán nuestros anuncios, teniendo en cuenta, por supuesto, los idiomas que se hablan en las ubicaciones que hayamos seleccionado. En cualquier caso Google nos recomendará los idiomas a seleccionar, en este caso podemos hacer una excepción y hacerle caso.

Lo que debemos tener en cuenta es que si seleccionamos dos idiomas como inglés y español en nuestra campaña, dispongamos de anuncios con palabras clave en estos dos idiomas.

Figura 4.11

4.8 ESTRATEGIA DE PUJA Y PRESUPUESTO

Aquí vamos a definir nuestros costes por clic y presupuesto diario para nuestra campaña, dejaremos CPC Manual para decidir nosotros mismos el coste que estamos dispuestos a pagar por cada clic. Hablaremos de las demás opciones, como el CPC mejorado y las estrategias de pujas automatizadas en los siguientes capítulos, ya que se trata de herramientas un poco avanzadas y necesitaremos entender algunos conceptos más.

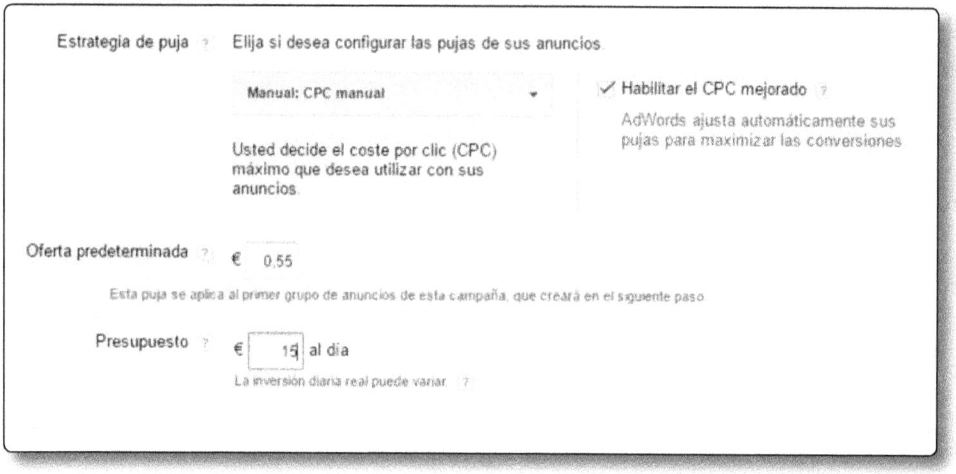

Estrategia de puja   ?   Elija si desea configurar las pujas de sus anuncios.

Manual: CPC manual   ✓ Habilitar el CPC mejorado ?

Usted decide el coste por clic (CPC)   AdWords ajusta automáticamente sus
máximo que desea utilizar con sus   pujas para maximizar las conversiones
anuncios.

Oferta predeterminada ?   €   0.55

Esta puja se aplica al primer grupo de anuncios de esta campaña, que creará en el siguiente paso.

Presupuesto ?   €   15 al día

La inversión diaria real puede variar. ?

Figura 4.12

4.9 FORMA DE PUBLICACIÓN (AVANZADO)

En esta opción vamos a elegir cómo se publican nuestros anuncios durante el día. Podemos optar por la forma **Estándar** en la que Adwords intentará que se publiquen de la manera más continuada posible durante 24h o el horario que hayamos programado. Esto puede resultar interesante cuando tengamos una campaña con muchas impresiones y un presupuesto limitado, así Google se encargará de que nuestros anuncios se muestren durante todo el día, aunque no se mostrarán siempre.

Por otro lado tenemos la forma **Acelerada** en la que se publican nuestros anuncios mientras haya presupuesto disponible, hasta que este se agote.

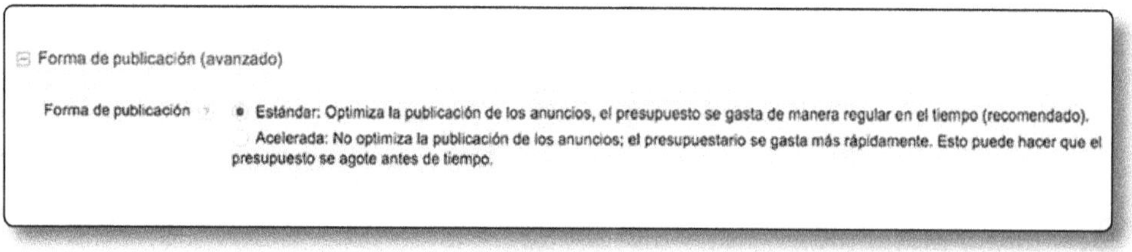

Forma de publicación (avanzado)

Forma de publicación ?   • Estándar: Optimiza la publicación de los anuncios, el presupuesto se gasta de manera regular en el tiempo (recomendado).
Acelerada: No optimiza la publicación de los anuncios; el presupuestario se gasta más rápidamente. Esto puede hacer que el presupuesto se agote antes de tiempo.

Figura 4.13

4.10 EXTENSIONES DE ANUNCIO

Las extensiones de anuncios son una utilidad muy interesante para reforzar el mensaje publicitario de nuestros anuncios, ya que nos permite ampliar la información incluyendo enlaces diferentes, localización en el mapa de Google de nuestro negocio, número de teléfono, textos destacados, reseñas, etc.

Cuando creamos una campana nueva podemos incluir aquí las extensiones de nuestros anuncios, aunque también podemos configurarlas en la pestaña "Extensiones de anuncios" en las campañas existentes.

Hablaremos más en detalle de las extensiones y su configuración en el capítulo 5.

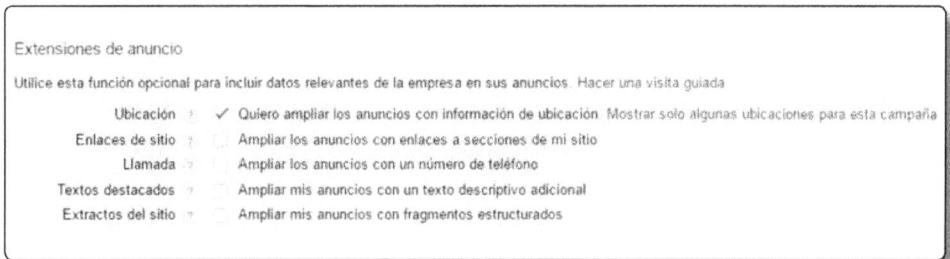

Figura 4.14

Y llegamos a la configuración avanzada. Pero tranquilos/as, no es nada complicado, tan solo nos queda la programación de anuncios, publicación y rotación de anuncios, anuncios dinámicos y opciones de URL. Tómate un respiro y continuamos.

4.11 PROGRAMACIÓN DE ANUNCIOS

Fácil, desde aquí podemos poner fecha de finalización a nuestras campañas, las que lo necesiten, y podemos programar el horario en el que se muestran nuestros anuncios cada día de la semana.

Si tenemos un comercio o negocio con horario específico y queremos publicar nuestros anuncios en ese mismo horario, es aquí donde lo programaremos. Lo podremos modificar siempre que lo necesitemos, además podremos automatizar las pujas en días y horarios concretos, como veremos en capítulos posteriores.

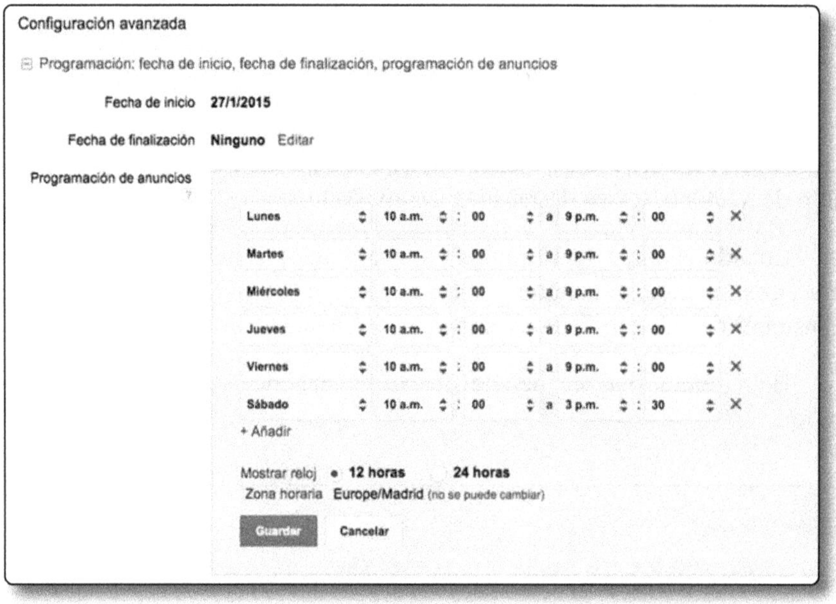

Figura 4.15

En el caso que realicemos campañas promocionales para ofertas especiales en días o fechas determinadas, no te olvides de utilizar esta opción para asegurarte que tu campaña finalizará en el día señalado. Así no tendrás que estar pendiente de desactivarla tu mismo.

4.12 PUBLICACIÓN DE ANUNCIOS: ROTACIÓN DE ANUNCIOS

Normalmente tendremos más de un anuncio en nuestros grupos de anuncios, cosa que es bastante recomendable, y aquí le diremos a Google cómo queremos que los publique. Por ejemplo, si tenemos dos anuncios, Google no puede mostrarlos a la vez, así que aquí le informaremos cómo debe publicarlos para que obtengan el mejor rendimiento posible o lo que hayamos decidido nosotros según nuestros objetivos.

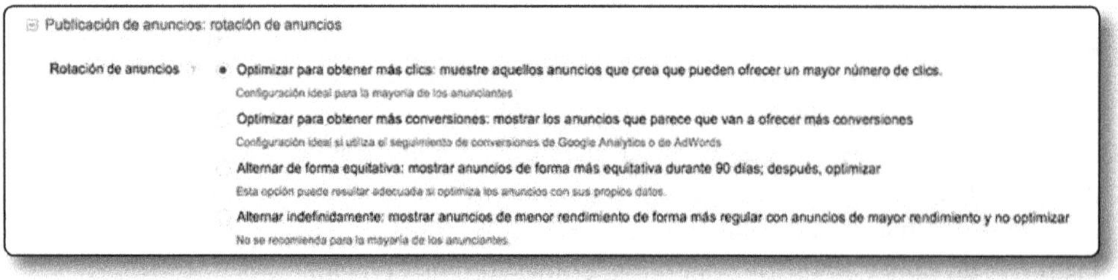

Figura 4.16

4.13 ANUNCIOS DINÁMICOS DE BÚSQUEDA

Esta opción nos permite crear anuncios dinámicos de manera que los creará Google por nosotros tan solo escaneando nuestra web. Con su sistema rastreará nuestro contenido web y creará las palabras clave, así como los anuncios para orientarlos automáticamente a consultas de búsqueda relevantes. Básicamente le decimos a Google que se encargue de todo. No obstante, no es una opción interesante para todo el mundo como veremos más adelante.

Figura 4.17

De momento no haremos nada con los anuncios dinámicos, ya que tenemos que aprender a crear nuestros propios anuncios y ocuparnos de todo su mantenimiento.

Todo aquello que sea dinámico y automático en Adwords debemos utilizarlo cuando tengamos bien claro cómo funciona y la suficiente experiencia para saber cómo nos será rentable y beneficioso.

4.14 OPCIONES DE URL DE CAMPAÑA (AVANZADAS)

Esta es una opción que nos da la posibilidad de agregar parámetros adicionales[14] a nuestras URL´s para mediciones más precisas y externas de nuestras campañas así que, de momento, no vamos a utilizar estas opciones.

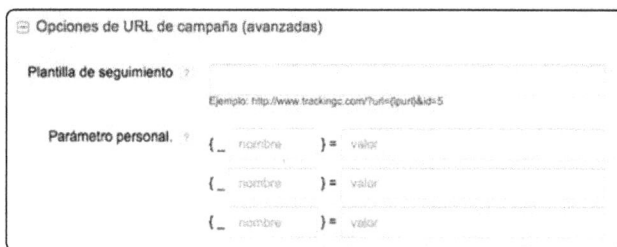

Figura 4.18

14 *https://support.google.com/adwords/answer/6277564*

Ha llegado la hora de darle al botón **"Guardar y Continuar"** y ya hemos configurado nuestra primera campaña. Puede parecer un proceso largo y tedioso, pero eso solo es la primera vez, luego lo harás con los ojos cerrados, además, recuerda que tenemos disponible la opción de cargar una configuración de campaña ya existente, para cuando vayamos a crear nuevas campañas.

Lo único que nos queda ahora es empezar a crear nuestros anuncios y eso es justo lo que vamos a hacer en el próximo capítulo, pero antes, hablemos de los anuncios de ficha de producto.

4.15 GOOGLE SHOPPING

Antes hemos mencionado este tipo de campañas tan peculiar e innovadora que nos permite poner nuestro anuncio de ficha de productos directamente en el buscador de Google, con imágenes, descripción, precio y mucho más. Además nos permite alojar nuestro inventario de productos en la sección de *shopping* de Google, toda una oportunidad para nuestras ventas.

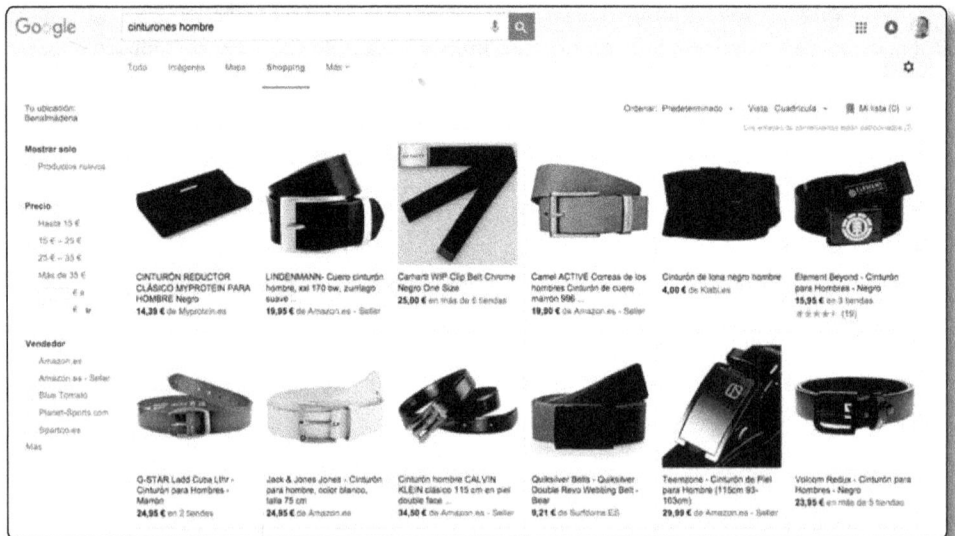

Figura 4.19

Vamos a ver de una forma rápida, el camino que tenemos que seguir para crear este tipo de campañas y conseguir poner nuestros productos delante de nuestros clientes potenciales.

4.15.1 ¿Qué vamos a necesitar?

Lo primero de todo, puede parecer obvio, y se trata de que dispongamos de una tienda *online* o física donde disponemos de nuestro catálogo de productos. Nuestra tienda *online* debe cumplir todos los requisitos de calidad y las políticas de Google Shopping.[15]

Una vez que tenemos nuestra tienda *online*/*offline* y nuestro inventario en perfectas condiciones, el siguiente paso es definir el catálogo de productos que vamos a promocionar a través de nuestras campañas y crear un ***feed* de datos**.

El *feed* de datos es el punto clave de nuestras campañas de *shopping* y se trata de una hoja de cálculo con el inventario de los productos que vamos a promocionar. El *feed* de datos debe seguir las normas y requisitos que nos exige Google teniendo en cuenta factores como el país donde nos vamos a anunciar, tipos de productos, etc.

Otro requisito indispensable para crear nuestras campañas de Google Shopping es que tengamos una cuenta de Google Merchant[16]Center, que debemos enlazar con nuestra cuenta de Adwords.

Recapitulando y para que lo tengamos un poco más claro:

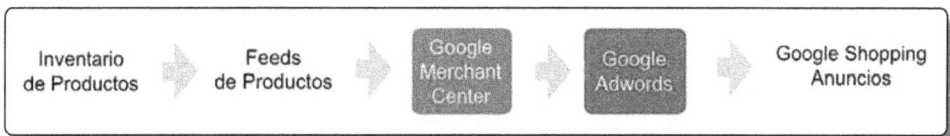

Figura 4.20

1. Nuestro catálogo de productos disponibles para las campañas de *shopping*.
2. Crear el *feed* de productos.
3. Crear cuenta de Google Merchant Center y enlazar con Adwords.
4. Creación de campañas de *shopping* en Adwords.

Ya sé que puede parecer un poco complejo, pero de momento es la única fórmula disponible, quizás en un futuro cercano, Google Adwords contenga todos los datos para este tipo de campañas en la propia herramienta de Adwords.

---

15   *https://support.google.com/merchants/answer/6149970?hl=es*

16   *https://merchants.google.com/Signup*

4.15.2 ¿Cómo creamos el feed de datos?

El *feed* de datos debe especificar el catálogo de nuestros productos siguiendo las especificaciones y estándares de Google, lo podemos comprobar aquí: *https:// support.google.com/merchants/answer/1344057*

En nuestro *feed* de datos, debemos incluir los datos de nuestros artículos como:

1. Id de producto.
2. Título del producto.
3. Descripción del producto.
4. Categoría de producto.
5. Enlace del producto a la tienda.
6. Enlace de imágenes.
7. Estado del producto (*New/Used*).
8. Disponibilidad.
9. Precio.
10. Marca.
11. Etc.

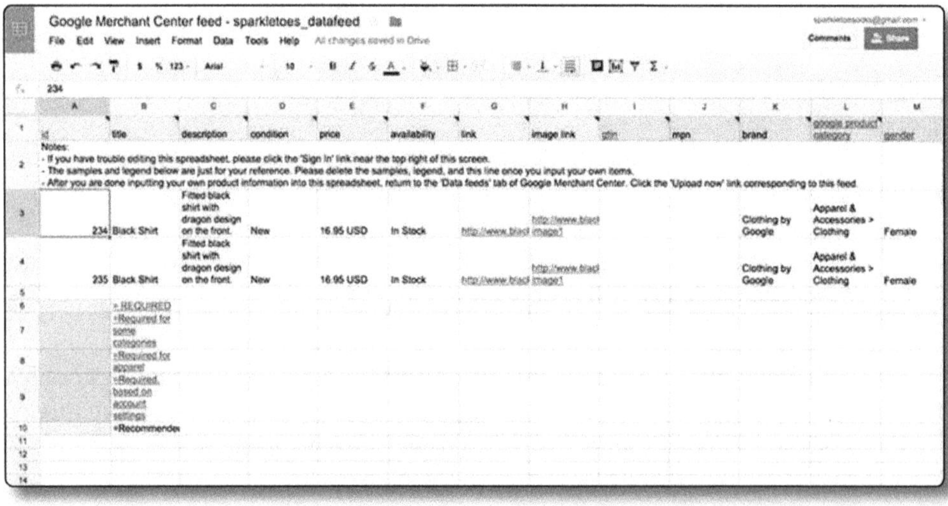

Figura 4.29 (Plantilla de *feed* de productos)

La creación del *feed* de datos dependerá de nuestro tipo de producto y del país donde lo vayamos a promocionar. Recuerda que se trata de una hoja de cálculo, que puedes crear en Google Drive o en cualquier *software*, luego deberás guardarlo en formato .txt antes de subirlo a Google Merchant Center.

Así que lo primero que tenemos que hacer es darnos de alta en Google Merchant Center con la misma cuenta de Google que utilizamos para Adwords.

Accedemos aquí: *https://www.google.com/retail/merchant-center/*

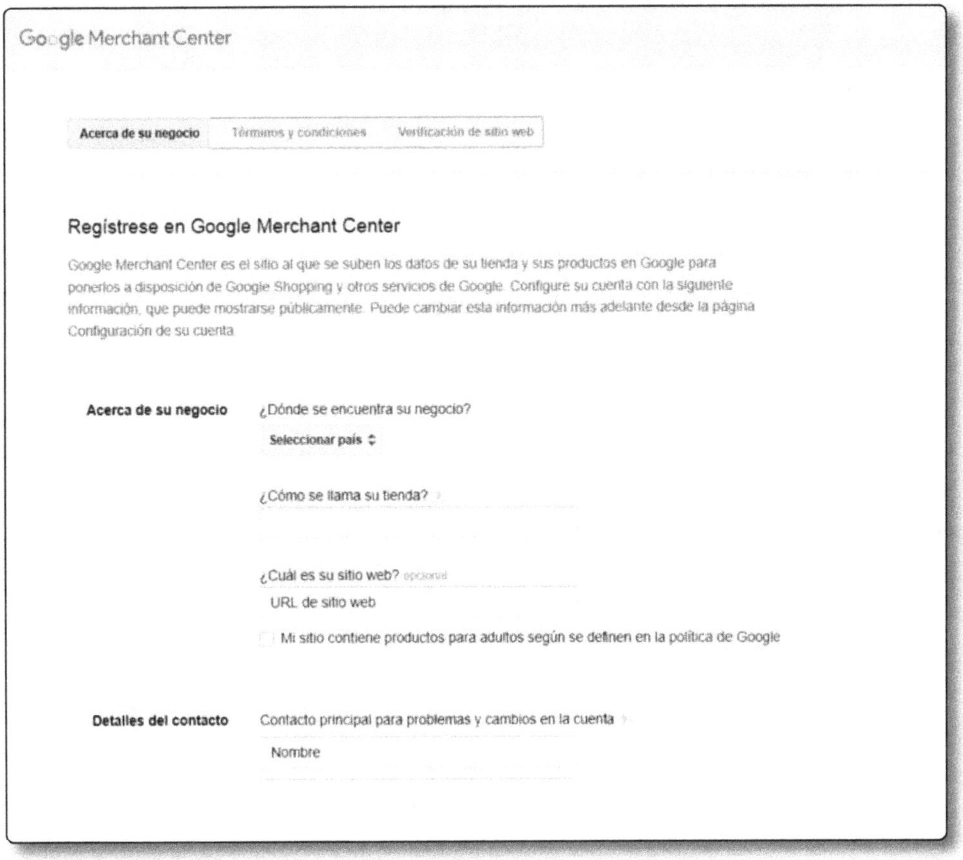

Figura 4.21

Una vez rellenemos los datos en la cuenta de Merchant, Google nos pedirá verificar nuestro sitio web, para lo que deberemos incluir un archivo HTML en nuestro dominio.

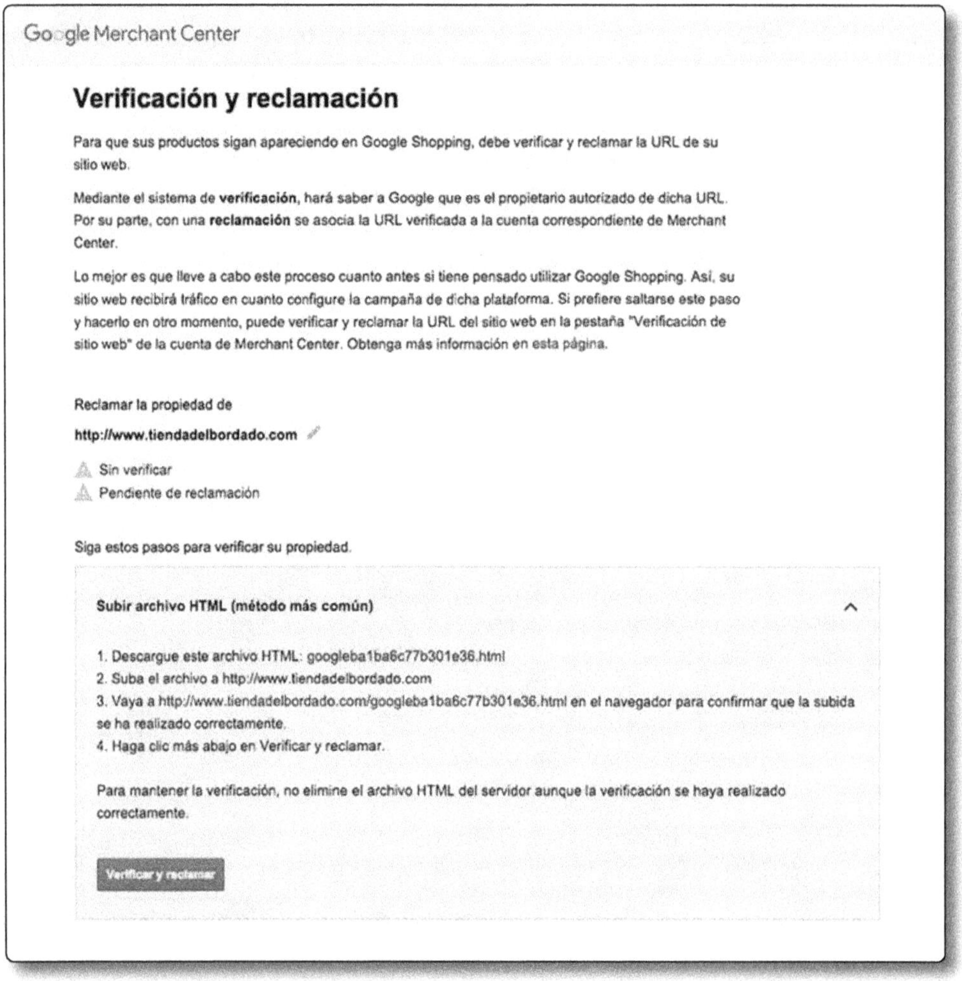

Figura 4.22

Esto se hace por motivos de seguridad y propiedad para que Google compruebe que es el sitio web es nuestro y que tenemos los permisos necesarios para su uso.

Una vez dentro de nuestra cuenta de Merchant Center, ya podemos subir nuestro *feed* de datos. Nos vamos a la opción "Feeds" y pulsamos "Nuevo Feed" para registrar uno nuevo.

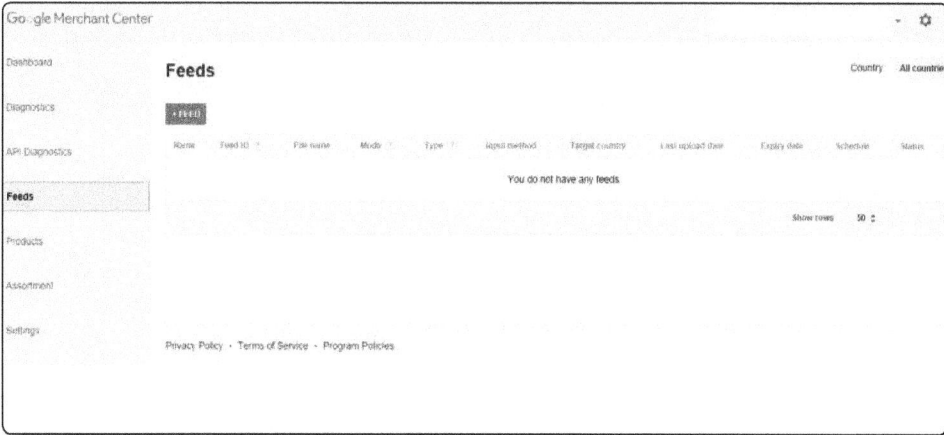

Figura 4.23

Lo más importante a tener en cuenta en tus *feeds* de datos, es que los tengas siempre actualizados, lo ideal es semanalmente. Aquí tienes un vídeo del canal de Google shopping donde podrás ver este proceso con más detalle: *https://youtu.be/ dq2VlBbqTL4*

No podemos olvidar conectar nuestra cuenta con Adwords en Merchant Center, para ello debemos ir a "Configuración" y enlazar la cuenta de Adwords.

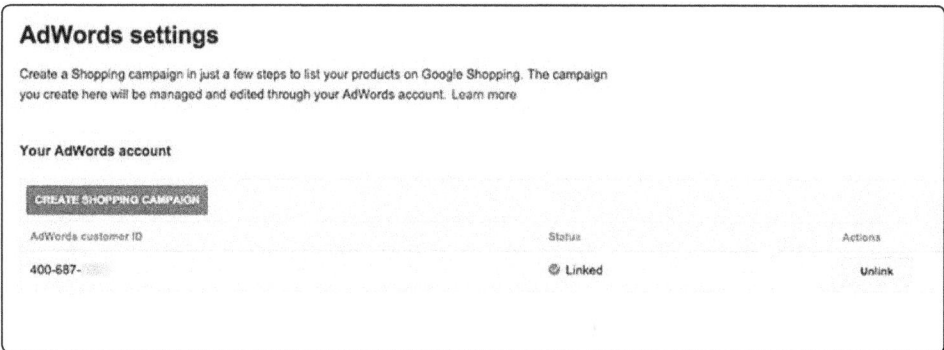

Figura 4.24

Una vez que tengamos nuestros productos en Google Merchant Center y que Google nos lo haya verificado, podremos ir a nuestra cuenta de Adwords y empezar a crear nuestras campañas de *shopping*.

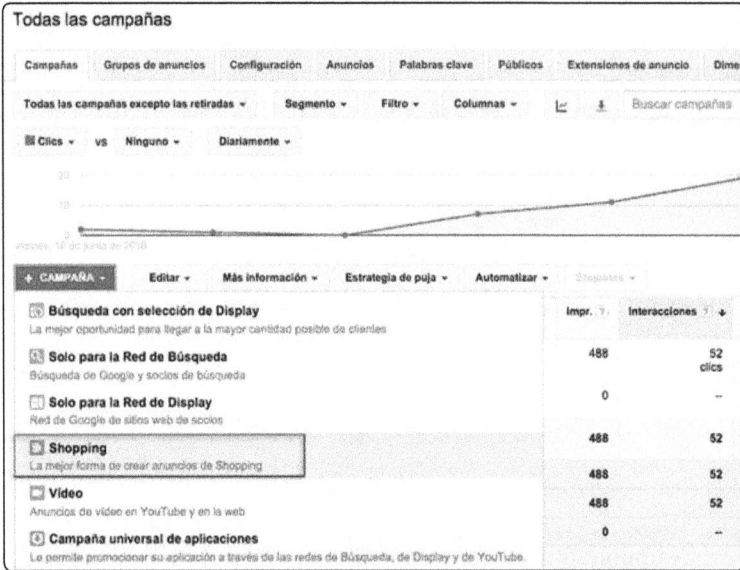

Figura 4.25

A partir de aquí, veremos las diferentes etapas de configuración de este tipo de campañas, es bastante sencillo.

Figura 4.26

Nombramos nuestra campaña como siempre y seleccionamos el número de identificación de nuestra cuenta de Google Merchant para que Adwords sepa qué productos debe mostrar.

Luego en la configuración avanzada nos encontramos con "Prioridad de campaña" y "Filtro de inventario". La primera se utiliza en el caso de que tengamos otras campañas con los mismos productos y queremos determinar qué campaña y puja se utiliza para mostrar nuestros anuncios.

Con el filtro de inventario podemos limitar los productos que queremos promocionar en esta campaña, de esta manera podemos elegir qué productos se anunciarán y cuáles no. Por ejemplo, podemos filtrar por ID de producto, marca, etc. Podemos añadir hasta siete filtros.

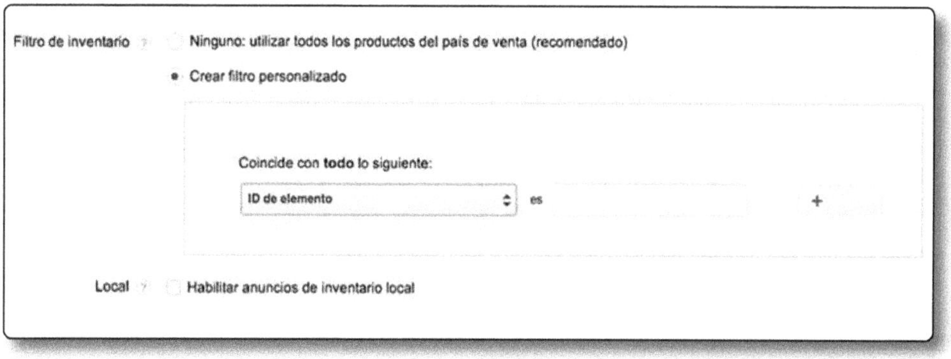

Figura 4.27

Marcaremos la casilla local si nuestros productos se encuentran en nuestra tienda física.

El resto de la configuración es la misma que las otras campañas que ya hemos visto, luego accederemos al primer grupo de anuncios en el que lo único que tenemos que hacer es nombrarlo, y quizás añadir un texto promocional, de lo demás se encarga Google Adwords, que utilizará nuestro *feed* de datos para empezar a mostrar los anuncios de producto.

Ya hemos creado una nueva campaña de *shopping* y podremos observar las nuevas pestañas que tenemos disponibles:

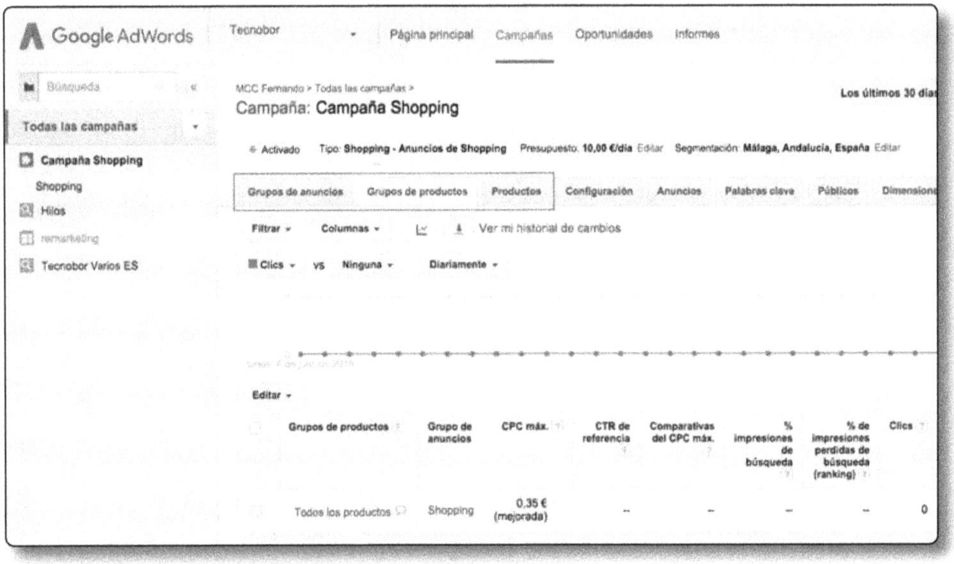

Figura 4.28

Ahora tenemos grupos de anuncios, grupos de productos y productos, donde vamos a tener toda la información necesaria para ver el rendimiento de nuestras campañas.

Ten en cuenta que en este tipo de campaña, el único propósito de los grupos de anuncios es la organización. En lugar de palabras clave, este tipo de campañas utiliza los grupos de productos para determinar qué productos aparecen en nuestros anuncios.

La estructura de una campaña de *shopping* es similar a la que ya conocemos, salvo por que no tiene anuncios ni palabras clave. En lugar de pujar por *keywords* lo haremos por grupos de productos.

CAMPAÑA SHOPPING					
Grupo de Anuncios 1			Grupo de Anuncios 2		
Grupo de Productos	Grupo de Productos	Grupo de Productos	Grupo de Productos	Grupo de Productos	Grupo de Productos

Cada grupo de anuncios puede tener su propia puja determinada por nosotros.

DEPORTES SHOPPING					
Camisetas Tenis			Camisetas futbol		
Wilson	Lacoste	Tacchini	Adidas	Nike	ASICS

4.15.3 ¿Qué son los grupos de productos?

Un grupo de productos es un conjunto de uno o más productos y es un elemento estructural de nuestro grupo de anuncios. Podemos subdividir nuestros grupos de productos por algunos parámetros como marca, ID de producto, categorías, y algunas etiquetas personalizadas, para poder tener más control sobre cada producto y su rendimiento. Por ejemplo, para cambiar la puja e incluso para excluir grupos de productos específicos.

Para subdividir los elementos de nuestro grupo de productos haremos clic en el símbolo "+" justo al lado de la puja, desde ahí mismo podemos aumentar o disminuir la puja o excluirlo.

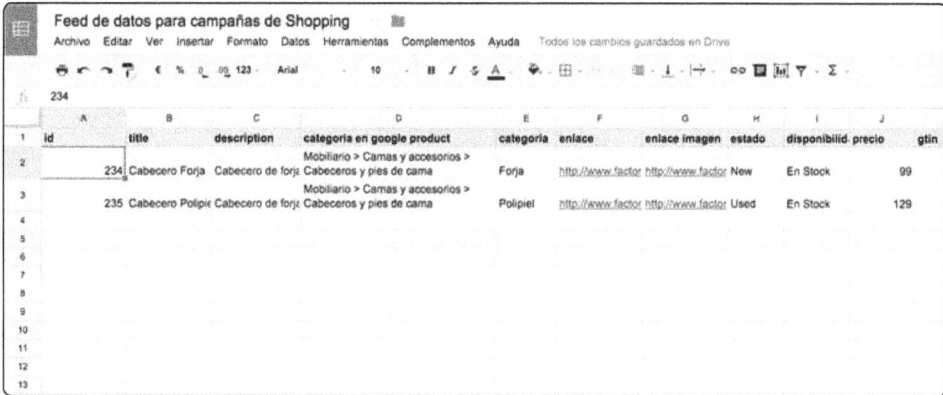

Figura 4.29

Recuerda que en este tipo de campañas no tenemos que redactar anuncios y tampoco elegir palabras clave, esto lo hará Google Adwords por nosotros con la información de nuestro *feed* de datos, por eso es especialmente interesante que nuestros títulos y descripciones de producto contengan las mejores *keywords* para la relevancia de nuestros anuncios.

Como has podido comprobar, este tipo de campañas requiere de un aprendizaje previo y sobre todo de tener nuestro *feed* de datos perfecto y al día, teniendo en cuenta todas las especificaciones y atributos de nuestros productos.

Échale un vistazo a la ayuda de Merchant Center para seguir los pasos correctamente en la configuración de tus campañas de *shopping*.

Ayuda de Google Merchant Center: *https://support.google.com/merchants/?hl=es#topic=3404821*

4.15.4 Consejos importantes para tus campañas de shopping

1. Empieza con un catálogo reducido con productos que te den buen margen de beneficio.

2. Utiliza imágenes de buena calidad, a ser posible más de una y con fondo blanco.

3. Si vas a hacer campañas en diferentes países, deberás crear un *feed* de datos para cada país.

4. Utiliza palabras clave en el título y en la descripción de tu producto.

5. Puedes usar negativas en grupos de anuncios y campaña.

6. Comprueba a menudo el informe de "términos de búsquedas" para saber qué palabras clave están activando tus anuncios.

7. Estudia a tu competencia y utiliza precios competitivos.

5

REDACCIÓN DE ANUNCIOS EN GOOGLE ADWORDS

"Stop thinking of ads as advertisements

Start thinking of ads as pieces of information.

Brad Geddes

Ha llegado la hora de ponernos creativos, y me encanta. Es el momento de coger lápiz y papel, o tableta y *ball pen* y ponernos en la piel de un buen redactor publicitario. Tenemos que escribir el mensaje que va a invitar a nuestros clientes potenciales a conocernos y a visitar nuestra web. ¿Parece mucha responsabilidad? No lo creas, porque en este capítulo vamos a aprender a redactar anuncios súper efectivos y veremos algunos buenos trucos para conseguir la máxima atención de los ojos de nuestros usuarios, y por supuesto, más y mejores clics.

Pero antes veamos la estructura básica de un anuncio para ver qué podemos hacer con lo que tenemos. En realidad la cosa se complica un poco ya que un anuncio de texto en Google es bastante limitado en caracteres[17], lo que nos obligará a ser muy creativos.

Titular 25 caracteres
www.Ejemplo35.com
1ª Línea Descriptiva de 35.
2ª Línea Descriptiva de 35.

17　Los nuevos anuncios de Google se ampliarán en breve. Más información en el capítulo 12.

LÍMITES DE LONGITUD DE UN ANUNCIO DE TEXTO	
Título:	25 caracteres
URL visible:	35 caracteres
Línea Descriptiva 1:	35 caracteres
Línea Descriptiva 2:	35 caracteres
URL no visible	1.024 caracteres

Estos son los elementos que componen un anuncio en Adwords actual, el título que se encuentra en la primera línea es donde deberemos llamar la atención de nuestros usuarios. La siguiente línea se trata de la *URL visible* o la dirección de nuestra página web. Las dos líneas descriptivas siguientes son para describir las ventajas y beneficios de nuestra oferta, y conseguir convencer a nuestro visitante que haga clic y acceda a nuestro sitio web. Por último tenemos otro campo, *URL no visible*, donde pondremos la página final donde van a llegar nuestras visitas, justo después de hacer clic. Esta no tiene por qué ser exactamente igual a la *URL visible*, pero sí deben contener el mismo dominio. Veremos más sobre las *landings pages* en el capítulo 7.

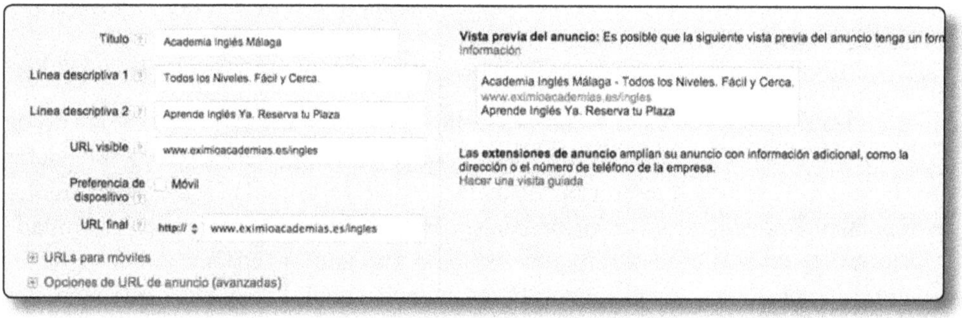

Figura 5.1

Te sorprendería lo que se puede hacer con estas limitaciones, yo mismo a veces me pregunto, "¿cómo voy a escribir un titular con sólo 25 caracteres?". Es normal, pero se trata de tener un poco imaginación y foco en las necesidades de nuestro cliente potencial. Además, ahora contamos con las extensiones de anuncio, una utilidad en Adwords, que nos permite incorporar un poco más de información en nuestros anuncios. Pero empecemos por el principio, ¿cómo crear y editar nuestros anuncios?

5.1 CREACIÓN Y EDICIÓN DE ANUNCIOS

Cuando creamos una nueva campaña o un nuevo grupo de anuncios, el paso siguiente es la creación de nuestros anuncios y Google nos llevará directamente. Otra manera de crear un anuncio es ir directamente a nuestro menú de campañas, elegir una campaña o grupo de anuncios y seleccionar la pestaña "Anuncios" pulsamos "+ ANUNCIO" y elegimos.

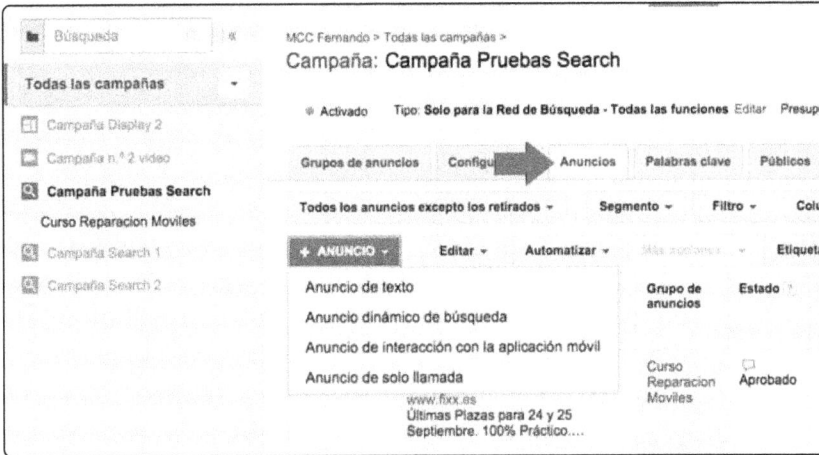

Figura 5.12

En realidad, podremos crear un anuncio tan solo desde la pestaña "Anuncios" y cuando lo hayamos creado, Google nos preguntará a qué campaña o grupo de anuncios pertenece.

Una vez hemos elegido el tipo de anuncio, en este caso "Anuncio de texto" accederemos al panel para crear nuestro anuncio:

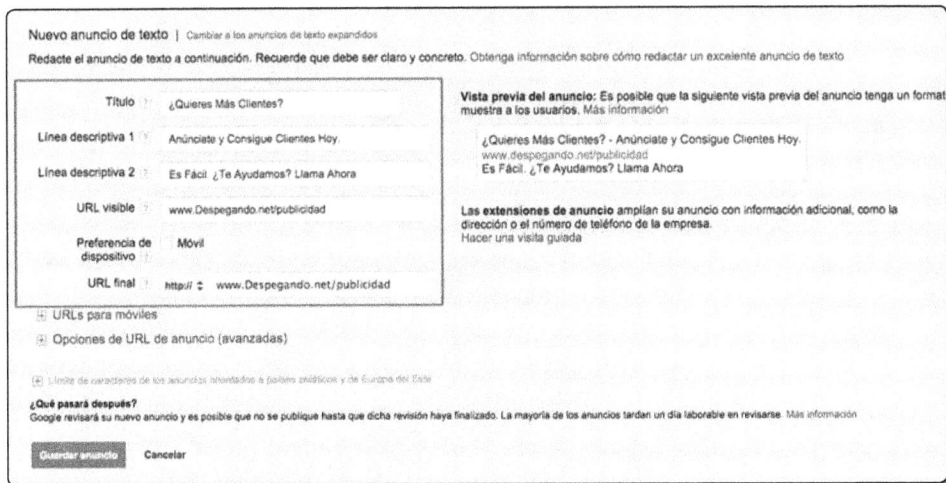

Figura 5.13

A la derecha podrás observar la vista previa de los anuncios para que compruebes cómo se verán en los resultados de Google. Redactamos nuestro anuncio, guardamos los cambios y ya tendremos nuestro anuncio apto, solo queda que Google lo revise y nos lo active como un anuncio "Aprobado". Nuestros anuncios deben cumplir las políticas publicitarias[18] de Google para que sean aprobados.

Podremos editar directamente nuestros anuncios de la misma manera que los creamos, accedemos a través de las campañas, grupos de anuncios y pestaña "Anuncios", seleccionamos el anuncio y lo editamos, tan solo poniendo el ratón encima del anuncio que deseamos editar, nos lo seleccionara para edición, pulsamos y accedemos:

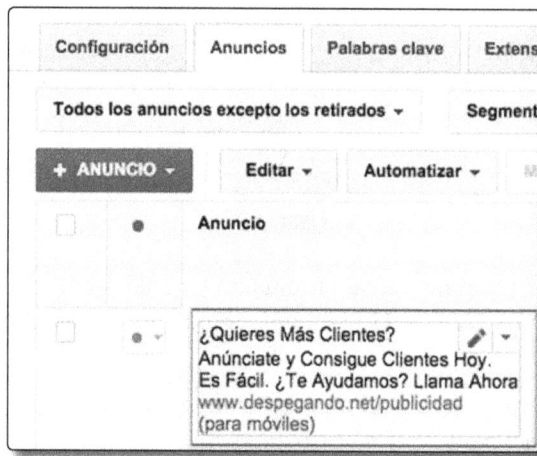

Figura 5.14a

Redactar nuestros anuncios será un auténtico desafío pero gratificante, cuando veas lo que apenas 95 caracteres pueden hacer por tu negocio.

Para empezar, veamos cómo podemos sacarle partido a cada uno de estos elementos que componen nuestro anuncio de texto. Para ello voy a contarte algo que todos experimentamos a menudo sin que seamos conscientes. Cuando paseas por la calle y te paras a mirar un kiosco o una tienda donde hay prensa y magazines, ¿qué es lo primero que llama tu atención? (además de las fotos de hombres y mujeres perfectas gracias al Photoshop), ¡Los titulares! Estos son los que nos invitan a leer el interior, a pararnos y abrir el periódico o la revista por la página que nos interesa y que nos promete el titular.

18   *https://support.google.com/adwordspolicy/answer/6008942*

Todo esto puede hacer y de hecho, hace un buen titular, y los redactores profesionales lo saben muy bien y lo aprovechan. Miles de magazines se venden solo por los titulares y con los periódicos pasa exactamente igual, incluso hay páginas web donde solo te muestran los titulares de prensa diaria.

ⓘ **CONSEJO**

Si necesitas inspiración para tus anuncios y quieres conseguir impactar, echa un vistazo a las portadas de los magazines y revistas del sector al que te diriges, o al menos el más parecido y fíjate en los titulares, verás cómo te dan muy buenas ideas. Para ello solo tienes que entrar en Google Images[19] y buscar [portadas] + [magazine], o sólo el nombre de la revista, por ejemplo si tienes una tienda online de ropa para hombres, tienes un buen montón de revistas para conseguir titulares de primera. Empieza por realizar una búsqueda como "revistas de moda masculina" y verás un catálogo enorme de magazines, escoge unos cuantos y a continuación busca "portadas + [revista]". Descubrirás una fuente de ideas casi infinita para tus titulares y anuncios.

Figura 5.14b

El título de nuestro anuncio debe conseguir llamar la atención de nuestro cliente potencial, debe invitar a seguir leyendo el resto del anuncio, esto es vital para conseguir el clic. Pero resulta más sencillo de lo que parece cuando pensamos en nuestro cliente potencial, ya que sólo tenemos que llamar su atención y no la del resto del mundo.

---

19   La sección de imágenes en la búsqueda de Google.

La manera más sencilla de conseguir esto es colocar nuestras **palabras clave** en el título de nuestro anuncio, consiguiendo dos cosas: subir la relevancia de nuestra publicidad y conectar directamente al usuario con la oferta, ya que le ofrecemos justo lo que acaba de escribir en el buscador.

Al utilizar nuestras **palabras clave** en la redacción de nuestros anuncios también conseguiremos algo llamado *Quality Score*[20], que podríamos traducir como los niveles de calidad con los que Google decide el *ranking* de posición de nuestros anuncios en los resultados. De manera que si nuestro anuncio es relevante tendrá más puntuación y saldrá en mejor posición sin tener que pagar más por cada clic. Veremos este proceso con más detalle en el siguiente capítulo.

Un anuncio relevante es aquel que responde perfectamente a una búsqueda:

Búsqueda en Google: *"clases de inglés"*

Clases de inglés
www.InglesAcademia.com
Habla inglés desde 1º día.
Clases de inglés divertidas.

Así que guárdate este consejo y no lo olvides: si tus anuncios son relevantes y de calidad, subiremos posiciones en los resultados con menor coste.

5.1.1 ¡El anuncio perfecto para nuestros clientes!

El anuncio ideal para nuestro usuario es aquel que le ofrece la respuesta a su búsqueda, le resuelve su problema y lo libera de su dolor (metafóricamente hablando). Pero hay algo más: debemos escribir nuestros anuncios exclusivamente para ellos, es decir, nuestra publicidad debe llamar la atención de nuestro cliente potencial y pasar totalmente desapercibido para los demás.

¿Cómo hacemos esto? Lo primero ya lo hemos visto, insertar nuestra palabra clave en el título es de gran ayuda y para ello tenemos que crear grupos de anuncios afines y organizados de manera que coincidan a la perfección con las búsquedas de nuestros usuarios. Lo que quiero decir es que crearemos tantos grupos de anuncios como palabras clave principales, por ejemplo, supongamos que tenemos una tienda de camisetas y nuestros usuarios pueden buscar, "camisetas *Star Wars*", "camisetas de los *minions*", "camisetas de fútbol", etc.

---

20   Niveles de calidad de Google.

Así que lo que haremos será crear tres grupos diferentes de anuncios uno para cada búsqueda con sus palabras clave correspondientes, por ejemplo:

Camisetas Star Wars
www.Camisettas.com/star-wars
Star Wars a Super Precios.
Llévatelas Puestas. Comprar.
   "camisetas star wars"
   "camiseta starwars"
   "star wars camisetas"
   "camisetas star wars baratas"
   "ropa star wars"

Camisetas Minions
www.Camisettas.com/minions
Minions a Super Precios.
Llévatelas Puestas. Comprar.
   "camisetas de los minions"
   "camiseta minions"
   "camiseta niño los minions"
   "camisetas minions hombre"

Camisetas Futbol
www.Camisettas.com/futbol
Camisetas de Futbol Molonas.
Elige tu Equipo y llévatelas.
   "camisetas de futbol"
   "camiseta futbol"
   "equipos futbol camisetas"
   "camisetas de futbol niño"

Cómo puedes observar en este ejemplo, los anuncios no son realmente una obra maestra, ni están redactados para el premio Nobel de Literatura, pero sí que cumplen un requisito fundamental, son los anuncios perfectos para los términos de cada búsqueda. Y esto es la clave de toda nuestra estrategia en Google Adwords. Si conseguimos redactar unos anuncios impactantes teniendo en cuenta esta fórmula, veremos cómo nuestro ratio de clics[21] aumenta exponencialmente.

---

21   CTR, porcentaje de *clics* (número de *clics* que recibe un anuncio dividido entre la cantidad de veces que se muestra).

Si te has fijado en estos ejemplos, hay algo muy interesante a tener en cuenta y se trata de la URL visible, es decir, la dirección de nuestra página web es diferente en cada uno de estos anuncios. A través de la URL podemos marcar todavía más la diferencia entre nuestros anuncios ya que como puedes observar, la dirección de nuestra página web también es relevante con respecto a las búsquedas y conducirá al usuario al sitio indicado dentro de nuestra página web o tienda *online*.

Para que me entiendas mejor, si vamos a crear un grupo de anuncios específico para "Camisetas *Star Wars*" asegúrate que cuando alguien haga clic, vaya al catálogo de camisetas de *Star Wars* y no a la página principal de nuestra tienda. Puede parecernos algo obvio, pero tenlo muy en cuenta, no hagas perder el tiempo a tus clientes potenciales, esto es nefasto para las ventas *online*.

5.1.2 ¡Revela los beneficios de tu oferta!

Esta es una de las reglas infalibles para que nuestros anuncios funcionen mucho mejor, utilizar las líneas de descripción con un buen listado de beneficios de nuestro producto, ya sé que tenemos muy poco espacio, pero si otros pueden, nosotros también. Fíjate en estos dos anuncios:

Inglés para niños	**Inglés para niños**
www.InglesAcademia.com	www.InglesAcademia.com
Infórmate y Empieza Hoy!	*Inglés Fácil y Divertido.*
Inglés Fácil y Divertido.	Infórmate y Empieza Hoy!
(0,1% CTR)	**(3,5% CTR)**

Podríamos decir que se trata del mismo anuncio, pero uno tiene un ratio de clics de 3,5%, mientras que el otro solo un 0,1%. ¿Cómo es posible? El segundo tiene muchos más clics que el primero por algo muy sencillo, hemos puesto los beneficios o ventajas de nuestra oferta en la primera línea y lo demás en la segunda. De hecho, hemos intercambiado las líneas descriptivas en los dos anuncios y ¡sorpresa!, tenemos anuncio ganador.

Así que lo primero que tienes que redactar es una buena lista de beneficios y ventajas de usar tus productos o servicios, y a partir de ahí crear tus anuncios. Por supuesto, no tiene porque ser de esta manera siempre, debes usar tu imaginación y probar tus ideas e intentar captar la atención de tus usuarios como tú decidas, pero para asegurarnos que vamos por buen camino, necesitaremos el *Split Testing*.

5.2 TRIPLICA TUS CLICS CON EL SPLIT TESTING

Como hemos visto anteriormente, dentro de cada grupo de anuncios, podemos crear varios anuncios diferentes con variaciones y podemos decidir cómo se publican, como vimos en la configuración de campañas en la sección "Publicación de anuncios: rotación de anuncios" (imagen 2).

Pues bien, lo que tenemos que hacer es muy simple: crearemos dos versiones de nuestro anuncio y le diremos a Google que lo muestre de forma equitativa, de manera que en apenas dos semanas ya tendremos datos sobre el anuncio que ha obtenido mejor ratio de clics.

A continuación cambiaremos el anuncio que ha tenido menor ratio y dejaremos que nuestro *Split Testing* siga funcionando, de esta manera, nuestros usuarios nos hacen el trabajo de elegir el mejor anuncio. ¿Quién mejor?

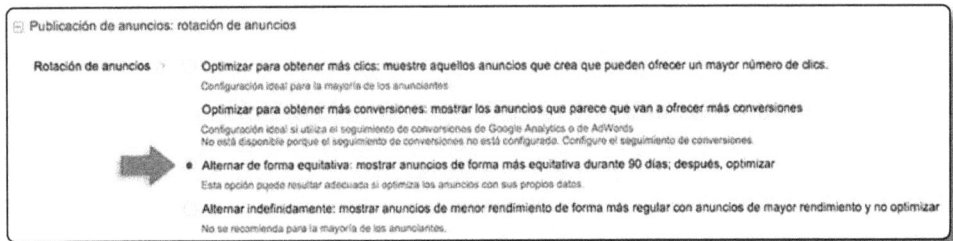

Figura 5.2

Ten en cuenta que esta forma de publicación, estará activa sólo durante 90 días, suficiente para haber comprobado varios test y haber conseguido un buen anuncio.

		Anuncio	Estado ?	Clics ?	Impr. ?	CTR ?
☐	●	Parking Picasso Málaga 2,5€ día Traslado Gratis Terminal. Haz tu Reserva Online Ahora.	Aprobado	26	309	8,41 %
☐	●	Parking Aeropuerto Málaga 2,5€ día Traslado Gratis Terminal. Haz tu Reserva Online Ahora.	Aprobado	44	475	9,26 %
		Total: todos los anuncios excepto los retirados ?		70	784	8,93 %
		Total (todos los grupos de anuncios) ?		70	784	8,93 %

Figura 5.3

Como puedes observar en esta imagen, tan solo una ligera variación en el título de nuestro anuncio nos ha aumentado el ratio de clics.

Las otras formas de rotación de anuncios de Google son interesantes pero para empezar nuestras campañas, te recomiendo alternar de forma equitativa, ya que serán nuestros usuarios los que nos darán el *feedback* ideal. Si utilizamos la optimización automática de Google, hará algo parecido al *split testing*, pero estaremos dejando nuestra publicidad en manos de un algoritmo, que es muy bueno, pero no perfecto.

En cualquier caso te animo a que lo pruebes y escojas el que mejores resultados te ofrezca, como veremos más adelante, gracias a las conversiones, lo tendremos todo mucho más claro y podremos elegir la mejor fórmula de publicar nuestros anuncios.

Por supuesto, todo esto no va a funcionar correctamente si no tenemos un buen anuncio, así que vamos a con algunos buenos consejos para redactar anuncios ganadores.

5.3 BUENOS CONSEJOS PARA REDACTAR ANUNCIOS EFICACES

5.3.1 Enfócate en tu cliente potencial

Cuando te pongas a redactar tus anuncios, ponte un momento en la piel de tu cliente potencial, qué piensa, qué necesita, y cómo puedes solucionar su problema. Tu anuncio debe ser la respuesta que anda buscando, entonces hará clic.

Figura 5.4

Este ejemplo de en la imagen 4 muestra perfectamente lo que significa ofrecerle una respuesta a nuestro cliente potencial. El primer anuncio es la respuesta, si vendo mi coche, necesito que alguien me lo compre, me lo tase gratuitamente y además me lo recoja a domicilio.

Es mucho más rentable centrar nuestro anuncio en nuestro usuario que en nuestros gustos personales. Ofrecerle la respuesta más acertada posible a su búsqueda en Google, le supondrá un ahorro de tiempo a nuestro cliente potencial, que valorará a nuestro favor.

5.3.2 Escoge un buen dominio para duplicar la efectividad de tu anuncio

El dominio o la URL visible de nuestro anuncio puede marcar la diferencia como ya hemos visto en ejemplos anteriores. Es algo importante a tener en cuenta. ¿Cuál de estos dos anuncios crees que tendrá mayor efectividad para la búsqueda "coche a pedales"?

Coches a Pedales
www.**Coches-Pedales**.com
Rápidos, divertidos y Seguros.
Llévatelo Pedaleando.

Coches a Pedales
www.Juguetes-bebe.com
Rápidos, divertidos y Seguros.
Llévatelo Pedaleando.

El ejemplo es bastante obvio, pero real. La efectividad del primer anuncio superó con creces al segundo y solo tuvimos que cambiar un dominio que costó menos de 10€. También es muy recomendable utilizar secciones específicas de nuestra página web y utilizarlas adecuadamente en las URL de nuestros anuncios.

Academia de inglés
www.Academii.com/**ingles**
Inglés Fácil y Divertido.
Infórmate y Empieza Hoy!

Academia Informática
www.Academii.com/**informatica**
Informática para todos/as.
Infórmate y Empieza Hoy!

Puedes ver en este ejemplo, que el dominio es el mismo pero la URL cambiará en función de nuestro servicio. En este caso tenemos una academia con diferentes cursos. Crearemos un grupo de anuncios para el inglés con una URL específica y otro para informática. Para hacer esto utilizaremos *landing pages*, que veremos en el capítulo 7.

5.3.3 Utiliza palabras y términos evocadores y que ayuden a visualizar

Además de mostrar los beneficios de nuestro producto o servicio, tenemos a nuestra disposición un buen conjunto de palabras evocadoras y verbos de acción que podemos usar para resaltar nuestros anuncios:

- "Déjate arrastrar ".
- "Chips que explotan en tu boca".
- "Atrapa el verano...".
- "Salva tu sueldo…".
- "Rompe moldes…".
- "Descubre tu lado…".
- "Adiós a las alergias...".
- "Te lo mereces…".

Verás un buen puñado de frases como estas en las portadas de revistas, como las que hemos visto anteriormente.

Lo más importante de este proceso es conocer bien a nuestro cliente potencial, es un hombre o mujer, edad, estado, con responsabilidades, ingresos, estado emocional, etc. Toda esta información nos ayudará a ofrecerle el mensaje ideal que le haga conectar con nuestro producto o servicio.

5.3.4 Utiliza números y símbolos de puntuación

Siempre que nos sea conveniente y Google nos lo permita, podremos utilizar números y símbolos como la exclamación en nuestros anuncios, eso sí, sin abusar, ya que las políticas de Google no permiten el uso indiscriminado de símbolos ni siquiera de poner nuestro texto en mayúsculas, aunque sí podremos poner la primera letra de cada palabra en mayúsculas.

Incluir números, precios y estadísticas puede aumentar bastante el ratio de clics, y ayudar a que nuestro anuncio funcione mejor.

Curso Rep. Móviles 399€
Fixx.com/curso-reparacion-moviles
Málaga 5-6 Marzo. 100% Práctico!
Infórmate y Reserva tu Plaza
(19,70% CTR)

Curso Reparación Móviles
Fixx.com/curso-reparacion-moviles
399€ Presencial. Málaga 5-6 Marzo.
Infórmate y Reserva tu Plaza
(13,64% CTR)

En este ejemplo vemos cómo al poner el precio en el título conseguimos más clics y además utilizamos números y el símbolo de exclamación en la 1ª línea.

También podemos utilizar estadísticas para ponérselo más fácil a nuestro usuario:

▶ "Ahorra hasta 70%".
▶ "55% Dto. solo hoy".
▶ "5000 unidades vendidas".

5.3.5 Utiliza testimonios

Siempre que podamos añadir testimonios reales a nuestra publicidad, sea la que sea, crearemos un factor importante de atracción hacia nuestros clientes. Los testimonios son muy efectivos a la hora de tomar una decisión por parte de nuestro usuario. Pero tenemos un pequeño inconveniente: el poco espacio. Deberemos utilizar nuestra imaginación y capacidad de concentrar en pocos caracteres algo parecido a un testimonio. Por suerte, ahora tenemos disponibles las extensiones[22] de anuncios, donde podremos añadir algún texto adicional e incluso reseñas.

El Mejor Arroz Alicante
www.ArrozAlicante.com
"Sin Duda Insuperable" - javi
Ven a Probarlo tú mismo

El Mejor Arroz Alicante
www.ArrozAlicante.com
Exquisito y a Buen Precio.
Ven a Probarlo tú mismo
"Impresionante, me lo comí todo y volveré..." GuiaAlicante.com

En el primer ejemplo podemos ver cómo añadir un testimonio dentro de nuestro texto del anuncio y en el segundo ejemplo, podemos ver cómo hacerlo utilizando la extensión de reseñas que veremos en profundidad más adelante.

5.3.6 Utiliza la "Cuenta Atrás"

El efecto de la "escasez" es bien conocido por todo los que nos dedicamos al *marketing*, a la mayoría de los seres humanos, nos motiva más el hecho de perder algo que el hecho de ganarlo, aunque parezca increíble. Si un producto que queremos

---

22   Veremos las extensiones de anuncios el final de este capítulo.

conseguir es escaso, es decir, quedan pocas unidades, o incluso la última, de repente, lo deseamos mucho más.

Cuando un producto es limitado, nos resulta más valioso y este fenómeno lo conocen bastante bien algunos vendedores cuando detectan que algo te interesa de su tienda y rápidamente te dicen "pues solo me queda uno", y en ese preciso momento nos lo ha vendido.

Este efecto también ocurre cuando el tiempo es limitado y una oferta tiene una duración límite. Esta técnica de ventas es el secreto mejor guardado de las famosas páginas de cupones descuento, donde podemos ver bien claro un cronómetro con una cuenta atrás que nos avisa que tenemos poco tiempo para tomar una decisión.

Podemos aplicar este principio en nuestros anuncios poniendo un tiempo limitado a nuestras ofertas o incluyendo una cuenta atrás. De hecho Google ha incluido recientemente esta opción en nuestra herramienta para la creación de anuncios. Veamos cómo se hace paso a paso:

En este ejemplo crearemos un anuncio para un taller de Adwords y tiene una fecha límite para realizar la reserva.

1. Lo primero que tenemos que hacer es crear un nuevo anuncio de texto o modificar alguno que ya tengamos.

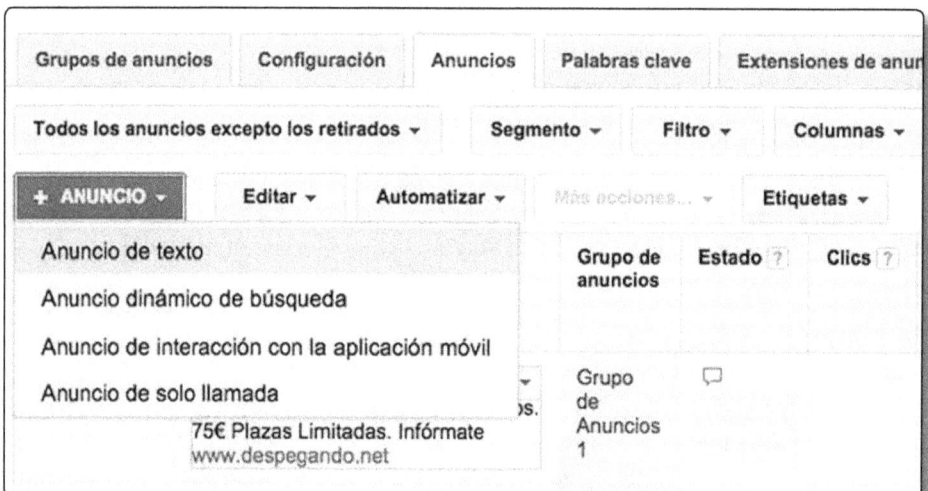

Figura 5.5

2. Lo siguiente lo que haremos será escribir "{=" en el campo de texto donde queremos incluir la cuenta atrás. Se nos abrirá un panel con las opciones de configuración, como fecha final, los días antes, zona horaria e idioma.

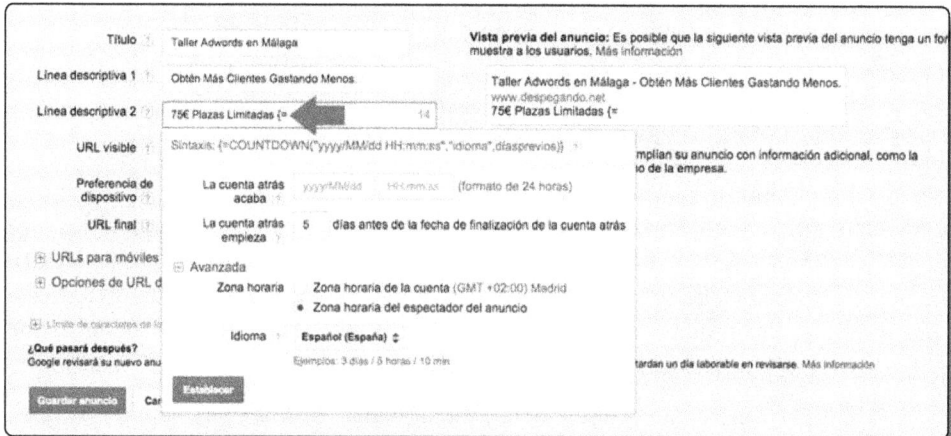

Figura 5.6

3. Configuramos nuestra cuenta atrás y le damos a establecer, podremos ver la vista previa de nuestro anuncio a la derecha. Guardamos los cambios y ya tendremos listo nuestro anuncio.

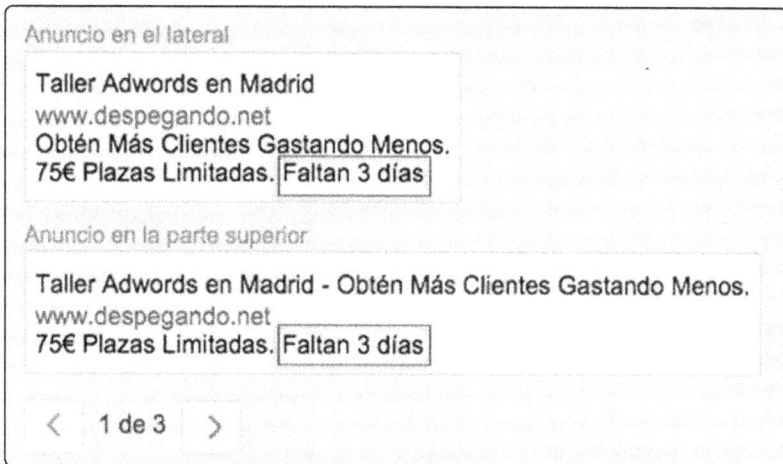

Figura 5.7

Si pulsas las flechas del 1 de 3 en la vista previa, verás las horas y minutos de la cuenta atrás.

Así de sencillo es crear una cuenta atrás en nuestros anuncios de Adwords. Utiliza esto en tus anuncios de la manera correcta, es decir, con ofertas reales e indicando los detalles de tu promoción en tu página web de aterrizaje.

5.3.7 Call to action! Invita a la acción en tus anuncios

En el entorno *online* es muy fácil que nuestros usuarios pierdan el foco, es decir, que simplemente naveguen y lean información, pero hay que decirles que hagan algo, sobre todo cuando estén delante de uno de nuestros anuncios, o dentro de nuestra página web. Se trata de ofrecerles la información adecuada e invitarles a una acción, es decir, que nos llamen, que contacten, que rellenen un formulario, que realicen un pedido, que descarguen un pdf, etc.

Utiliza frases que inviten a realizar una acción: "Comprar Ahora", "Llámanos", "Ver Catálogo", "Descárgalo", etc. Asegúrate que esta frase les deja bien claro cuál es el siguiente paso a realizar.

Se trata de ser lo más claro y conciso posible, no tenemos demasiado espacio en nuestro anuncio y debemos aprovecharlo al máximo. Una buena idea es mezclar tu llamada a la acción con lo que hemos visto anteriormente, por ejemplo:

- "Compra Hoy y 50% Dto.".
- "Llámanos! Solo quedan 2…".
- "Corre y Haz tu Reserva".
- "Reserva hoy por solo 19€".
- "Visítanos en un Salto!"
- "Únete y llévate 15% Dto.".

Podemos combinar nuestras llamadas a la acción con nuestra palabra clave principal:

- "Compra **Robotto 3800** Ahora".
- "Reserva tu **Viaje a Roma**".
- "Descargar **CRM Contable**".

También podemos combinar llamadas a la acción con términos de urgencia:

- "Reserva la última plaza"
- "Compra Antes que se agoten"
- "Solo quedan 3. Llámanos"

A la hora de crear nuestra llamada a la acción y, por supuesto, nuestros anuncios, es muy importante tener en cuenta los dispositivos que utilizan nuestros usuarios. Un cliente potencial que realice una búsqueda a través de su móvil no tendrá las mismas necesidades que otro que busca desde su ordenador en el trabajo o en casa.

5.4 NO TE OLVIDES DE TU ANUNCIO PARA MÓVILES

Cada día más gente utiliza su *smartphone* para realizar toda clase de cosas, pero sobre todo para conectarse a internet y realizar búsquedas en Google. ¿Sabías que más de la mitad de las búsquedas en Google se realizan a través de móviles? Es un hecho importante que debemos tener muy en cuenta en nuestro *marketing online* y sobre todo en nuestros anuncios.

Lo más recomendable es tener en cuenta a nuestro usuario y ofrecerle una versión de nuestro anuncio para móviles. Aunque luego hablaremos un poco más a fondo sobre nuestro *marketing online* para móviles en el capítulo 10, es muy conveniente que tengamos en cuenta cosas como el texto y las llamadas a la acción en dispositivos móviles. Por ejemplo, un usuario estará más dispuesto a realizar una llamada, si está buscando desde su móvil.

Además de utilizar la extensión de llamadas, que veremos más adelante, podremos tener en cuenta una llamada a la acción más específica y acertada desde un *smartphone*.

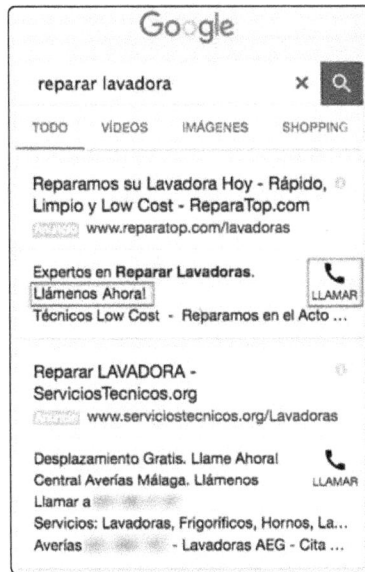

Figura 5.8

En tus anuncios para móviles debes ser claro y conciso y en la mayoría de los casos, invitar a que nos llamen. En el caso de *apps* invitaremos a que se la descarguen o que la instalen.

5.4.1 ¿Cómo creamos una versión de nuestro anuncio para móviles?

Es bien sencillo, solo tenemos que ir a crear un nuevo anuncio y hacer clic en la opción "Preferencias de dispositivo" y de esa manera le indicamos a Google que este anuncio tiene prioridad para mostrarse en dispositivos móviles, mientras que los otros tienen prioridad para ordenadores y tabletas.

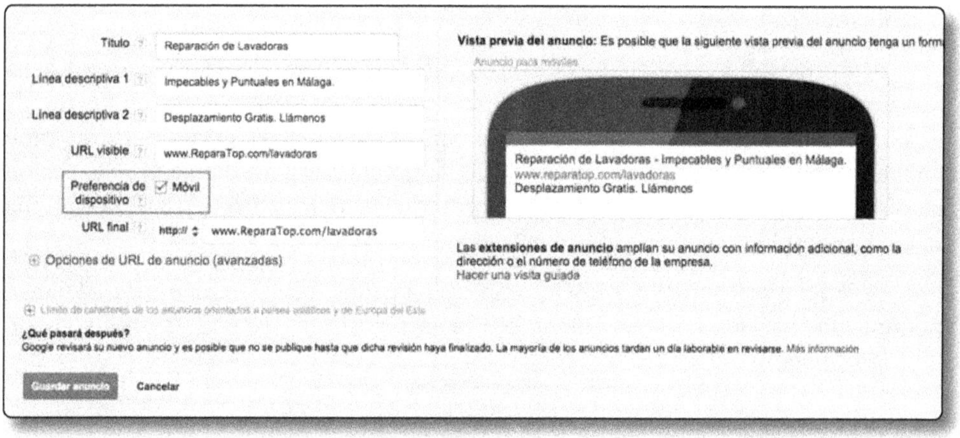

Figura 5.9

Si nuestra página web tiene una versión distinta para móviles, aquí podremos añadirla en el campo de URL visible y URL final.

Nuestros anuncios, siempre se mostrarán en todos los dispositivos disponibles, mientras no indiquemos lo contrario a Google, en nuestra configuración de dispositivos[23]. Así que lo ideal es tener una versión de nuestros anuncios para móviles, aunque si no la tenemos, Google seguirá mostrando los otros anuncios en móviles igualmente.

---

23   Más en el capítulo 10.

5.5 ANUNCIOS CON TEXTO PERSONALIZADO

En estos momentos existen tres formas de personalizar nuestros anuncios de texto en Google Adwords: una de ellas, ya le hemos visto, la cuenta atrás; otra es la personalización de anuncios con datos de nuestra empresa, campañas y atributos, y otra la inserción de palabras clave o DKI (*Dynamic Keyword Insertion*).

La configuración de anuncios con datos personalizados requiere de un trabajo previo sobre nuestras campañas y puede ser útil para grandes empresas con campañas enormes en diferentes ciudades y países. Básicamente se trata de crear plantillas con las palabras clave, nuestros anuncios y algunos atributos que queremos que se muestren de manera dinámica en nuestros los anuncios. Uno de los objetivos de esto es hacernos el trabajo más fácil, de manera que no tengamos que editar cientos de anuncios, sólo tendremos que editar nuestra plantilla, que será un documento de datos .csv que subiremos a Google Adwords. Más información sobre el personalizador de anuncios aquí: *https://support.google.com/adwords/answer/6093368*

Veamos un poco más a fondo la inserción de palabras clave en nuestros anuncios, ya que puede resultar bastante interesante y útil para nuestro ratio de clics.

5.5.1 Cómo funciona la inserción de palabras clave

Cuando alguien realiza una búsqueda en Google, las palabras o términos que ha utilizado aparecen en **negrita** en los resultados de Google. Esto tiene una ventaja para el que busca y para el anuncio que contiene estas palabras clave. Por otro lado, ya hemos visto lo beneficioso que nos resulta incluir nuestras palabras clave en los anuncios, esto nos trae más clics y mejor CTR.

Gracias a la inserción de palabras clave, podemos incluir los términos que activan nuestros anuncios como parte del texto de este, sin necesidad de redactarlos. Esto puede resultarnos muy provechoso. Veamos un ejemplo para entender cómo funciona y cómo implementarlo en nuestros anuncios:

Supongamos que tenemos una tienda de té y tenemos tantas variedades de tés que nos resulta tedioso redactar tantos anuncios, así que vamos a crear tan solo un anuncio y vamos a incluir las palabras clave que use el usuario, como parte de nuestro texto.

Palabras clave:

- ▼ "Té Verde"
- ▼ "Té Rojo"
- ▼ "Té Negro"

- ▼ "Té Blanco"
- ▼ "Té Adelgazante"
- ▼ (...)

1. Pondremos la palabra clave en el título como sigue:

   Título: **Compre {KeyWord:Té Calidad}**

   Esta fórmula significa que Google insertará la palabra clave que ha escrito el usuario y si no cabe por la longitud, insertará la palabra "Té Calidad", que la hemos puesto para ese efecto.

   Así, si alguien busca: "Té Rojo" verá: **Compre Té Rojo** en el título.

2. Podemos mejorarlo un poco más e insertar más palabras en el cuerpo del anuncio:

   Compre {KeyWord:Té Calidad}
   {KeyWord:Té Calidad} al Mejor Precio.
   Venga a probar un **{KeyWord:Té Calidad}**

   El anuncio se vería:

   Compre Té Rojo
   www.TiendaTes.com
   Té Rojo al Mejor Precio.
   Venga a probar un **Té Rojo**

Para configurarlo solo tenemos que ir a nuestros anuncios y crear o editar uno, luego escribimos "{"en el campo de texto donde queremos insertar y nos mostrará el menú de opciones de personalización, escogemos inserción de palabras clave.

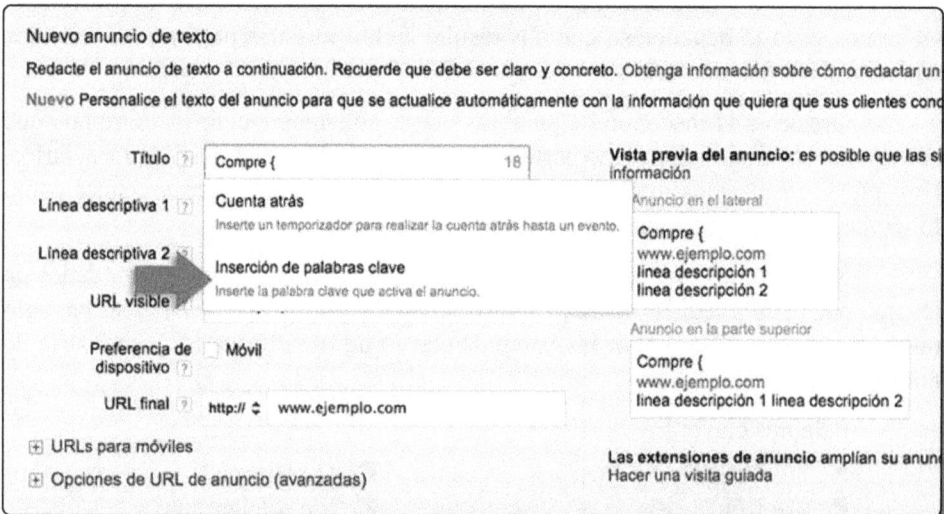

Figura 5.10

A continuación solo tendremos que poner la palabra por defecto, en nuestro ejemplo: "Té Calidad" para que la muestre en el caso que la cadena de búsquedas no pueda mostrarse debido a su longitud de caracteres. Y si queremos que se muestren en mayúsculas o minúsculas.

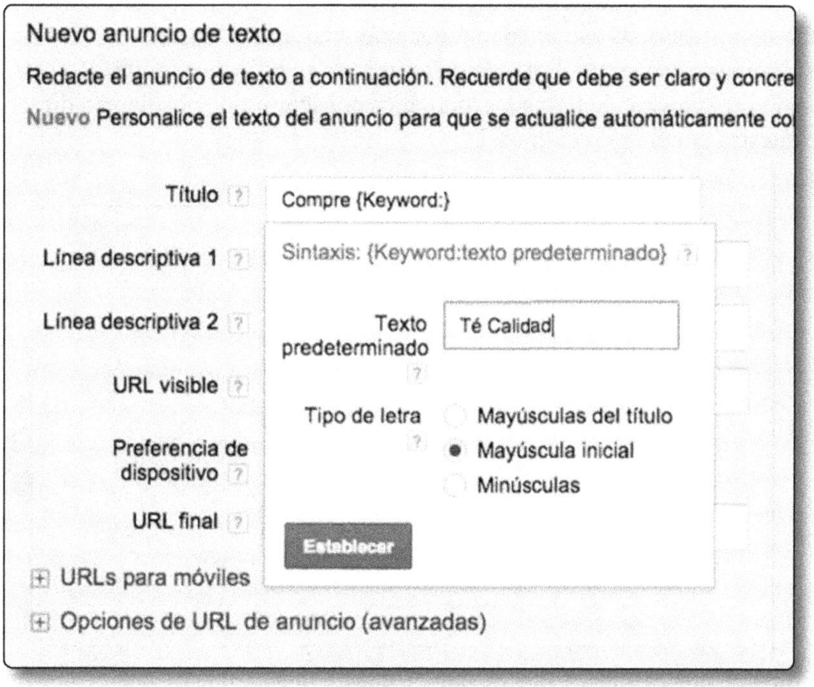

Figura 5.11

A continuación le daremos a **Establecer** y continuamos editando nuestro anuncio, si queremos podremos repetir el proceso en las descripciones, como hemos visto en el ejemplo.

Con esta utilidad nos podemos ahorrar mucho tiempo de trabajo redactando anuncios ¿no crees? Eso sí, utilízala con sentido común e imaginación y verás qué buenos resultados.

5.6 EXTENSIONES DE ANUNCIOS Y SUS VENTAJAS

Las extensiones de anuncios son una herramienta muy útil que Google ha ido implementando en Adwords y que nos va a ayudar a mejorar el rendimiento de nuestros anuncios. Las extensiones nos permiten ampliar la información que mostramos en nuestros anuncios con diferentes datos de interés, como nuestro número de teléfono de contacto, la dirección de nuestra oficina en el mapa de Google, enlaces, reseñas, etc.

Utilizar estas extensiones puede ofrecernos algunas ventajas, como por ejemplo, ofrecer más contenido de valor en nuestro anuncio, que hasta ahora solo contaba con apenas 95 caracteres, tener más visibilidad en los resultados, ya que ocupamos más espacio, y sobre todo mejorar nuestro ratio de clics (CTR). Además, en el caso de la extensión de llamadas, podemos conseguir que nos llamen directamente desde nuestro anuncio en un móvil.

Figura 5.15a

Como podéis observar en la imagen 15, nuestro anuncio se amplía a más del doble de su espacio en los resultados de Google, y además ofrece mucha más información provechosa para nuestros clientes potenciales. En este caso podemos ver la extensión de texto destacado, la extensión de ubicación, y cuatro enlaces de sitio.

Algo muy atractivo a tener en cuenta de las extensiones, es que no suponen un coste añadido, sino que funcionan como nuestro anuncio normal, solo pagaremos por los clics que se realicen en nuestros anuncios y extensiones.

Actualmente Google tiene activas siete extensiones disponibles para su uso. Es posible que en poco tiempo haya algunas más o menos, nunca se sabe, el caso es que los programadores de Google, siempre están testeando nuevas fórmulas para mejorar la publicidad de sus anunciantes. Por ejemplo, hasta hace muy poco se podían utilizar extensiones sociales, pero de momento han dejado de funcionar.

Estas son las extensiones que podemos utilizar en nuestros anuncios:

1. Enlaces de sitio.

2. Ubicación geográfica.

3. Extensión de llamada.

4. Extensión de aplicación.

5. Extensión de reseñas.

6. Texto destacado.

7. Extractos de sitio.

Las extensiones de anuncio están disponibles a nivel de campaña y grupo de anuncios, lo que significa que podremos crear extensiones que permanezcan fijas en una campaña y acompañen a todos los anuncios, y otras tan solo para algunos grupos de anuncios que determinemos.

Podemos configurar nuestras extensiones cuando estamos creando nuestra campaña, como vimos en el capítulo anterior o desde la pestaña "Extensiones de anuncio", desplegamos el menú "Ver Extensiones" y elegimos la que vamos a crear o editar.

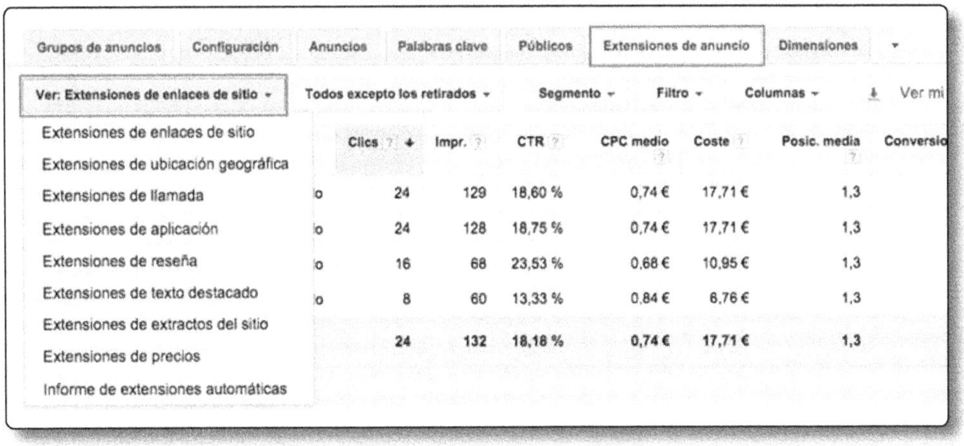

Figura 5.15b

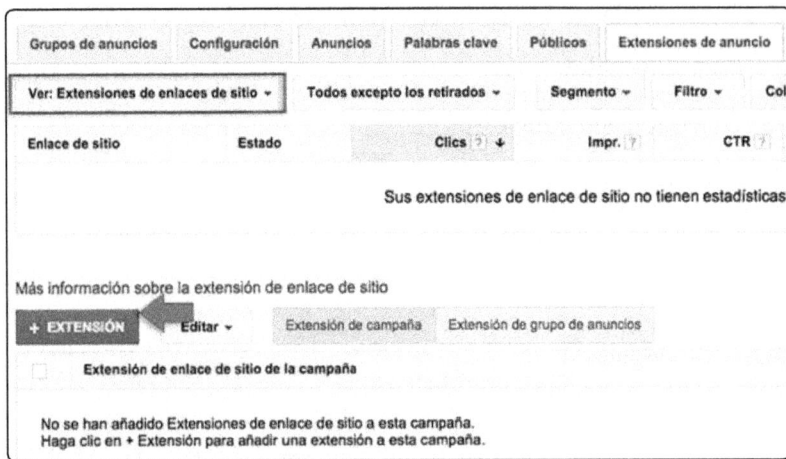

Figura 5.15c

A continuación, para añadir una nueva extensión, le damos al botón "+ EXTENSIÓN" y se nos abrirá el asistente de la extensión que hayamos elegido.

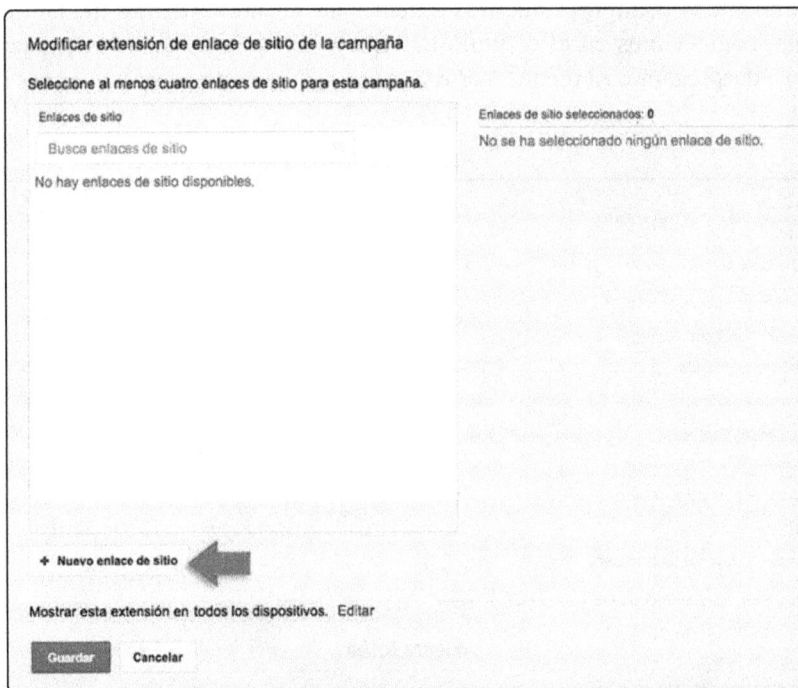

Figura 5.15d

Desde este asistente podremos ver, editar y añadir nuevas extensiones, tan solo debemos seguir las instrucciones.

Desde la pestaña "Extensiones de anuncio" también podremos revisar el rendimiento de las extensiones que tengamos creadas y comprobar los resultados. Para ello, lo primero es elegir un periodo de tiempo que queramos medir en Adwords, a continuación elegimos campaña o grupo de anuncios y nos vamos a la pestaña "Extensiones de anuncio".

Luego elegimos la extensión que queremos examinar y veremos los resultados.

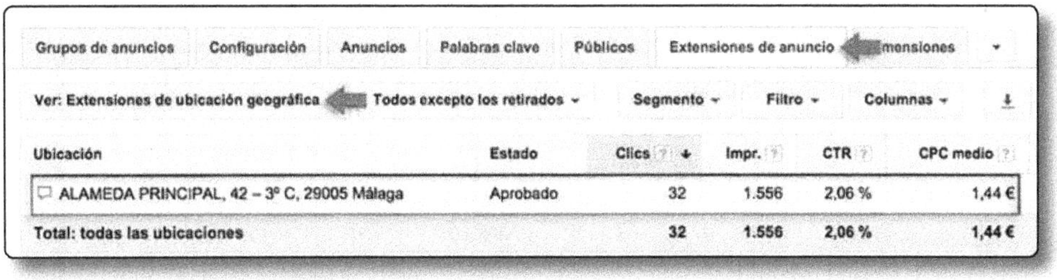

Figura 5.15e

> **(i) NOTA**
>
> En estos casos también resulta muy interesante utilizar los segmentos para ver la información más detallada, por ejemplo, podemos escoger la extensión de llamadas y segmentar por "tipo de clic" o "dispositivos" y así comprobar los clics desde móviles y las llamadas directas que se han realizado desde la extensión.

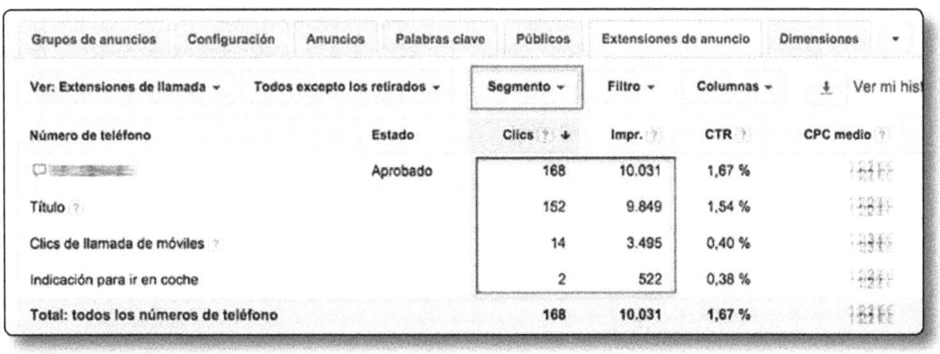

Figura 5.15f

Veamos las posibilidades que nos ofrecen cada una de estas extensiones y cómo podemos añadirlas a nuestros anuncios.

5.6.1 Enlaces de sitio

Se trata de enlaces que podemos incluir en nuestro anuncio para permitir que nuestros clientes potenciales accedan a otras secciones de nuestra web. Podemos incluir varios enlaces de sitio, Google mostrará sólo cuatro o menos, si lo ve adecuado[24]. También podemos añadir un texto descriptivo a cada enlace, como vemos en la imagen 17.

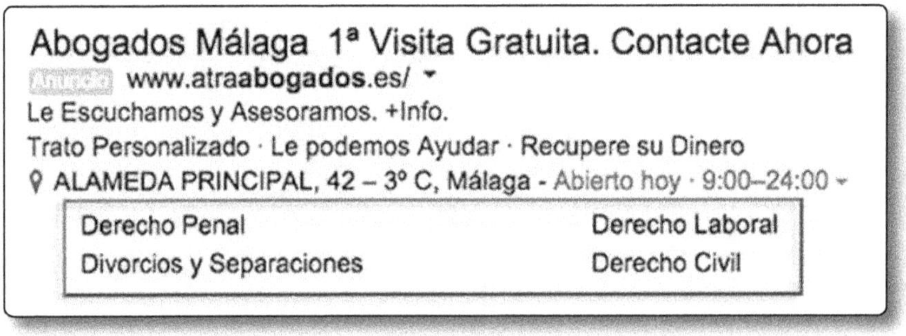

Figura 5.16

Figura 5.17a

---

24   La incorporación de una extensión no garantiza que se muestre con el anuncio, lo decide el algoritmo de Google. Pero podemos ver el rendimiento en nuestros informes de extensiones.

Otra particularidad de la extensión de enlaces es que podemos crear enlaces diferentes para móviles y además podremos programar esta extensión para que se muestre en el día y hora que más nos convenga.

Para crear una extensión de enlaces de sitio, vamos a "Extensiones de anuncio" en el menú desplegable elegimos, "Enlaces de sitio", a continuación le damos al botón "+ EXTENSIÓN" y se nos abrirá el asistente:

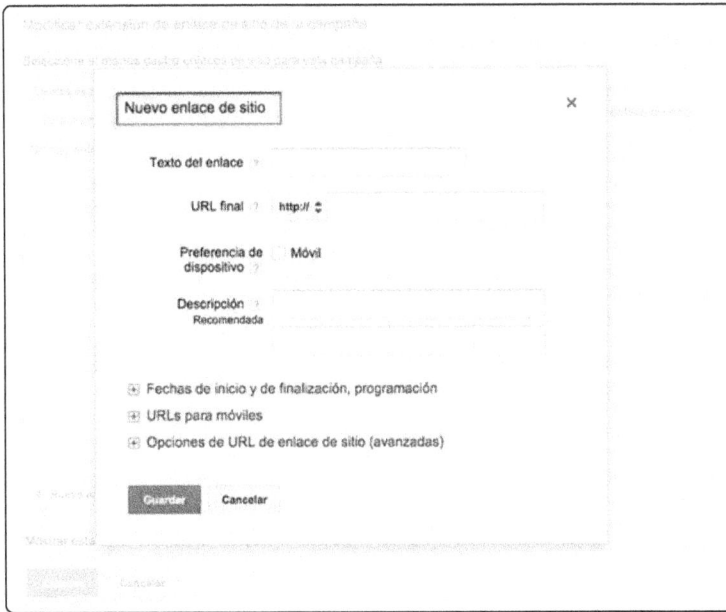

Figura 5.17b

Si vas a usar esta extensión, es recomendable que tengas al menos cinco o seis enlaces diferentes para que Google pueda elegir cuales mostrará en el anuncio y tengamos más posibilidades de que se muestren.

5.6.2 Ubicación geográfica

La extensión de ubicación nos permite incorporar la dirección física de nuestro negocio y algunos datos de interés como el horario. Al tener esta extensión activada le damos la posibilidad a nuestro cliente potencial de encontrarnos en el mapa de Google en un solo clic. Una oportunidad muy valiosa para negocios locales y campañas centradas en un radio cercano a nuestro negocio.

Para poder hacer uso de esta extensión tenemos que conectar en Adwords nuestra cuenta de Google My Business[25], para ello solo tienes que acceder a la web de My Business y dar de alta tu empresa, en el caso de que no la tengas todavía, es muy sencillo y gratis. Una vez que Google haya verificado la dirección de tu empresa, la pondrá en el mapa y podremos usarla como extensión en nuestros anuncios.

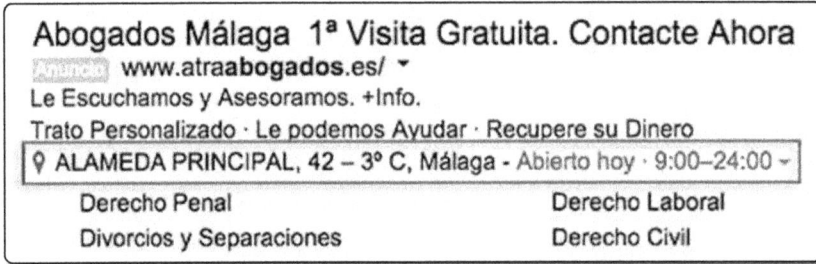

Figura 5.18a

Para crear esta extensión, vamos a "Extensiones de anuncio" en el menú desplegable elegimos, "Ubicación geográfica", a continuación le damos al botón "+ EXTENSIÓN" y se nos abrirá el asistente:

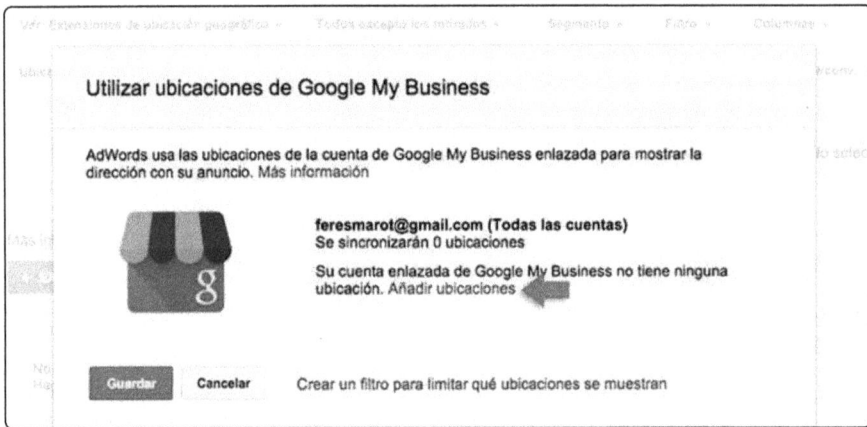

Figura 5.18b

5.6.3 Extensión de llamada

Con esta extensión podemos añadir el número de teléfono de contacto a nuestro anuncio lo que hace mucho más fácil que nos llamen, incluso algunas veces sin hacer clic. Esta extensión es muy eficaz por varias razones, la primera es obvia ya que nos permite que nos contacten directamente, la segunda es en el caso de los móviles, donde nuestra extensión se verá como un enlace para llamar, como vemos en la imagen 20.

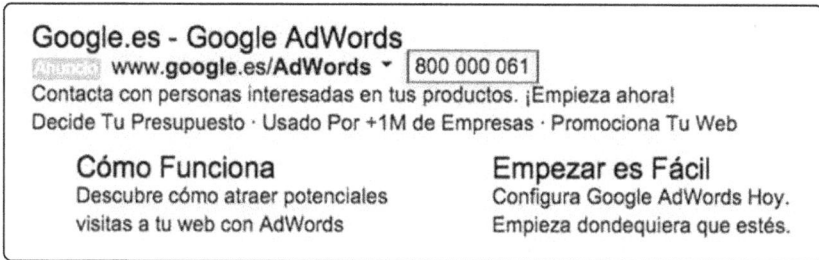

Figura 5.19

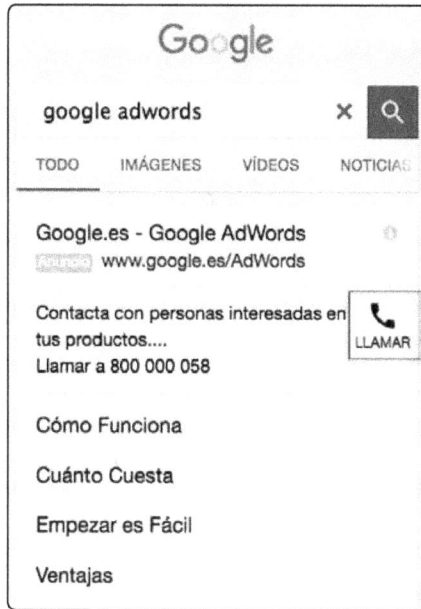

Figura 5.20a

Pero esta extensión todavía nos ofrece más sorpresas como los números de reenvío de Google, que son números de teléfono que Google pone a nuestra disposición para que podamos añadirlos en nuestra extensión y así obtener todas las estadísticas y mediciones posibles en nuestras llamadas. ¿A que es genial?, además se trata de un número gratuito para los usuarios.

Estos números nos van a permitir ver toda la información sobre las llamadas recibidas y contabilizarlas como conversiones. Utilizando estos números sabremos exactamente cuántas llamadas se han realizado a través de nuestro anuncio.

Para crear esta extensión, vamos a "Extensiones de anuncio" en el menú desplegable elegimos, "Extensión de llamada", a continuación le damos al botón "+ EXTENSIÓN" y se nos abrirá el asistente:

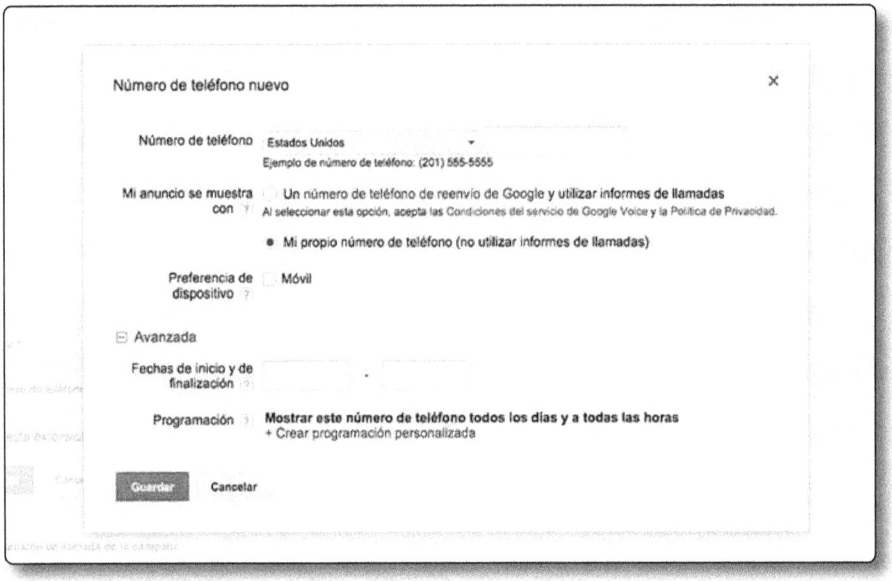

Figura 5.20b

Esta extensión también la podemos programar con fecha de inicio y finalización y programarla los días y horas más interesantes para nuestro propósito.

5.6.4 Extensión de APP

Se trata de un enlace que ampliará nuestro anuncio para poder descargar nuestra *app* desde Google Play o iTunes Store. Para poder hacer uso de esta extensión debemos tener activas nuestras *app*s en Google Play o iTunes Store. También necesitaremos el nombre de paquete (Android) o el identificador de aplicación (iOS) y la URL de la página dentro de la tienda de *apps*.

Figura 5.21a

Para crear esta extensión, vamos a "Extensiones de anuncio" en el menú desplegable elegimos, "Extensión de aplicación", a continuación le damos al botón "+ EXTENSIÓN" y se nos abrirá el asistente:

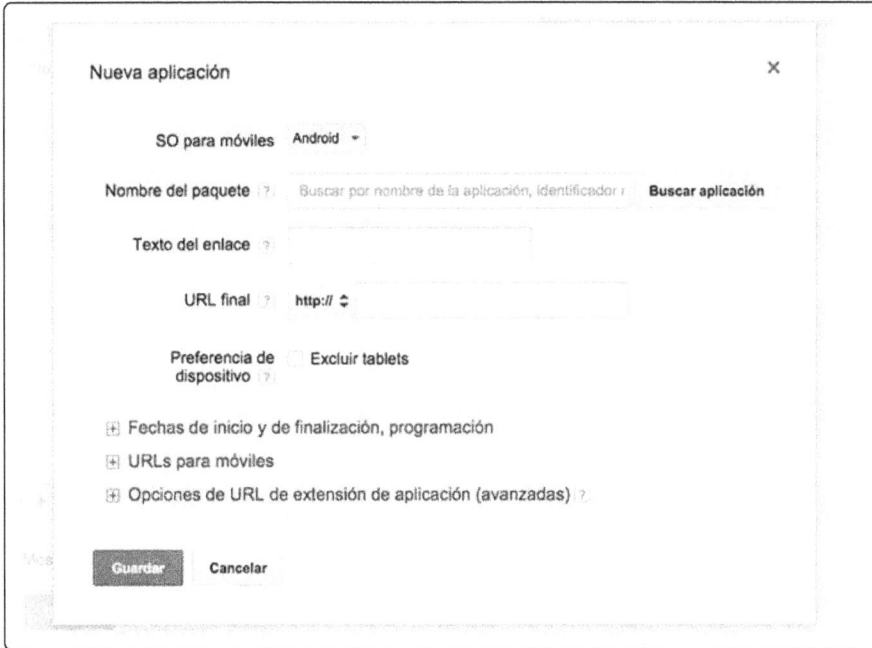

Figura 5.21b

5.6.5 Extensión de reseñas

Con esta extensión podremos ampliar nuestro anuncios con reseñas de terceros, eso sí, deben ser reales, precisas y creíbles, ya que Google las va a comprobar.

El uso de reseñas en nuestros anuncios requiere de varios requisitos, según establece Google:

▶ El contenido de la reseña debe estar visible en la web origen.

▶ El tono y el contenido de la reseña debe coincidir con la fuente.

▶ Se deben usar puntos suspensivos (...) para las palabras o frases que falten en medio de la reseña.

▶ Las reseñas no pueden tener una antigüedad superior a 12 meses.

▶ Las reseñas deben provenir de fuentes externas de confianza y queda bajo nuestra responsabilidad el que tengamos permiso para usarlas.

Como puedes ver la cosa no es tan sencilla, pero merece la pena intentarlo, ya que una buena reseña puede marcar la diferencia en nuestros anuncios.

El Mejor Arroz Alicante
www.ArrozAlicante.com
Exquisito y a Buen Precio.
Ven a Probarlo tú mismo
"Impresionante, me lo comí todo y volveré..." GuiaAlicante.com

Para crear esta extensión, vamos a "Extensiones de anuncio" en el menú desplegable elegimos, "Extensión de reseña", a continuación le damos al botón "+ EXTENSIÓN" y se nos abrirá el asistente:

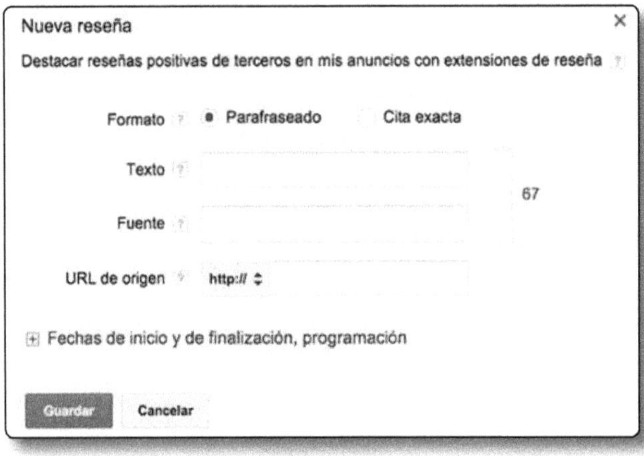

Figura 5.21c

Guardaremos nuestras reseñas y rezaremos para que Google nos las apruebe y las muestre.

5.6.6 Extensión de texto destacado

Esta extensión es muy utilizada ya que nos permite añadir más texto descriptivo a nuestro anuncio y podemos aprovecharlo para aquello que no hemos podido incluir en el anuncio. Es un buen sitio para escribir beneficios y ventajas de nuestro producto o servicio, como "Envíos Gratuitos", "Pagos Contrareembolso", etc.

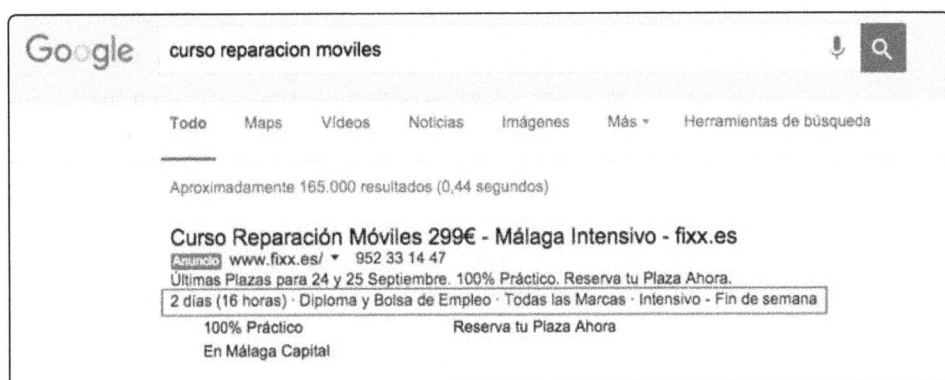

Figura 5.22

Para crear esta extensión, vamos a "Extensiones de anuncio" en el menú desplegable elegimos, "Extensiones de texto destacado", a continuación le damos al botón "+ EXTENSIÓN" y se nos abrirá el asistente:

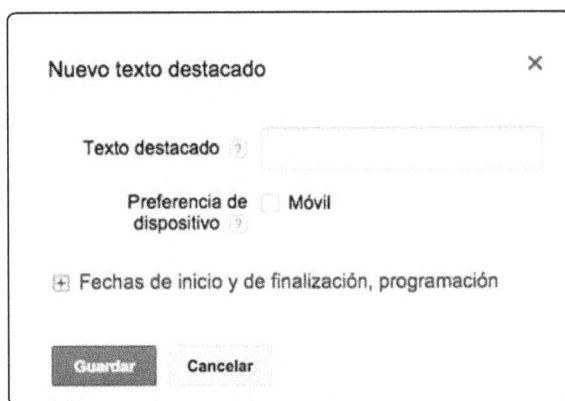

Figura 5.23

5.6.7 Extensión de extractos del sitio

Esta extensión nos permite destacar ciertos aspectos de nuestros productos o servicios y refleja las categorías que se pueden encontrar en nuestro sitio web. Es como un adelanto de lo que el usuario se va a encontrar en nuestra web sobre nuestros servicios o productos.

Viajes Despegando
www.Despegando.net
Viajes Low Cost a tu Medida
Ofertas Exclusivas hasta 50%
Destinos: Las Vegas, New York, Tokio, Roma

Como toda buena extensión se trata de ofrecer un poco más de información sobre nuestro negocio. Es una extensión realmente nueva, apenas lleva activa unos meses.

Para crear esta extensión, vamos a "Extensiones de anuncio" en el menú desplegable elegimos, "Extensiones de extractos del sitio", a continuación le damos al botón "+ EXTENSIÓN" y se nos abrirá el asistente:

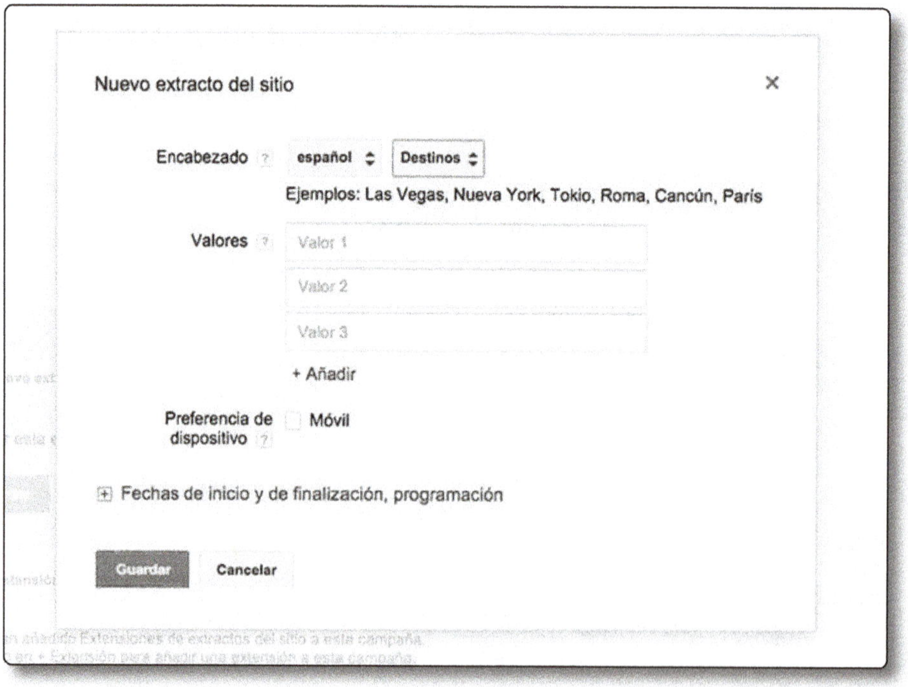

Figura 5.24

Elegimos el idioma y el encabezado en el menú desplegable. El encabezado se muestra delante de los valores que indiquemos en la extensión. Lo ideal es poner cuatro al menos.

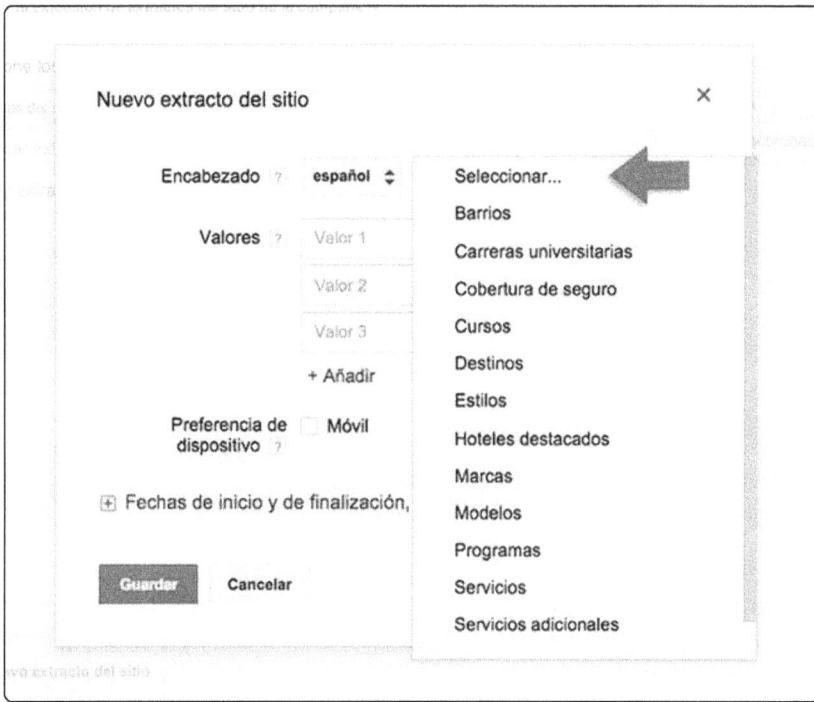

Figura 5.25

Como habrás podido comprobar, tenemos un buen montón de utilidades para crear el mejor de los anuncios posibles en Adwords. La clave o el secreto para que nuestros anuncios sean provechosos y se lleven los mejores clics, radican en dos cosas:

1. Que seamos la respuesta.

2. Testear y testear.

Es bien fácil, si podemos ofrecer la mejor respuesta a la búsqueda (eligiendo muy bien las palabras y la redacción del anuncio) y tenemos la capacidad de testear todo nuestro proceso, en muy poco tiempo, tendremos un anuncio de calidad que funciona perfectamente y que nos trae clientes potenciales a nuestra tienda, negocio, teléfono, *e-commerce,* etc.

Si a todo esto le añadimos, las extensiones disponibles, tendrás un buen ejército de anuncios ganadores.

Google Adwords es una fantástica herramienta para testear nuestros anuncios y para ofrecer *feedback* inmediato sobre nuestros clientes potenciales y sus preferencias.

De hecho, Adwords es utilizado por empresas de *marketing* y medios para realizar todo tipo de estudios de mercado que en otros tiempos, eran costosos y duraban demasiado tiempo.

Te pondré un buen ejemplo de esto, Tim Ferriss, autor del superventas "La semana laboral de 4 horas" (*The 4-Hour Workweek*) junto a su editor, no tenían muy claro el título del libro antes de publicarlo, así que Tim decidió hacer una prueba en Google Adwords, redactó varios anuncios con los posibles títulos que tenían y dejó que los usuarios decidieran. "*The 4-hour Workweek*" fue el que más clics tuvo y se convirtió en el título oficial.

Esto es tan solo un ejemplo, pero muy bueno, de las posibilidades de Google Adwords, por cierto, aprovecho para recomendarte este fantástico libro en el que el mismo autor, Tim Ferriss, cuenta esta historia.

Hemos hablado bastante sobre redacción de anuncios y creo que ha llegado el momento de que nos pongamos las pilas y te pongas a escribir los tuyos propios. Lo ideal es que redactes una serie de cinco a siete anuncios y escojas los mejores, luego los pondrás a testear, a ser posible de dos en dos. No te olvides de tus anuncios para móviles.

Antes de continuar con el capítulo siguiente voy a mostrarte una herramienta que probablemente responderá a una pregunta que nos hacemos todos cuando empezamos con nuestros anuncios en Google Adwords. ¿Cómo puedo ver mis anuncios?, sobre todo, ¿cómo puedo ver mis anuncios si mi campaña está orientada a Barcelona y yo vivo en Madrid?

5.7 DIAGNÓSTICO Y VISTA PREVIA

Esta herramienta nos permitirá poder ver los resultados de Google en cualquier sitio o lugar, es decir, que podemos elegir país, ciudad, idioma, etc., para poder comprobar que nuestros anuncios se muestren correctamente allí donde lo hayamos publicado.

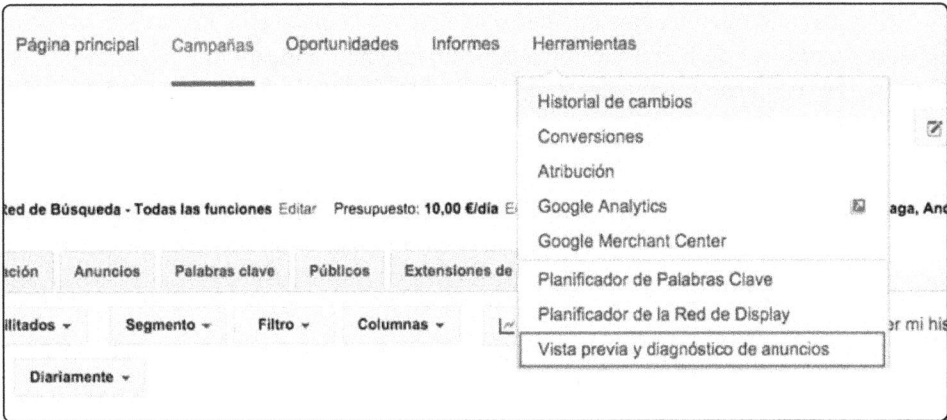

Figura 5.26

Solo tenemos que ir al menú principal arriba a "Herramientas" y elegir "Diagnóstico y vista previa de anuncios".

Accederemos a una especie de Google universal que nos permitirá hacer búsquedas en cualquier localización e idioma del mundo, y así revisar que nuestros anuncios se están publicando adecuadamente.

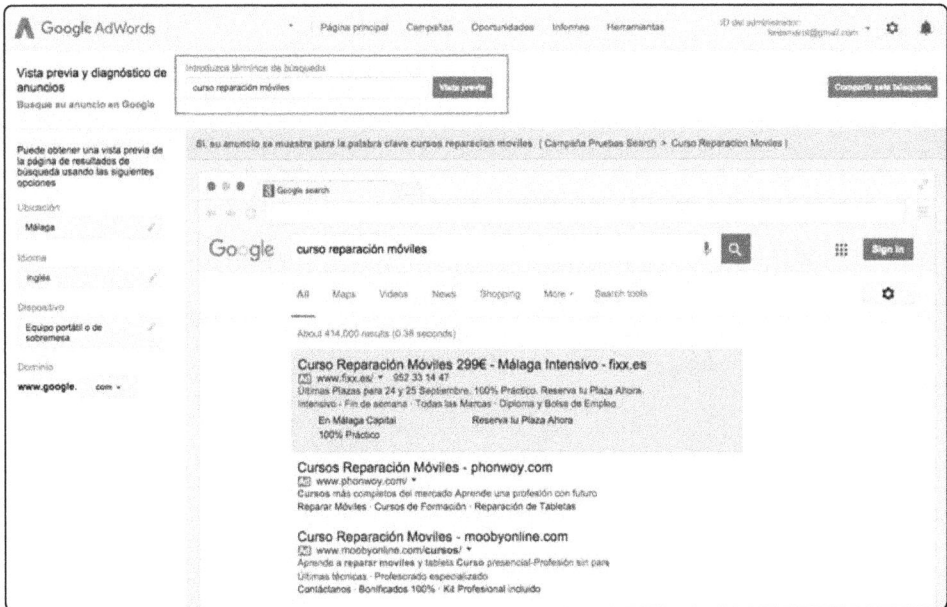

Figura 5.27

Lo único que tenemos que hacer es realizar la búsqueda, utilizando nuestras palabras clave y configurar la ubicación, el idioma, dispositivo y el dominio de Google, en este caso Google.es ya que estamos haciendo la campaña en Málaga, España.

Como ves, es realmente fácil comprobar que nuestros anuncios se están mostrando en el sitio correcto. Como anécdota te diré que yo también utilizo esta herramienta para ojear anuncios en diferentes idiomas y en diferentes países para inspirarme y obtener ideas.

6

SUBASTAS, PUJAS Y NIVELES DE CALIDAD

¡Tranquilos! Ya sé que el título de este capítulo suena un poco raro y confuso, pero nada que ver, tenemos que continuar y para ello necesitamos entender algunos términos y conocer bien de cerca cómo funciona el proceso de la puja en la subasta de Google Adwords, ya que es la base de todo nuestro proceso de pago por clic.

¡Todo se basa en una subasta!

Cada vez que alguien realiza una búsqueda en Google, se realiza una subasta en Adwords para ese término, de manera que los anunciantes interesados en que sus anuncios se muestren por esa palabra clave, estarán pujando por ella. Todo este proceso que puede parecernos un tanto confuso y desquiciante, se realiza de una manera transparente y ordenada y lo podemos controlar y configurar al detalle a través de nuestra interfaz de Google Adwords, como estamos viendo.

Podemos pujar con varias fórmulas de costes (CPC - CPM - CPA - CPV - CPCM) que veremos un poco más adelante, ahora tenemos que conocer algo llamado *Quality Score*.

6.1 ¿QUÉ ES EL QUALITY SCORE?

Podríamos traducir el *Quality Score* como los niveles de calidad de Google, que son utilizados como un indicador de valor. Para entenderlo mejor: el objetivo de Google, es que todo el mundo esté contento, es decir, el usuario debe encontrar lo que busca (el mejor resultado posible), el anunciante debe conseguir clics y usuarios interesados y Google quiere ganar en el proceso.

De manera que decide puntuar (del 1 al 10) nuestras palabras clave y anuncios para asegurar que sólo los mejores resultados sean los que aparecen en las mejores posiciones, esto significa que no saldrá más arriba alguien cuyos anuncios no sean relevantes por mucho que esté dispuesto a pujar. ¿A que es genial? esta es la clave del éxito de Google Adwords.

Y gracias al *Quality Score*, podemos pagar menos costes por clic si nuestra publicidad es relevante y cumplimos los requisitos, ya que al tener un mayor nivel de calidad (QS) Google nos baja el CPC de nuestra puja para salir más arriba en el *ranking*.

Así que apúntate esto: si conseguimos subir nuestro *Quality Score*, bajará nuestro coste por clic.

6.2 ¿CÓMO MIDE GOOGLE NUESTRO QUALITY SCORE?

Google va a tener en cuenta tres aspectos de nuestra publicidad:

1. CTR (ratio de clics).

2. Relevancia.

3. *Landing Page User Experience.*

El **ratio de clics** es una medida que Google obtiene de nuestros anuncios en cuanto empezamos a mostrarlos, y los propios usuarios y sus clics van a determinar nuestro ratio, a mayor ratio, mejor calidad, ya que le indica a Google que nuestro anuncio y palabras clave son relevantes.

La **relevancia** es un factor general, que Google tiene en cuenta desde el principio, por ejemplo, desde la estructura de nuestra cuenta, la división de nuestros grupos de anuncios, la selección de palabras clave, las extensiones, y la capacidad que tengamos de hacer que nuestra publicidad sea la perfecta para nuestros usuarios.

Cuando hablamos de ***Landing Pages User Experience*** nos referimos a la experiencia de un usuario cuando llega a nuestra página web desde nuestro anuncio, ¿encuentra lo que busca?, ¿abandona nuestra web muy rápido?, ¿decide que no es lo que esperaba? Todos estos factores son fundamentales en nuestro proceso y por eso Google lo valora tanto. En el siguiente capítulo hablaremos con más profundidad de *landing pages*.

Como verás, tener un buen nivel de calidad, no es nada difícil, se trata de encargarnos de que nuestros anuncios sean relevantes y nuestras palabras clave bien seleccionadas, por ejemplo, un grupo de anuncios con 189 palabras clave, serán menos relevante y tendrá menos QS que un grupo con cinco palabras clave.

Lo que Google pretende con el *Quality Score* es premiar la relevancia al tener como prioridad al usuario y su experiencia de búsqueda pre y post clic.

En definitiva, no debemos optimizar para mejorar el QS, sino para mejorar la experiencia del usuario.

Como podrás observar, todo lo que hemos estado viendo hasta ahora, sobre organización de nuestra cuenta, palabras clave y redacción de anuncios relevantes empieza a tener más sentido. Se trata de que obtengamos un buen nivel de calidad (QS) y así subir posiciones en los resultados de Google con menor coste.

Veamos un ejemplo más claro de cómo el QS afecta a la posición de nuestros anuncios, teniendo en cuenta la fórmula que aplica Google: **(Posición de Anuncio = CPC x QS).**

ANUNCIANTES	CPC	QUALITY SCORE (1-10)	RANKING	POSICIÓN
Anunciante 1	2,00€	9	18	1
Anunciante 2	4,00€	4	16	2
Anunciante 3	6,00€	2	12	3
Anunciante 4	8,00€	1	8	4

Aquí podemos ver claramente que el Anunciante 1 aunque puja menos que los demás, está en la primera posición gracias a los niveles de calidad.

6.3 ¿CÓMO PODEMOS COMPROBAR NUESTROS NIVELES DE CALIDAD?

Podemos hacer esto en la pestaña de palabras clave, justo al lado de cada palabra clave, en la columna "Estado" verás un icono con forma de bocadillo de texto junto al estado de la palabra, si colocamos el ratón justo encima, veremos los niveles de calidad, como en la imagen siguiente:

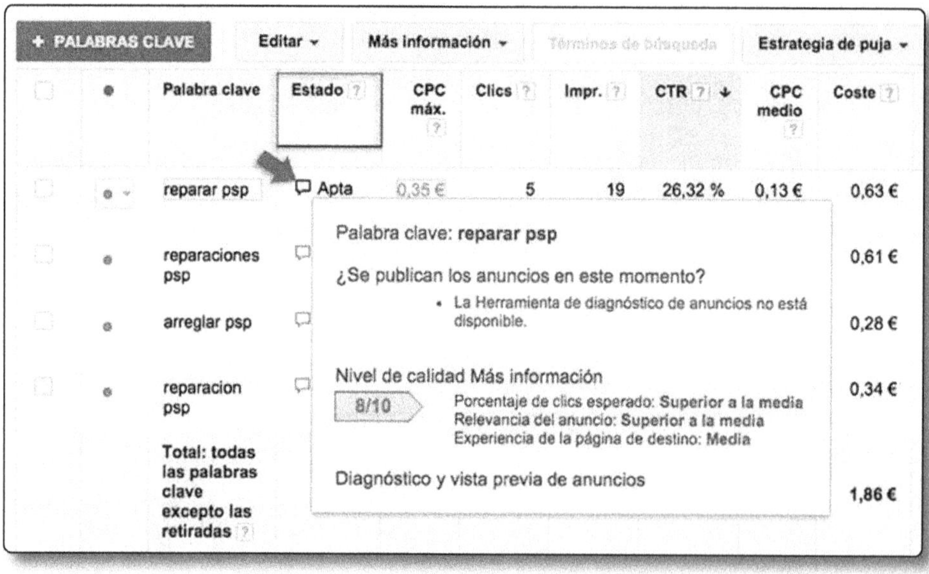

Figura 6.1

Otra manera de hacer esto es habilitando la columna "Niveles de calidad". Hacemos clic en el menú desplegable "Columnas" en la barra de herramientas situada arriba de las estadísticas y pulsamos "Modificar columnas".

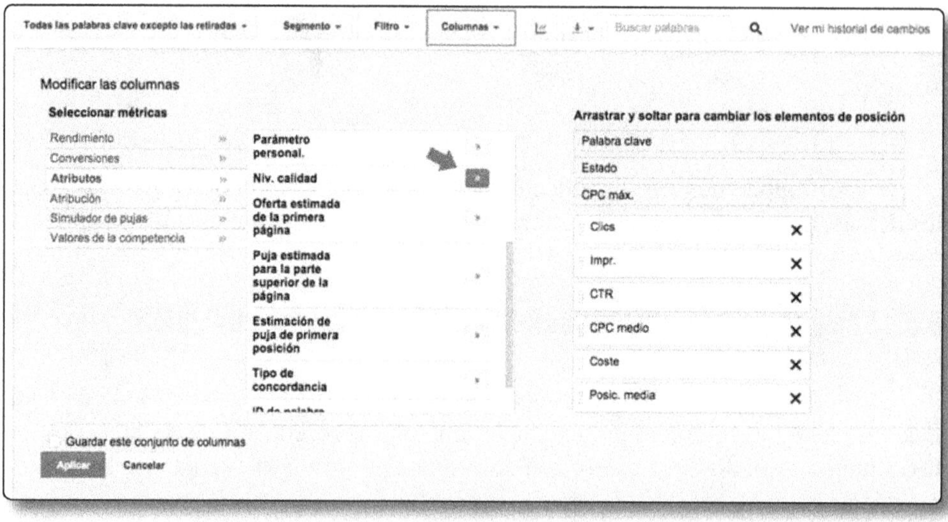

Figura 6.2

Al pulsar la opción de modificar columnas, se nos abrirá el panel de configuración de columnas, donde podremos seleccionar diferentes métricas para añadir o quitar columnas en nuestros informes. Agregaremos "Niv. Calidad" a los elementos a la derecha y pulsamos el botón "Aplicar".

Ya podremos verlos niveles de calidad en nuestra nueva columna.

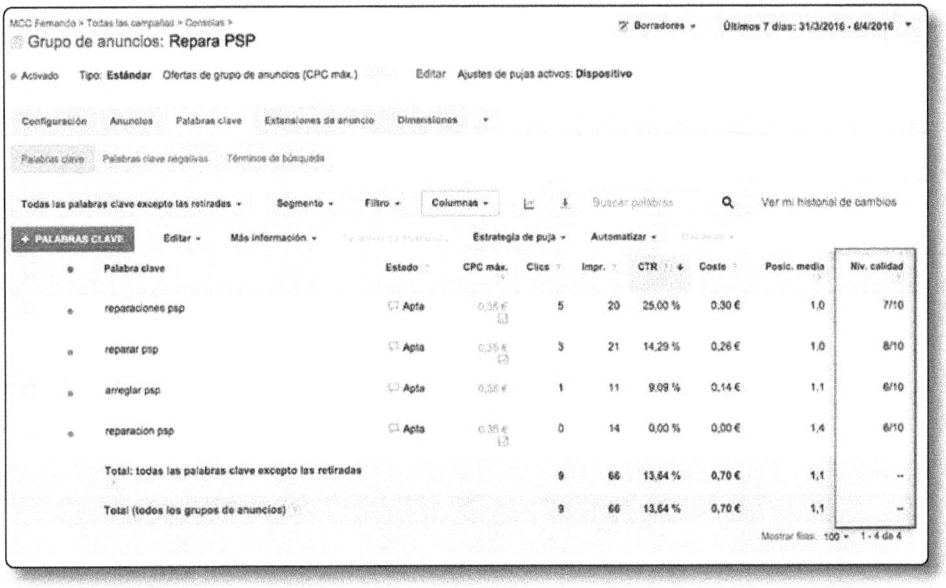

Figura 6.3

Vigila siempre tus niveles de calidad, son el mejor indicador de que lo estamos haciendo bien.

6.4 PROCESO DE LA PUJA Y COSTES POR CLIC

El proceso de nuestras pujas en Adwords dependerá de nuestros objetivos publicitarios, es decir, si nos enfocamos en conseguir clics, impresiones, conversiones o vistas en caso de campañas de vídeo.

Si lo que queremos es obtener clics que traigan usuarios a nuestra página web, pujaremos con el CPC (coste por clic), es decir, que pagaremos por cada clic y lo que estemos dispuestos a pagar por cada uno será nuestra puja de CPC.

Pero como hemos visto anteriormente tenemos otro tipo de costes:

CPC	*Cost per clic*	Coste por clic	Cuánto nos cuesta un clic
CPM	*Cost per mile*	Coste por mil impresiones	Cuánto pagamos por mil impresiones de nuestro anuncio
CPA	*Cost per action*	Coste por adquisición	Cuánto pagamos por una acción realizada en nuestra web (contacto - venta - formulario)
CPV	*Cost per View*	Coste por visión	Cuánto pagamos por la vista de un vídeo (anuncio)

6.4.1 Coste por clic

Si nos enfocamos en CPC nuestro objetivo claro es atraer usuarios a nuestra página web, ya sea en la red de búsquedas de Google o en la Red de Display (capítulo 8).

Google Adwords nos permite realizar nuestras pujas de CPC de dos maneras distintas:

▼ **Puja automática:** esta es la manera más simple, decidimos un presupuesto diario y dejamos que Adwords ajuste automáticamente nuestras pujas para atraer la mayoría de clics posibles.

▼ **Puja manual:** tenemos todo el control de nuestra puja y nos permite establecer pujas en grupos de anuncios o palabras clave individuales e incluso en ubicaciones (Red de Display).

Para configurar nuestras pujas, lo podemos hacer en la configuración de campaña, en la sección de "Estrategia de puja".

Existen diferentes tipos de pujas automatizadas que veremos un poco más adelante.

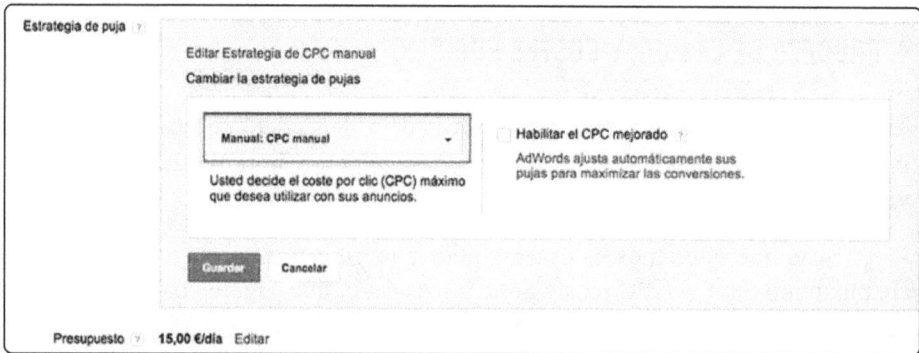

Figura 6.4

También podemos modificar nuestra puja manualmente por grupo de anuncios y palabras clave individuales desde la columna **CPC max.** tan solo haciendo clic encima de la puja.

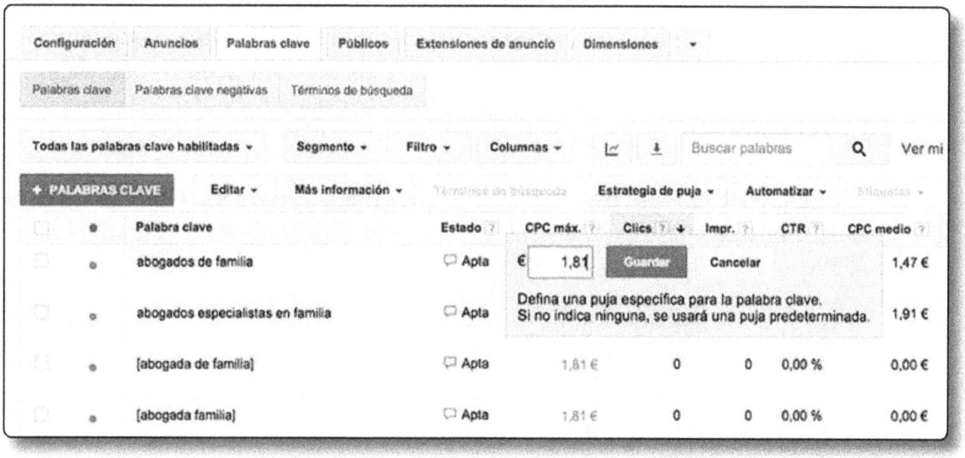

Figura 6.5

De manera que podemos tener una puja de CPC predeterminada en nuestra campaña y luego podemos modificar las pujas de manera individual según nuestras necesidades, por ejemplo, si queremos potenciar mucho más las impresiones de una palabra clave determinada o menos.

6.4.2 Coste por mil impresiones (CPM)

En lugar de pagar por cada clic, vamos a pagar por el número de veces que se muestra uno de nuestros anuncios (Red de Display) en este caso, cada mil impresiones, es decir que nuestro *banner* gráfico o anuncio de texto se ha mostrado o ha aparecido mil veces en una o varias ubicaciones web.

Podremos utilizar este tipo de puja en la Red de Display si nuestro objetivo es dar a conocer nuestra marca o mostrar nuestro producto al público de manera masiva y sin enfocarnos en que visiten nuestra web o realicen alguna acción.

6.4.3 Coste por adquisición (CPA)

Hasta ahora hemos visto lo que estamos dispuestos a pagar por cada clic que hagan nuestros usuarios y por cada mil veces que se muestra nuestro anuncio, pero ¿qué tal si podemos pagar por un usuario que entra en nuestra web y rellena un formulario de contacto?, o mejor aún, ¿y si podemos pagar por alguien que realiza una compra en nuestra tienda *online*?

Esta es la idea del CPA, donde pagamos por una conversión o acción que se realiza en nuestra página web y que nosotros decidiremos. Lo único que tenemos que hacer es establecer en Adwords nuestro CPA máximo, es decir lo que estamos dispuestos a pagar por una acción, por ejemplo, rellenar un formulario de contacto, realizar una compra, etc.

Lo que hará Google es establecer una media y ajustar los CPC de manera que consiga mostrar nuestros anuncios y conseguir una conversión sin sobrepasar nuestro CPA.

Para que se entienda mejor, seguiremos pagando por clics, pero Google utilizará los datos del historial de nuestra campaña para optimizar la oferta de CPC ideal y que consigamos un formulario de contacto a un Coste por Adquisición inferior o igual al que hemos ofertado.

Ejemplo: imagina que tenemos un restaurante y queremos conseguir reservas, tenemos una campaña donde cada clic nos cuesta 0,15 € y necesitamos aproximadamente unos 7 clics para conseguir una reserva (0,15 x 7 = 1,05 €) de manera que un cliente que ha realizado una reserva, nos ha costado 1,05 €, este sería nuestro CPA objetivo.

Así que podríamos decirle a Google, no te gastes más de 1,05 € por cada conversión, y esta sería nuestra puja de CPA.

Este tipo de puja puede ser fantástica o ineficaz, es decir, todo dependerá de que tengamos un buen volumen de conversiones[26] para que Adwords pueda tener suficientes datos de cálculo para nuestros costes. En definitiva, merece la pena probarlo pero con precaución.

6.4.4 CPV (coste por visualización)

Es el tipo de puja que vamos a utilizar en nuestras campañas de vídeo en YouTube a través de Adwords donde pagaremos por cada visión de nuestro vídeo. Lo veremos con más detalle en el capítulo 13.

---

26 Capítulo 9 "Conversiones".

6.5 HABLEMOS DE PUJAS AUTOMATIZADAS Y CPC MEJORADO

Hasta ahora hemos visto cómo podemos pujar de manera manual eligiendo nosotros mismos los costes por clic máximos de cada puja, pero vamos a dejar de lado por un momento el control de nuestro CPC y le pasaremos el trabajo a Google para que nos ayude a maximizar nuestros costes con las opciones de pujas automáticas.

En Adwords disponemos de varias fórmulas de pujas automáticas que nos ofrecen la posibilidad de utilizar el motor de cálculo de la herramienta publicitaria de Google para obtener mayor rendimiento en nuestras campañas.

Las pujas automáticas pueden resultarnos de gran ayuda según el caso y por supuesto, siempre que tengamos controlados nuestros presupuestos y objetivos. Ten en cuenta que será el propio algoritmo de Adwords el que se encargue de controlar nuestras pujas de CPC. Esto puede ser bueno o malo, dependerá de cómo lo usemos para nuestro provecho.

Pero tranquilos, porque Google siempre nos pedirá un tope de CPC máximo con el que trabajar y que no podrá superar.

Las pujas automáticas también están diseñadas para ayudarnos a conseguir algunos objetivos de rendimiento como veremos a continuación.

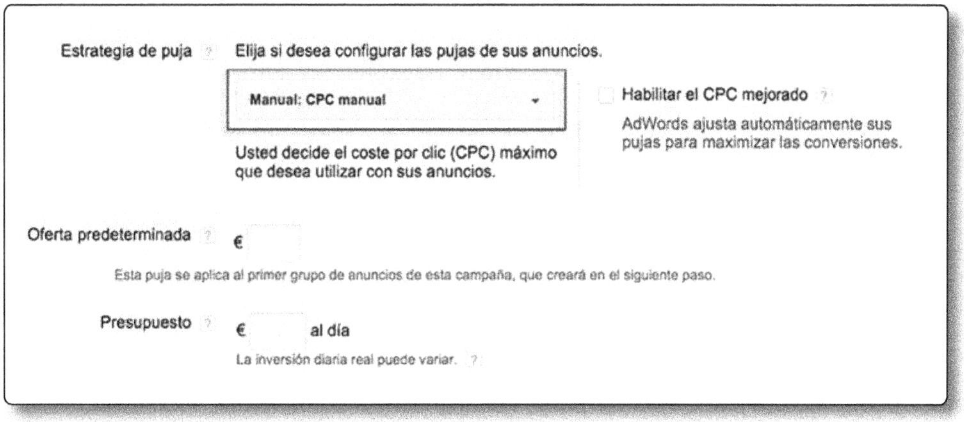

Figura 6.6

Podremos definir nuestra estrategia de puja en la configuración de nuestra campaña como ya hemos visto anteriormente, donde vemos el CPC manual por defecto, hacemos nuestra oferta predeterminada de CPC máximo y añadimos el presupuesto diario. Ahora, si queremos utilizar las automáticas, podremos elegir entre las diferentes opciones de pujas automáticas:

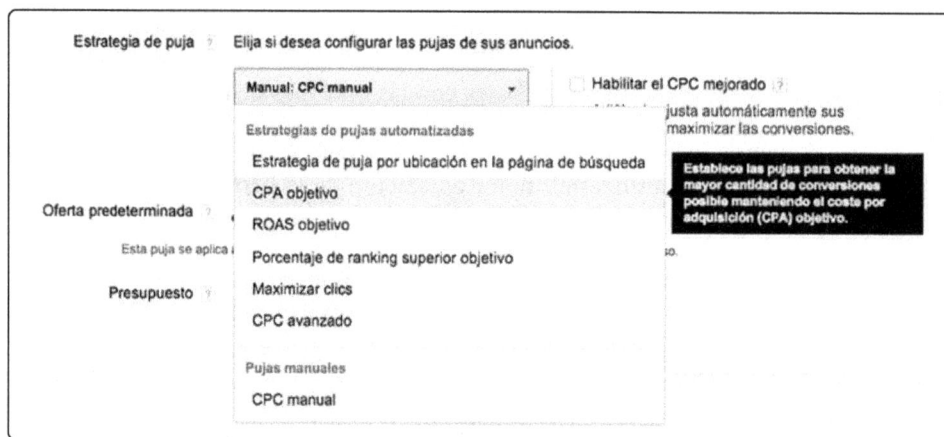

Figura 6.7

En el desplegable podremos ver las diferentes estrategias de pujas automáticas, si colocamos el ratón encima de cada una, Google nos mostrará un cuadro de diálogo donde nos explica el tipo de puja y cómo funciona, pero mejor veamos para qué nos puede servir cada una.

▸ **Estrategia de puja por ubicación en la página de búsquedas:** podremos utilizar esta puja para asegurarnos de que aumentaremos la visibilidad de nuestros anuncios en las primeras posiciones de los resultados de Google o en la primera página.

- **Objetivo:** estar en las mejores posiciones posibles cuando los costes no son un problema.
- **Dónde:** campañas, grupos de anuncios y palabras clave.

▸ **CPA Objetivo:** como ya vimos anteriormente, Google utilizará el coste por adquisición (CPA) que le hayamos puesto como objetivo y establecerá automáticamente las pujas para obtener el mayor número de conversiones posibles. Para ello deberemos tener activadas nuestras conversiones, lo veremos en el capítulo 9.

- **Objetivo:** Conseguir conversiones.
- **Dónde:** Campañas y grupos de anuncios.

▼ **ROAS objetivo:** Automatiza las pujas en grupos de anuncios, campañas y palabras clave para ayudarnos a conseguir el retorno de nuestra inversión publicitaria, para ello debemos haber establecido valores en nuestras conversiones, como veremos en el capítulo 9.

- **Objetivo:** conseguir más beneficio por conversión.
- **Dónde:** campañas, grupos de anuncios y palabras clave.

▼ **Porcentaje de *ranking* superior objetivo:** básicamente automatizará nuestras pujas para superar a otros anuncios de otros dominios, mejor dicho, de la competencia. Para ello deberemos elegir un dominio al que queramos superar en los resultados y la frecuencia con la que queramos superarlo y Google se pondrá a trabajar. Lo único por lo que debemos rezar es porque el otro dominio no utilice la misma estrategia de puja que nosotros. Sería una especie de bucle infinito de pujas y corto circuitos del sistema.

- **Objetivo:** Superar la posición de un dominio o competencia.
- **Dónde:** Campañas, grupos de anuncios y palabras clave.

▼ **Maximizar Clics:** establecerá automáticamente nuestras pujas para obtener el mayor número posible de clics sin sobrepasar nuestro presupuesto diario. Esta puede ser una buena opción si queremos tener más tráfico y sacarle el máximo rendimiento a nuestro presupuesto diario, si no ponemos un tope de CPC, Google intentará conseguir el máximo de clics.

- **Objetivo:** obtener el mayor número de clics posibles.
- **Dónde:** campañas, grupos de anuncios y palabras clave.

▼ **CPC avanzado:** ajustará automáticamente nuestra puja "manual" hacia arriba (30% máx.) o hacia abajo (100%) para conseguir más conversiones. Esta estrategia es exactamente la misma que el CPC mejorado (**CPCM**), solo que podemos convertirla en una estrategia de cartera y utilizarla en varios grupos de anuncios a la vez.

- **Objetivo:** primero las conversiones pero controlando el CPC.
- **Dónde:** campañas y grupos de anuncios.

6.5.1 ¿Cuándo utilizar el CPC mejorado y cuándo el CPC avanzado?

Si queremos habilitar el CPC mejorado en nuestra campaña lo haremos en la configuración principal de nuestra campaña, teniendo en cuenta que nos ajustará nuestra puja manual de manera automática para conseguir más conversiones. En el supuesto que queramos utilizar el CPC mejorado en diferentes grupos de anuncios en distintas campañas, utilizaremos la opción de CPC avanzado, creando una estrategia de cartera que podremos utilizar en cualquiera de nuestros grupos de anuncios o campañas.

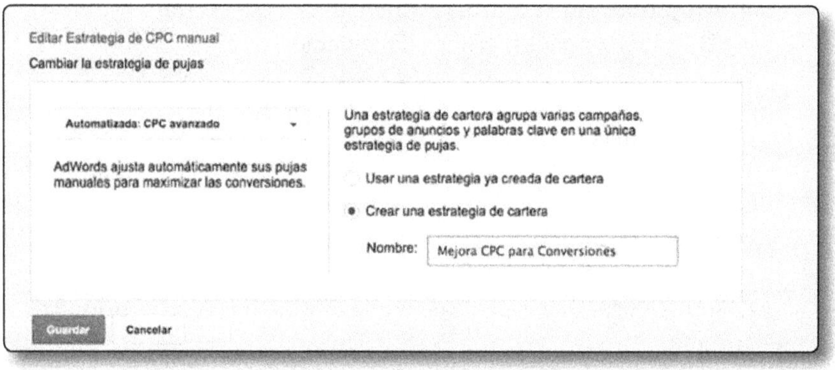

Figura 6.8

Las estrategias de puja de cartera se almacenan en la biblioteca compartida y las podemos utilizar o crear desde ahí para usarlas a nuestra conveniencia en diferentes campañas o grupos de anuncios e incluso palabras clave.

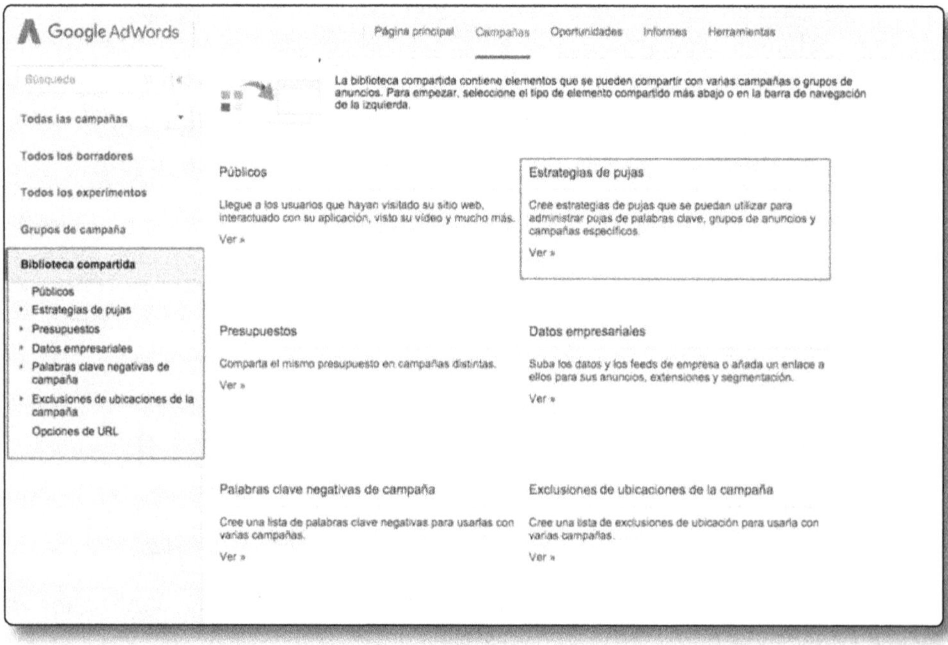

Figura 6.9

Todos estos tipos de pujas que estamos viendo se pueden crear directamente en nuestra biblioteca compartida para hacer uso de ellas cuando las necesitemos en cualquier momento y en cualquiera de nuestras campañas, grupos de anuncios o palabras clave.

Por ejemplo, podemos crear un par de estrategias como las que vemos en la imagen 10 y tenerlas preparadas para usarlas en cualquier momento en diferentes niveles de nuestras campañas.

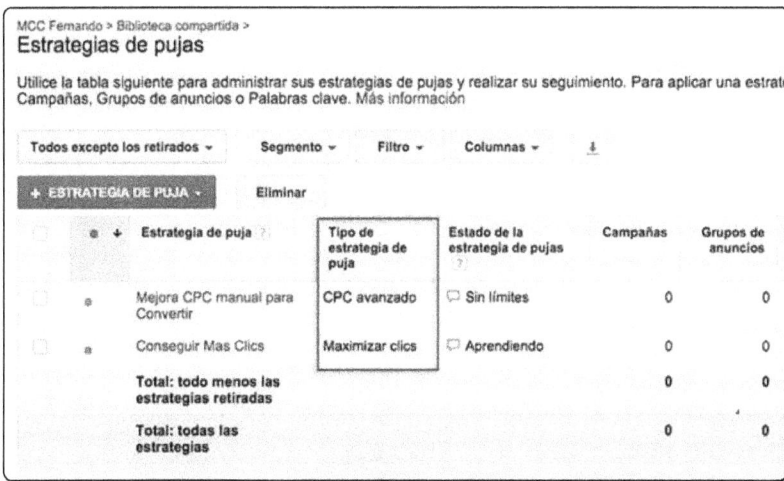

Figura 6.10

Hemos creado una estrategia de pujas de CPC avanzado para mejorar el CPC y conseguir más conversiones y otra para maximizar clics. Cualquiera de estas dos estrategias están disponibles para que las usemos en cualquiera de nuestras campañas, por ejemplo en un grupo de anuncios o palabras clave, para ello utilizaremos la pestaña "Estrategia de puja" y elegimos la opción "Utilizar una estrategia de puja flexible".

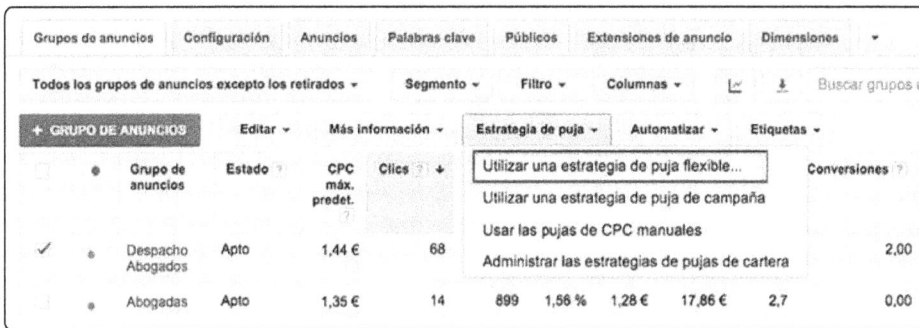

Figura 6.11

A continuación se nos abrirá un panel con las estrategias disponibles, seleccionamos la que queramos y listo. En este ejemplo hemos elegido un grupo de anuncios "Despacho Abogados" y hemos elegido la estrategia "Conseguir Más Clics" que nos ayudará a maximizar nuestros clics y conseguir más tráfico para ese grupo de anuncios concreto.

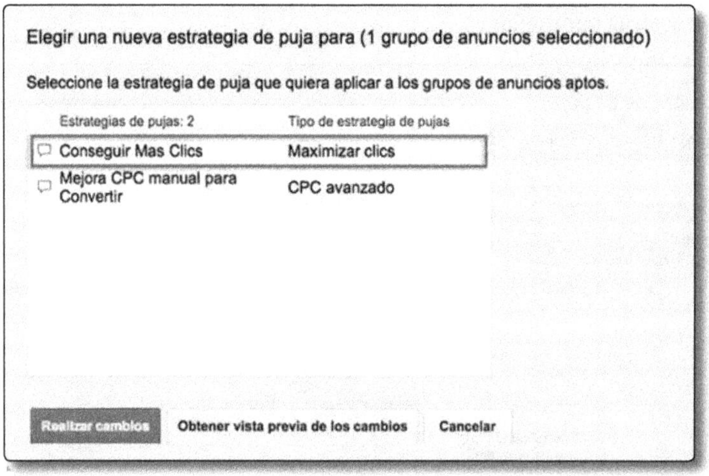
Elegir una nueva estrategia de puja para (1 grupo de anuncios seleccionado)
Seleccione la estrategia de puja que quiera aplicar a los grupos de anuncios aptos.
Estrategias de pujas: 2
Tipo de estrategia de pujas
Conseguir Mas Clics
Maximizar clics
Mejora CPC manual para Convertir
CPC avanzado
Realizar cambios
Obtener vista previa de los cambios
Cancelar

Figura 6.12

ⓘ IMPORTANTE

Todas estas estrategias no son mágicas, están para hacernos el trabajo un poco más fácil, pero nuestra publicidad siempre estará sujeta a los niveles de calidad y a las subastas en las que participemos. Otra cosa importante a tener muy en cuenta es que utilizar este tipo de estrategias de pujas requiere de que nuestra campaña tenga un histórico mínimo, para que Google tenga datos con los que manejar sus automatizaciones.

Seguro que ahora mismo te está empezando a doler la cabeza preguntándote cuál es la estrategia de pujas que debes elegir para tus campañas, es más sencillo de lo que pueda parecer, Google Adwords está siempre evolucionando y hace apenas un año, solo había 3 tipos de pujas:

- Pujas Manuales.
- Pujas Automáticas: Maximizar Clics.
- Pujas CPA.

Todas las estrategias de pujas disponibles ahora mismo provienen de estas tres pero orientadas a objetivos concretos, pero además con la posibilidad de almacenarlas y reutilizarlas.

6.6 ENTENDIENDO EL SIMULADOR DE PUJAS

El simulador de pujas es una herramienta muy interesante a la que echarle un vistazo y que nos recuerda que en Adwords nunca estamos solos/as.

Se trata de un complemento que nos avisa cuando Adwords detecta que nuestros costes por clic manuales pueden ser insuficientes y nos ofrece una predicción estadística de lo que podríamos conseguir aumentando o disminuyendo nuestro CPC.

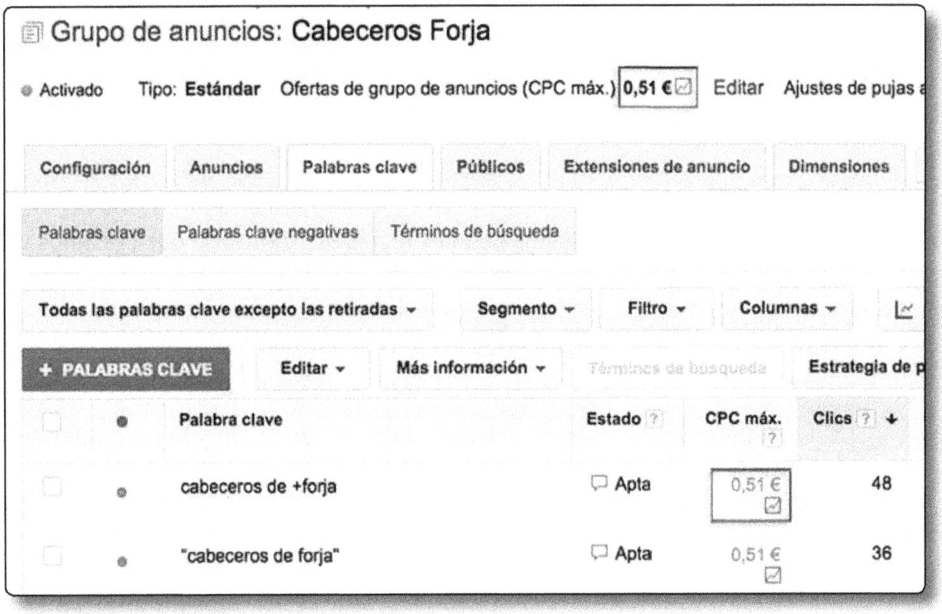

Figura 6.13

Para acceder al simulador de pujas veremos un icono muy pequeño justo al lado de nuestras pujas de CPC máx. Este icono solo se muestra en aquellos grupos de anuncios o palabras clave en los que Google Adwords tiene suficientes datos para realizar una buena predicción y ayudarnos a mejorar nuestros resultados. Pulsamos sobre el icono y accederemos al simulador de pujas:

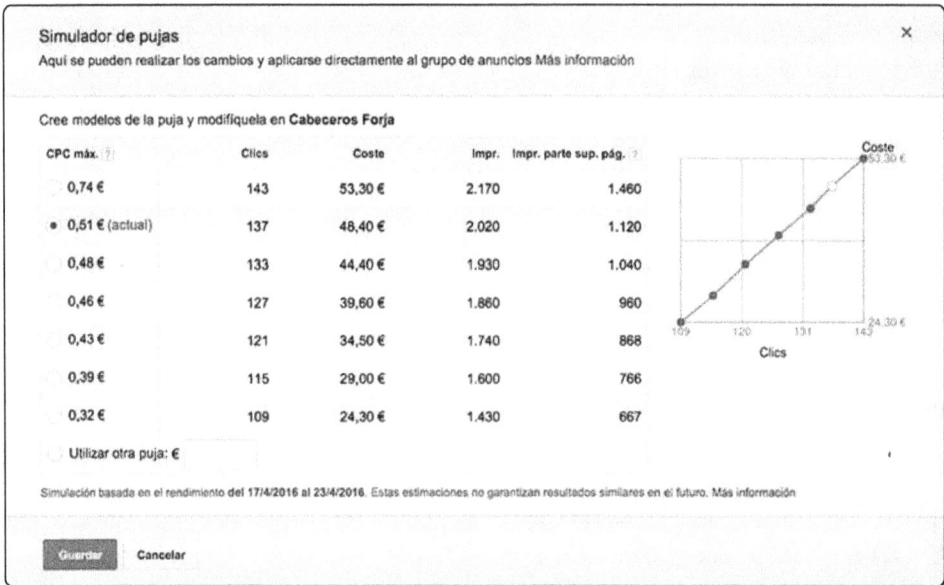

Figura 6.14

Aquí nos muestra nuestra puja actual y una predicción en la que podemos ver los clics, impresiones y coste que podríamos conseguir si cambiamos nuestra puja, normalmente se utiliza para guiarnos, ya que los datos son bastante actualizados, pero Google no tiene una bola de cristal, no obstante es interesante revisar esta herramienta y a veces hacerle caso.

Si tenemos pujas demasiado conservadoras, es decir, muy bajas o inferiores a la media de la competencia, el simulador de pujas acudirá a nuestro rescate y nos informará de lo que podremos conseguir aumentando nuestro CPC, de hecho no se cansa de avisarnos.

En realidad es una herramienta muy útil, tanto para aumentar nuestro CPC como para disminuirlo si es necesario, pero sobre todo para darnos una información muy valiosa y ayudarnos a tomar decisiones.

6.7 AJUSTES DE PUJAS EN LA PROGRAMACIÓN DE ANUNCIOS

Seguro que recuerdas la programación de anuncios a nivel de campaña donde podemos programar que nuestros anuncios se muestren en diferentes días y horarios, según nos convenga para nuestros objetivos. Esto es muy útil para cierto tipo de empresas, pero además tenemos la opción de poder aumentar o disminuir nuestras pujas de manera automática según nuestro horario.

Por ejemplo, imagina una pizzería que tiene una campaña de lunes a sábado y que al revisar sus métricas o simplemente porque conocen su negocio, saben que los pedidos a domicilio son mucho más frecuentes los jueves y viernes de 20:00h a 00:00h. Para ello podrían aumentar sus pujas de manera automática sólo los jueves y los viernes en ese horario para así captar más clientes.

Para hacer esto, lo primero es crear la programación de anuncios ideal para esos dos días y añadir los horarios que queremos potenciar los jueves y viernes:

El horario y la programación de anuncios quedarían así:

Lunes: 9:00h a 22:00h
Martes: 9:00h a 22:00h
Miércoles: 9:00h a 22:00h
Jueves: 9:00h a 20:00h
+ **Jueves: 20:00h a 00:00h**
Viernes: 9:00h a 20:00h
+ **Viernes: 20:00h a 00:00h**

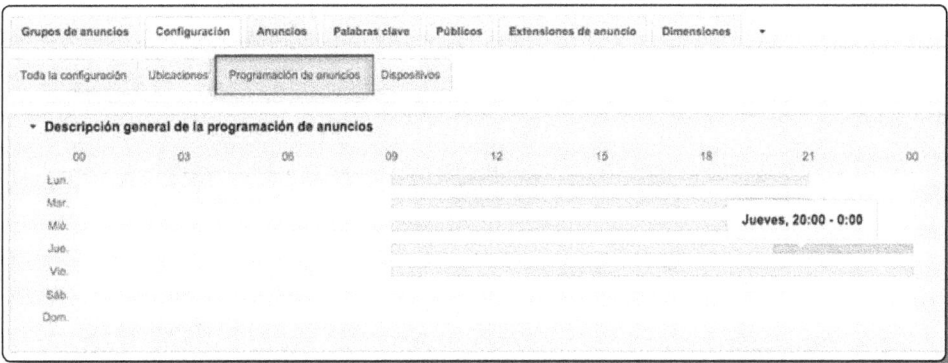

Figura 6.15

Un poco más abajo localizamos la columna de ajustes de puja y ahí podremos aumentar nuestra puja para el horario que hemos decidido, en este caso los jueves de 20:00h a medianoche y los viernes igual.

	Día y hora	Ajuste de la puja ?	Clics ? ↓	Impr. ?	CTR ?	CPC medio ?	Coste ?	Posic. media ?
	+ PROGRAMACIÓN DE ANUNCIOS	Seleccionar el ajuste de la puja	Quitar	Detalles de programación ▾				
☐	Lunes, 09:00 a. m. - 09:00 p. m.	--	21	956	2,20 %	1,56 €	32,84 €	3,3
☐	Martes, 09:00 a. m. - 09:00 p. m.	--	21	1.248	1,68 %	1,46 €	30,57 €	3,4
☐	Miércoles, 09:00 a. m. - 09:00 p. m.	--	21	1.141	1,84 %	1,45 €	30,36 €	3,4
☐	Jueves, 09:00 a. m. - 08:00 p. m.	--	0	0	0,00 %	0,00 €	0,00 €	0,0
✓	Jueves, 08:00 p. m. - Medianoche	--	0	0	0,00 %	0,00 €	0,00 €	0,0
☐	Viernes, 09:00 a. m. - 08:00 p. m.	--	0	0	0,00 %	0,00 €	0,00 €	0,0
✓	Viernes, 08:00 p. m. - Medianoche	--	0	0	0,00 %	0,00 €	0,00 €	0,0
	Total: retirados		39	1.954	2,00 %	1,42 €	55,49 €	3,3
	Total		102	5.299	1,92 %	1,46 €	149,26 €	3,4

Figura 6.16

Solo tenemos que pulsar la pequeña línea de puntos junto a la fecha y hora que queremos ajustar y se nos abrirá el asistente de pujas donde podremos aumentar nuestras pujas en un tanto por ciento %.

	Día y hora		Clics	Impr.	CTR	CPC medio	Coste
☐	Lunes, 09:00 a. m. - 09:00 p. m.	--	21	956	2,20 %	1,56 €	32,84 €
☐	Martes, 09:00 a. m. - 09:00 p. m.	--	21	1.248	1,68 %	1,46 €	30,57 €
☐	Miércoles, 09:00 a. m. - 09:00 p. m.	--	21	1.141	1,84 %	1,45 €	30,36 €
☐	Jueves, 09:00 a. m. - 08:00 p. m.	--	0	0	0,00 %	0,00 €	0,00 €
☐	Jueves, 08:00 p. m. - Medianoche						

Aumentar un ▾   [15] %

Ejemplo: una puja de 10,00 € se convertirá en una puja de **11,50 €**.

[Guardar] Cancelar

¿Quiere configurar varios ajustes de la puja? A continuación, le mostramos un ejemplo:

Estados Unidos × Sábado   = Resultado
+ 20% (1.20)   - 5% (0.95)   + 14% (1.14)

	Viernes, 09:00 a. m. - 08:00 p. m.						
☐	Viernes, 08:00 p. m. - Medianoche						
	Total: retirados						
	Total						

Figura 6.17

Por ejemplo, podemos aumentar nuestras pujas un 15% para nuestro horario especial, lo que significa que si tenemos una puja manual de 2 €, en nuestro nuevo horario Google pujará hasta 2,30€ para que obtengamos mayor tráfico y rendimiento en este horario (15% de 2,00€ = 0,30€).

Supongo que ya puedes ver la ventaja de esta estrategia, también la podemos hacer a la inversa y disminuir las pujas en momentos de menor movimiento en nuestro negocio.

Como habrás podido comprobar el proceso de la subasta y pujas en Adwords es bastante flexible y configurable casi al 100%, todo dependerá de nuestro trabajo, presupuesto y objetivos publicitarios.

A continuación hablaremos de uno de los factores vitales en nuestro proceso publicitario en Google Adwords, nuestras páginas web o *landing pages*.

7

LANDING PAGES (PÁGINAS DE ATERRIZAJE)

7.1 ¿QUÉ ES UNA LANDING PAGE?

Una *landing page* es una pista de aterrizaje para nuestros visitantes web, mejor dicho una alfombra roja para nuestros clientes potenciales, al menos ese debe ser nuestro objetivo.

Imagina este escenario: Roberto tiene una empresa de jardinería y necesita un nuevo cortacésped y como ya tiene experiencia, quiere un modelo concreto, o al menos de la misma gama que usa habitualmente, así que entra en Google y escribe "cortacésped XY" e incluso añade a su búsqueda algunas características, como "cortacésped XY tracción 4x4 gasolina".

Cuando Roberto empieza a ver los resultados en Google, se pone muy contento y hace clic en el primero de ellos, de repente, se encuentra en una página de bricolaje con cientos de opciones y promociones, hay imágenes que se deslizan con ofertas en bombillas de bajo consumo y decoración, el cerebro de Roberto se pregunta: ¿dónde está mi cortacésped? Roberto intenta encontrar la sección de cortacéspedes, pero desiste en apenas ocho segundos, así que se marcha de la web y sigue su búsqueda.

Hace clic en el segundo resultado y encuentra algo parecido, una web con todo tipo de productos de jardinería, con menús y fotos, pero ningún cortacésped. Roberto empieza a sudar y a sentir frustración. Me gustaría añadir que Roberto está realizando su búsqueda desde su teléfono móvil, así que la cosa se pone tensa. Lo dejaremos aquí.

Con este breve ejemplo, un poco exagerado, te quiero mostrar la importancia de que nuestras páginas web sean capaces de mostrar a nuestros usuarios justo aquello que están buscando y esto es básico cuando hacemos anuncios en Google. De hecho las dos primeras web que visitó Roberto perdieron su dinero en clics, ya que entró y se marchó cuando no encontró lo que buscaba.

La idea básica de una *landing page* es la de poner nuestra oferta, producto o servicio concreto y específico delante de nuestros visitantes. Podríamos decir desde el punto de vista de nuestro *marketing*, que se trata de una página exclusivamente creada para un objetivo, que puede ser una venta, una llamada, rellenar un formulario, descargar un catálogo, un cupón, etc.

En el caso de una tienda *online* con miles de productos, no significa que tengamos que crear miles de *landings*, sino que tratemos de crear el entorno adecuado para el usuario en las páginas de productos o en las páginas de categorías. En el caso de Roberto, habría sido suficiente con llevarlo directamente a la sección de cortacéspedes XY, eso sí, con una buena alfombra roja.

Es un error muy común que se sigue cometiendo, el enviar a nuestros usuarios a nuestra página principal y dejar que él o ella busquen lo que necesita pero, ¿por qué van a perder su valioso tiempo? ¿Te imaginas buscar en Google calcetines *Star Wars* y que Amazon te muestre su página principal? Lo primero que pensaríamos es, "uff, ahora tengo que buscar la sección de calcetines y luego ver si hay los que yo estoy buscando". Tranquilo, Amazon no te haría eso. Haz la prueba.

7.2 ¿POR QUÉ NECESITO UNA LANDING?

Nuestra página web es la parte más importante de nuestro proceso publicitario ya que es el sitio donde nuestros usuarios se convertirán en futuros clientes.

"La misión de una *landing page* es CONVERTIR a nuestras visitas en clientes potenciales"

Nuestros objetivos primarios cuando hacemos publicidad en Google son:

1. Que nuestros clientes potenciales nos conozcan.
2. Que encuentren lo que buscan.
3. Que se conviertan en clientes.

Se trata de que, a través de nuestra web, seamos capaces de ofrecer nuestros productos y servicios de la mejor manera posible a nuestros visitantes y posibles clientes. Por lo que en muchos casos, no necesitaremos crear páginas web nuevas, bastará con optimizar las que tengamos o mejorar las secciones para conseguir nuestros objetivos publicitarios.

Vamos a ponérselo fácil y claro a nuestro usuario, cuanto más simple mejor. Deberemos conseguir que nuestro cliente potencial descubra que está en el sitio adecuado, y se diga a sí mismo, "justo lo que estaba buscando".

Bien, me imagino que ya hemos captado la idea pero, vamos a ponernos un poco más serios

Una auténtica *landing page* es aquella que crearemos exclusivamente con un simple objetivo y donde nos enfocaremos exactamente en lo que queremos que haga nuestro visitante, por lo que debemos definir muy bien nuestra llamada a la acción, que podrá ser un botón de compra, de contacto, o un formulario.

Por ejemplo, tenemos una academia y queremos conseguir alumnos para nuestro curso de inglés de verano, así que vamos a crear una *landing page* donde nos enfocaremos en mostrarle el producto de manera atractiva y un formulario para pedir información con un cupón descuento que recibirá en cuanto lo haya rellenado. Así de sencillo. Nos aseguraremos que en nuestro diseño no habrá nada que pueda distraer a nuestro usuario de hacer lo que tiene que hacer, rellenar el formulario. Esto es una *landing page.*

Uno de los aspectos a tener en cuenta e nuestro diseño de *landing pages* es, que no deben tener demasiados enlaces de navegación, ni distracciones que puedan llevar al usuario a hacer clic y marcharse de donde está. En una *landing page*, menos es más.

Bien, si todavía no tienes claro para qué necesitas una *landing page*, deja que te haga algunas preguntas, las respuestas te ayudarán a saber si la necesitas o no:

1. Cuando llega un usuario a tu web, ¿tiene una idea bien clara de tu producto / servicio?

2. En apenas cinco segundos ¿puede saber cuáles son los beneficios de tu producto / servicio?

3. ¿Tiene perfectamente claro lo que tiene que hacer para contactar, comprar, etc.?

4. Todo esto anterior, ¿lo puede ver sin tener que usar el *scroll*? (es decir que está en la parte de arriba de nuestro diseño [*above the fold*])

5. ¿Tu página es la respuesta perfecta a la búsqueda de tu usuario?

Si has respondido de forma positiva a estas preguntas, ¡Enhorabuena!, está claro que no necesitas una *landing*, para el resto, continuamos con este capítulo.

7.3 ANATOMÍA DE UNA LANDING PAGE

El principio básico de una buena página de aterrizaje es presentar una oferta concreta con una buena llamada a la acción para el usuario.

Podríamos decir que una *landing* perfecta debería contemplar estos tres principios:

- Este es mi producto.
- Esto es lo que puede hacer por ti.
- Esto es lo que debes hacer para conseguirlo.

Tan simple y tan complejo como esto, en realidad una *landing* debe brillar por su simpleza y debe enfocarse en los beneficios que el producto o servicio le va a ofrecer a nuestro visitante y por último, mostrarle el camino que debe seguir si quiere comprar o saber más.

El siguiente ejemplo, podría ser una *landing page* simple para una tienda de moda.

TIENDABAG
Showroom Exclusivos

Estar a la última en complementos y zapatos ahora es muy sencillo... y barato!

PRÓXIMO EVENTO: Jueves 22

Ven a nuestro próximo evento, tenemos un Regalo para ti!

SI, RESERVAR MI SITIO

Figura 7.1

Como puedes ver en la imagen, esta sería una *landing* sencilla pero efectiva, cuyo objetivo es invitar a un evento. Para ello se ha puesto bien claro un botón para reservar el sitio.

Este diseño de *landing* es un boceto pero contiene todos los elementos que necesitamos para nuestro objetivo

Estos son los elementos que toda página de aterrizaje debería tener:

1. **Título Brillante con una buena USP[27]**

   Aquí tenemos que tener en cuenta varias cosas, como el título llamativo o de venta, un buen *slogan*, un brutal subtítulo y quizás un texto corto que sirva de argumento. Es el momento de mostrar lo que nos diferencia, qué es lo que marca la diferencia entre nuestro producto y la competencia.

2. **Impacto visual**

   Una buena imagen que muestre las bondades de nuestro producto / servicio, un vídeo, etc.

   La idea principal que debería mostrar nuestra imagen o vídeo es el contexto de uso o las   posibilidades de nuestro producto o servicio. A veces tan solo hace falta una imagen para comunicar nuestro mensaje.

3. **Beneficios**

   Aquí es donde contaremos las ventajas de usar nuestro producto o servicio, pero quizás no solo las ventajas, también las características más interesantes sobre nuestro producto que debe conocer nuestro usuario, por ejemplo, "si no te gusta puedes devolverlo sin coste", etc., "envío gratis en 24h", etc. ¡Pero los beneficios primero!

4. **Prueba social**

   Testimonios de usuarios contentos, número de seguidores en redes sociales, fans, número de clientes que han comprado el producto, etc. Este concepto es muy poderoso ya que puede ayudar a tus usuarios a decidir mejor al ver que otras personas han comprado o usado tu producto. Es algo mágico.

---

27 *Unique Selling Proposition* (propuesta de venta única).

Algo que también puede marcar la diferencia y ayudarnos a mejorar la confianza, es el uso de sellos de garantía *online*, certificaciones, logos de *partners* o cualquier otro elemento que indique somos de confianza.

5. **Llamada a la acción.**

Ya sea a través de un botón o un formulario, debemos darle a nuestro usuario la oportunidad de dar el siguiente paso y debe estar bastante claro en nuestro diseño. Algo importante a tener en cuenta en el caso de un botón, es el texto que incluiremos y este debe invitar a nuestro usuario a hacer clic de la manera más personalizada posible, no te limites a poner: "COMPRAR", "Añadir al Carro", "Más Información", esto es aburrido. Qué tal algo como "Únete al Club", "Guardar mi sitio", "Descargar mi descuento de 50€", etc.

En cuanto a los formularios, facilita el camino a tus clientes potenciales, y no les hagas rellenar más de tres campos, nombre, email y teléfono si es necesario, lo ideal es lo mínimo posible. He llegado a ver *landings* que te obligan a rellenar un formulario interminable, solo para poder ver un precio, esto es desastroso, y además añades obstáculos a tus clientes potenciales.

Un último consejo, no hagas perder el tiempo a tus visitantes. Pónselo fácil.

7.4 ABOVE THE FOLD

Hemos mencionado anteriormente esta expresión para entender algo que debemos tener muy en cuenta en nuestras *landings*, ***above the fold*** en diseño web significa el tamaño del contenido de la mitad superior de nuestra página web, es decir, el contenido que podemos ver sin usar la barra de *scroll* para bajar al final de nuestra página.

Esto es muy importante en nuestra *landing* por todo lo que hemos visto hasta ahora, ya que no queremos que nuestro usuario tenga que usar el ratón o su barra de *scroll* para bajar y encontrar la respuesta o la información más relevante. Piensa que muchos de tus usuarios accederán a través de sus móviles, así que es fundamental que la información más relevante sea accesible de inmediato y no haya que desplazarse por la web para encontrarla.

Por otro lado podemos usar la parte *below the fold*, es decir, la parte siguiente de nuestro contenido web, para agregar más información de valor y ofrecer la posibilidad a nuestro usuario de informarse mucho más, si así lo desea. Es aquí donde podríamos añadir más características en detalle de nuestro producto / servicio, más testimonios, etc.

Este concepto es tan importante que Google Adwords lo tiene en cuenta para mostrar sus anuncios en la Red de Display, y lo veremos en el capítulo 8.

7.5 EJEMPLOS Y RECURSOS PARA CREAR TUS LANDINGS PAGES

Existen tres maneras para crear o utilizar *landing pages*:

1. Crearlas nosotros mismos o nuestro equipo de diseño web.

2. Comprar una plantilla o *theme*.

3. Utilizar una herramienta *online* de *landings*.

Si decidimos crearlas nosotros, ya sabes todo lo que debes hacer al respecto, simplemente sigue los pasos y crea una página ideal para tu usuario, teniendo en cuenta no cometer algunos errores que veremos un poco más adelante.

La segunda opción es "Comprar una plantilla o *theme*" y es una buena solución ya que existen opciones muy interesantes para esto, además con muy buen precio. Por ejemplo, yo utilizo mucho **themeforest.com** y no solo para comprar plantillas web, también para inspirarme y captar ideas de diseño.

Echa un vistazo a esta página y podrás ver algunos diseños de landing pages muy interesantes, además están diseñados para productos y servicios muy concretos: *http://themeforest.net/category/marketing/landing-pages* la página está en inglés pero merece mucho la pena. Puedes ver los diseños como quedan en pantalla y en cualquier dispositivo, además el precio es genial. Por ejemplo, si quieres ver una *landing* para un restaurante, aquí encontrarás diferentes diseños.

También existen plantillas, temas y *plugins* de *landings* para Wordpress, si es tu caso, lo que tienes que hacer es buscar en la sección de *plugins*, "Landing pages" y buscar alguno que se adapte a tus necesidades.

Por último tenemos la solución alojada, es decir, existen algunas herramientas *online* que nos permiten crear nuestras *landings* de una manera muy sencilla y efectiva. Son recursos de pago, pero merecen la pena cuando ves el potencial. Además dependerá de tu negocio si vas a ser usuario habitual de *landings* o no, y la habilidad de crearlas rápido y eficazmente, es un factor importante.

Además utilizar una plataforma *online* de l*andings* tiene muchas ventajas:

▼ No necesitas *hosting* para alojar tus páginas de aterrizaje.

▼ Puedes hacer todas las que quieras o tu plan de pago te permita.

▼ Tienes estadísticas disponibles para saber cómo está funcionando tu *landing*.

▼ Tienes otras herramientas de medición y prueba de *landings*.

▼ Puedes usar plantillas que son reales y tienen buen rendimiento

▼ Pruebas A/B para optimizar los elementos en tu *landing*.

Un buen ejemplo de esto es **LeadPages,** una plataforma donde podremos crear nuestras *landings* de manera sencilla y eficaz, requiere de un pago mensual y tiene muchas utilidades, puedes echar un vistazo a su *marketplace* de *landings* aquí: *http://market.leadpages.net/*. Una de las cosas más atractivas de LeadPages es su *marketplace*, aquí puedes echar un vistazo a un montón de diseños de *landings* hechos por otros usuarios y que están a la venta, pero lo mejor es que puedes ordenarlos por las que mejor convierten, es decir, las *landings* más efectivas. Aunque solo sea para inspirarte, no está nada mal.

Existen algunas plataformas más como esta:

▼ **Unbounce.com**: una de las más conocidas, tiene un editor "Drag and Drop" donde tú mismo puedes arrastrar elementos y crear tu *landing*, y puedes editarla en cualquier momento. También tiene herramientas de medición y optimización como pruebas A/B, que nos permite hacer un *split testing* con nuestras *landings*. Dispone de un buen número de plantillas ya creadas ordenadas por categorías y votadas por los usuarios, listas para usar (tiene una prueba gratuita de 30 días).

▼ **Instapage.com**: dispone de un editor web "Drag and Drop" más simple que Unbounce, cosa que puede ser buena o mala, según se mire. En mi caso es buena, ya que nos hace el trabajo más sencillo y rápido. Nos da tres opciones de publicación de nuestra página: en Instapage, en nuestro *hosting*, o en Wordpress (tiene una prueba gratuita de 30 días).

▼ **LanderApp.com**: contiene un editor visual muy fácil de utilizar para crear *landings* y editar las plantillas disponibles. Te permite integrar tu *landing* en Facebook y también tiene una herramienta de A/B *testing* (tiene una prueba gratuita de 14 días).

Hay muchas más herramientas como estas en el mercado, pero siempre dependerá de nuestro caso particular, utilizar una u otra. También dependerá de nuestro *hosting*, si tenemos Wordpress o cualquier otro CMS, subdominios, estructura web, etc.

Como ves, tenemos múltiples opciones para crear nuestras páginas de aterrizaje, si todavía necesitas más inspiración para crear las tuyas te recomiendo visitar las webs de algunas marcas como Netflix, cuya página de inicio es una *landing* perfecta y muchas otras. Investiga un poco y verás cómo las marcas son capaces de enfocar sus *landings* para conseguir sus objetivos.

7.6 DISEÑO RESPONSIVE

Ya no es algo recomendable, sino obligatorio el que nuestras páginas webs sean adaptables o multidispositivo, esto significa que se pueden ver perfectamente en cualquier móvil, tableta u ordenador. Si te preguntas por qué es tan valioso el que nuestras *landings* estén adaptadas para móviles, te daré un dato:

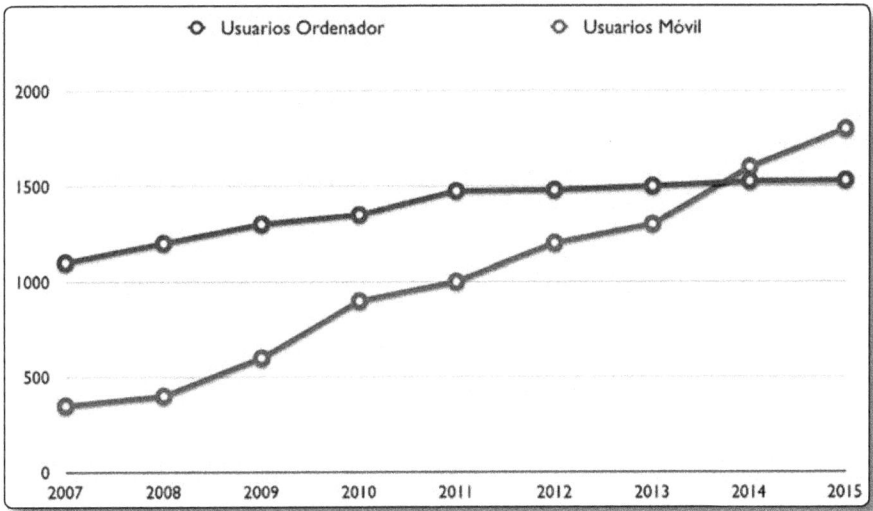

Figura 7.2

A día de hoy, más de la mitad de las búsquedas que se realizan en Google, se hacen desde dispositivos móviles, y la tendencia va en aumento. La tecnología móvil permite que nuestros dispositivos sean cada vez más rápidos y nos dan opciones de búsquedas tan cómodas como la de pulsar un botón y hablar con nuestro *smartphone* para preguntar dónde está el restaurante de sushi más cercano.

Por esto no podemos permitir que un usuario aterrice en nuestra *landing page* desde su móvil y se encuentre con una web imposible de navegar y no pueda encontrar su respuesta lo antes posible. Esto es una mala experiencia de usuario y un error que no debemos cometer.

Un usuario o cliente potencial que llega a nuestra página de aterrizaje a través de nuestros anuncios, es muy valioso y debemos ofrecerle aquello que necesita lo antes posible sea cual sea el dispositivo que utilice.

Lo ideal es tener una web *responsive*, es decir, adaptable a cualquier dispositivo, aunque también podemos crear una web móvil independiente más enfocada en usuarios móviles y ofrecerles una experiencia más agradable y manejable, si nuestro negocio lo requiere. Te puedo decir por propia experiencia que algunos de mis clientes ya tienen más visitas de usuarios móviles que otro dispositivo, lo que nos obliga a darles una buena experiencia de usuario en nuestras *landings* para móviles.

De hecho, Google Adwords se ha adaptado a este nuevo usuario multidispositivo, de manera que, nuestros anuncios se muestran en cualquier dispositivo que utilice nuestro usuario, por defecto. Nosotros no podemos decidir a qué dispositivo enfocar nuestras campañas, lo único que podemos hacer es aumentar o disminuir la exposición de nuestros anuncios en móviles. Por ejemplo, si todavía no has adaptado tu página web para móviles, lo ideal es que no se vean tus anuncios en móviles. Lo veremos más detalladamente en el capítulo 10.

Por supuesto, tener una *landing responsive* nos dará muchas más ventajas, ya que llegaremos a más usuarios y además convertiremos mucho mejor.

7.7 ENFOCA TU LANDING A TUS OBJETIVOS

En el capítulo 3 hablamos de los objetivos de nuestras campañas, de la importancia de tener bien claro que queremos conseguir con nuestras acciones publicitarias en Google antes de crear nuestros grupos de anuncios y redactarlos. También recordarás que hemos mencionado la importancia de los anuncios en este caso, ya que deben ser la respuesta perfecta a la búsqueda del usuario, al menos, debemos intentarlo en la medida que podamos.

Pues bien, nuestra *landing page* es el último eslabón de esta cadena y por supuesto debe ir en perfecta sincronía con nuestros anuncios, ya que en nuestra web, nuestro cliente potencial encontrará la respuesta a su búsqueda o no.

Lo que quiero decir con esto es que nuestras páginas de aterrizaje deben ser la promesa cumplida de nuestros anuncios, deben ser el sitio perfecto donde encuentren sus respuestas o le ofrezcamos aquello que necesita sin que tengan que abandonar nuestra web y seguir buscando en Google.

Para ello nos puede ayudar conocer muy bien el perfil de nuestro cliente potencial, saber cuáles son sus metas, aspiraciones, miedos, estilo de vida, opiniones, etc., y cualquier dato interesante que podamos incorporar al diseño de nuestra *landing*. Piensa que hay una persona real que se ha interesado por nuestros productos o servicios y que ha entrado en nuestra página web para obtener más información o comprarnos. Debemos hacer que se sienta cómodo y satisfecho con su búsqueda.

Pero recuerda, que nuestros clientes potenciales, llegan a nuestra página a través de nuestros anuncios y estos deben estar en perfecta sincronía con el contenido de nuestras *landings*. Esto quiere decir que si ofertamos en nuestros anuncios, una promoción con una oferta específica, como un descuento, un cupón, un regalo, etc., deberemos reflejarlo de una manera bien visible en nuestra *landing*.

Nuestros anuncios atraen a nuestros clientes potenciales y en nuestra web convierten[28], al menos, esa es la idea o el propósito de nuestras campañas. Por lo tanto, anuncios y páginas de aterrizaje, deben ir de la mano.

Una vez tengamos bien claro el diseño de nuestra *landing* solo queda testear los resultados que obtenemos en esta.

7.8 A/B TESTING LANDING PAGES

Una buena fórmula para tener la mejor *landing page* posible, es decir, la que más convierte a nuestras visitas en clientes, es la prueba A / B, que no es más que un *split testing* de nuestras páginas de aterrizaje. Esto es una herramienta muy útil ya que puede ayudarnos a mejorar exponencialmente el rendimiento de nuestras páginas realizando pequeños cambios.

---

28 "Conversiones" capítulo 9.

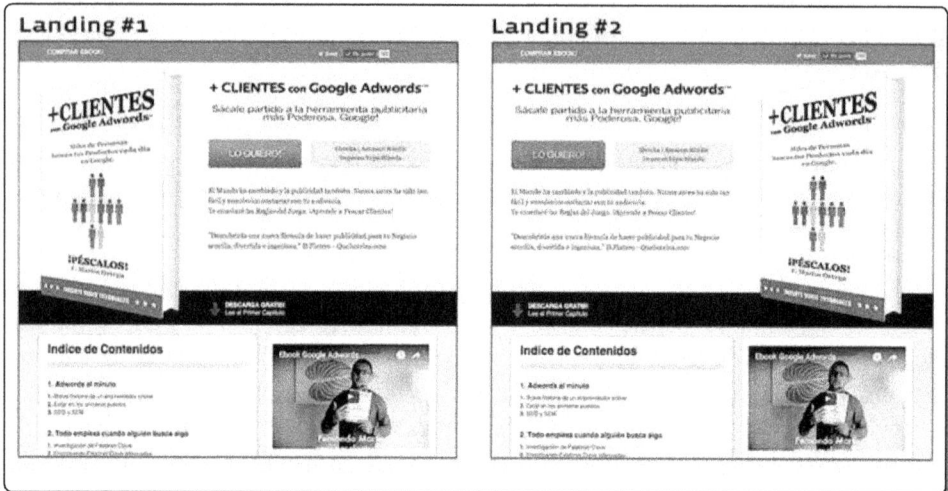

Figura 7.3

En este ejemplo podemos ver la página de aterrizaje para mi primer libro, donde con apenas un par de cambios simples, como cambiar la posición de los elementos, o cambiar el color del botón de la llamada a la acción puede resultar en una mejora sustancial del rendimiento.

En este ejemplo los cambios son muy pequeños pero efectivos, pero en otros casos, nos podemos encontrar con páginas de aterrizaje que requieran más transformación, debido a que no obtienen los resultados deseados. En estos casos es muy recomendable hacer un A/B test de nuestras *landing pages*.

Lo primero que tenemos que hacer es determinar los cambios que vamos a realizar en la nueva versión de nuestra *landing*, por ejemplo, mejorar el texto del título, sustituir una imagen por otra, añadir un vídeo, cambiar el color de un botón, poner un elemento más visible, etc. Los resultados que obtendremos te pueden sorprender.

A continuación realizaremos una prueba A/B para mostrar la nueva versión simultáneamente con la anterior y ver qué resultados obtenemos.

7.8.1 ¿Cómo hacemos un A/B Test con nuestra landing page?

Existen varias herramientas externas que nos van a permitir realizar este tipo de test de una manera muy sencilla, anteriormente hablamos de algunas como *Unbounce.com, Instapage.com, Leadpages.net* en las que nos permiten realizar este tipo de pruebas con las *landings* creadas. También existen otros recursos más enfocados a testear el rendimiento de nuestras páginas como *VWO.com* (*Visual Website Optimizer*) y *Optimizely.com*.

También podemos hacer este tipo de pruebas nosotros mismos con experimentos en Google Analytics[29], para lo que necesitas conocer un poco la herramienta analítica de Google.

Pero existe una manera más casera de hacer algo parecido en nuestra cuenta de Adwords y es tan simple como crear dos campañas idénticas, cada una con un grupo de anuncios con el mismo anuncio, mismas palabras clave, pero cada anuncio con la URL de la *landing* que queremos poner a prueba. Lo siguiente que debemos hacer es programar los anuncios de manera que se muestren en días alternos, es decir, los anuncios de la campaña *Landing* #1 se muestran los lunes - miércoles - viernes - domingo y los anuncios de la campaña *Landing* #2 se mostrarán los martes - jueves - sábado.

También podríamos hacerlo, alternando nuestros anuncios semanalmente, como mejor nos convenga.

Es una forma un tanto rústica, que nos puede ayudar a ver posibles mejoras en el rendimiento de nuestras páginas de aterrizaje. En apenas 30 días empezaremos a ver resultados, incluso antes.

Para controlar mejor el rendimiento de nuestras páginas lo ideal es tener configuradas nuestras conversiones[30], lo que nos ayudará a ver qué versión de nuestras *landings* convierte mejor a nuestras visitas en clientes.

7.9 ¿QUÉ DEBO TESTEAR EN MI LANDING PAGE?

Como hemos visto hasta ahora, lo que realmente importa en nuestra página web no es el diseño que nos complace o quitar y poner elementos a nuestro antojo, serán nuestros propios usuarios los que decidan qué funciona y qué no. Deberemos considerar en poner a prueba varios elementos de nuestras *landings* para comprobar su efectividad:

---

29 Experimentos de Google Analytics.

30 Capítulo 9.

▼ El titular o cabecera, que contiene nuestra USP o nuestra oferta.

▼ El botón o llamada a la acción. Aquí es interesante testear el sitio donde lo ubicamos el texto, el diseño y el color.

▼ Las imágenes / vídeos. ¿Qué tal sustituir tu imagen por un vídeo explicativo?

▼ Formularios. Utiliza formularios cortos, también podemos testear su diseño, ubicación, etc.

▼ Textos descriptivos. Prueba a poner un texto diferente, más corto o más largo, nunca se sabe, quizás tu producto necesita una mayor descripción con más ejemplos de uso, etc.

▼ Enlaces. ¿Existen enlaces en tus páginas de aterrizaje? Prueba a eliminarlos y a ver qué ocurre.

¡Testear es la clave!

7.10 ¡NO COMETAS ESTOS ERRORES EN TUS LANDINGS!

Después de todo lo que hemos visto, seguro que ya tienes claro la importancia que tienen nuestras páginas de aterrizaje en nuestro proceso publicitario. Por ello es muy importante que tengamos muy claro no cometer errores como los siguientes:

7.10.1 Velocidad de carga

La mejor oferta del mundo no va a funcionar si el usuario no se queda el tiempo suficiente en nuestra web para comprobarlo. La velocidad de carga en nuestro sitio web es algo fundamental que debemos tener muy en cuenta para ofrecer la mejor experiencia posible a nuestros usuarios.

Si nuestra web o *landing* tarda más de cinco segundos en aparecer en pantalla, el 74% de usuarios ya se habrá ido. Además, si Google detecta que nuestra velocidad de carga es demasiado alta nos penalizará con un CTR más bajo, por lo que esto es vital.

Podemos testear nuestra velocidad de carga con una herramienta de Google llamada Google PageSpeed Insights. Nos dará un buen diagnóstico de la velocidad de carga en Ordenadores y móviles y algunos buenos consejos de optimización. Puedes usarla aquí: *https://developers.Google.com/speed/pagespeed/insights/*

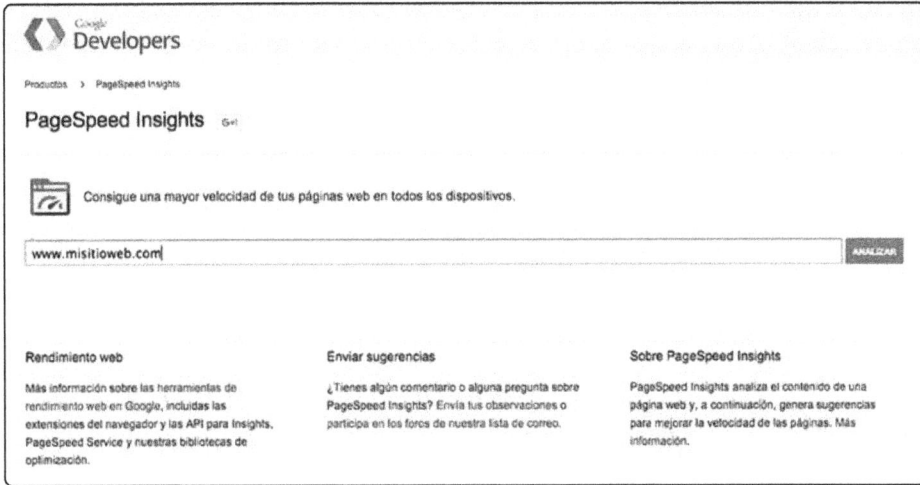

Figura 7.4

7.10.2 Diseño claro y ordenado

Menos es más, no confundas a tus visitantes con diferentes ofertas o promociones que lo hagan perder el foco de nuestro objetivo principal. Echa un vistazo a la web de cualquier producto de Apple y entenderás mejor este concepto.

7.10.3 Títulos poco atractivos

¿Por qué debo elegir tu oferta o producto? Dale una buena razón para elegir tu producto o servicio y no el de la competencia. Haz una buena oferta, redacta un texto con gancho, que invite a seguir leyendo.

7.10.4 Imágenes poco relevantes

Este es un error demasiado común, nos dejamos llevar por las imágenes corporativas y la disponibilidad inmediata de un catálogo abrumador de fotos a golpe de clic y olvidamos lo más importante, nuestro producto. Utiliza fotos reales y creíbles de tus productos y de gente que los utiliza y obtiene buenos resultados. Esto aumentará exponencialmente el valor de nuestra propuesta.

Echa un vistazo a los anuncios de la "teletienda" para sacar ideas, son unos maestros en usar imágenes y vídeo donde verás a gente muy feliz cuando utiliza los productos que publicitan y muy tristes antes de usarlos, ya me entiendes. ¡Atrévete con un vídeo! El mejor ejemplo es el de las cámaras GoPro®, si vas a su web verás a mucha gente disfrutando del producto.

En definitiva, las imágenes que utilices deben hablar por sí mismas de las cualidades del producto o servicio y de lo que sentirán nuestros clientes cuando lo utilicen.

7.10.5 Botones genéricos y poco visibles

Tenemos la página perfecta, con la oferta ideal y un usuario perdido que no sabe cuál es el siguiente paso que debe dar. ¡Esto es desastroso! Y todo porque no hay una llamada a la acción bien visible y clara.

Debemos especificar y resaltar de una manera muy evidente, dónde tiene que hacer clic nuestro cliente potencial para comprar, reservar, llamar, etc. No queremos que se sienta confundido/a en el momento de la verdad.

Espero que este capítulo te haya hecho ver la importancia de nuestra página web en nuestro trabajo publicitario, es algo que me obsesiona en mi labor diaria con mis clientes, ten en cuenta que todo el trabajo que estamos haciendo en Adwords, no servirá de nada si nuestra web no está lista para convertir a nuestras visitas en clientes contentos.

8

....

RED DE DISPLAY

La red publicitaria de Google, va mucho más allá de las páginas de resultados de búsqueda en el famoso buscador. De hecho Google contiene dos redes para mostrar nuestros anuncios, la famosa red de búsquedas y la increíble Red de Display que vamos a descubrir en este capítulo. También podríamos añadir a YouTube como la red de vídeo[31].

La Red de Display nos permite poner nuestros anuncios en más de un millón de páginas web, *apps*, vídeos, blogs y cualquier ubicación *online* que muestre publicidad de Google. A través de esta red, podremos acceder a más del 80% de usuarios de internet en todo el mundo.

8.1 ¡UNA GRAN OPORTUNIDAD!
....

¿Sabes dónde pasa la mayor parte del tiempo el 95% de usuarios en internet? ¿Incluidos tu y yo? Leyendo artículos, consultado blogs, ojeando noticias, en el *email*, comprando, revisando productos, investigando información, viendo vídeos, etc. Es decir, que la mayor parte del tiempo estamos frente a diferentes páginas web. Esto supone una buena oportunidad para alcanzar a nuestros clientes potenciales. ¿No te parece?

Ten en cuenta que llegar a nuestros clientes cuando realizan una búsqueda en Google es perfecto y alucinante y debemos sacarle el mejor partido posible como hemos visto hasta ahora, pero cuando vemos el potencial de la Red de Display un poco más de cerca, nos damos cuenta que hay muchos más peces en el mar a los que podemos

---

31 Capítulo 13.

atraer dondequiera que se encuentren. Ya no es necesario que tengan que buscar en Google para encontrarlos y ofrecerles nuestro producto o servicio. ¿A que es genial?

Para todos aquellos que alguna vez os habéis preguntado, cómo hago para promocionar mi producto o servicio en Google si no hay nadie buscándolo, la Red de Display es la respuesta.

"La red de display de Google es la mayor red global de publicidad contextual en páginas web"

Figura 8.0

Hay mucha gente, incluidos algunos de mis clientes, que aún no conocen esta red de Google ni la oportunidad que ofrece a sus negocios. La Red de Display supone un enfoque diferente en nuestras estrategias de *marketing,* pero si lo hacemos bien podremos obtener muy buenos resultados a un bajo coste.

Si hoy mismo has leído tu periódico *online* favorito o has consultado algún blog, o has visto un vídeo en YouTube, es muy probable que hayas visto algunos *banners* de la red de Google que se te han mostrado por diferentes motivos, uno de ellos, la propia temática del artículo que estabas leyendo. Si por ejemplo, estabas leyendo un artículo sobre telefonía móvil, es posible que los anuncios gráficos fueran de marcas o tiendas de móviles. Luego veremos cómo sacarle buen partido a esto. Pero quiero que entiendas el potencial que supone poder poner un anuncio en el contexto adecuado, como por ejemplo, poner tus anuncios en un sitio web donde se está hablando de tu producto o servicio.

8.2 ¡SE ACABARON LOS FLYERS!

Voy a hacerte una promesa, al final de este capítulo vas a empezar a ahorrar un buen montón de dinero en *flyers* que no te funcionan y que has estado utilizando porque no conocías otro medio más efectivo para llegar a tus clientes potenciales. Eso ya es historia.

A partir de ahora, serás capaz de crear campañas en la Red de Display para poner tu publicidad delante de tus clientes potenciales ideales. Imagínate que pudieras crear un *flyer* o un impreso publicitario que sólo llegara a las manos de tus "clientes potenciales", esto sería el sueño de cualquier empresa y además no acabarían en la basura, que es donde acaban el 90% de los folletos publicitarios, o en el contenedor azul con un poco de suerte.

Pues bien, esto es posible en el mundo *online* donde además, no hay que gastar un solo euro en papel y tinta y mucho menos en repartos, de eso se encarga la Red de Display de Google y su magnífico algoritmo.

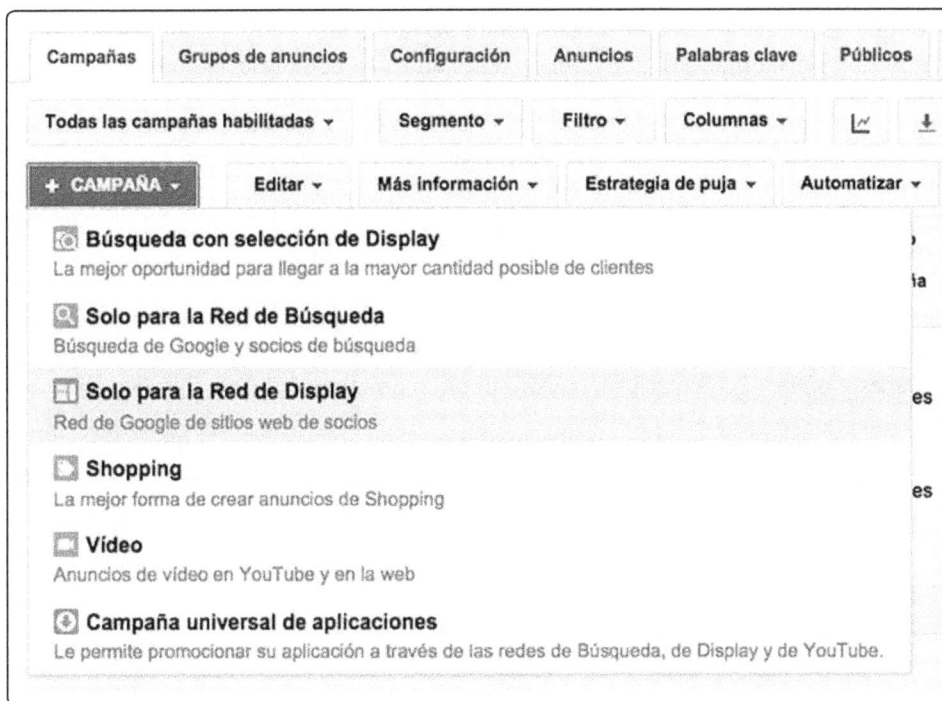

Figura 8.1

Utilizar esta red contextual de Google puede ser perfecto para lanzamientos de nuevos productos y servicios que aún no tienen demanda en el mercado y tampoco en el buscador de Google, aquí es donde se puede hacer magia en la GDN[32] al poder poner nuestros anuncios en frente de una audiencia perfecta y bien segmentada. También supone una oportunidad muy interesante para campañas de *branding* o de marca, donde nuestro objetivo es dar a conocer nuestra empresa y productos o servicios y asociarlos a un mensaje positivo.

Si todavía te queda alguna duda de las diferencias que existen entre la Red de Búsqueda y la Red de Display, déjame que te ponga un ejemplo:

María José quiere comprar un robot de cocina, conoce alguna marca y busca en Google "robots de cocina" para encontrar más información, opciones y precios y entonces acabará tomando una decisión. (Red de Búsquedas).

En cambio tenemos a Marina, una chica joven cuya afición es la cocina y se pasa mucho tiempo en blogs de recetas y en foros. Un buen día mientras está leyendo un artículo sobre robots de cocina en su blog favorito, ve un anuncio que atrae su atención sobre un robot de cocina en promoción, justo el que menciona el artículo y el que es capaz de realizar un buen número de recetas súper rápido. Hace clic y empieza a pensar que sería muy bueno tener un robot como ese. (Red de Display).

A María José la podemos alcanzar en la red de búsquedas mediante un buen anuncio y una buena *landing*, sin embargo a Marina, que también puede ser una clienta potencial, no la encontraremos buscando en Google, pero sí en sus blogs de cocina favoritos.

Aquí puedes ver la diferencia de estas dos redes y sus posibilidades, lo mejor de todo es que en la Red de Display, si alguien ve un anuncio que no le interesa, no hará clic, por lo que no nos costará dinero. Nuestra única misión será crear anuncios eficaces y poder segmentarlos a nuestro público objetivo.

En realidad la Red de Display nos ofrece una excelente variedad de posibilidades para nuestra publicidad, las iremos descubriendo paso a paso cuando trabajemos y configuremos nuestras campañas de *display*.

---

32 Google Display Network.

8.3 VENTAJAS DE LA RED DE DISPLAY

La mejor de las ventajas que nos puede ofrecer GDN es sin duda la posibilidad de utilizar anuncios gráficos, *rich media* y vídeo con los que podemos promocionar nuestros productos o servicios como nunca antes. Las campañas de *remarketing* que veremos más adelante y el bajo CPC son también una virtud notable de esta red.

Pero aún hay más ventajas:

▼ **Branding.** Si nuestro objetivo publicitario es dar conocer o potenciar una imagen de marca, la Red de Display nos ayudará bastante bien a impulsar el reconocimiento y la confianza de nuestra marca.

▼ **Nuevos lanzamientos.** Si tenemos un producto novedoso y conocemos bien a nuestro público objetivo, estamos de suerte. Podemos acceder a nuestra audiencia con las diferentes opciones de segmentación disponibles para la Red de Display y crear una demanda de nuestro producto.

▼ **Segmentación.** Los chicos de Google cada día se esfuerzan más para ofrecernos diferentes mecanismos con los que poder segmentar a nuestro público con la mayor precisión. Más adelante veremos las diferentes opciones disponibles en la GDN que nos permitirán poner nuestros anuncios delante de nuestros clientes ideales. Cabe destacar lo que yo llamo la segmentación cruzada, donde podremos añadir diferentes capas de segmentación como palabras clave, sitios web y datos demográficos y combinarlos para llegar a nuestro público objetivo perfecto.

▼ **Imágenes / vídeo.** El uso de imágenes y fotos en nuestros anuncios es una gran ventaja, ya que nos permite dar a conocer nuestra empresa o productos atrayendo la atención de nuestros usuarios con imágenes atractivas que despiertan su interés. Es un hecho probado que un alto porcentaje de usuarios respondemos mejor a la información visual.

▼ **CPC y CPM.** En esta red podremos elegir si pujamos por clics o por impresiones y dependerá de nuestros objetivos publicitarios y presupuesto.

8.4 ¿CUÁNDO DEBEMOS USAR LAS CAMPAÑAS DE DISPLAY?

Esta red publicitaria y contextual de Google nos ofrece un buen número de ventajas como ya hemos visto, pero debemos saber cuándo es el momento ideal de nuestro proceso publicitario para utilizarla y poder sacarle provecho.

1. ¿Tienes un producto o servicio nuevo que tus clientes potenciales no conocen todavía? Un buen ejemplo son los estrenos de cine, las empresas de *marketing* de las productoras deben hacer llegar sus *trailers* y sus promociones a un público objetivo que desconoce los próximos estrenos.

2. ¿Tienes un nuevo negocio en la ciudad? ¿Quieres dar a conocer tu marca?

3. ¿Tu producto tiene un proceso de compra largo? Si la toma de decisión para la compra de tus productos o servicios no es inmediata y requiere un poco de tiempo, como por ejemplo, comprar una casa, un coche, etc., es una buena idea estar presente en la mente de tus clientes potenciales, con la GDN tenemos la herramienta perfecta y además podremos utilizar el *remarketing*, que veremos un poco más adelante y que supone una oportunidad muy interesante para recordar nuestros productos a nuestros clientes potenciales en su ciclo de toma de decisión.

En mi caso, suelo utilizar la GDN cuando el producto o servicio que quiero promocionar tiene escasa demanda en las búsquedas de Google. También para campañas de *remarketing* que veremos un poco más adelante y que funcionan realmente bien.

8.5 PLANIFICANDO TU CAMPAÑA DE DISPLAY

Antes de comenzar a crear nuestras campañas en la red de *Display* es aconsejable tener un mínimo de planificación y lo primero de todo es tener bien claro el objetivo de cada una de nuestras campañas, es decir, qué queremos conseguir.

- Promocionar un producto o servicio.
- Crear demanda de un producto.
- *Branding* (reconocimiento de marca).
- Atraer visitas a nuestro sitio web.
- Descargar o instalar *apps*.

Google Adwords ha añadido recientemente un asistente gráfico para ayudarnos a escoger nuestros objetivos en las campañas de *Display*:

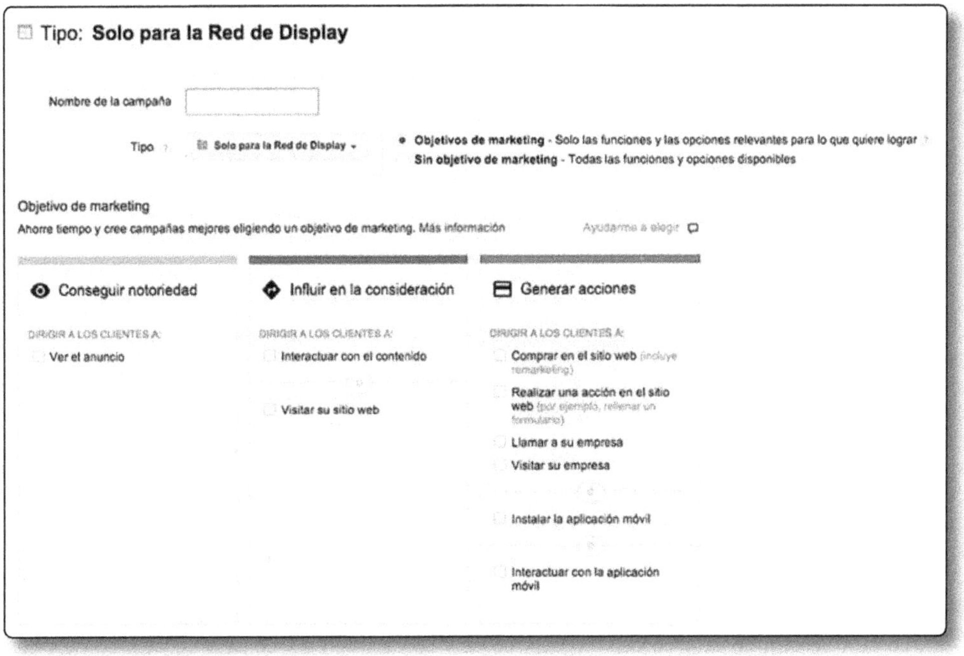

Figura 8.2

Si escogemos objetivos de *marketing* al crear nuestra campaña, tenemos la opción de elegir entre algunos que Google nos ofrece por defecto para hacernos más fácil la configuración de nuestra campaña. Puedes hacer clic en cada uno para ver cómo cambia la configuración de nuestra campaña y entender un poco mejor cómo funciona. Yo prefiero crear mis campañas sin objetivos de *marketing* y configurarla a mi antojo. No obstante, este asistente es de gran ayuda. Es posible que lo veamos evolucionar en el tiempo.

En cualquier caso, se trata de que tengamos bien claro el objetivo de nuestra campaña de *Display* para dar los pasos adecuados de configuración.

Así que, antes de empezar a crear una campaña de *Display*, te recomiendo que hagas una lista como la siguiente, para planificar un poco:

1. Identifica tu Objetivo de *marketing*, por ejemplo, dar a conocer mi nuevo restaurante en la ciudad.

2. Establece tu público objetivo con la mayor precisión posible.

3. Presupuesto para la campaña. Costes CPC y CPM.

4. Diseña tus de anuncios gráficos (*banners*) teniendo en cuenta tu objetivo.

5. Crea una *landing* efectiva.

Una vez tengamos estos pasos listos, podemos empezar a crear nuestra campaña de *Display*, en el caso de los anuncios gráficos, no te preocupes si no eres un diseñador experto, crearemos algunos *banners* muy prácticos y sencillos más adelante con el *Display Ad Builder*[33] de Adwords.

Pero aún nos queda algo importante a la hora de planificar nuestra primera campaña, se trata de la segmentación, es decir, el método que vamos a seleccionar para orientar nuestros anuncios y que lleguen a nuestro público objetivo.

8.6 MÉTODOS DE SEGMENTACIÓN DISPONIBLES EN LA RED DE DISPLAY

En una campaña de *Display* podremos utilizar diferentes métodos para conseguir mostrar nuestros anuncios a nuestros clientes potenciales, incluso podemos combinarlos entre sí, como veremos más adelante. Estas son las opciones de segmentación disponibles ahora mismo en Google Adwords:

▼ **Palabras clave:** ya las conoces bien, y también las podemos usar para ayudar a Google a encontrar sitios web dónde se esté hablando de nuestros productos, servicios, etc.

▼ **Ubicaciones:** sitios web, *apps* y vídeos, donde podremos publicar nuestros anuncios.

▼ **Temas:** podremos orientar nuestros anuncios a páginas web y *apps* de diferentes temáticas.

▼ **Intereses y *remarketing*:** grupos de interés relacionados con nuestro producto o servicio y listas de *remarketing*[34]. Google dispone de mucha información de sus usuarios para poder determinar sus intereses, datos como las búsquedas que realizamos, navegación, historial, etc.

▼ **Datos demográficos:** también podemos configurar nuestra publicidad segmentando por datos demográficos como género y edad. Google está haciendo un gran esfuerzo por actualizar estos datos para conseguir que nuestras campañas sean altamente efectivas.

---

33 Creador de Anuncios de Display, una herramienta para crear *banners* muy sencilla y fácil de manejar.

34 Listas de usuarios que ya han visitado nuestro sitio web, lo veremos con más detalle en las siguientes páginas.

Lo genial de estos métodos es que nos van a permitir encontrar la aguja (cliente potencial) en el inmenso pajar de internet. Pero todavía hay algo mejor, podemos combinar estos métodos para hacer nuestra segmentación mucho más acertada, por ejemplo podemos combinar "palabras clave" y "ubicaciones" y nos aseguraremos que nuestros anuncios van a salir en los sitios web que hemos seleccionado, cuando y donde se mencionen o aparezcan nuestras palabras clave, otra combinación interesante sería "temas" y "palabras clave", etc.

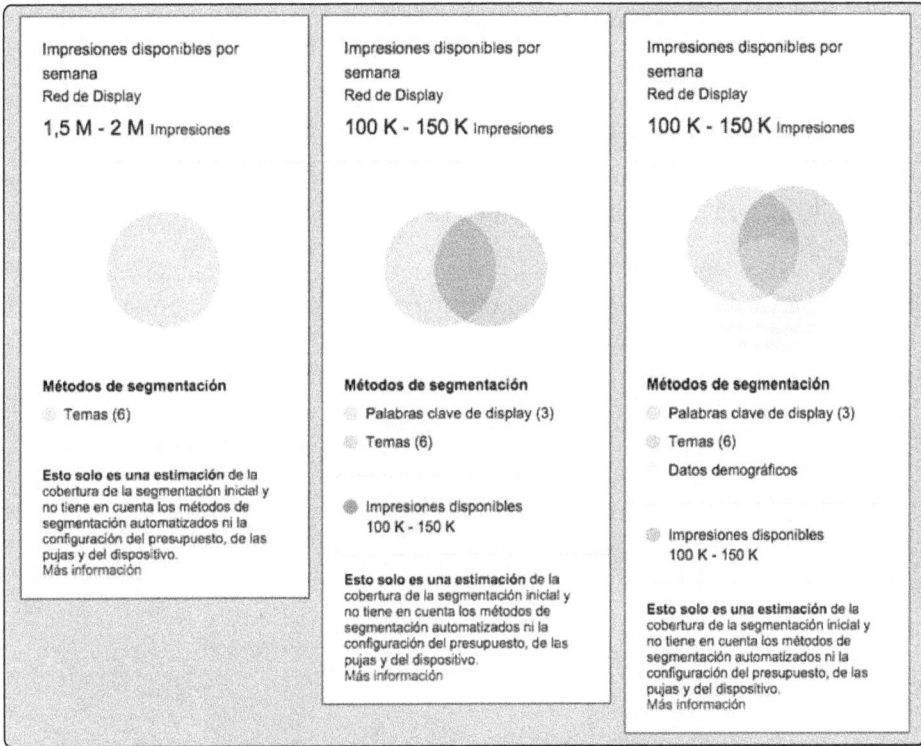

Impresiones disponibles por semana
Red de Display
1,5 M - 2 M Impresiones

Métodos de segmentación
Temas (6)

Esto solo es una estimación de la cobertura de la segmentación inicial y no tiene en cuenta los métodos de segmentación automatizados ni la configuración del presupuesto, de las pujas y del dispositivo.
Más información

Impresiones disponibles por semana
Red de Display
100 K - 150 K Impresiones

Métodos de segmentación
Palabras clave de display (3)
Temas (6)

Impresiones disponibles
100 K - 150 K

Esto solo es una estimación de la cobertura de la segmentación inicial y no tiene en cuenta los métodos de segmentación automatizados ni la configuración del presupuesto, de las pujas y del dispositivo.
Más información

Impresiones disponibles por semana
Red de Display
100 K - 150 K Impresiones

Métodos de segmentación
Palabras clave de display (3)
Temas (6)
Datos demográficos

Impresiones disponibles
100 K - 150 K

Esto solo es una estimación de la cobertura de la segmentación inicial y no tiene en cuenta los métodos de segmentación automatizados ni la configuración del presupuesto, de las pujas y del dispositivo.
Más información

Figura 8.3

8.7 PLANIFICADOR DE LA RED DE DISPLAY

Ahora que ya conoces un poco la Red de Display y sus métodos de segmentación, es el momento de echar un vistazo a una herramienta que nos facilitará mucho el trabajo, el Planificador de la Red de *Display*:

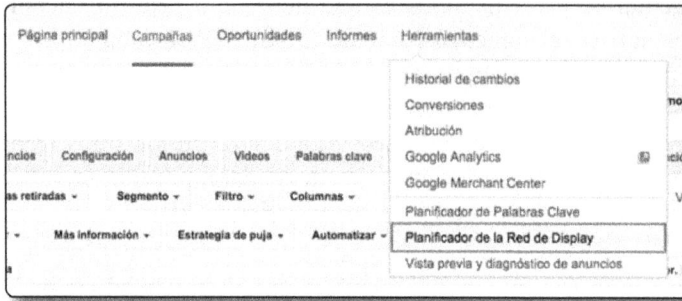

Figura 8.4

El planificador de la Red de *Display* es una súper herramienta gratuita que nos ayudará a organizar nuestra planificación de campaña y nos dará información detallada de nuestras audiencias disponibles y cómo alcanzarlas.

Es un asistente ideal cuando no tenemos muy claro por dónde empezar con nuestras campañas de *Display*. Solo necesitaremos escribir un término o una web para que nos devuelva una buena cantidad de ideas para empezar a orientar nuestros anuncios.

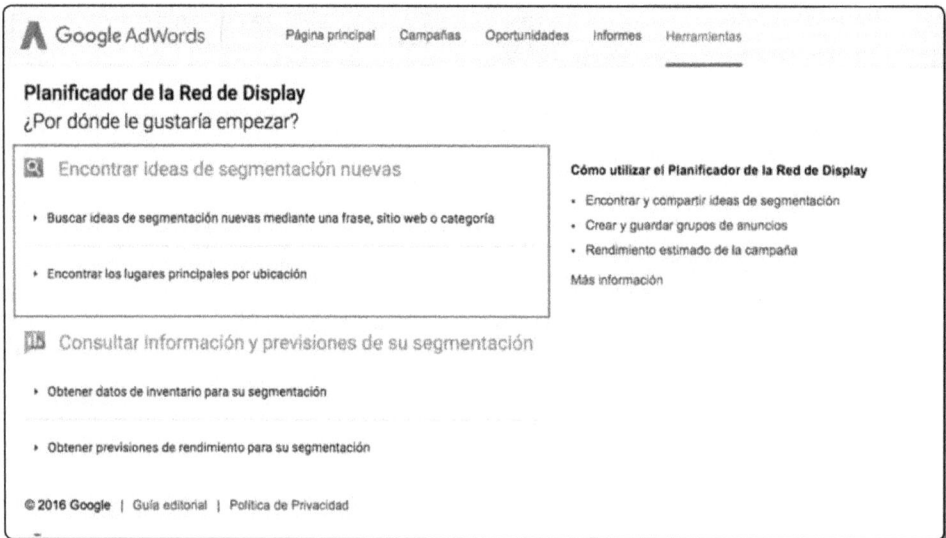

Figura 8.5

Podremos empezar buscando ideas de segmentación con frases, palabras clave, sitios webs, tan simple como esto:

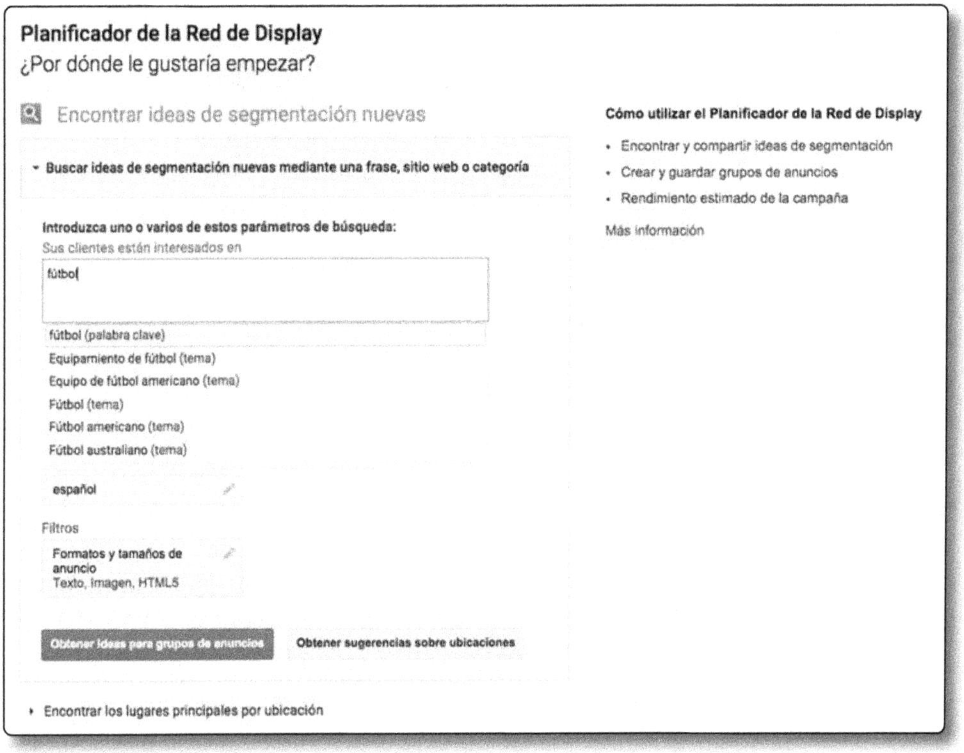

Planificador de la Red de Display
¿Por dónde le gustaría empezar?

Encontrar ideas de segmentación nuevas

Cómo utilizar el Planificador de la Red de Display
- Encontrar y compartir ideas de segmentación
- Crear y guardar grupos de anuncios
- Rendimiento estimado de la campaña

Más información

▾ **Buscar ideas de segmentación nuevas mediante una frase, sitio web o categoría**

Introduzca uno o varios de estos parámetros de búsqueda:
Sus clientes están interesados en

> fútbol

fútbol (palabra clave)
Equipamiento de fútbol (tema)
Equipo de fútbol americano (tema)
Fútbol (tema)
Fútbol americano (tema)
Fútbol australiano (tema)

español

Filtros

Formatos y tamaños de anuncio
Texto, Imagen, HTML5

Obtener ideas para grupos de anuncios   Obtener sugerencias sobre ubicaciones

▸ Encontrar los lugares principales por ubicación

Figura 8.6

Por ejemplo, si nuestros clientes están interesados en "fútbol" empezaremos a escribir y el planificador nos empezará a ofrecer diferentes temáticas y palabras clave que podremos añadir, como puedes ver en la imagen 6.

A continuación podemos segmentar por país, ciudad o población e idiomas, CPC y por último podemos filtrar por formatos y tamaños de *banners*[35], le damos a **"Obtener ideas para grupos de anuncios"** y empezamos a investigar.

---

35 Lo utilizaremos más adelante para los anuncios de video en YouTube.

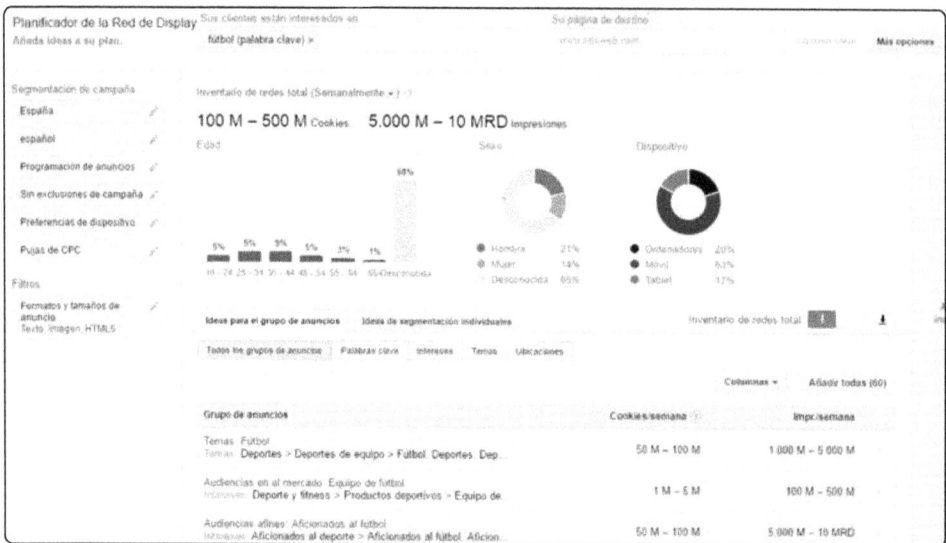

Figura 8.7

Lo primero que nos encontramos en la parte de arriba es información del inventario de nuestra posible audiencia, con datos de posibles impresiones, edad, género y dispositivos. Es una primera toma de contacto sugerente, aunque lo que nos interesa está un poco más abajo.

Aquí empezaremos a ver los grupos de anuncios que nos sugiere el planificador organizados por temas, intereses, palabras clave y ubicaciones, así que ya tenemos un buen conjunto de datos para comenzar nuestra investigación.

Figura 8.8

Si queremos comprobar sólo los grupos de anuncios por palabras clave, pulsaremos el botón de "palabras clave" y el planificador nos los mostrará:

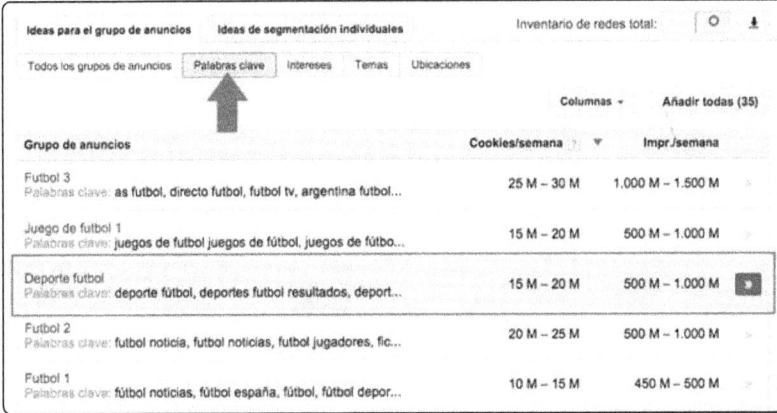

Figura 8.9

Podemos hacer lo mismo con cada segmentación y comprobar los grupos para ver si se ajustan a nuestras necesidades. Lo siguiente a tener en cuenta es escoger los grupos y revisarlos, haciendo clic encima del título azul, como en el ejemplo "Noticias de fútbol" y veremos la información más detallada sobre las palabras clave que nos propone este grupo:

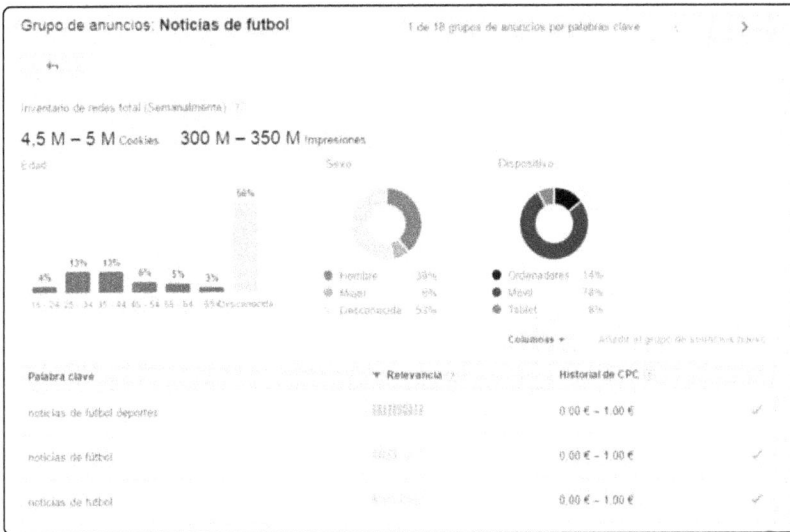

Figura 8.10

Dentro de este grupo nos encontramos dos palabras clave e información sobre la relevancia, historial de CPC, *cookies*[36] e impresiones semanales.

Si vemos una palabra clave interesante para nuestra planificación, haremos clic sobre el botón azul a la derecha y la añadiremos a nuestro borrador de plan.

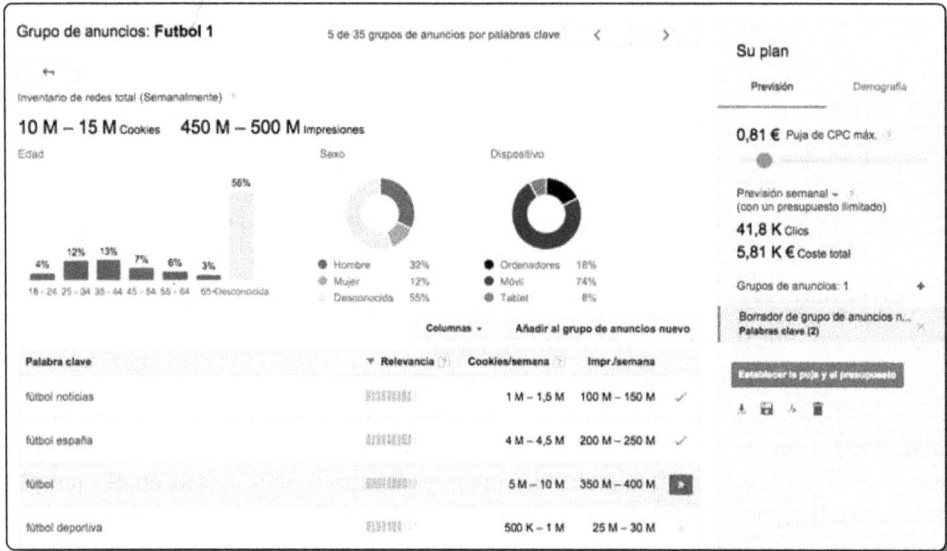

Figura 8.11

Luego podemos volver atrás y hacer lo mismo con los demás grupos, añadiendo a nuestro borrador diferentes segmentaciones (temas, intereses, palabras clave o ubicaciones) que nos interesen para nuestros objetivos.

Podremos hacerlo de manera individual, como en el ejemplo, donde hemos escogido palabras clave una a una, o directamente añadir uno o varios grupos de anuncios a nuestro borrador. Ten en cuenta que podremos hacer cambios de segmentación en nuestra campaña siempre que queramos, en el planificador sólo estamos investigando y creando un borrador.

En la columna de la derecha podremos ver cómo va quedando nuestro plan borrador, donde podemos crear tantos grupos de anuncios como queramos e ir añadiendo segmentaciones o eliminarlas, como más nos interese en nuestra investigación.

---

36   *Cookies* se refiere a fragmentos de código instalados en diferentes dispositivos de usuarios.

Por ejemplo, podemos crear dos grupos de anuncios, uno con palabras clave que vamos a ir añadiendo y otro con ubicaciones y nuestro plan se vería así:

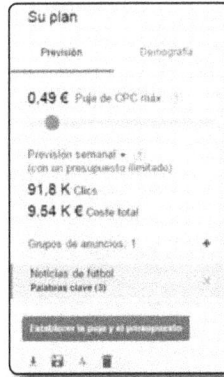

Figura 8.12

En nuestro plan podemos ir revisando los grupos creados y añadir o eliminar segmentaciones en cada uno de ellos. Mientras el grupo de anuncios esté seleccionado, podemos ir añadiendo o eliminando las segmentaciones. También podemos crear grupos de anuncios desde aquí, pulsando el icono "+".

Si queremos tener una visión más enfocada de nuestra posible audiencia, podemos ir a la pestaña "Ideas de segmentación individuales" para ver, una a una, las ideas de cada una de las segmentaciones que forman los grupos. Por ejemplo, si queremos ver todas las palabras clave en un solo listado, todas las ubicaciones, etc.

Figura 8.13

Podemos seguir añadiendo estas ideas a nuestros grupos en el plan borrador para conseguir nuestros objetivos de audiencia.

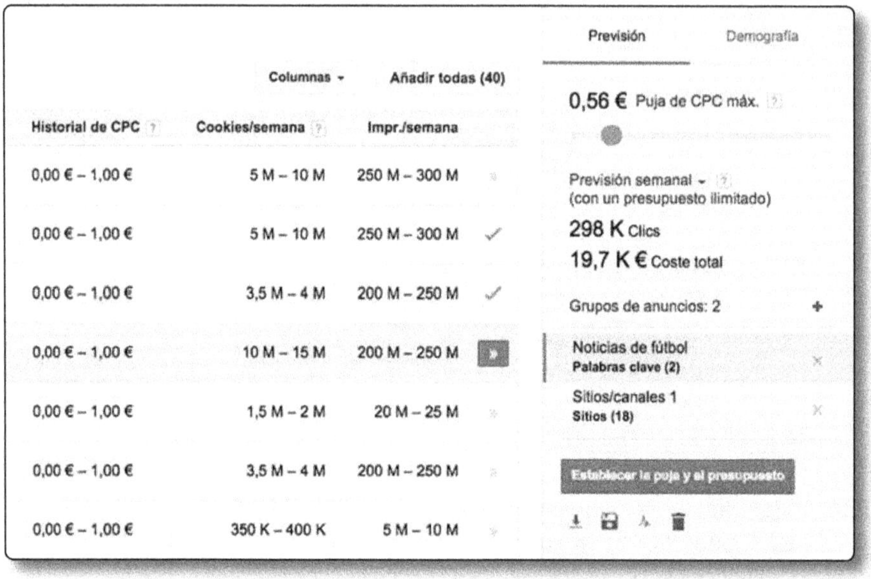

Figura 8.14

La pestaña "ubicaciones" está dividida en: Sitios web, *apps* y vídeos, en el caso de nos interese enfocar nuestros anuncios en estas áreas.

Figura 8.15

Por ejemplo, si seleccionamos sitios web, para ver toda la información relevante a ubicaciones web disponibles, nos encontramos con todas y cada una de las páginas web con información detallada, como relevancia, formatos de anuncios aceptados por el sitio web, historial de CPC, impresiones, etc.

Ideas para el grupo de anuncios	Ideas de segmentación individuales								Inventario de redes total		

Palabras clave	Intereses	Temas	Ubicaciones	Demografía	Remarketing	Todas las ubicaciones	Sitios	Aplicaciones móviles	Vídeos

		Columnas ▾	Añadir todas (318)

Sitio web	Formatos de anuncio	Relevancia	Historial de CPC	Cookies/se
resultados-futbol.com			0.00 € – 1.00 €	300 K –
lapreferente.com (Página principal. Varias ubicaciones) ⊞ Mostrar ubicaciones similares			0.00 € – 1.00 €	40 K ·
resultados.as.com			0.00 € – 1.00 €	1 M –
mandapelotas.es (página principal de deportes. Parte superior d...) ⊞ Mostrar ubicaciones similares			0.00 € – 1.00 €	4.5 K
indiosrojiblancos.net (all. En haut au milieu) ⊞ Mostrar ubicaciones similares			0.00 € – 1.00 €	15 K –
movil.resultados-futbol.com			0.00 € – 1.00 €	100 K –

Figura 8.16

Si pulsamos sobre uno de estos sitios web, podremos ver los datos detallados de esta ubicación en concreto, como temas, impresiones semanales, datos demográficos de la audiencia, dispositivos, formatos de anuncios aceptados, etc. Esto es perfecto para tener toda la información del sitio web donde podremos ubicar nuestros anuncios.

No te olvides de la columna izquierda del planificador de *Display*, desde aquí podremos configurar y filtrar los resultados de nuestra investigación. Por ejemplo, si queremos ver ubicaciones para anuncios solo de texto[37], pulsaremos "Filtros" y escogeremos el formato que se ajuste a nuestros anuncios, así como los diferentes tamaños y opciones de *banners* (imagen 18).

---

37   En la red de Display también podemos utilizar anuncios de texto.

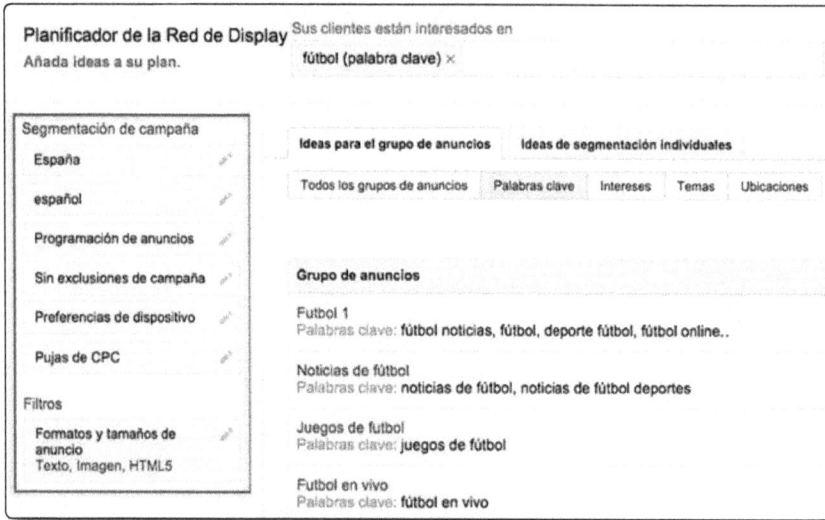

Figura 8.17

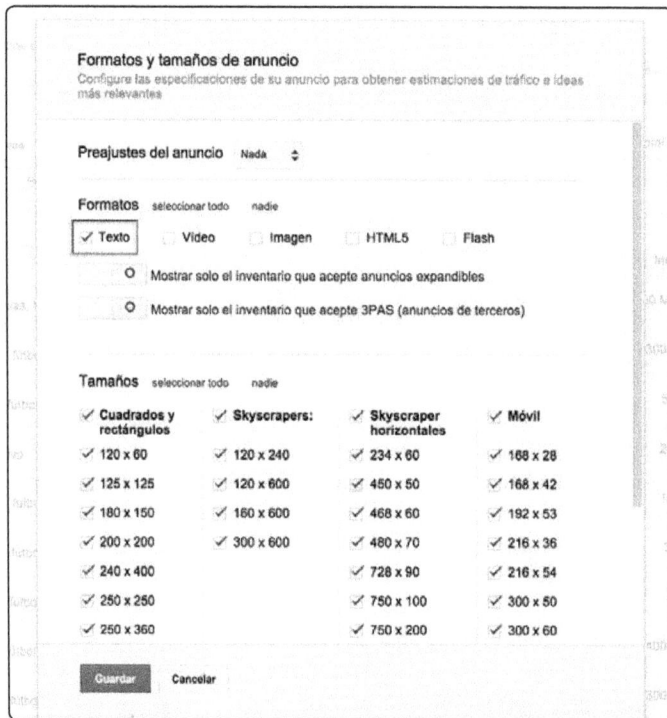

Figura 8.18

Una vez que tengamos clara nuestra investigación, podemos revisar nuestro plan borrador pulsando el botón azul "Establecer la puja y el presupuesto" y podremos ver una previsión de nuestro plan con un presupuesto y puja que nosotros aportemos.

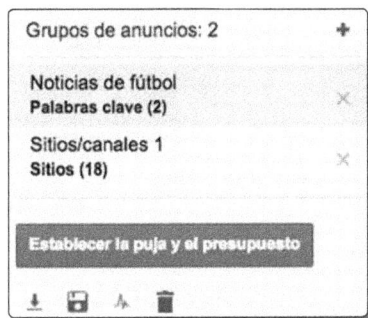

Figura 8.19

Podremos descargar nuestro plan, guardarlo, eliminarlo o aplicarlo a nuestra cuenta de Adwords para poder empezar a trabajar con nuestras campañas.

Como habrás podido comprobar, esta herramienta es un buen aliado para nuestras campañas de *Display*, así que no te la pierdas y úsala para planear tus campañas.

Tan solo nos queda un paso para tener todo lo que necesitamos y empezar a crear nuestra campaña de *Display*. ¡Los anuncios!

En la Red de Display, también podemos utilizar anuncios de texto, por lo que podemos crear una campaña de *Display* ahora mismo, redactar un anuncio de texto y ocuparnos más adelante de los *banners* gráficos. Personalmente considero mucho mejor utilizar *banners* gráficos para nuestras campañas de *Display*, así que después de crear nuestra primera campaña de *Display*, aprenderemos a crear un *banner* perfecto.

8.8 CREANDO UNA CAMPAÑA DE DISPLAY

Como vimos en la imagen 1 de este mismo capítulo, elegiremos crear una campaña solo para la Red de Display y comenzaremos con la configuración. Podremos elegir con objetivos de *marketing* o sin ellos, mejor sin objetivos con todas las características y funciones disponibles.

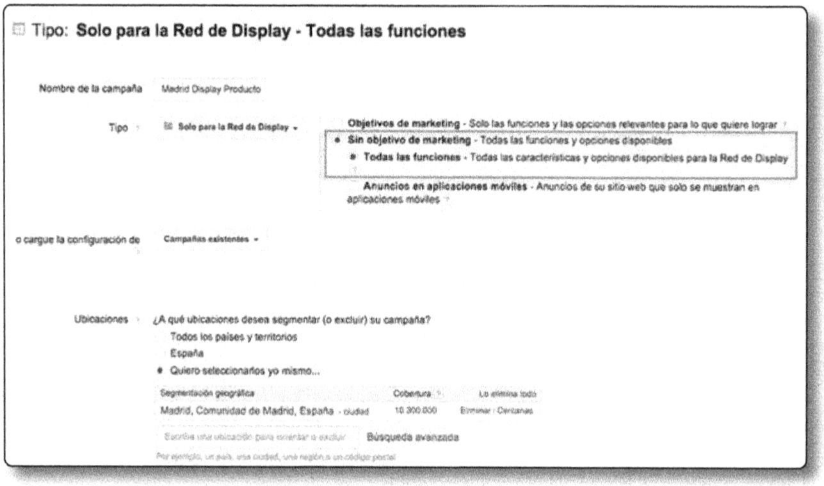

Figura 8.20

En realidad, crear una campaña de *Display* no es tan diferente de una campaña de búsquedas, solo hay que tener en cuenta un par de cosas como que podemos pujar por impresiones CPM o CPC y la limitación de frecuencia en la publicación de anuncios.

Una vez hemos elegido sin objetivos de *marketing*, podemos cargar una configuración de alguna campaña de *Display* existente para ahorrarnos tiempo. A continuación elegimos la ubicación de nuestra campaña e idiomas, en este ejemplo hemos elegido Madrid.

Ahora llegamos a la estrategia de pujas, donde podemos elegir entre CPC manual y otras opciones de pujas automatizadas entre las que podemos encontrar CPM, si elegimos pagar por impresiones, Google nos calculará automáticamente el coste de mil impresiones de nuestros anuncios, teniendo en cuenta nuestro presupuesto diario.

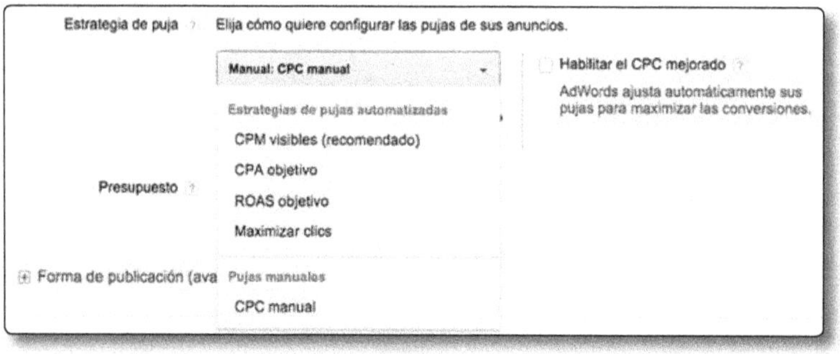

Figura 8.21

A continuación podemos añadir extensiones de ubicación y llamadas, pero ten en cuenta que solo aparecerán en anuncios de *Display* de texto y en móviles. Por lo que de momento no las vamos a usar.

Continuamos con la configuración avanzada y lo único diferente en nuestra campaña de *Display* está en la opción de publicación de anuncios, donde nos encontramos con algo llamado "limitación de frecuencia" suena raro, pero es sencillo y muy útil.

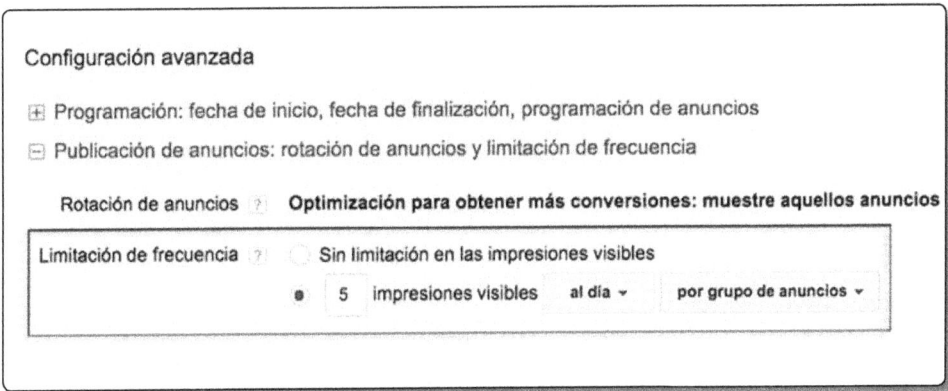

Figura 8.22

Se trata de que podemos limitar las impresiones que tienen nuestros anuncios para cada persona al día. En este ejemplo, no queremos que un mismo usuario vea nuestros anuncios más de cinco veces al día.

Esto es muy recomendable, cuando pujamos por impresiones (CPM), para asegurarnos de que nuestros anuncios lleguen a más gente. Si no lo limitamos, puede ocurrir que se malgasten impresiones con el mismo usuario.

Todas las demás opciones de configuración son las mismas que ya vimos anteriormente en las campañas de búsquedas. Ahora solo nos queda guardar y continuar para crear nuestro primer grupo de anuncios de *Display*.

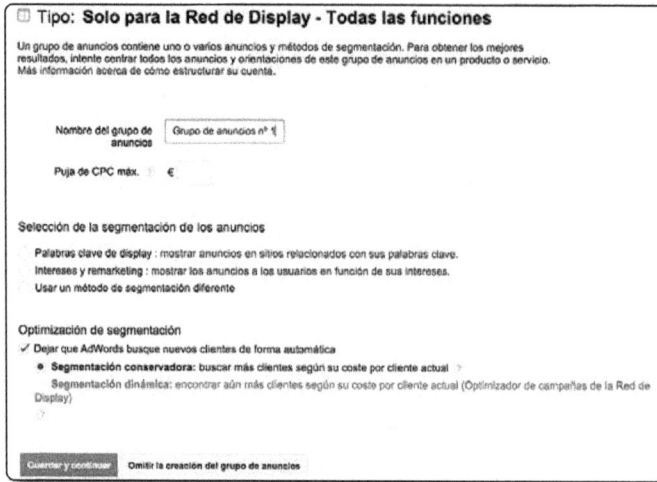

Figura 8.23

Aquí empezamos a crear nuestro primer grupo, nombraremos el grupo de anuncios, estableceremos la puja y seleccionaremos la segmentación de nuestros anuncios. Podemos elegir palabras clave, intereses y *remarketing*, temas, ubicaciones o datos demográficos. No tienes por qué hacerlo aquí, podemos omitir este paso y luego añadiremos la segmentación y los anuncios.

Vamos a elegir "Palabras clave de *Display*" y escogemos un par de ellas para este ejemplo:

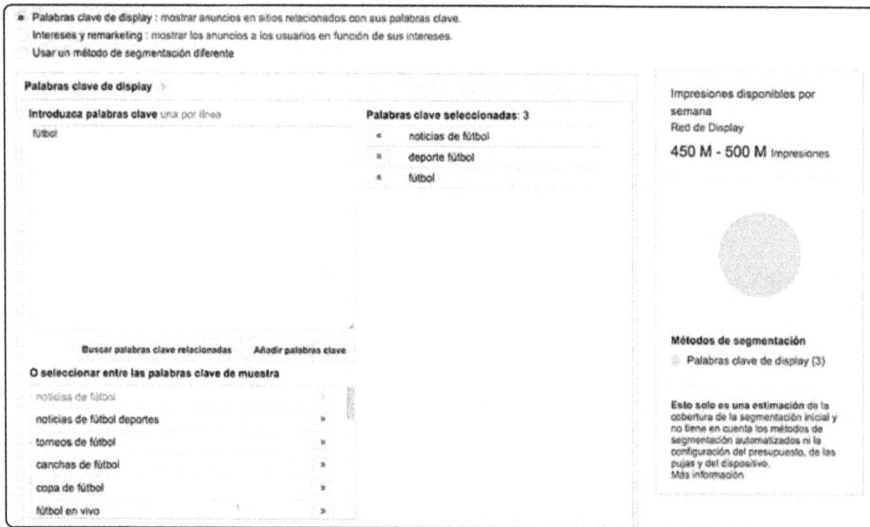

Figura 8.24

Como puedes ver, el asistente nos deja introducir palabras clave y además podemos buscar palabras clave relacionadas. Justo a la derecha podemos observar un gráfico con las impresiones disponibles para estas palabras clave.

Un poco más abajo podemos afinar un poco más nuestra audiencia añadiendo otros métodos de segmentación.

En cualquier caso le damos a guardar y seguimos para crear un anuncio, no te preocupes por la segmentación ahora, la retomaremos más adelante. De momento vamos a crear un anuncio y así ya tendremos creada nuestra campaña y el primer grupo de anuncios.

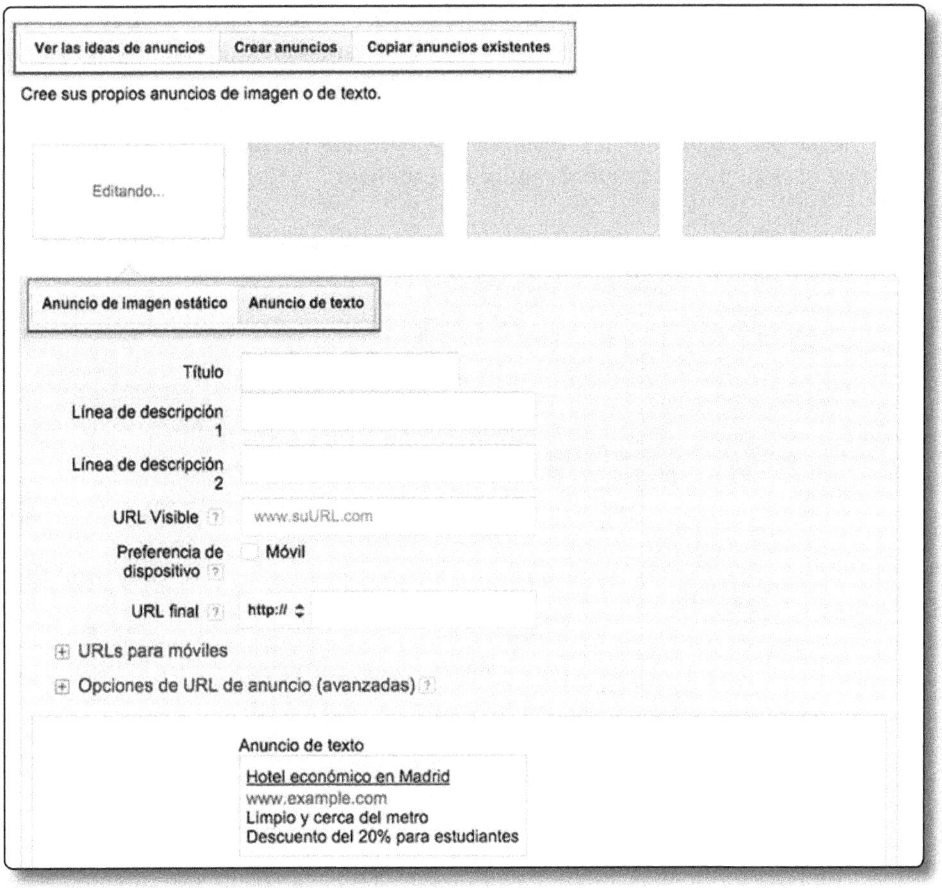

Figura 8.25

Aquí nos encontramos con el asistente para crear nuestros anuncios, en el primer menú de arriba tenemos varias opciones:

1. Ver las Ideas de Anuncios: nos lleva a otro asistente del "Creador de anuncios de *Display*" (lo veremos a continuación).

2. Crear Anuncios: justo donde estamos.

3. Copiar Anuncios Existentes: también podemos copiar anuncios que ya tengamos en otras campañas.

En el segundo menú, podemos elegir entre subir un anuncio de imagen estático, es decir, un *banner* o un anuncio de texto. Para lo primero tenemos que crear nuestros *banners*, así que vamos a redactar un anuncio de texto y luego nos pondremos las pilas con los *banners*.

Una vez guardados los cambios, ya tenemos creada nuestra campaña de *Display* y nuestro primer grupo de anuncios está listo.

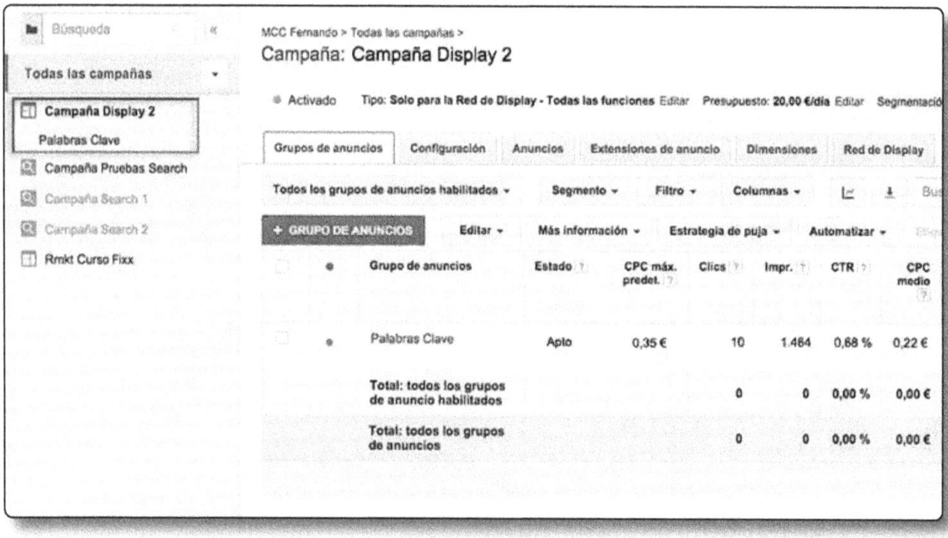

Figura 8.26

En nuestro menú de árbol (*tree view*) de campañas podremos diferenciar los tipos de campañas gracias al icono que puedes ver a la izquierda, un buen truco que nos lo pone más fácil, aunque también podemos filtrar desde arriba y ver sólo un tipo de campaña.

Figura 8.27

Bueno, ya es la hora de crear nuestros anuncios gráficos, ¿no crees?

8.9 ¿CÓMO CREAR EL BANNER PERFECTO?

Los tipos de anuncios que debemos crear para la Red de Display son ligeramente diferentes a los que hemos redactado en la red de búsquedas, no solo porque son gráficos y tienen distintos tamaños, sino porque los vamos a utilizar para un usuario distinto al que nos encontramos buscando en Google.

Para empezar, los usuarios que van a ver nuestros anuncios o *banners* no están buscando nuestro producto o servicio, esto nos obliga a tomar en cuenta el mensaje que queremos mostrar y cómo queremos hacerlo.

8.10 BUYING FUNNEL

Si observamos el ciclo de compra (*buying funnel*) de nuestro cliente potencial, podremos ver donde se encuentra en cada paso y utilizar los anuncios de *Display* para las primeras etapas, donde no nos conoce y podemos despertar su interés. Cabe destacar que podemos utilizar los anuncios de *Display* para todas las etapas del ciclo, pero especialmente en las primeras.

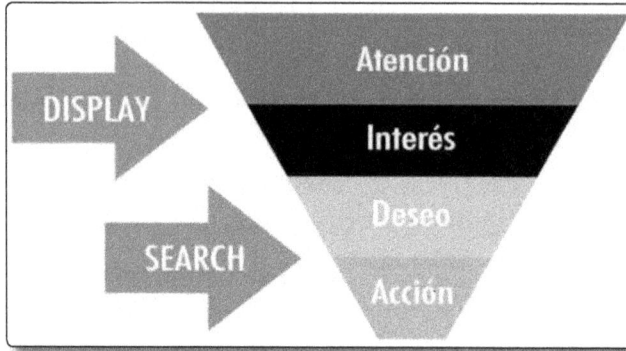

Figura 8.28

El concepto de *buying* funnel es muy conocido en *marketing* y nos indica el camino que sigue un cliente potencial desde que se da cuenta que tiene una necesidad, hasta que realiza una acción como una compra.

Esto nos viene al pelo para entender cómo llegar a nuestros clientes potenciales e intentar captar su interés.

En la parte de arriba del ciclo A+I, el cliente todavía no nos conoce y tampoco nos está buscando, por lo que debemos de presentarnos, mostrarles nuestro producto o servicio y educarle en cómo nuestro producto / servicio, puede ofrecerle algo interesante o solucionarle su problema.

Dejando a un lado las teorías de *marketing*, lo que tenemos que tener en cuenta es el mensaje que debemos transmitir a través de nuestros anuncios, tanto gráficos como de texto y tener muy en cuenta al usuario que no está en esos momentos en disposición de comprar.

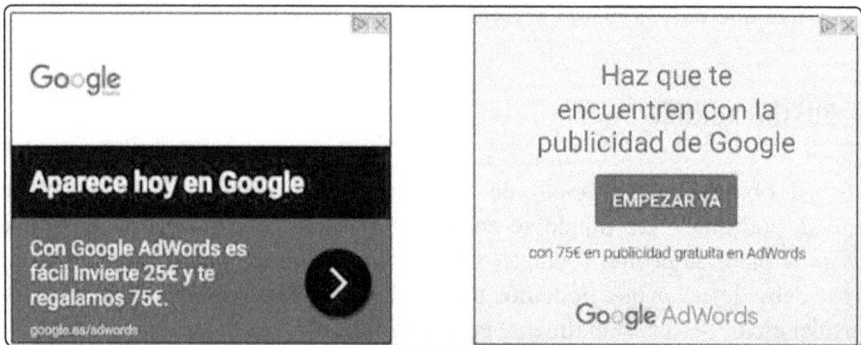

Figura 8.29

Dos *banners* gráficos de Google (300x250px) que podrás ver en la Red de Display; el de la izquierda está creado con el creador de anuncios de *Display* y el de la derecha es un diseño gráfico.

¡En cuestión de *banners*, no se trata de diseño, se trata de efectividad!

A la hora de crear nuestros *banners* gráficos, la efectividad debe ser nuestra prioridad. Nuestros anuncios en la Red de Display tienen una misión, cumplir el objetivo de nuestra campaña, así que deben ser diseñados a tal efecto.

8.11 ¿QUÉ ES UN BANNER?

Si todavía no lo sabes, se trata de una imagen que representará nuestros anuncios en internet, mejor dicho, en la red publicitaria de Google (GDN[38]) y cuyas dimensiones y formatos son un estándaren internet.

Las dimensiones recomendadas para los anuncios de *Display* son las siguientes:

- Rectángulo vertical: 240x400
- *Skyscraper* horizontal para móviles: 320x50
- *Banner*: 468x60
- *Skyscraper* horizontal: 728x90
- Cuadrado: 250x250
- Cuadrado pequeño: 200x200
- Rectángulo grande: 336x280
- Rectángulo integrado: 300x250
- *Skyscraper*: 120x600
- *Skyscraper* ancho: 160x600
- Media página: 300x600
- *Skyscraper* horizontal grande: 970x90
- *Banner* para móviles grande: 320x100
- *Billboard*: 970x250
- Rectángulo vertical grande: 300x1.050

Tipos de archivos: JPG - JPEG - PNG - GIF

Tipos de archivos de *banners* animados: HTML5 - GIF - Flash[39]

---

38   Google Display Network.

39   Este formato desaparecerá.

Más información detallada sobre los tamaños y formatos de anuncios en Adwords aquí: *https://support.google.com/adsense/answer/6002621?hl=es*

Para diseñar un buen *banner*, no olvides esto: "menos es más", es decir, que no debes complicarte mucho, ni contratar a un diseñador de Pixar, para que tus anuncios destaquen visualmente y tus campañas funcionen. Tú mismo puedes crear un *banner* súper efectivo si sigues los siguientes consejos:

1. Encuentra una imagen que represente tu producto, servicio, empresa o marca.

2. Mensaje. Redacta un mensaje, una pregunta, un titular atractivo, un buen gancho.

3. Incluye tu logotipo de marca.

4. Botón. Incluye una buena llamada a la acción. Esto es lo que diferencia a un *banner* de una imagen o foto normal.

Con esto puedes crear *banner* muy efectivos, a partir de aquí podemos mejorarlo todo lo que queramos, con animaciones, HTML5, vídeos, etc.

Estos son algunos ejemplos de *banners* que yo mismo he creado últimamente para algunos de mis clientes, son muy sencillos pero cumplen con su cometido perfectamente.

Figura 8.30

Como puedes observar, mis diseños no son extraordinarios, pero son funcionales y transmiten el mensaje que hemos propuesto. Además algunos tienen animación de textos.

Si necesitas un poco de inspiración y algunas buenas ideas para diseñar tus *banners*, visita esta web: *https://moat.com* y aquí encontrarás una librería inmensa de *banners* publicitarios de todos los tamaños, que podrás consultar por marcas. Echa un vistazo a los que utiliza el propio Google, son muy simples, pero muy buenos. Si alguien sabe cómo hacer un *banner* efectivo, es Google, sin duda.

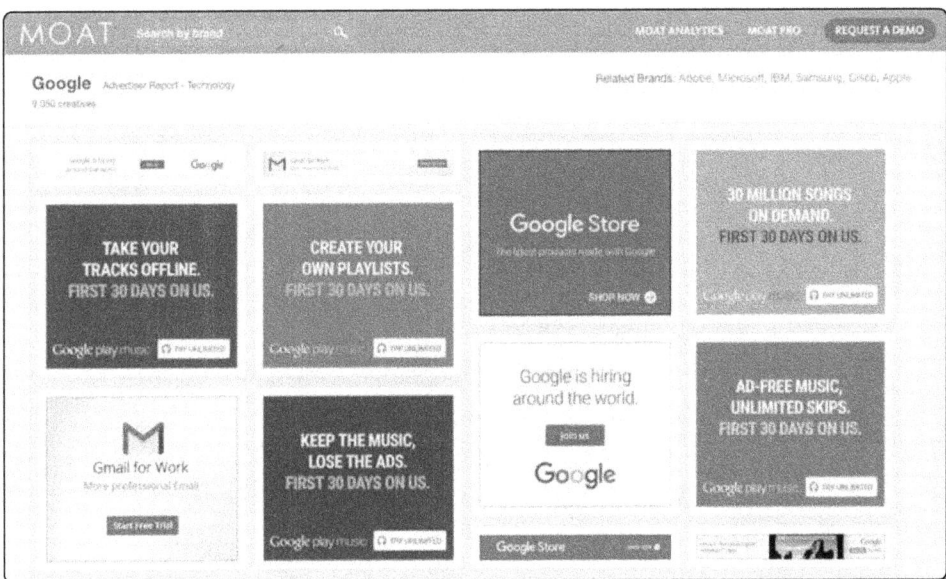

Figura 8.31

> ⓘ **CONSEJO**
> Si eres capaz de crear un *banner* que solo llame la atención de tus clientes potenciales, tendrás un *banner* ganador.

8.12 CREADOR DE ANUNCIOS DE DISPLAY

Google Adwords, en su afán por ponernos las cosas fáciles, ha creado una utilidad muy eficiente y práctica que nos va a ahorrar tiempo y dinero, ya que nos va ayudar en la creación de nuestros *banners* y además es muy fácil de utilizar.

Podemos acceder al creador de anuncios de *Display* desde nuestro grupo de anuncios, pulsando "+ Anuncio" y escogemos "Galería de anuncios".

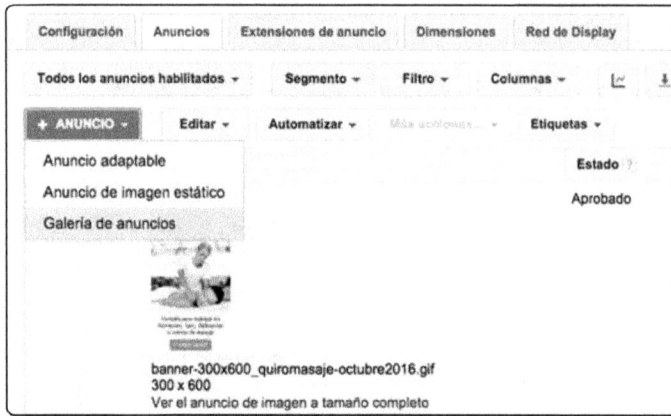

Figura 8.32

Entonces accedemos al asistente para escoger la plantilla de nuestro anuncio gráfico:

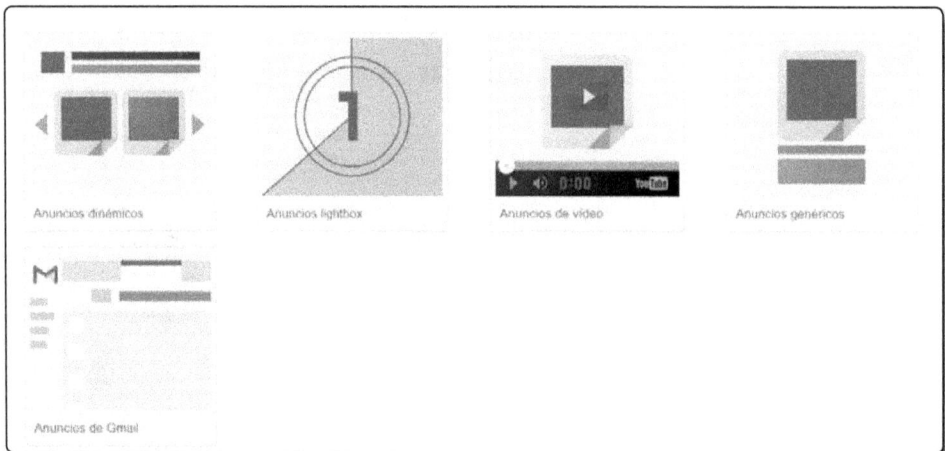

Figura 8.33

Aquí podemos ver las diferentes plantillas y para qué nos puede servir cada una:

▶ **Anuncios dinámicos:** utiliza un *feed* de datos que debemos subir para crear automáticamente anuncios con nuestros productos a usuarios que ya han visitado nuestra web. Ideal para *e-commerce*.

▶ **Anuncios Lightbox:** una incorporación reciente muy interesante para crear anuncios *rich media* que permiten interactuar con el usuario. Lo veremos un poco más adelante.

▶ **Anuncios de vídeo:** nos permite crear un anuncio con un vídeo para colocarlo en la Red de Display.

▶ **Anuncios genéricos:** la mejor opción para empezar, ¡elige este!

▶ **Anuncios de Gmail:** nos permite poner nuestros anuncios en la bandeja de entrada de gmail de nuestro público objetivo. ¿A que suena bien? Lo veremos al final de este capítulo.

Puedes echar un vistazo a lo que te ofrece cada uno, pero para comenzar vamos a anuncios genéricos y empezaremos a crear nuestros *banners* ya mismo.

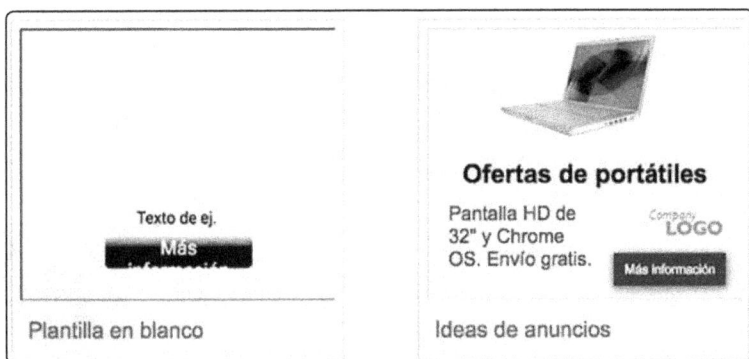

Figura 8.34

De nuevo tenemos que elegir entre una "Plantilla en blanco" o "Ideas de anuncios". Te recomiendo que para empezar utilices ideas de anuncios, porque te va a sorprender. Si tienes claro lo que quieres diseñar, escoge plantilla en blanco y crea tu *banner* a tu gusto.

Al elegir ideas de anuncios, Adwords nos enseña una herramienta alucinante que nos pide la página web o *landing* que vamos a utilizar en la campaña de *Display*, para escanearla y ofrecernos ideas de *banners* con nuestro propio diseño web. ¡Es una pasada!

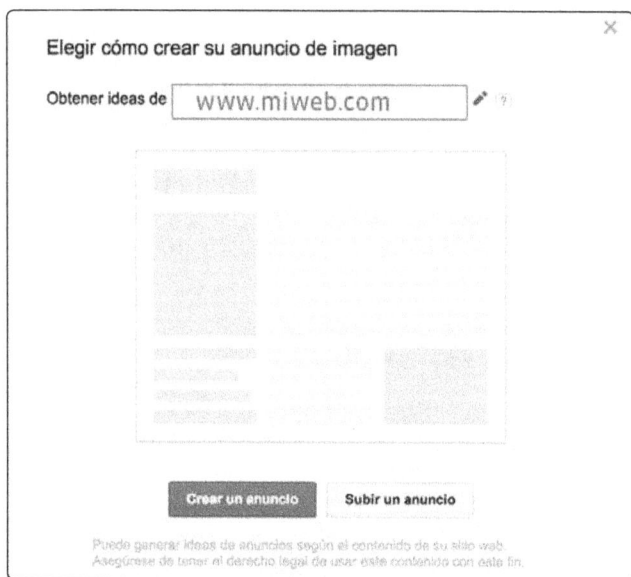

Figura 8.35

Una vez que hemos puesto nuestra página web y le damos a crear un anuncio, Adwords creará por nosotros un buen montón de *banners* con diferentes ideas y datos, extraídos de nuestra página destino. Sin duda tienes que probarlo.

Figura 8.36

Puedes ver una vista previa de los diferentes tamaños de la idea que más te guste:

Figura 8.37

Luego tan solo tienes que elegir el que más te guste o se adapte a tus objetivos y editarlo para cambiar textos, imágenes, colores, etc.

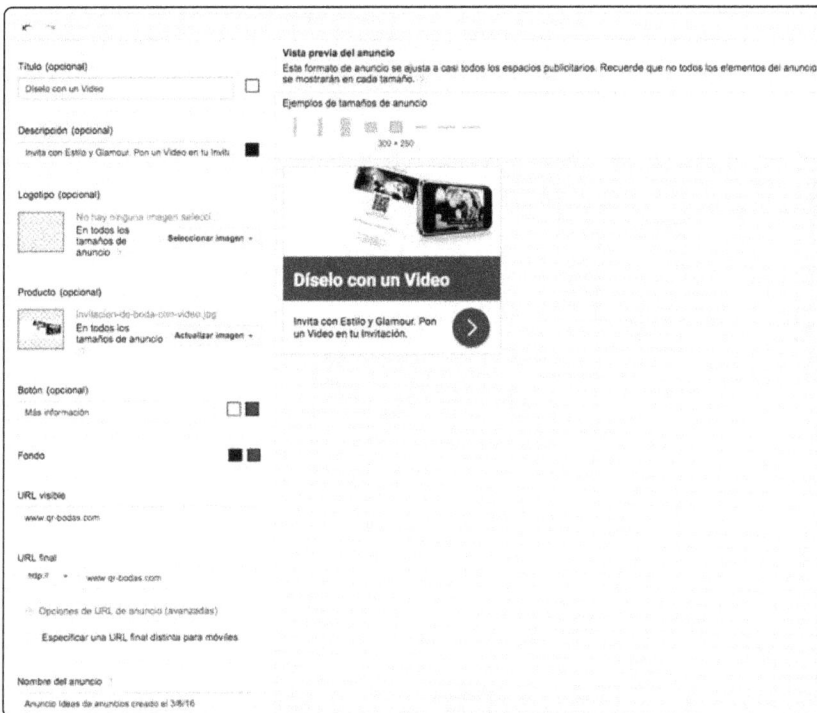

Figura 8.38

En el editor de *banners* podemos cambiar lo que queramos, como el título o la descripción, podemos añadir un logo, cambiar la imagen, los colores de fondo, el texto del botón, etc. Además, podemos ver una vista previa en tiempo real de los cambios y los diferentes tamaños de nuestro *banner*. Esto es importante para asegurarnos que se ven bien en cada tamaño.

Sea cual sea la plantilla y el diseño que elijas, seguro que tienes un buen *banner* entre manos para empezar a utilizarlo en tus grupos de anuncios de *Display*. Para ello solo tienes que guardarlos cuando hayas terminado de editarlos y ya los tendrás en tu grupo de anuncios, esperando a ser revisados por Google.

Como has podido ver, esta herramienta de creación de *banners*, es estupenda para ahorrarnos tiempo, ya que es capaz de engendrar por nosotros, unos anuncios gráficos ideales. Puedes pasar un buen rato jugando con el creador de *banners*, eso sí, ten en cuenta, que todos los elementos de tus anuncios, se vean correctamente en todos los tamaños.

8.13 PESTAÑA RED DE DISPLAY

Hasta ahora hemos creado nuestra campaña de *Display* y tenemos una buena batería de *banners* listos en nuestros grupos de anuncios. Ahora lo que nos queda es empezar a recibir impresiones en nuestros anuncios y repasar las diferentes opciones que nos ofrece la pestaña "Red de Display".

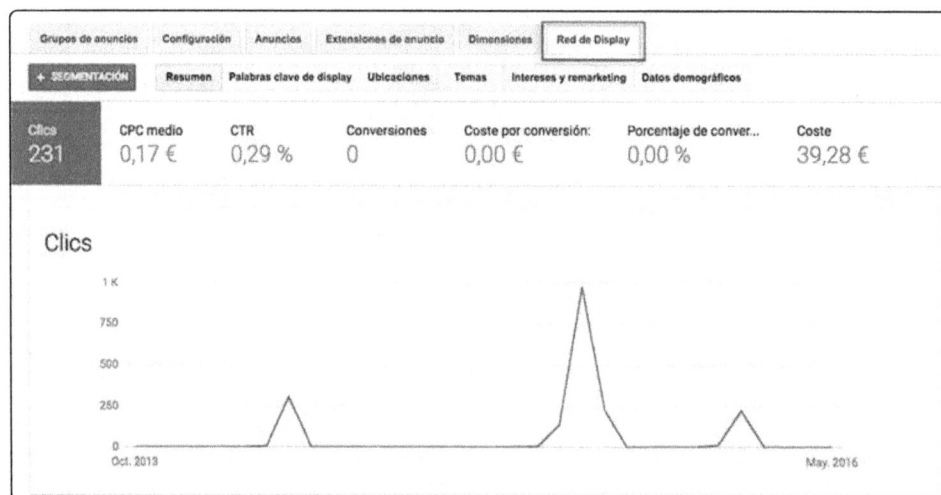

Figura 8.39

El submenú de *Display* nos muestra un resumen gráfico de nuestra campaña y su rendimiento y las diferentes opciones de segmentación, donde podemos revisar y optimizar nuestro trabajo. Por ejemplo podemos ir a la sección "Palabras clave de *Display*" para comprobar las impresiones y clics de cada una de nuestras *keywords*, así como a la sección "Ubicaciones" para ver en qué sitios web se están mostrando nuestros anuncios.

Configuración	Anuncios	Extensiones de anuncio	Dimensiones	Red de Display					

| + SEGMENTACIÓN | Resumen | Palabras clave de display | Ubicaciones | Temas | Intereses y remarketing | Datos dem |

Todas las ubicaciones aptas ▾   Segmento ▾   Filtro ▾   Columnas ▾   ⌶   ⬇

Editar ▾   Consultar detalles ▾   Automatizar ▾   Pujas: usar pujas predeterminadas ▾

		Ubicación	Estado ?	CPC máx.	Clics ? ↑	Impr. ?	CTR ?	CPC medio (?)	Coste ?
☐	●	vidanaturalia.com	Automáticas	0,35 €	0	33	0,00 %	0,00 €	0,00 €
☐	●	notioro.com	Automáticas	0,35 €	0	26	0,00 %	0,00 €	0,00 €
☐	●	quiromasajistas.net	Automáticas	0,35 €	0	10	0,00 %	0,00 €	0,00 €
☐	●	entrenamientos.com	Automáticas	0,35 €	0	11	0,00 %	0,00 €	0,00 €
☐	●	juegosdetiempolibre.org	Automáticas	0,35 €	0	5	0,00 %	0,00 €	0,00 €
☐	●	sistec.es	Automáticas	0,35 €	0	14	0,00 %	0,00 €	0,00 €
☐	●	excite.es	Automáticas	0,35 €	0	107	0,00 %	0,00 €	0,00 €
☐	●	okdiario.com	Automáticas	0,35 €	0	6	0,00 %	0,00 €	0,00 €

Figura 8.40

En este listado de ubicaciones, vamos a encontrar una de las informaciones más valiosas en las campañas de *Display*, ya que podemos examinar las páginas web donde se están mostrando nuestros anuncios, las impresiones, los clics, el CTR, el CPC, etc.

Desde aquí podemos empezar a tomar las primeras medidas para optimizar nuestras campañas. Seleccionaremos las mejores ubicaciones y eliminaremos las peores, así de simple. Debemos cotejar que sitios web nos dan mejor rendimiento, esto lo podemos ver en las impresiones, los clics, el CTR y por supuesto las conversiones que veremos en el próximo capítulo.

Las ubicaciones que nos den un pésimo rendimiento deben ser excluidas de nuestro grupo de anuncios o campaña, para informar a Google que no siga mostrando nuestro anuncio en dichas ubicaciones. Para hacer esto basta con seleccionar los dominios que queremos excluir, pulsar editar y seleccionamos la opción en el menú desplegable como vemos en la imagen 41.

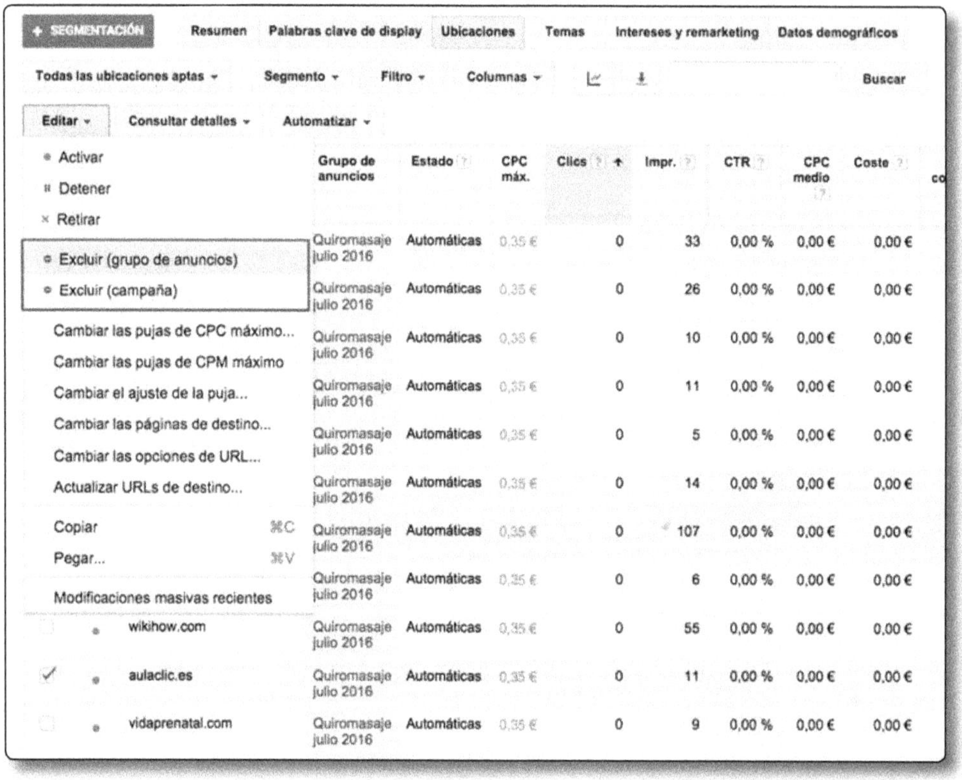

Figura 8.41

Este sencillo truco nos va a ahorrar muchas impresiones y dolores de cabeza. De hecho, te recomiendo que hagas esto a menudo para depurar tus campañas. Incluso, deberías entrar en los sitios web (ubicaciones) que muestran tus anuncios, para ver dónde y cómo aparecen.

Otro aspecto interesante a tener en cuenta en nuestra optimización de *Display* es que podamos cambiar la puja en las diferentes segmentaciones, por ejemplo, si hemos detectado que nuestros anuncios tienen muy buen rendimiento en una página web concreta, podremos aumentar la puja, solo para esa ubicación.

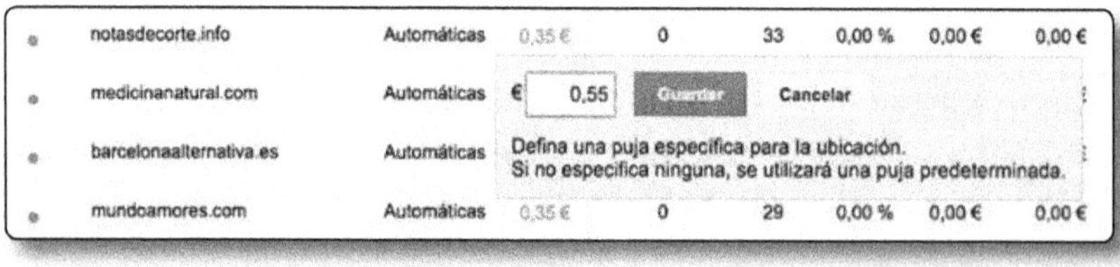

Figura 8.42

Podremos hacer lo mismo para cualquier método de segmentación, por ejemplo, modificar las pujas a palabras clave concretas o temas. Para poder hacer esto, debemos asegurarnos que hemos seleccionado "Segmentación y Puja" en nuestra configuración de segmentación.

8.14 UTILIZA LAS SEGMENTACIONES PARA EXCLUIR

Desde la pestaña "Red de Display" podemos añadir nuevas segmentaciones a nuestro grupo de anuncios, algo que nos puede ayudar a optimizar nuestras campañas, pero también podemos usar las segmentaciones para excluir, y esto nos supone un gran apoyo para depurar nuestros anuncios.

Tanto para añadir o excluir métodos de segmentación, pulsamos el botón "**+ Segmentación**" y veremos las diferentes opciones disponibles.

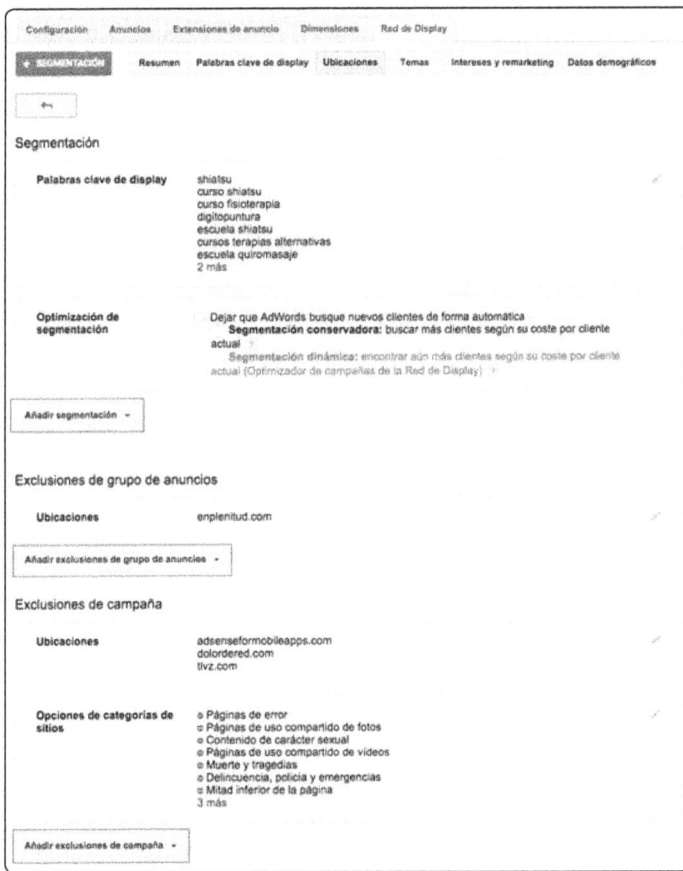

Figura 8.43

En este ejemplo, hemos segmentado nuestro grupo solo por palabras clave, pero hemos excluido una ubicación y a nivel de campaña, hemos excluido varias ubicaciones y algunas categorías de sitio. Es muy recomendable que hagas esto a menudo.

Por ejemplo, si no queremos que nuestros anuncios aparezcan en *apps* para móviles o tabletas, deberemos excluir esta ubicación: *"adsenseformobileapps.com"*. Apunta bien esta URL porque la tendrás que utilizar muchas veces. Si no la excluyes en tus campañas, tus anuncios no pararán de salir en juegos de móviles y tabletas y te gastarás todo tu presupuesto en clics inútiles. No obstante, si tu objetivo es aparecer en *apps*, crea una campaña específica para ello.

También es muy importante excluir categorías de sitios, para asegurarnos que nuestros anuncios salen donde sean más efectivos.

A partir de ahora tendrás que tener muy en cuenta que tus anuncios están apareciendo en páginas web y debes estar muy atento para depurar al máximo y realizar los ajustes necesarios para que alcancemos a la audiencia perfecta. El mejor indicador que nos puede ayudar a confirmar si nuestra segmentación es buena son las conversiones que veremos en el siguiente capítulo.

8.15 LISTAS DE REMARKETING

Ha llegado el momento de hablar del famoso *remarketing* y la verdad es que es algo asombroso. Se trata de una genial alternativa para volver a captar la atención de los usuarios que han visitado nuestro sitio web, una vez que se han marchado. ¿Cómo? pues mientras visita otros sitios web de la Red de Display de Google.

Remarketing viene de *"Marketing again"* aunque en realidad lo que vamos a hacer es *re-targeting,* ya que nuestro objetivo es re captar el interés de nuestros clientes potenciales y no re vender algo.

8.15.1 ¿Cómo funciona el remarketing?

Seguro que tú mismo/a has sido víctima del *remarketing*. ¿Recuerdas ese libro que estuviste a punto de comprar en Amazon? ¿Cómo es posible que no pares de ver *banners* de ese mismo libro por todas partes? Pasa muy a menudo, entramos en una tienda *online* y vemos algunos productos que nos gustan, nos vamos y al día siguiente nos encontramos publicidad de esos productos en todas las webs que visitamos, parece algo misterioso, pero en realidad se trata de el *remarketing*.

Lo que ocurre cuando entramos en una tienda como Amazon, es que nos instala una *cookie*[40] en nuestro navegador web, dependiendo de los productos que estemos mirando y de la fase del proceso de compra en el que estemos. Por ejemplo, si hemos añadido al carrito un producto y no lo acabamos comprando, Amazon nos habrá "remarketizado" con total seguridad, para recordarnos el producto, incluso nos puede ofrecer algún descuento mientras estamos navegando por cualquier sitio web de la Red de Display.

Este proceso puede durar al menos 15 días o hasta que nosotros mismo borremos las *cookies* de nuestro navegador web. También podemos dejar de ver estos anuncios si hacemos clic en la "X" de la esquina superior derecha de los *banners*.

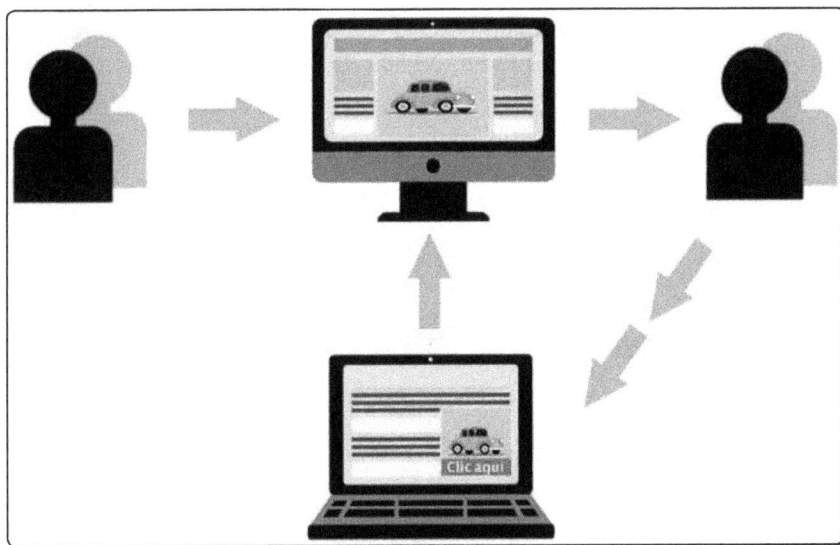

Figura 8.44

La intención de las campañas de *remarketing* es básicamente hacer volver a nuestros clientes potenciales a nuestro sitio web por diferentes razones y para ello tenemos las listas de *remarketing*.

Veamos un ejemplo de uso. Imagina que tenemos una tienda de coches y un usuario ha entrado en nuestra web porque ha visto nuestro anuncio en los resultados de búsqueda, ha buscado un modelo concreto y ha pulsado el botón de compra. Por alguna razón no ha terminado su proceso de compra, pasa muy a menudo, de hecho

---

40   Fragmento de código identificativo.

es lo normal en un *e-commerce*. Así que como ha visitado una web concreta del modelo y la primera del proceso de compra, le hemos agregado a nuestra lista de *remarketing* llamada "compra incompleta".

A continuación crearemos una campaña de *Display* con unos *banners* estupendos con su modelo de coche y utilizaremos como método de segmentación: "intereses y *remarketing*" y elegimos nuestra lista: "compra incompleta". Para convencerlo de que vuelva, le ofreceremos el seguro a todo riesgo durante un año gratis. ¿Quién podría resistirse?

Esto es un buen ejemplo de *remarketing*. Ahora veamos cómo se hace en Adwords:

Lo primero de todo es poner una etiqueta de código en nuestra web, que nos permitirá crear más adelante las diferentes listas de *remarketing*. Encontraremos esto en la sección: "Públicos" de nuestra "Biblioteca Compartida" de Adwords (imagen 45).

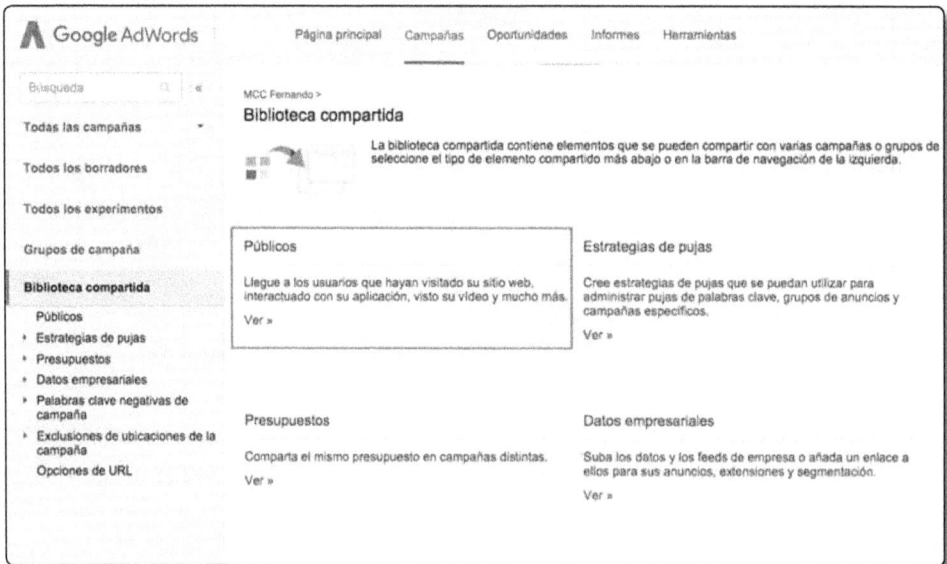

Figura 8.45

Hacemos clic en "Ver >>" y accedemos. Podremos crear diferentes listas de *remarketing* como puedes ver en el asistente.

Figura 8.46

Esta vez crearemos una lista para los visitantes de nuestro sitio web, pulsa "Configurar *remarketing*" para acceder al código que debemos insertar en nuestra página web.

A continuación nos preguntará si vamos a hacer uso de los anuncios dinámicos, pero esta vez lo dejaremos tal como está. Los anuncios de *remarketing* dinámicos llevan otro tipo de códigos e instalación y están enfocados para *e-commerce*.

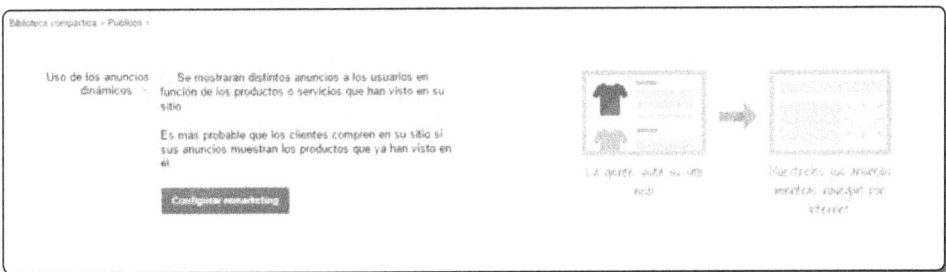

Figura 8.47

Así que dejamos el *check* en blanco y pulsamos "Configurar *remarketing*" y veremos la etiqueta de *remarketing*.

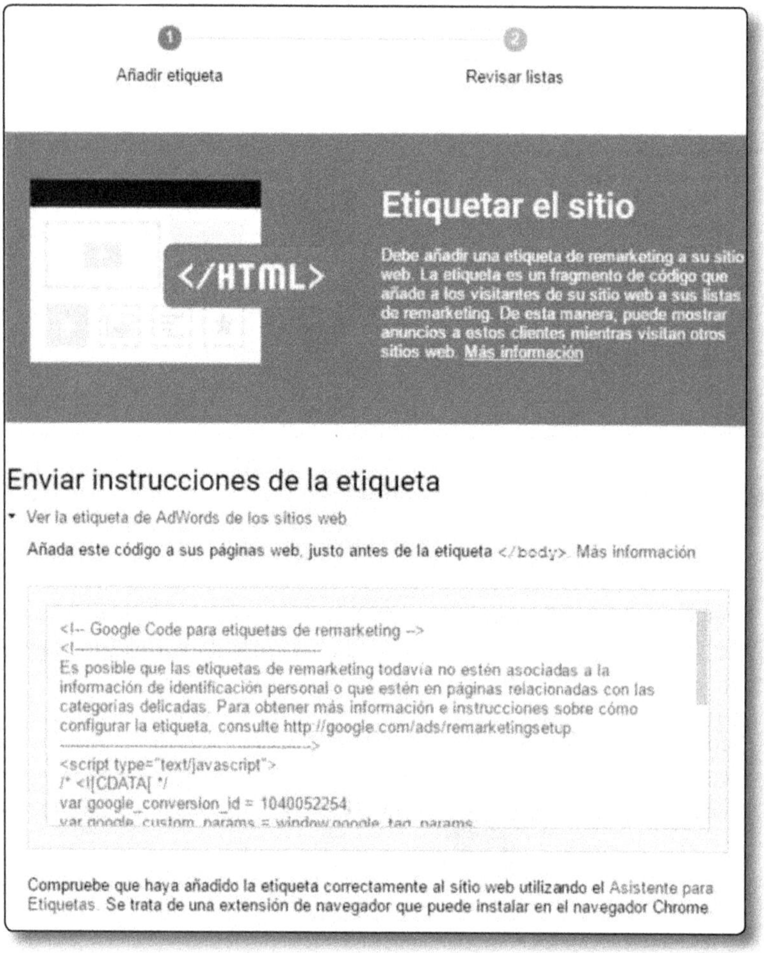

Figura 8.48

Ahora nos queda añadir el código a nuestra página web siguiendo las instrucciones, también puedes enviarlo a tu informático para que se encargue.

Una vez tenemos el código insertado en nuestra web, lo único que nos queda es hacer listas de *remarketing*. Así que nos vamos a la "Biblioteca Compartida > Públicos" y veremos que ya tenemos creada una lista por defecto para todos los usuarios que han visitado las páginas que contienen el código de *remarketing*.

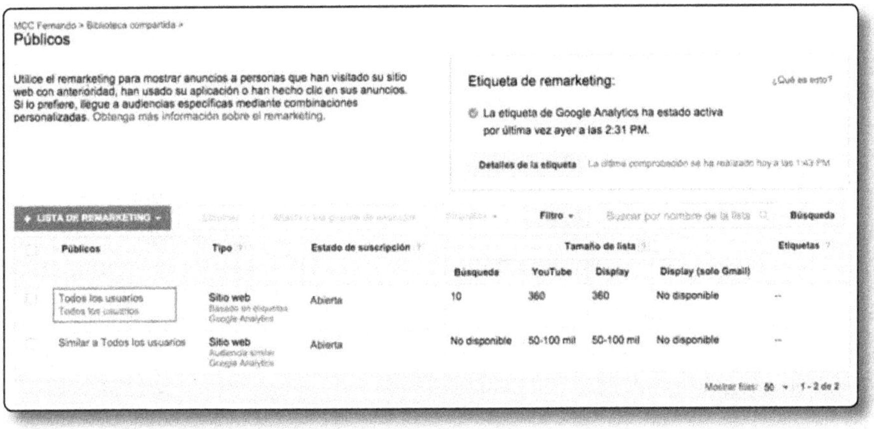

Figura 8.49

Lo ideal es que podamos crear nuestras listas según nuestra necesidad y objetivos, imagina que queremos hacer una lista para todos los usuarios que han rellenado un formulario, o para aquellos que han visitado una página en concreto o sección de nuestro sitio web.

Lo haremos haciendo clic en "+ Lista de *remarketing*" y comenzamos a crear una nueva lista.

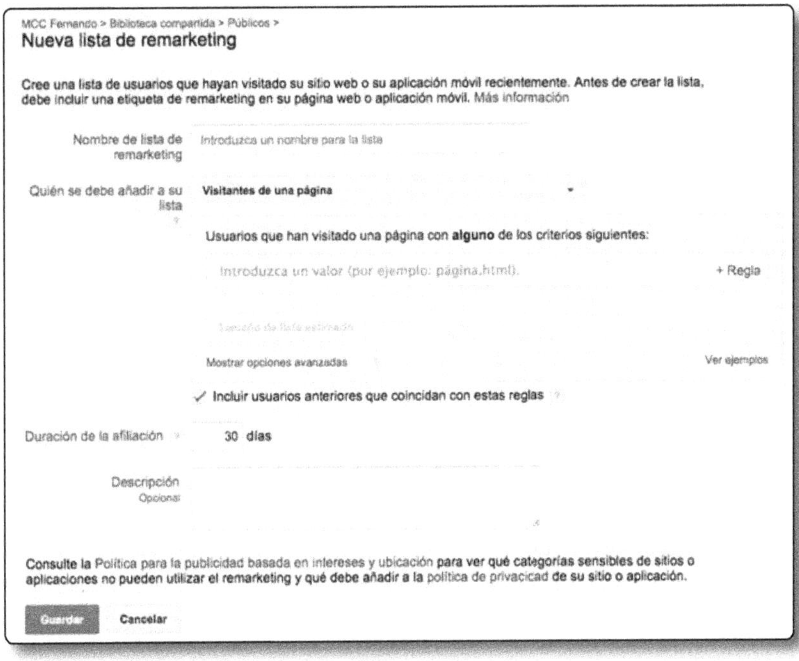

Figura 8.50

Primero le ponemos un nombre descriptivo a nuestra lista y a continuación empezaremos a crear las reglas para decirle a Google que agregue a nuestra nueva lista a los usuarios que han visitado una página concreta, o varias, todo dependerá de las reglas que configuremos. Por ejemplo, si queremos crear una lista con los usuarios que se dan de alta como miembros en nuestra zona privada, podremos poner como regla solo las páginas de esta zona: *www.miweb.com/zonaprivada/pagina1* - *www.miweb.com/zonaprivada/pagina2* - *www.miweb.com/zonaprivada/pagina3*, etc., o también podemos crear una regla como esta: **URL contiene "zonaprivada"**.

Otro buen ejemplo para crear tus reglas es que te fijes en la URL de tu página o tienda *online*, por ejemplo*: http://www.factorydelmueble.es/categoria-producto/ muebles/espejos/*

Si quieres hacer una lista para todos los usuarios que han visitado la sección de espejos, crearemos una regla como esta: URL contiene "espejos". Si quieres centrarte en un producto concreto, puedes usar el ID del producto o el nombre que aparece en la URL.

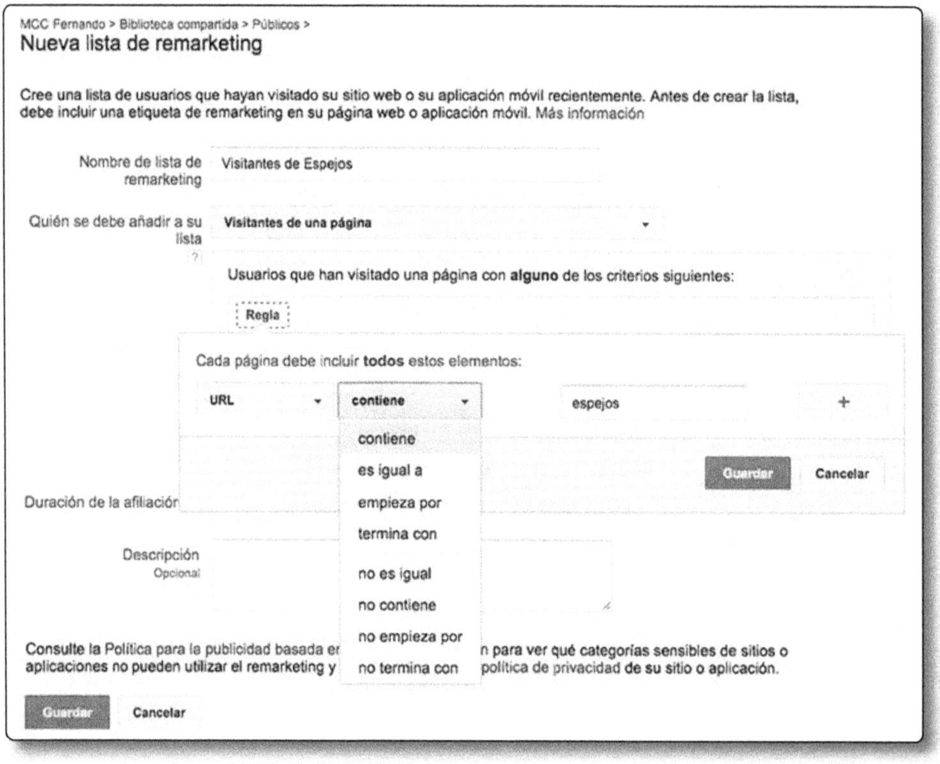

Figura 8.51

Le daremos a guardar y cada vez que un usuario entre en la sección de espejos de nuestra tienda *online*, Adwords lo meterá en nuestra lista.

Las combinaciones para crear listas de *remarketing* son muchas. Puedes ver más ejemplos pulsando "Ver ejemplos".

Muy bien, ya tenemos nuestra lista de *remarketing*, ahora nos queda hacer la campaña de *Display* para utilizar nuestra lista como segmentación. Así que crearemos nuestra campaña o grupo de anuncios y escogeremos como método de segmentación "Intereses y *remarketing*".

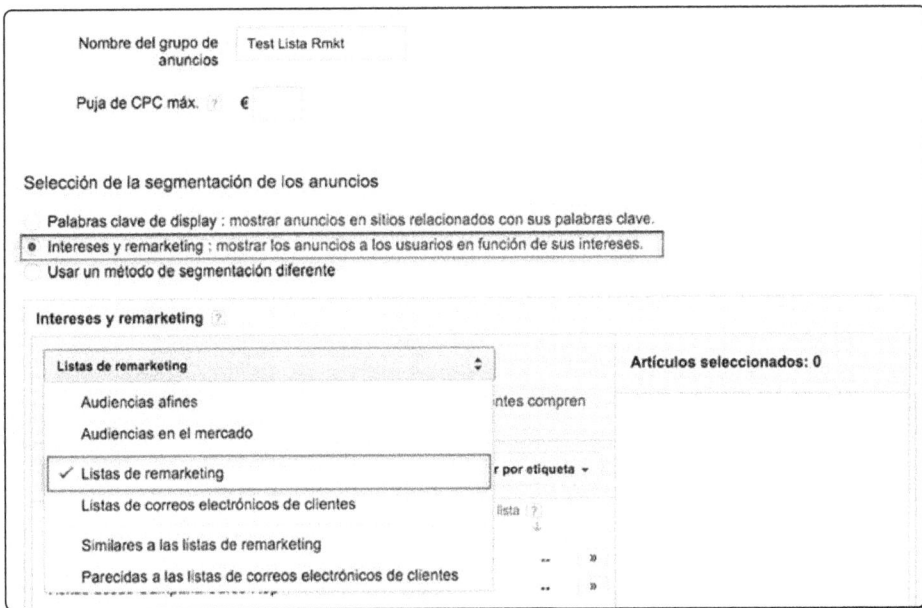

Figura 8.52

A continuación nos saldrá en asistente de intereses y *remarketing*, desplegamos el menú y elegimos "Listas de *remarketing*". Podremos ver nuestras listas disponibles para la segmentación.

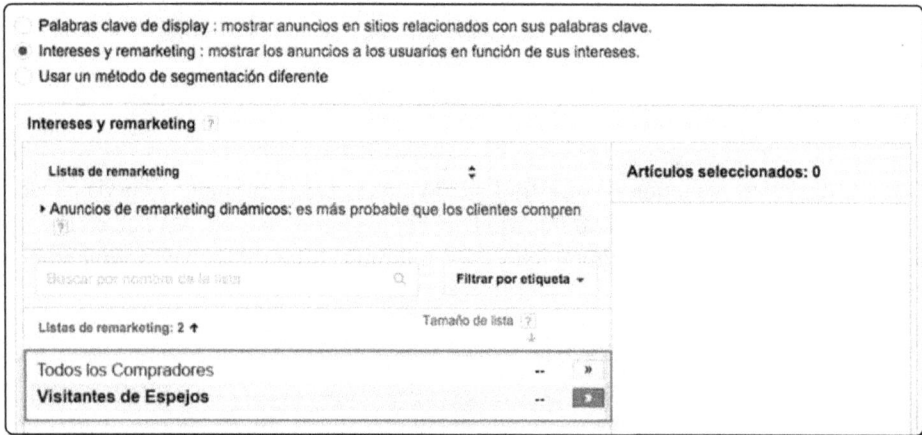

Figura 8.53

Como puedes observar en este ejemplo, tenemos dos listas de re*marketing* disponibles, elegiremos "Visitantes de Espejos" pulsado ">>" y la añadimos a nuestra segmentación. Pero también verás que tenemos otra lista que se llama "Todos los Compradores" ¿Qué es esto?

Algo muy útil en las listas de *remarketing*, y en todas las segmentaciones de *display*, son las exclusiones, como ya hemos visto anteriormente y en el caso del *remarketing* es súper útil que podamos crear listas para excluir o descartar, por ejemplo, a compradores. Deja que te explique:

Si tenemos una lista de *remarketing* para volver a interesar a los que han visitado nuestro sitio web o tienda *online* y no han comprado, está perfecto. Pero, ¿qué ocurre con los usuarios que sí han comprado? ¿Debemos seguir mostrándoles nuestros anuncios de *remarketing*? Por supuesto que no, además sería un desperdicio de impresiones ¿no crees?

Así que lo que tenemos que hacer para evitar esto, es crear una lista de *remarketing* de compradores[41], para luego utilizarla como exclusión en nuestro grupo de anuncios. Así de sencillo. Esta lista se crea exactamente igual que las demás, con las diferentes opciones y reglas podemos definir el usuario que ha realizado una compra, reserva, contacto, etc.

---

41   Adwords puede crearla automáticamente si tenemos activado el seguimiento de conversiones.

Otra manera de hacer esto es crear combinaciones de audiencias personalizadas que como verás en la imagen 54 se trata de elegir a todos los usuarios de una lista más a ninguno de la otra lista. Por ejemplo, todos los usuarios de la lista: "Visitantes de Espejos" más ninguno de la lista: "Todos los compradores".

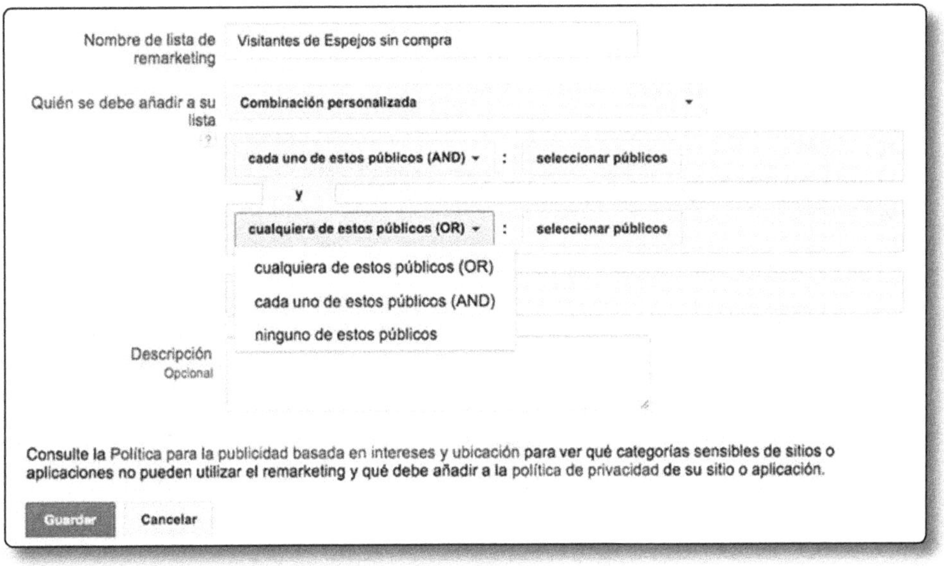

Figura 8.54

Nuestra nueva lista de combinación personalizada sería:

Nombre de lista de *remarketing*: "Visitantes de Espejos sin compra"

1. Cada uno de estos públicos (AND) : "Visitantes de Espejos"
2. Ninguno de estos públicos : "Todos los compradores"

Guardamos y ya está. Existen un buen número de combinaciones posibles que irás aprendiendo cuando empieces a crear tus listas de *remarketing*.

8.15.2 (RLSA) Remarketing List for Search Ads

Algo que también resulta muy interesante, es que podemos utilizar listas de *marketing* como audiencias para campañas de Búsquedas. Esto es para osados, pero que sepas que se puede hacer, todo depende de nuestra estrategia de *marketing* y de cómo nos planteamos alcanzar a nuestros clientes potenciales.

Para hacer esto solo tenemos que asegurarnos de que nuestras campañas de búsquedas tienen todas las funciones activadas, como vimos en la configuración de campañas y a continuación necesitaremos una nueva pestaña llamada "Públicos". Para mostrarla solo tenemos que ir a "Mostrar pestañas" y elegimos "Públicos".

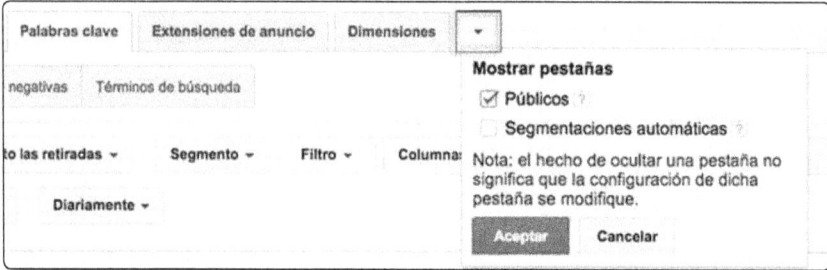

Figura 8.55

Ahora que ya tenemos disponible la pestaña de "Públicos" podremos añadir las listas de *remarketing* que queramos a nuestras campañas de búsquedas.

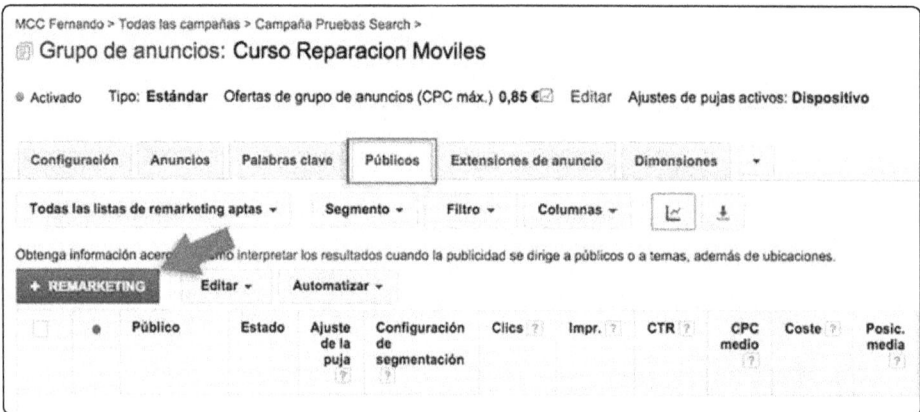

Figura 8.56

Pulsamos "+ *Remarketing*" y añadimos nuestras listas a la segmentación. Lo ideal es hacer una campaña o grupo de anuncios, específico para usar listas de *remarketing*, ya que podemos utilizar diferentes palabras clave y anuncios más certeros y enfocados a los usuarios que ya han visitado nuestro sitio web.

Como habrás podido observar, el *remarketing* es una técnica que tiene casi infinitas posibilidades de uso, es una práctica habitual y debes practicarla para ver qué resultados te da. Una parte fundamental del proceso es el anuncio y el mensaje, recuerda que el usuario ya ha demostrado cierto interés así que quizás solo necesita un empujoncito más para acabar comprando. Plantéate ofrecer descuentos, cupones, ofertas especiales, etc.

Antes hemos hablado sobre el diseño de *banners* pero nos quedó algo en el tintero, los anuncios *Rich Media*.

8.16 NUEVOS FORMATOS DE ANUNCIOS IMPACTANTES

Adwords ha añadido últimamente algunos nuevos formatos de anuncios bastante novedosos y muy interesantes a la hora de poner en práctica nuestra creatividad. Además la red evoluciona cada día y debemos ponernos las pilas para ofrecer la mejor experiencia posible a nuestros usuarios.

Vamos a hablar de los *banners* HTML5, Rich Media, Lightbox y Gmail ads.

8.16.1 HTML5

A partir de julio del 2016 Google dejará de publicar anuncios animados en formato Flash así que tendremos que utilizar HTML5 para continuar con nuestros anuncios con animación. Estos anuncios son muy llamativos e impactantes y existe una herramienta genial y gratuita de Google que nos permite crear anuncios HTML5 animados alucinantes. Se trata del Google Web Designer: *https://www.google.com/webdesigner*

Puedes descargarlo totalmente gratis e instalarlo en tu ordenador para empezar a crear tus *banners* impactantes. Si no eres un diseñador profesional o no quieres perder tiempo aprendiendo a utilizar el Google Web Designer, puedes utilizar plantillas de *banners* que están disponibles en páginas como: *https://www.richmediagallery.com/resources/googlewebdesigner* o en algunos proveedores de diseño como themeforest.com:

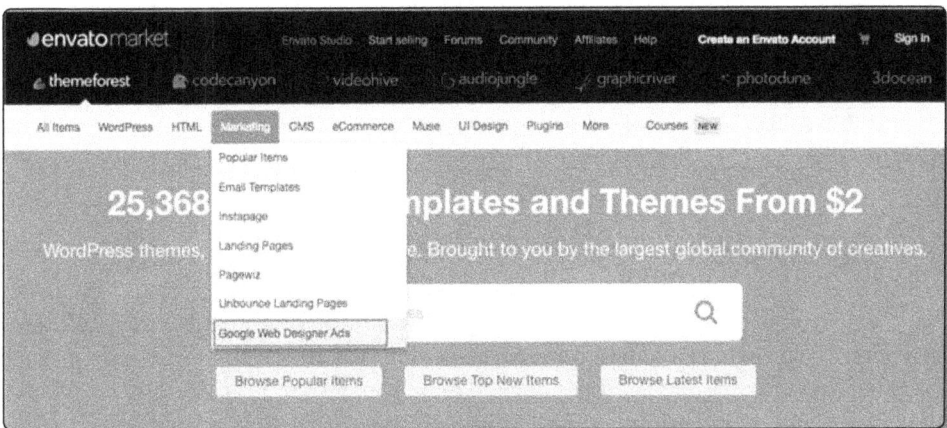

Figura 8.57

Aquí encontraremos un buen número de plantillas de *banners* HTML5 divididos por categorías con sets de diferentes tamaños y lo único que tenemos que hacer es comprar el que más nos guste y abrirlos con el Google Web Designer. Luego lo editamos con nuestros textos e imágenes y ya tenemos un *banner* profesional. Luego los subimos como anuncios en nuestras campañas de *display*.

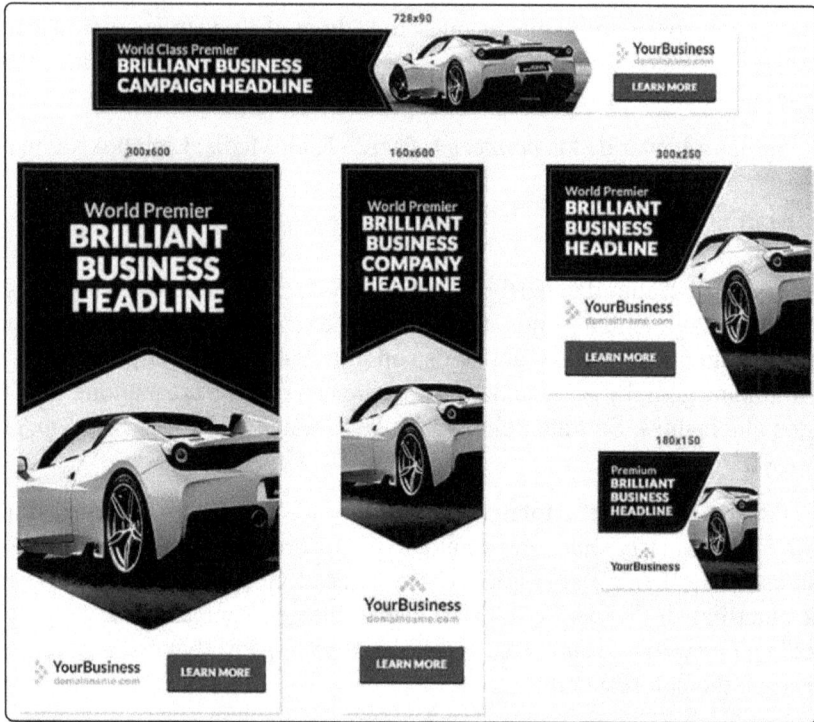

Figura 8.58

Ya no hay excusa para tener una buena batería de *banners* perfectos y listos para tus campañas de *display*.

8.16.2 Rich Media & Lightbox

Los anuncios Rich Media son aquellos que nos permiten crear algo más que una imagen atractiva, nos ofrecen la posibilidad de crear un anuncio con el que nuestros usuarios puedan interactuar. Algunos ejemplos de anuncios Rich Media incluyen *banners* con juegos donde el usuario puede mover el ratón, *banners* con carrusel de productos, *banners* con vídeo, imágenes, etc.

Puedes echar un vistazo a ejemplos de este tipo de *banners* en esta web de Google, donde hay una estupenda galería de las nuevas creatividades que se están utilizando en la red de Google: *http://www.richmediagallery.com/gallery*

Nosotros nos vamos a quedar con un ejemplo magnífico de *banner* Rich Media que podemos crear desde el creador de anuncios de *display* en apenas unos minutos: el Lightbox.

Este tipo de anuncio es muy utilizado por su capacidad para llamar la atención del usuario y porque son interactivos, seguro que te has encontrado con alguno de ellos, en el que al pasar el ratón por un *banner* normal, la pantalla se ensombrece y aparece una versión más grande y dinámica de nuestro *banner*.

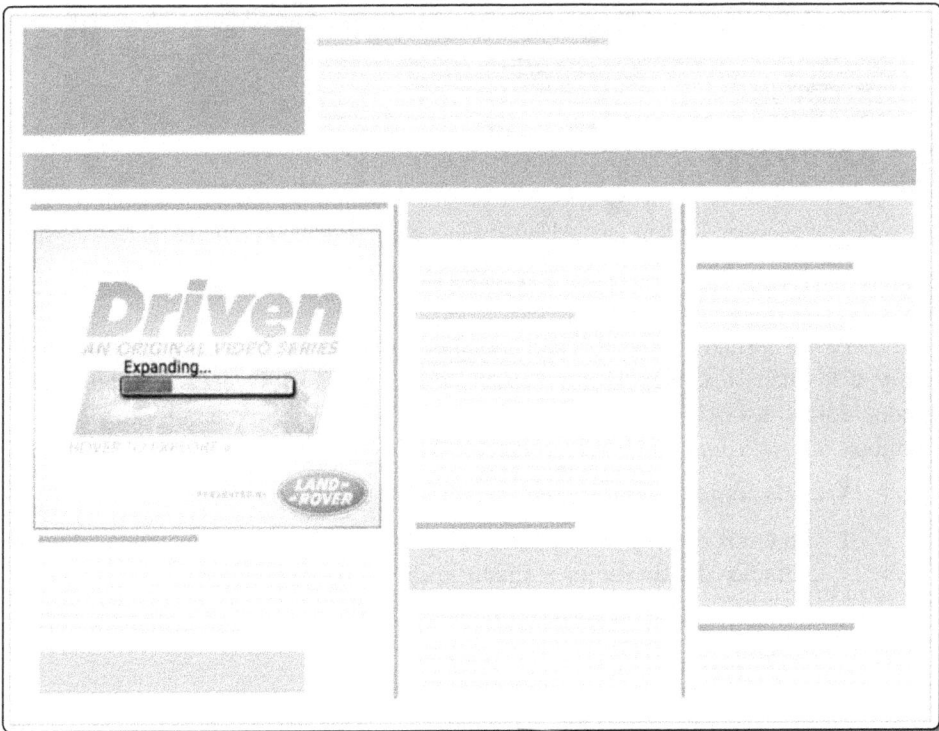

Figura 8.59

Como puedes ver en la imagen hay un *banner* de 300x250 píxeles que empieza a cargarse cuando pasamos el ratón por encima. A continuación nos muestra una creatividad más grande con varios vídeos.

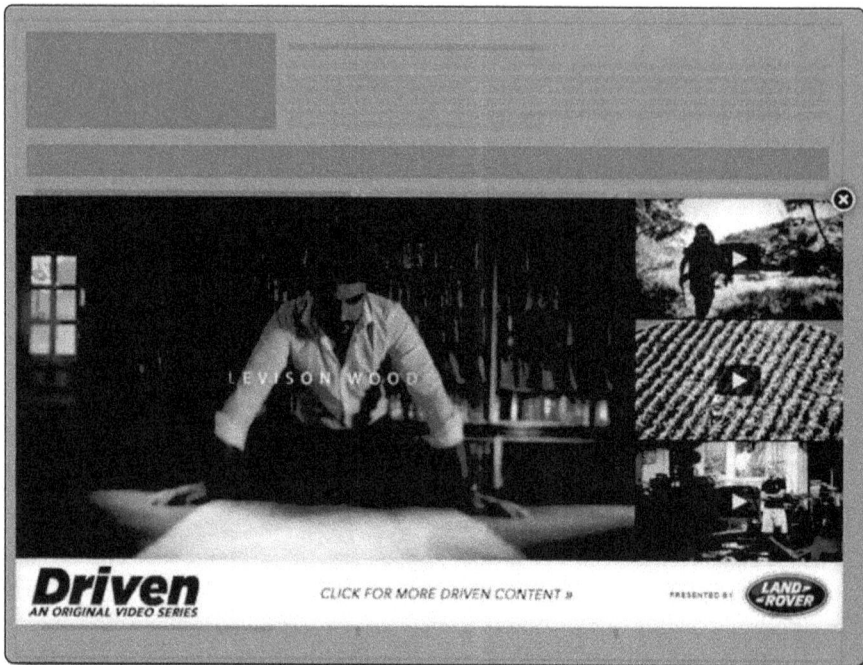

Figura 8.60

Es un formato muy utilizado por las productoras de cine para mostrar su *teaser* a los usuarios cuando interactúan con el *banner*. A veces las palabras se quedan cortas, así que mira este vídeo para ver las posibilidades de los anuncios Lightbox: *https://youtu.be/YHvR3NbeAlY*

Veamos cómo podemos crear un anuncio Lightbox en Adwords:

1. Tenemos que tener una campaña para la Red de Display y un grupo de anuncios donde vamos a añadir los anuncios.

2. A continuación creamos un nuevo anuncio en el creador de anuncios de *display*:

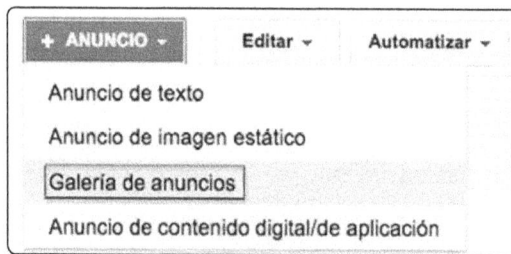

Figura 8.61

3. Seleccionamos la plantilla Lightbox.

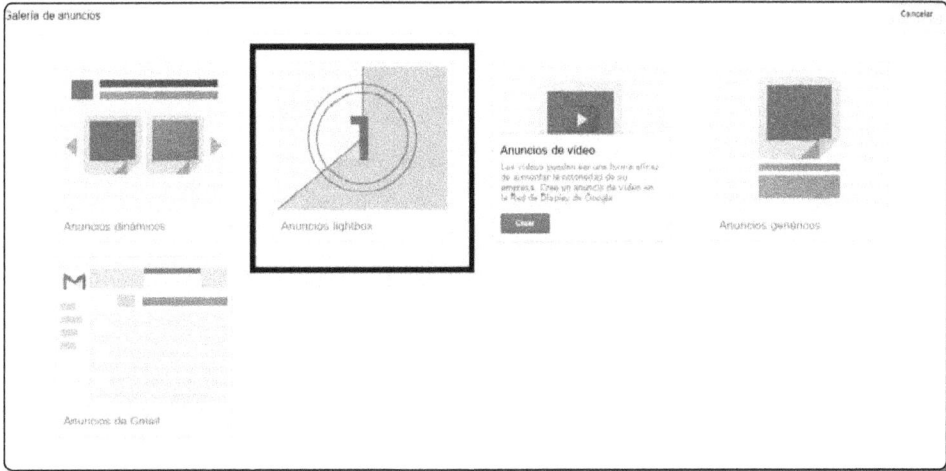

Figura 8.62

4. Ahora Adwords nos enseña diferentes plantillas para los anuncios Lightbox, podemos elegir entre:

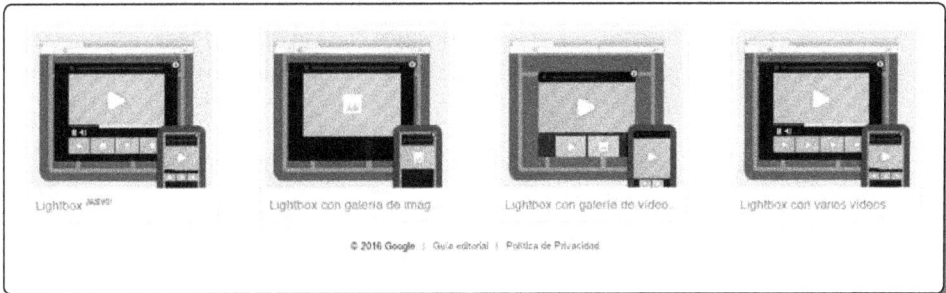

Figura 8.63

- Lightbox: nos lleva a un asistente fácil para crear y subir nuestras imágenes, vídeos, etc.

- Lightbox con galería de imágenes.

- Lightbox con galería de vídeo e imágenes.

- Lightbox con varios vídeos.

5. Cuando elegimos la que más nos interesa entramos en el creador de anuncios y comenzamos a engendrar nuestro súper anuncio. Si no tienes ningún vídeo listo para esto, comienza con una galería de imágenes.

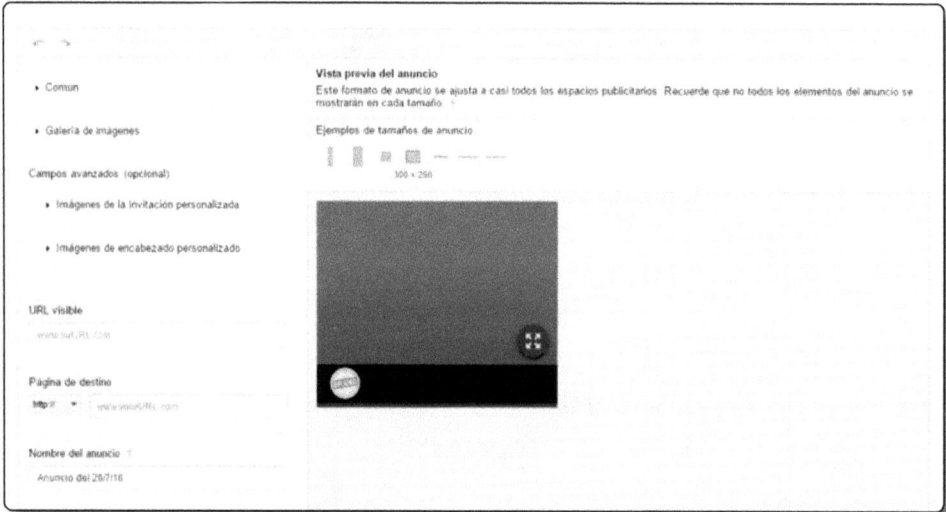

Figura 8.64

Empieza por los desplegables a rellenar todas las opciones, logo, colores del diseño, fuentes de texto, mensajes, botón de llamada a la acción, etc. A continuación en galería de imágenes, podremos subir hasta diez imágenes con títulos y subtítulos y la URL de tu web destino.

6. Guardamos y ya tenemos nuestro anuncio Lightbox listo y añadido a nuestro grupo de anuncios.

En fin, podemos crear un anuncio interactivo en apenas unos minutos, y eso es genial. Empieza a crear los tuyos, se pasa un buen rato y puedes dar con un *banner* magnífico.

Algo importante a tener en cuenta es el tipo de coste para este tipo de anuncios, ya que no es CPC, sino CPE, o *Cost Per Engagement*, que se nos cobrará al mantener al menos dos segundos el ratón en el anuncio. Google dice que esto asegura conectar con los usuarios más interesados, en cualquier caso, tenlo en cuenta y quizás sería interesante utilizar estos *banners* en campañas por impresiones CPM, para evitar que nuestro presupuesto se esfume.

8.16.3 Anuncios de Gmail (Gmail Ads)

Nos encontramos aquí con una nueva e ingeniosa fórmula de Google para llegar a nuestra audiencia ideal, los anuncios de Gmail. Estos nos van a permitir entrar en la bandeja de entrada de nuestros clientes potenciales, cosa bastante interesante.

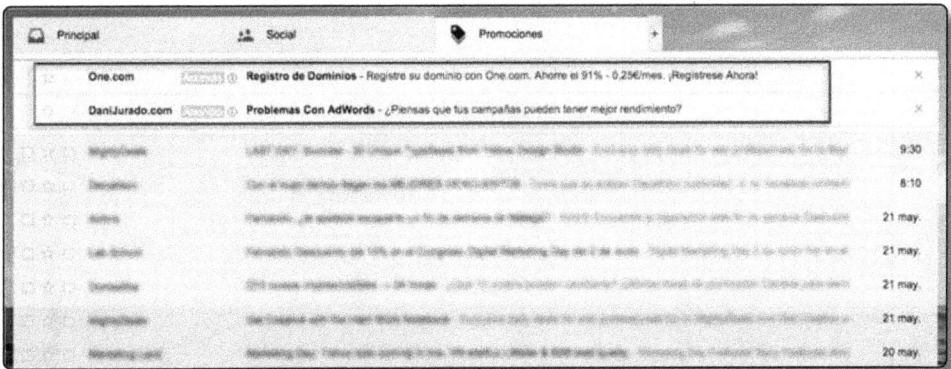

Figura 8.65

Podrás encontrar estos anuncios en la pestaña "Promociones" de tu cuenta de correo Gmail. La posibilidad de poder poner tus anuncios en el correo de tus clientes potenciales es algo único, además ten en cuenta que Gmail es el correo más utilizado mundialmente por sus prestaciones y capacidad de almacenamiento.

Podemos crear fácilmente un anuncio para Gmail con fotos y vídeos que se mostrarán en cuanto el usuario abra el correo. Una de las mejores ventajas es sin duda la segmentación, ya que podremos llegar a clientes potenciales gracias a sus costumbres debido a los correos que reciben periódicamente.

Podremos segmentar nuestras campañas de Gmail por datos demográficos como sexo, edad, localización, palabras clave e intereses. Algo totalmente sorprendente es que podremos utilizar como palabras clave los dominios de nuestra competencia. Si lo piensas bien, es una muy buena idea para segmentar nuestro público, por ejemplo, si queremos que nuestras campañas de Gmail lleguen a una audiencia que recibe *emails* de ciertas marcas que pueden ser nuestra competencia directa. Por ejemplo, si tenemos una tienda de deportes, quizás nuestros clientes potenciales pueden recibir emails de marcas como Nike, Adidas, o de otras tiendas de deportes más conocidas.

8.17 CÓMO CREAMOS UN ANUNCIO DE GMAIL

Lo primero es tener o crear una campaña de *display* y a continuación crearemos un nuevo anuncio en el creador de *display* pulsando "+ Anuncio" >> "Galería de Anuncios".

Accedemos a las plantillas disponibles y elegimos "Anuncios de Gmail".

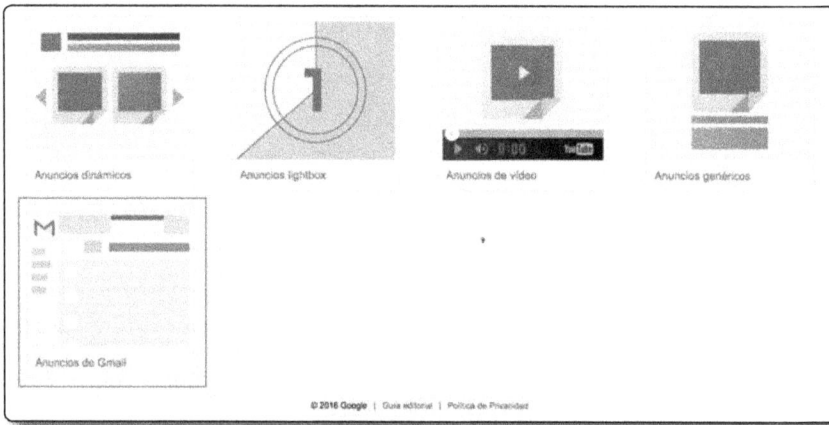

Figura 8.66

Desde ahí Adwords nos ofrece varias plantillas para escoger el tipo de email que queremos enviar, podemos elegir entre una sola imagen, imagen y texto y otras combinaciones con *feeds* de productos y HTML. Incluso podremos añadir plantillas en HTML con formularios.

Esta vez te recomiendo la plantilla de imagen con texto, ya que es más fácil e interesante y nos da la oportunidad de crear un texto de venta y añadir una imagen o un vídeo, como verás en el ejemplo.

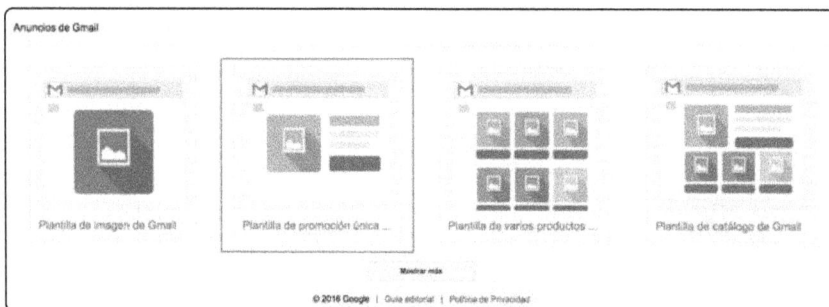

Figura 8.67

Una vez elegida la plantilla, entramos en el creador de anuncios, es igual al que ya hemos visto con otros *banners*, pero con diferentes campos y opciones.

Este es el anuncio que hemos hecho en apenas un minuto:

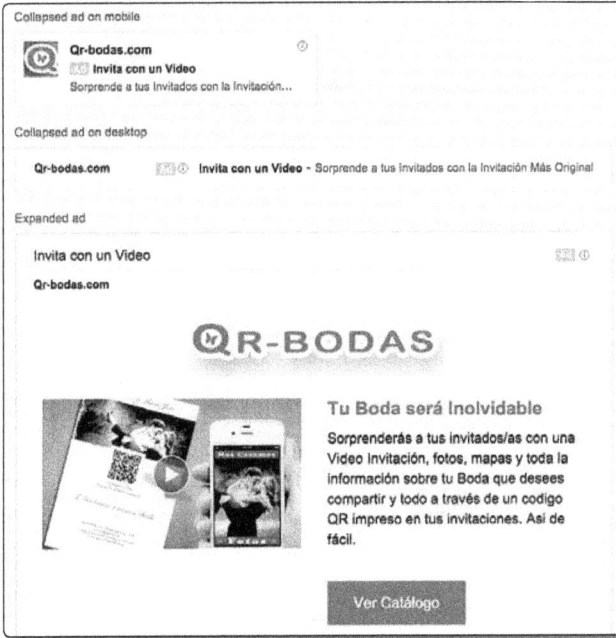

Figura 8.68

En la vista previa podemos ver como se muestra el anuncio en móviles y en un ordenador, además del anuncio completo.

8.17.1 ¿Cómo lo hemos hecho?

1. Añadimos nuestra URL visible y página destino.

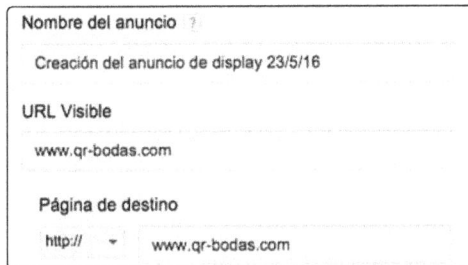

Figura 8.69

2. Luego podemos añadir un logo que se verá en el anuncio para móviles, el "Anunciante", el "Asunto" del *email* y una breve descripción. Aquí cabe notar la importancia del "Asunto", ya que se trata del texto que puede hacer que un usuario abra el *email* o no.

Figura 8.70

3. A continuación, podemos añadir una imagen o un vídeo como hemos hecho en este ejemplo. Luego añadimos un título, un texto que invite al usuario y hable sobre las ventajas de nuestro producto / servicio. También es muy interesante usar el botón de llamada a la acción con un texto atractivo.

Figura 8.71

4. Por último, podemos añadir si lo deseamos una imagen de encabezado al *email* en la personalización avanzada, en este ejemplo, hemos elegido el logotipo de la marca.

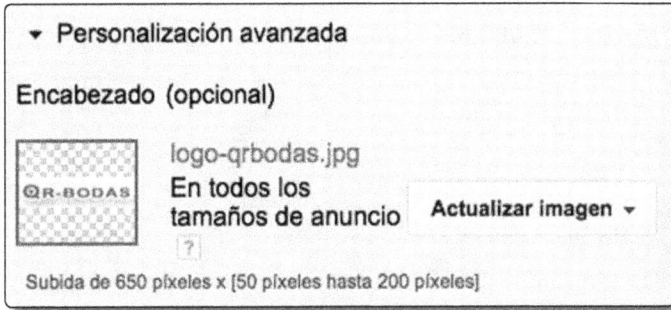

Figura 8.72

5. Guardamos nuestro anuncio y listo, ya tenemos un anuncio ideal para enviar a nuestros clientes potenciales directamente a su bandeja de entrada.

Ahora de lo único que nos tenemos que preocupar es de elegir a la audiencia perfecta para nuestros anuncios. Para estos anuncios de Gmail, las palabras clave son la segmentación ideal, porque nos permite concretar palabras y dominios de los *emails* que recibe nuestro cliente potencial. Por ejemplo, si somos una marca de deportes, podemos utilizar marcas como Nike, Adidas, puma como palabras clave.

Podemos hacer una investigación de palabras clave teniendo en cuenta:

▶ Competencia directa (Nike, Adidas, Puma, etc.).
▶ Revistas o magazines del sector (Sports, Runners, Menshealth, etc.).
▶ Competencia indirecta (páginas o blogs relacionados).

La idea es descubrir qué *emails* están recibiendo nuestros clientes potenciales para usar esto en nuestras palabras clave.

Por supuesto nos podemos ayudar con el "Planificador" de la Red de Display utilizando ideas o las páginas web de la competencia para obtener un buen listado de sitios que utilizaremos como palabras clave.

En nuestro anuncio ejemplo sobre invitaciones de boda, veamos lo que podemos encontrar en el planificador:

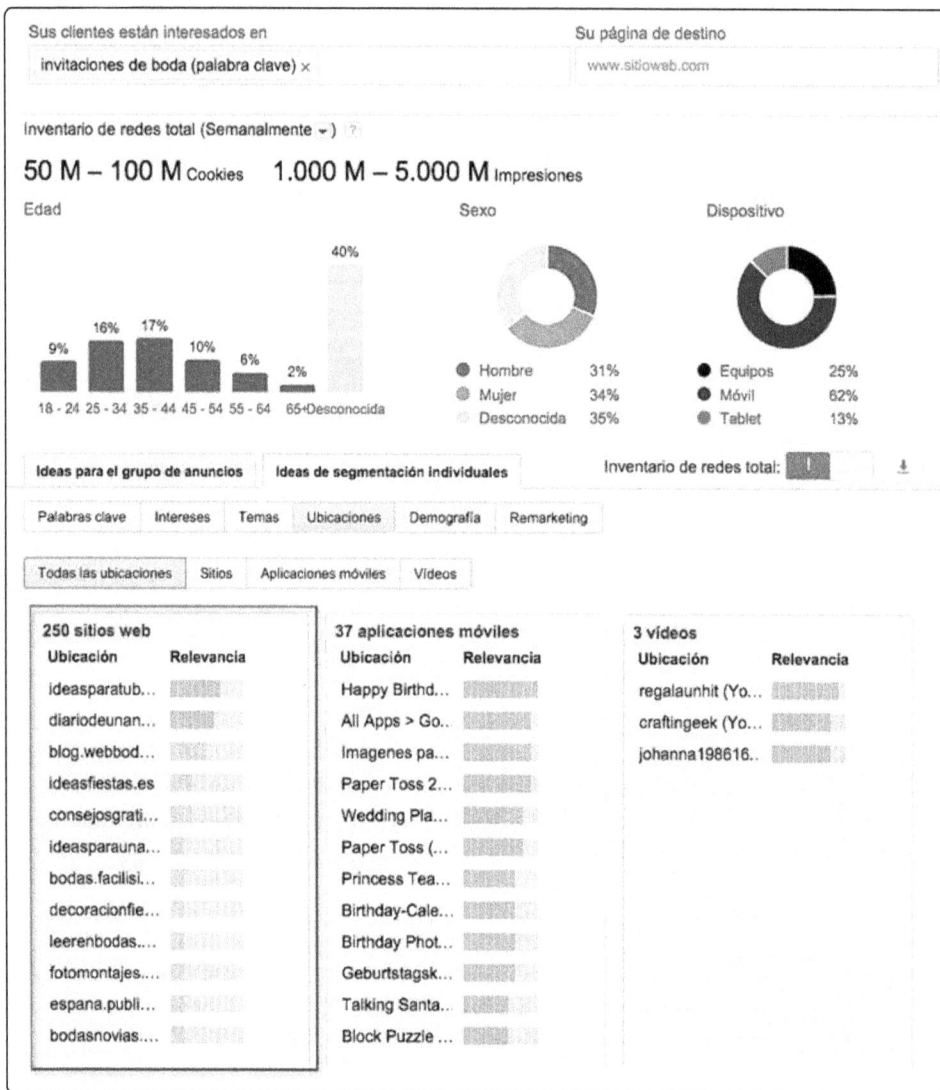

Figura 8.73

Aquí podemos empezar viendo información muy valiosa sobre edades y sexo de nuestros clientes potenciales y por supuesto un buen montón de sitios web disponibles para usar como *keywords*. Tenlo bien en cuenta, en este caso las ubicaciones serán palabras clave y no sitios web en donde aparecen nuestros anuncios.

La única ubicación que debemos configurar en nuestro grupo de anuncios de Gmail es: *mail.google.com*

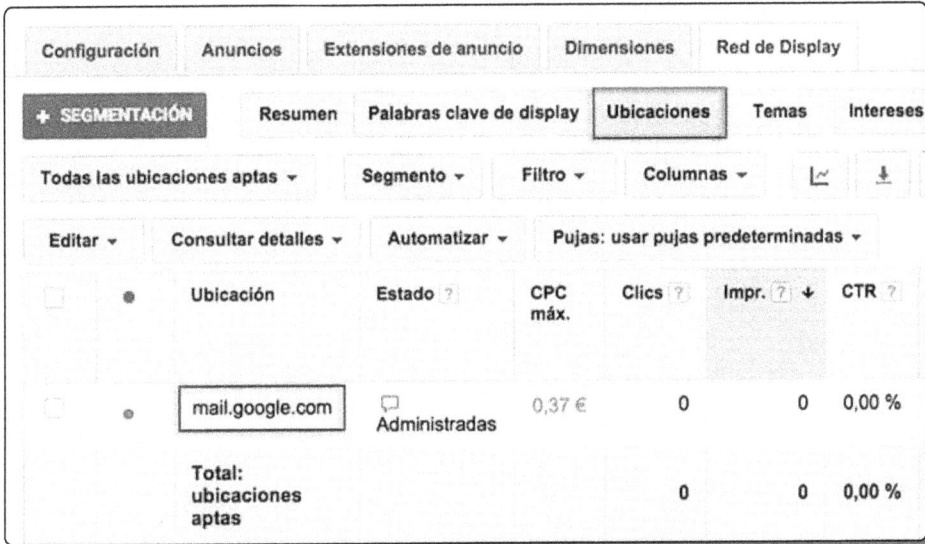

Figura 8.74

Bien ya has visto todo lo que nos ofrece el creador de anuncios y la Red de Display de Adwords, una utilidad que aumenta sus opciones cada día.

Es la hora de que tú mismo empieces a investigar los diferentes tipos de anuncios disponibles en la Red de Display y a crear tus campañas. No te olvides del "Planificador de *display*", te ayudará bastante y te ahorrará tiempo.

Ahora vamos a continuar con algo que vamos a necesitar para controlar el rendimiento de nuestras campañas: las conversiones.

9

CONVERSIONES

Ha llegado el momento de que hagamos números, saquemos la calculadora y empecemos a ver cuánto nos está aportando cada clic y cuánto nos puede llegar a costar un cliente.

Seguro que te suena el término ROI (*Return Of Investment*), de hecho estamos aquí precisamente por eso. Todos queremos tener una publicidad lo más rentable posible.

Hasta ahora hemos visto métricas como las impresiones, los clics y CTR de nuestros anuncios que nos ofrecen una información muy valiosa pero, ¿dónde está nuestro beneficio?

¿Cómo podríamos saber qué grupo de anuncios o palabras clave nos traen más ventas?

¿Cómo podemos saber cuánto nos cuesta en total un cliente? ¿Cuál es nuestro beneficio? Y lo más importante, ¿es rentable nuestro trabajo en Adwords?

No sería la primera vez que ocurre algo como esto:

"Álex tiene una tienda online de zapatillas y no duda en comenzar sus campañas en Google Adwords, tiene muy claro que es el sitio indicado para llegar a sus clientes potenciales.

Al poco tiempo, todo empieza a ir como la seda, los pedidos llegan todos los días y las ventas suben cada semana. Álex es feliz.

Pero entonces llegó el extracto de ventas de su cuenta bancaria y lo comparó con su facturación en Google Adwords y ¡sorpresa! Álex estaba perdiendo dinero y bastante.

Aunque cada día se hacían ventas desde su tienda online gracias a los anuncios de Adwords, Álex no se había dado cuenta de que sus costes por *clic*, le estaban haciendo un flaco favor a sus beneficios.

Álex necesitaba tener más control de sus costes y para ello precisaba saber cuánto le costaba cada cliente y hasta cuánto podría pagar por cada *clic*, para obtener beneficios."

Álex, este libro y este capítulo están dedicados a ti.

Si no queremos que nos pase lo mismo que a Álex, debemos empezar a añadir una nueva métrica fundamental en nuestro proceso publicitario: las conversiones.

9.1 ¿QUÉ ES UNA CONVERSIÓN?

Lo primero de todo es definir muy bien que es una conversión para nuestro proceso publicitario.

Una conversión será la acción que realice un usuario en nuestro sitio web o anuncio, que nos interesa registrar. Como una venta, un formulario, una subscripción, una llamada, una descarga, etc.

Supongamos que eres un entrenador personal y has creado una campaña en Adwords para captar gente interesada en contratar tus servicios de personal *trainer*. Para ello has creado una *landing* con un formulario de contacto en el que ofreces la primera clase gratis.

Cada vez que algún usuario rellene tu formulario de contacto, se registrará una conversión, ya que se trata de un cliente potencial para ti. En la web también aparece un número de teléfono, así que también sería deseable contar como conversiones las llamadas recibidas desde tu *landing*.

En el caso de una tienda *online*, se registrará una conversión cada vez que se realice una compra. Esto es básico para un *e-commerce*.

Deberemos registrar nuestras conversiones en función de nuestros objetivos publicitarios en cada una de nuestras campañas. Esto nos dará la ventaja que necesitamos para mejorar el rendimiento de nuestra publicidad.

Al comenzar a registrar nuestras conversiones, empezamos a ver una métrica de nuestros datos reales. Hasta ahora solo sabíamos cuánto nos costaba un clic, ahora, gracias a las conversiones, sabemos cuántos clics nos ha costado un cliente.

Tenemos la necesidad y la obligación de medir detalladamente nuestra campaña de manera que podamos ver el retorno de nuestro gasto en clics. Al medir nuestras conversiones tendremos una información imprescindible sobre nuestros anuncios y palabras clave y su rendimiento, pero además, con estos datos, podremos tomar medidas y optimizar nuestras campañas para que puedan llegar a ser mucho más rentables. ¡Esta es la idea!

Saber qué palabras clave convierten los clics en clientes y cuáles no, es una información impagable. ¿No crees? En el caso de tener una campaña en la Red de Display es mucho más efectivo conocer qué ubicaciones nos proporcionan clientes para enfocarnos en esas y eliminar las que no convierten. Con esta información sería como estar en el casino jugando a la ruleta y saber qué números van a salir en la próxima tirada.

Creo que ha quedado claro, para qué vamos a utilizar las conversiones, pero si te queda alguna duda, déjame que te muestre un buen ejemplo de cómo los datos de conversión, pueden alumbrar de una manera totalmente diferente nuestras campañas:

Palabra clave	Impresiones	Clics	CTR	CPC	Coste
"rosas domicilio"	1000	50	5%	0,50€	25€
"comprar rosas"	2000	30	1,5%	1,00€	30€

Informe de palabras clave sin datos de conversión

Si observamos esta tabla, vemos que nuestro anuncio con la palabra clave "rosas domicilio" es el que apunta más alto como ganador, ya que con menos impresiones, hemos conseguido más clics, un mejor CTR y un coste menor. Veamos ahora qué ocurre cuando desvelamos los datos de conversión:

Palabra clave	Coste	Conversiones	Coste/conv.	% Conversiones	Beneficio
"rosas domicilio"	25€	5	5€	10%	5€
"comprar rosas"	30€	10	3€	33%	7€

Informes de palabras clave con datos de conversión

¡Menuda sorpresa!, al observar las conversiones, nos ha cambiado totalmente la perspectiva de nuestra publicidad, ahora resulta que la palabra clave más rentable es "comprar rosas". Esto nos indica la importancia de tener esta métrica en nuestros informes.

9.1.1 Objetivos de marketing

Ahora es el mejor momento para ponerte a definir tus objetivos publicitarios de una manera más responsable, para poder ponerlos a funcionar en tus campañas de Google y gracias al seguimiento de conversiones podremos ver si se están consiguiendo o no. Tus objetivos de *marketing* pueden ser varios, como por ejemplo, vender diez productos a la semana, recibir más peticiones por formulario en tu web, recibir más llamadas, etc.

Podremos tener definidos tantos objetivos como queramos y podremos hacer el seguimiento de todos en Adwords, ya que podemos crear múltiples conversiones.

9.2 CÓDIGO DE CONVERSIÓN

Para implementar el seguimiento de las conversiones, debemos incluir un código que nos dará Google Adwords en nuestro sitio web, ya que es ahí donde nuestros usuarios están realizando la acción que queremos contabilizar. Dónde debemos insertarlo irá en función del tipo de conversión que queramos registrar. Veamos los tipos disponibles.

Primero accederemos a la opción "Conversiones" en "Herramientas" del menú principal.

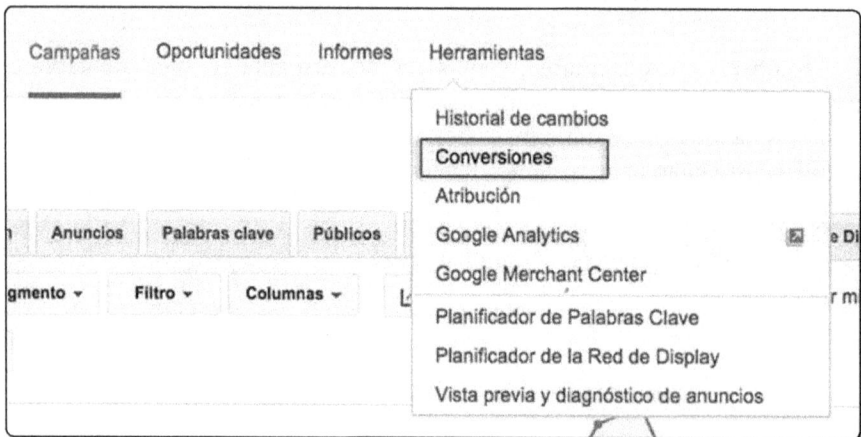

Figura 9.0

9.3 TIPOS DE CONVERSIONES

Actualmente tenemos disponibles cuatro tipos de conversiones en Adwords, hace apenas unos años sólo disponíamos de uno. El móvil lo ha cambiado todo ya que como verás a continuación, hay dos tipos de conversiones para dispositivos móviles.

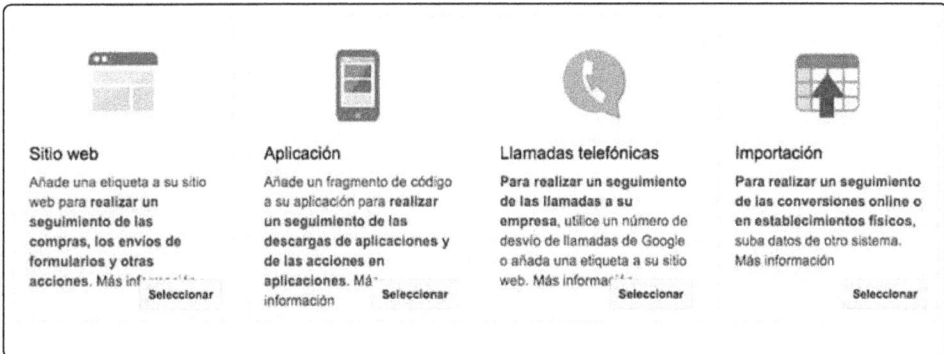

Sitio web

Añade una etiqueta a su sitio web para realizar un seguimiento de las compras, los envíos de formularios y otras acciones. Más inf······ ···
Seleccionar

Aplicación

Añade un fragmento de código a su aplicación para realizar un seguimiento de las descargas de aplicaciones y de las acciones en aplicaciones. Má··
información   Seleccionar

Llamadas telefónicas

Para realizar un seguimiento de las llamadas a su empresa, utilice un número de desvío de llamadas de Google o añada una etiqueta a su sitio web. Más informar·'·
Seleccionar

Importación

Para realizar un seguimiento de las conversiones online o en establecimientos físicos, suba datos de otro sistema.
Más información
Seleccionar

Figura 9.1

Tenemos a nuestra disposición el seguimiento de conversiones en nuestro sitio web (el más popular), en una aplicación, en llamadas telefónicas y algo llamado importación para conversiones que se realizan offline o fuera de la web.

9.4 CONVERSIONES EN EL SITIO WEB

Son las que más vamos a utilizar y deberemos añadir la etiqueta de conversión en la página posterior a una compra, un formulario de contacto, una descarga, etc., es decir, la página de agradecimiento justo después de que el usuario ha realizado la acción que queremos registrar.

Para comenzar a crear el seguimiento en tu sitio web, seleccionamos este tipo y comenzamos la configuración de nuestra conversión:

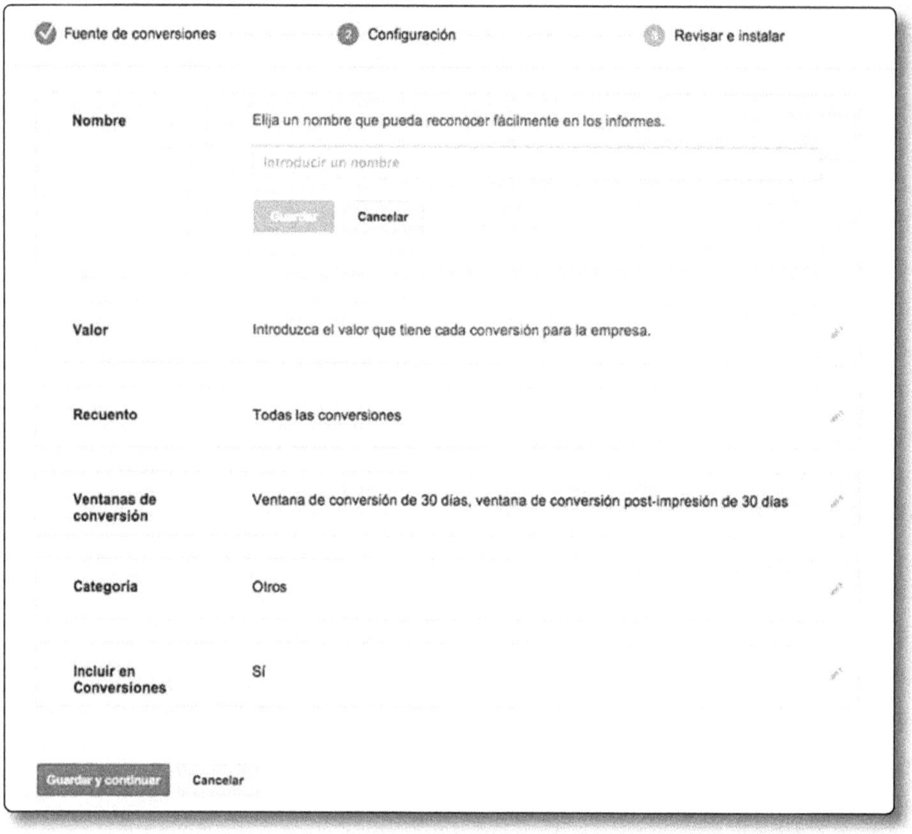

Figura 9.2

1. Primero, le daremos un nombre descriptivo a nuestra conversión, para que podamos identificarla más adelante.

2. Podemos introducir un valor si queremos, para hacer el seguimiento de nuestro retorno publicitario, por ejemplo, si cada conversión nos supone 15€ de beneficio, podremos ponerlo aquí y así podremos comprobar nuestros ingresos en los informes de Adwords.

3. Recuento de conversiones nos permite elegir cómo queremos contabilizar las conversiones. Tenemos dos opciones:

   • **Todas:** contabilizamos tantas conversiones como se realicen en nuestro sitio. Por ejemplo, si de un clic en nuestro anuncio un usuario hace tres compras, contabilizamos tres conversiones.

   • **Una:** el mismo ejemplo anterior solo contabiliza una conversión.

4. Ventana de conversión es el tiempo que vamos a poner como máximo para registrar la conversión desde que se hace el clic en nuestro anuncio. Treinta días está bien, aunque depende de nuestro plan publicitario.

5. La "Categoría" de conversión que más se ajuste a la nuestra.

6. Si que incluiremos los datos de conversión para que podamos ver los resultados en nuestros informes.

Una vez hemos rellenado este formulario le damos a guardar y continuamos con la instalación de la etiqueta que nos da Google Adwords.

Cómo instalar la etiqueta

Copie la etiqueta en el cuadro siguiente y péguela entre las etiquetas <body></body> de la página de la que quiere realizar el seguimiento. A continuación, puede utilizar el complemento Asistente para Etiquetas de Google en Chrome para asegurarse de que ha colocado la etiqueta correctamente.

› **Elija si quiere realizar el seguimiento de conversiones al cargar una página o al hacer clic.**

Etiqueta para TT

```
<!-- Google Code for TT Conversion Page -->
<script type="text/javascript">
/* <![CDATA[ */
var google_conversion_id = 980536199;
var google_conversion_language = "en";
var google_conversion_format = "3";
var google_conversion_color = "ffffff";
var google_conversion_label = "41E3CIbx9GYQh5fH0wM";
```

Guardar las instrucciones y la etiqueta   Enviar por correo electrónico las instrucciones y la etiqueta

Guardar

Figura 9.3

Le damos a guardar y a continuación deberemos insertar la etiqueta HTML en nuestro sitio web, en la página donde queramos realizar el seguimiento de conversiones. De esta manera Adwords ya podrá comenzar a contabilizar las conversiones y como nos anuncia el propio Adwords, empezaremos a ver datos de conversión el día después de que los usuarios hayan realizado alguna conversión.

9.5 CONVERSIONES EN APLICACIÓN

Este caso es para aquellos programadores que hagan su publicidad para dar a conocer sus *apps* Android o iOS o para empresas que quieran medir las descargas y uso de sus aplicaciones.

Figura 9.4

Puedes obtener más información sobre la configuración de estas conversiones aquí: *https://support.google.com/adwords/answer/6100665*

9.6 CONVERSIONES DE LLAMADAS TELEFÓNICAS

Otro método muy interesante que nos puede venir fenomenal para contabilizar las llamadas y conocer de primera mano qué anuncios y palabras clave nos generan más llamadas. Esto es algo que hace unos años no podía contabilizarse en Adwords. Ahora sí que podemos y debemos aprovecharlo.

Tenemos tres tipos de llamadas que podemos medir:

- Llamadas desde anuncios.
- Llamadas a un número en nuestro sitio web.
- Clics en el número que se muestra en nuestra web móvil.

No te preocupes si esto te parece un poco enrevesado, en realidad es muy fácil, solo debemos definir bien qué tipo de llamadas vamos a medir. Voy a explicarte cada una de ellas y cómo implementarlas.

9.6.1 Llamadas desde anuncios

Podremos realizar el seguimiento de las llamadas recibidas desde los anuncios con extensión de llamadas con números de desvío de Google o desde los anuncios de "solo llamada" (móvil) que veremos en el siguiente capítulo.

Es decir, si nuestro anuncio aparece en los resultados de Google con una extensión de llamadas con un número de desvío de Google, esta conversión registrará las llamadas recibidas. Sin que haya ningún clic.

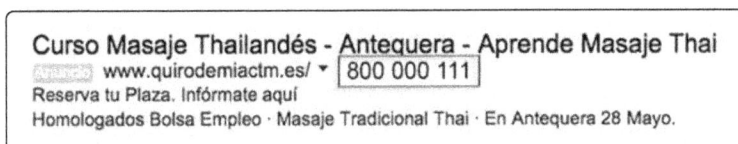

Curso Masaje Thailandés - Antequera - Aprende Masaje Thai
ANUNCIO www.quirodemiactm.es/ ▼ 800 000 111
Reserva tu Plaza. Infórmate aquí
Homologados Bolsa Empleo · Masaje Tradicional Thai · En Antequera 28 Mayo.

Figura 9.5

Para hacer el seguimiento de estas llamadas, nos vamos a "Conversiones" > "+ Conversión" > "Llamadas telefónicas" y aquí seleccionaremos **Llamadas desde anuncios mediante extensiones de llamada o anuncios de solo llamada.**

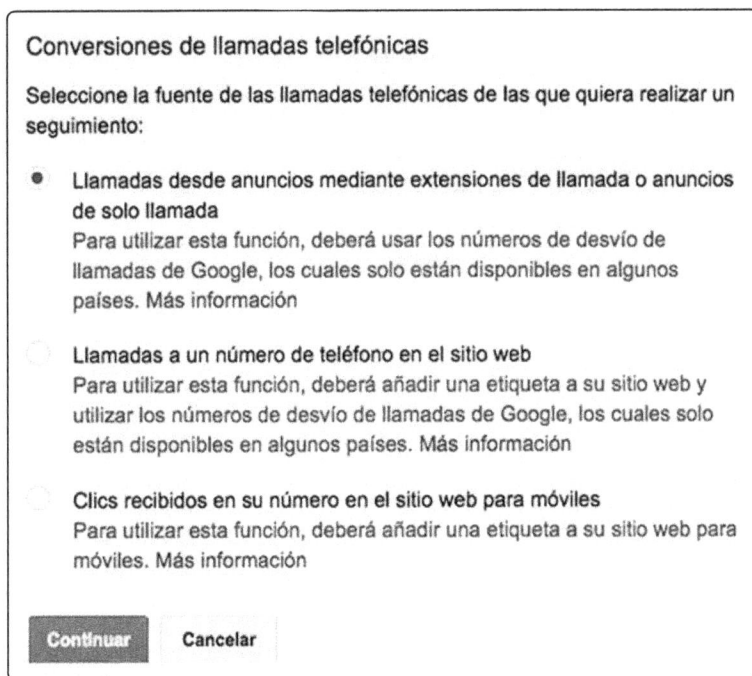

Conversiones de llamadas telefónicas

Seleccione la fuente de las llamadas telefónicas de las que quiera realizar un seguimiento:

● Llamadas desde anuncios mediante extensiones de llamada o anuncios de solo llamada
Para utilizar esta función, deberá usar los números de desvío de llamadas de Google, los cuales solo están disponibles en algunos países. Más información

○ Llamadas a un número de teléfono en el sitio web
Para utilizar esta función, deberá añadir una etiqueta a su sitio web y utilizar los números de desvío de llamadas de Google, los cuales solo están disponibles en algunos países. Más información

○ Clics recibidos en su número en el sitio web para móviles
Para utilizar esta función, deberá añadir una etiqueta a su sitio web para móviles. Más información

Continuar   Cancelar

Figura 9.7

Rellenaremos el formulario de la conversión igual que el anterior pero con un campo nuevo, la duración de la llamada. Aquí pondremos lo que estimamos nosotros que debe durar una llamada real y efectiva. Por ejemplo, 60 segundos.

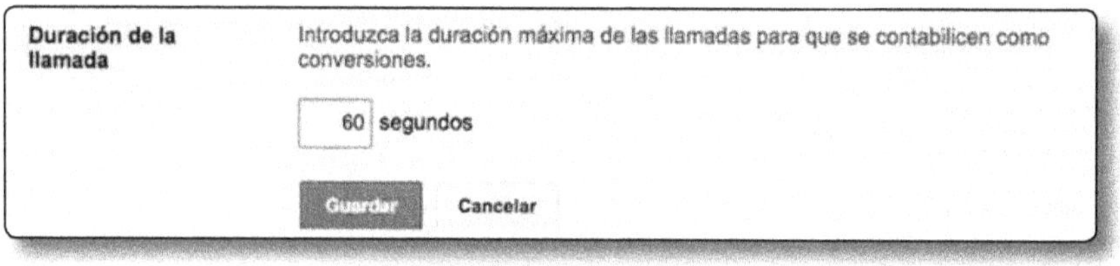

Duración de la llamada	Introduzca la duración máxima de las llamadas para que se contabilicen como conversiones.
	60 segundos
	Guardar Cancelar

Figura 9.8

A continuación guardamos nuestra conversión y nos dirigimos a las extensiones de llamada para crear la que queremos registrar o editarla, en caso de que ya tengamos creada una extensión de llamadas para el grupo de anuncios.

Como ya vimos en el capítulo 6, elegiremos un número de desvío de Google y utilizaremos informes de llamadas.

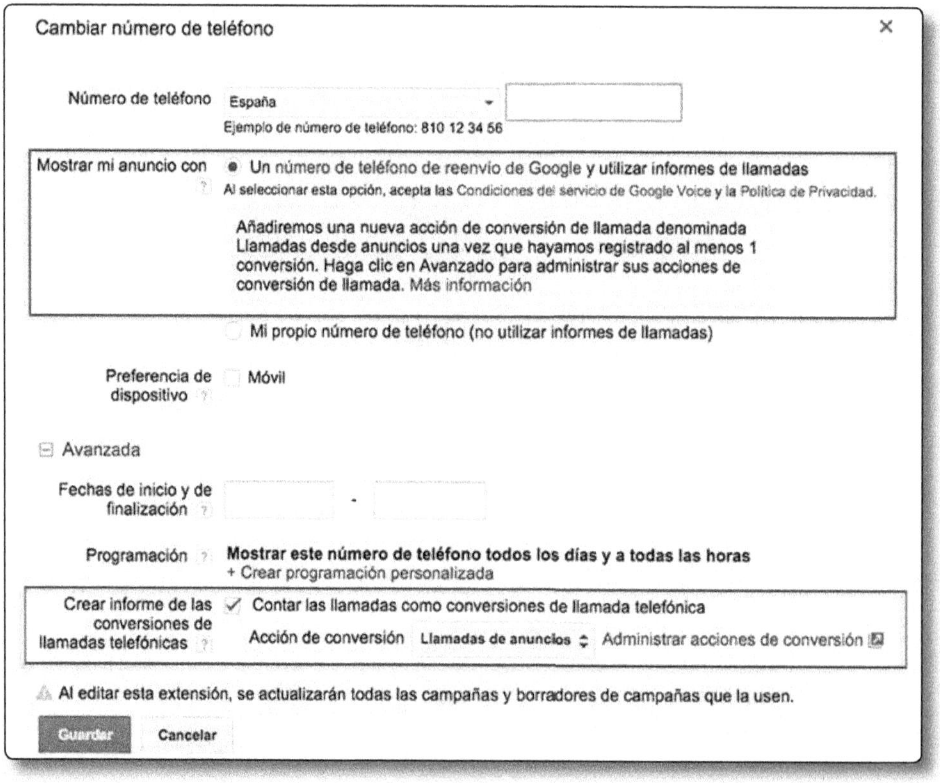

Cambiar número de teléfono   ✕

Número de teléfono   España   ▾   [   ]
Ejemplo de número de teléfono: 810 12 34 56

Mostrar mi anuncio con   ● Un número de teléfono de reenvío de Google y utilizar informes de llamadas
? Al seleccionar esta opción, acepta las Condiciones del servicio de Google Voice y la Política de Privacidad.

Añadiremos una nueva acción de conversión de llamada denominada Llamadas desde anuncios una vez que hayamos registrado al menos 1 conversión. Haga clic en Avanzado para administrar sus acciones de conversión de llamada. Más información

○ Mi propio número de teléfono (no utilizar informes de llamadas)

Preferencia de dispositivo ?   ○ Móvil

⊟ Avanzada

Fechas de inicio y de finalización ?   [   ] - [   ]

Programación ?   **Mostrar este número de teléfono todos los días y a todas las horas**
+ Crear programación personalizada

Crear informe de las conversiones de llamadas telefónicas ?   ✓ Contar las llamadas como conversiones de llamada telefónica
Acción de conversión Llamadas de anuncios ⇕ Administrar acciones de conversión ▣

⚠ Al editar esta extensión, se actualizarán todas las campañas y borradores de campañas que la usen.

Guardar Cancelar

Figura 9.9

Seleccionamos la acción de conversión que acabamos de crear y guardamos. Ahora ya tenemos nuestras llamadas listas para ser registradas como conversiones.

9.6.2 Seguimiento desde anuncios "Solo Llamadas"

Disponemos de la posibilidad de crear anuncios de solo llamada, es decir, que aparecen solo en móviles. Se trata de un anuncio orientado 100% a captar llamadas y que podemos crear en cualquiera de nuestros grupos de anuncios.

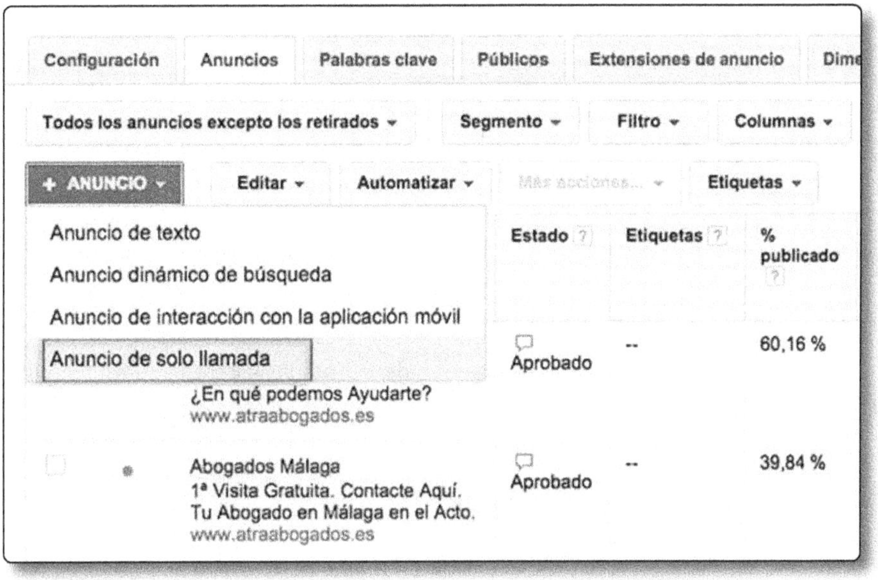

Figura 9.10

Las ventajas de este tipo de anuncios son obvias, vamos a pagar por llamadas, así que vamos a controlar el seguimiento para saber cuánto nos cuesta cada una. Para ello crearemos la conversión justo igual que la anterior y luego crearemos nuestro anuncio de solo llamada, activaremos la opción de número de desvío de Google y seleccionaremos la acción de conversión que acabamos de crear y guardamos.

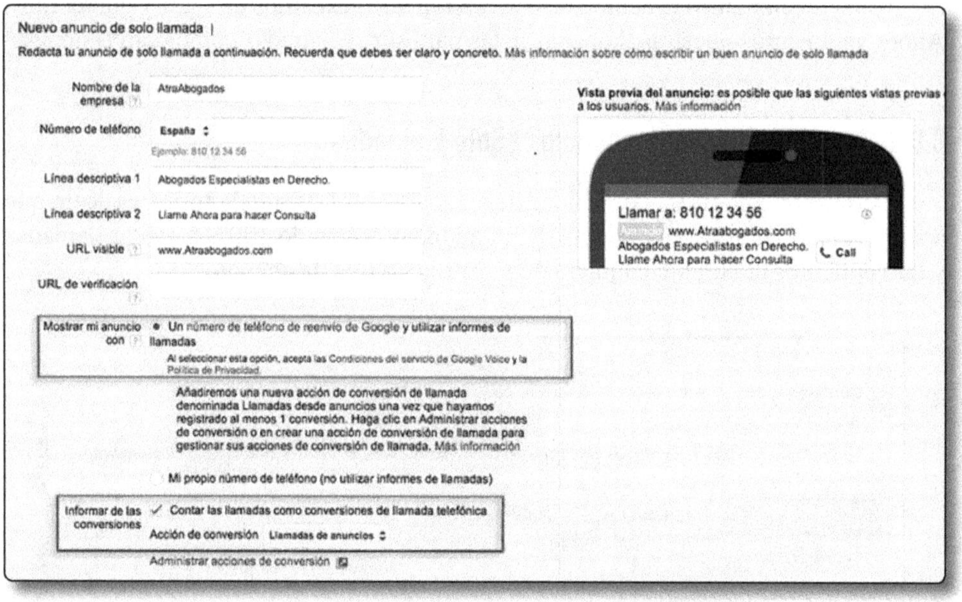

Figura 9.11

Algo interesante a notar en este tipo de anuncios es la redacción, ya que debe estar orientada a que nos llamen.

9.6.3 Seguimiento de llamadas desde tu página web

Este tipo de conversión es curiosa e interesante porque nos permite mostrar el número de desvío de Google en nuestro sitio web, cuando los usuarios han llegado a través de un anuncio de Adwords, de manera que podamos tener el registro de las llamadas que recibimos cuando los usuarios entran en nuestro sitio web y ven nuestro número de teléfono, que a partir de ahora, será el de Google.

Existen muchas empresas cuyo único modo de seguimiento son las llamadas desde su página web y esta es la respuesta de Google.

9.6.3.1 ¿CÓMO FUNCIONA?

Para hacer el seguimiento de estas llamadas, nos vamos a "Conversiones" > "+ Conversión" > "Llamadas telefónicas" y aquí seleccionaremos **Llamadas a un número de teléfono en el sitio web.**

Igual que las anteriores crearemos nuestra conversión y a continuación nos dará un código para insertar en nuestro sitio web justo en la web donde se muestra nuestro número de teléfono.

Luego añadiremos un fragmento de código Javascript donde aparece nuestro número de teléfono para que Google lo reemplace por el número de desvío.

Es un poco complejo de implementar si no tienes conocimientos técnicos de HTML, por lo que te recomiendo que lo supervise un *webmaster* o te pongas en contacto con el número de atención al cliente de Adwords. Una vez que tengamos esta conversión implementada, podremos ver las llamadas recibidas en nuestros informes.

9.6.4 Clics recibidos en su número en el sitio web para móviles

Este tipo de seguimiento lo que hace es registrar los clics que se hacen en nuestro sitio web móvil en nuestro número de teléfono, imágenes o botones. En este caso solo registraremos clics y ningún dato más de llamada, como en los anteriores.

Es decir, alguien accede a nuestro sitio web desde su móvil y ve un botón de "LLAMAR" hace clic para contactar con nosotros y registramos ese clic como una conversión. Así de simple.

9.6.4.1 ¿CÓMO FUNCIONA?

Para hacer el seguimiento de estos clics de llamadas, nos vamos a "Conversiones" > "+ Conversión" > Llamadas telefónicas y aquí seleccionaremos **Clics recibidos en su número en el sitio web para móviles.**

Creamos la conversión y obtendremos la etiqueta de seguimiento para incluirla en la página web que contiene el número de teléfono (el número de teléfono puede ser texto, imagen o botón).

A continuación añadiremos un fragmento de código donde se muestra nuestro teléfono con el *tracking* de la conversión de Adwords:

Un enlace de texto:

```
<body>
<!-- Sustituye el número por el tuyo y el texto "LLAMAR AHORA" por lo que desees incluir en el hiperenlace. -->
<a onclick="goog_report_conversion('tel:800-123-456')" href="#" >LLAMAR AHORA</a>
</body>
</html>
```

Una imagen:

```
<body>
<!-- Sustituye boton_telefono.gif por la imagen de tu botón y los números de teléfono por el tuyo-->
<img src="my_phone_button.gif" alt="Llamar: 800-123-4567" width="32" height="32" onClick="goog_report_conversion('tel:800-123-4567')"/>
</body>
```

Un botón:

```
<body>
<!-- Sustituye todos los botones de llamada de la página por el código que se muestra a continuación y los números de teléfono por el tuyo. -->
<button onclick="goog_report_conversion('tel:800-123-4567')">Llamar al 800-123-4567
</button>
</body>
```

Una vez que hayamos incluido los códigos en nuestro sitio web móvil, empezaremos a ver las conversiones en nuestros informes.

9.7 CONVERSIONES CON IMPORTACIÓN DE DATOS

El último tipo de conversión que nos queda por ver es la importación, y se trata de realizar el seguimiento de conversiones *offline*, es decir, que no se hacen en nuestro sitio web. Es algo que puede parecer engorroso de llevar a cabo ya que se trata de mezclar dos mundos y controlar lo que pasa entre ellos.

Ocurre que existen muchas empresas cuyos productos o servicios no se obtienen de inmediato, e incluso las ventas deben ser realizadas en persona o por teléfono. Como por ejemplo, seguros, inmuebles, coches, etc.

Este tipo de empresas utiliza Adwords para obtener *leads* o contactos potenciales, pero para realizar el seguimiento y las conversiones reales que se traducen en ventas, necesita un empujoncito y para eso tenemos este tipo de conversión tan pintoresca.

Lo que hace Adwords en este caso es activar lo que se llama el etiquetado automático para identificar cada clic que se hace en nuestros anuncios con un número identificador llamado GCLID.

Veamos con un ejemplo cómo funciona:

1. Un usuario ve nuestro anuncio de seguros del hogar en Google y hace clic.

2. Google añade el GCLID único al clic: *www.misitioweb.com/?gclid=123zcx*

3. Este mismo usuario rellena un formulario de contacto para recibir una llamada.

4. El GCLID se guarda con la información del usuario.

5. Un representante de ventas llama al usuario y cierra la venta.

6. El equipo de ventas rellena el informe semanal con los GCLID de las ventas.

7. Se importan estos datos a Adwords para comprobar el rendimiento.

Este último tipo de conversión requiere varios pasos y diferentes integraciones en nuestro proceso de venta.

Puedes encontrar más información sobre esta conversión aquí: *https://support.google.com/adwords/answer/2998031*

Ya hemos visto los cuatro tipos de conversiones que podemos utilizar en Adwords para conseguir tener el mejor seguimiento posible para los resultados de nuestros anuncios. ¿Cuáles utilizo yo habitualmente? Pues las conversiones en el sitio web y las de llamadas. Te animo a que las pruebes.

A partir de ahora tendremos que estar pendientes de nuevas métricas que aparecerán en nuestros informes de Adwords, también podemos mostrarlas desde la opción "columnas".

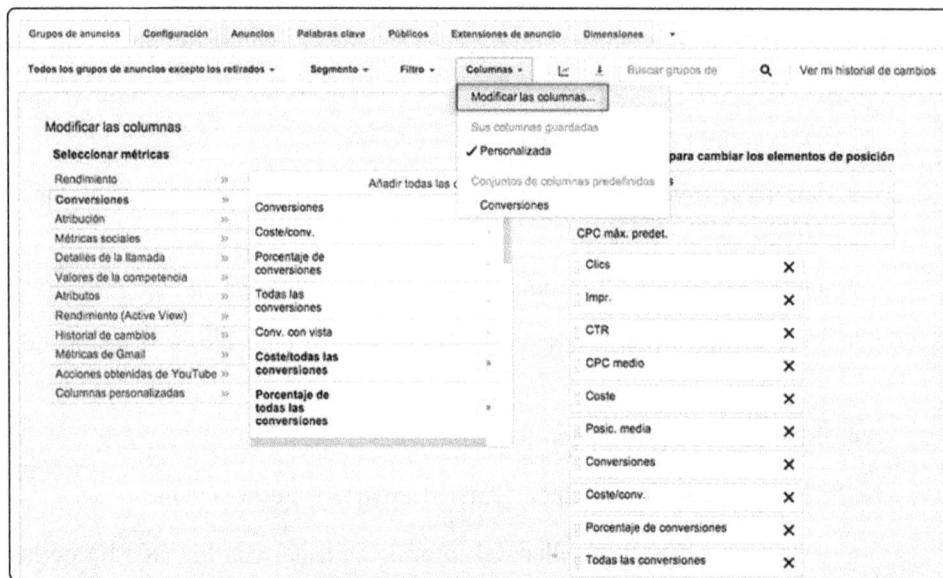

Figura 9.12

Podremos incluir las columnas de métricas de conversión como **Conversiones**, **Coste /conversión**, **Porcentaje de conversiones**, **Todas las conversiones** y muchas más, aunque con estas tenemos suficiente información para empezar.

Si hemos creado el seguimiento de conversiones, nuestros informes deben verse así:

Figura 9.13

En este caso estamos comprobando las conversiones totales por grupo de anuncios, pero podemos profundizar más y ver las conversiones por anuncios o palabras clave.

Después de que tengamos todo previsto para contabilizar nuestras conversiones en Google Adwords, desde su creación hasta la implementación en nuestro sitio web, es de máxima importancia que tengamos en cuenta ciertas buenas prácticas para obtener más conversiones.

9.8 BUENOS CONSEJOS PARA CONVERTIR A TUS VISITANTES EN CLIENTES FELICES

Ahora nuestro foco y esfuerzo se debe centrar en convertir, en lugar de adquirir simplemente tráfico o visitas, vamos a conseguir clientes, ¿de acuerdo? Estoy seguro que te parece muy bien. En cualquier caso, ¿para qué nos sirven 10.000 visitas al día, si obtenemos 0 conversiones?

Podemos hacer esto teniendo en cuenta algo de lo que ya hemos hablado y que no me importa repetir una y otra vez. A través de la redacción de nuestros anuncios y de nuestra *landing page*.

9.8.1 Anuncios que convierten

Nuestros anuncios son un puente entre lo que escribe nuestro usuario en Google y nuestra *landing*. Es decir, entre lo que "necesitan" y lo que le podemos ofrecer.

Saber en qué paso de su proceso de compra se encuentra nuestro usuario sería ideal para redactar el mensaje perfecto. Para ello debemos tener las palabras claves precisas y el anuncio perfecto.

Nuestro anuncio debe ser directo y la llamada a la acción que utilicemos es de vital importancia para informar al usuario de lo que tiene que hacer cuando llegue a nuestra *landing*.

- "Llámanos Ahora"
- "Reserva con un 50%"
- "Suscríbete con acceso VIP"
- "Date de alta y recibe…"
- "Ahórrate hasta un 75%"

9.8.2 Landing pages que convierten

Por descontado nuestra *Landing page* debe ser un reflejo perfecto de nuestro anuncio, para evitar que el usuario pierda el foco y el interés, cosa que puede ocurrir en segundos. Además, nuestra web debe estar lista y preparada para recibir a los clientes potenciales y convertirlos en clientes felices. Para ello debemos seguir los consejos que vimos en el capítulo 7 y algunos más como estos:

▶ **Fuera obstáculos.** Cuando un usuario llega a nuestra web debe encontrar lo que busca sin necesidad de hacer clics ni navegar por diferentes páginas. Algo importante es eliminar cualquier obstáculo a la hora de realizar una compra, como por ejemplo que tenga que rellenar tres formularios, volver atrás y logarse, y luego volver al carrito, etc. Este tipo de cosas arruina un *e-commerce*. El mejor ejemplo es Amazon, se puede hacer una compra en un solo clic.

▶ **Formularios cortos.** No hagamos perder el tiempo de nuestro usuario con formularios interminables. En el caso de que tengamos que hacerle rellenar un formulario con varios campos, deberemos informarle de lo que puede tardar, para que el usuario se sienta mejor.

▶ **Botones visibles y relevantes.** Nuestros botones y llamadas a la acción deben ser bien visibles y el texto debe invitar a nuestro cliente potencial.

▶ **Utiliza vídeos:** Esto aumenta exponencialmente las conversiones, hasta yo mismo, que no soy Brad Pitt, lo he podido comprobar. Mis *landings* con vídeos convierten mucho más.

▶ **Añade testimonios reales de tus clientes.** Esto es algo muy poderoso para convencer.

Ofrece la información necesaria para tu cliente potencial, que no se quede con ganas de más y que te pueda contactar en cualquier momento.

9.8.3 ¡A optimizar conversiones!

Adwords tiene una funcionalidad llamada anteriormente el optimizador de conversiones y que ahora se llama CPA objetivo, suena genial y puede ser un aliado estupendo para mejorar nuestro retorno.

Lo que hace exactamente es analizar el seguimiento de nuestras conversiones y nuestros datos de puja para llegar a adivinar la ubicación y el usuario perfectos para nuestro anuncio. Así trata de conseguirnos más clics rentables y evitarnos clics improductivos, es decir, clics sin conversión.

Para que se entienda un poco mejor, lo que Adwords es capaz de hacer es que nuestro anuncio se muestre con más frecuencia cuando detecte que hay posibilidades de convertir, ¿y cómo lo sabe Google?, ¿tiene una bola de cristal? Sí. Bueno, más o menos, predice un porcentaje de conversiones para nuestros anuncios, cada vez que se dan los requisitos para que pueda publicarse.

Las ventajas son evidentes: más conversiones a un coste igual o inferior al que hayamos seleccionado. Otra ventaja magnífica es el tiempo que nos ahorra en mantenimiento y control de nuestra campaña.

Para poner en marcha el optimizador, Adwords necesita información de al menos 15 conversiones, es decir, que nuestros anuncios deben estar funcionando y nuestra campaña debe estar en perfectas condiciones. Cuanto más tiempo tengamos activado el seguimiento de conversiones, mayor información tendrá Adwords para ayudarnos a optimizar.

Ten en cuenta que el CPA objetivo realiza estadísticas y predicciones con los datos de nuestra campaña, pero sobre todo de nuestras conversiones, por lo que es altamente recomendable que tengamos bastantes conversiones antes de poner a trabajar al optimizador.

9.8.4 ¿Cómo lo activamos?

Nos vamos a la pestaña "Configuración" de la campaña que queremos empezar a optimizar y en la opción de "Estrategia de puja" seleccionaremos **CPA objetivo**. Como vimos anteriormente en el capítulo de pujas, el Coste por Adquisición (CPA) es el tipo de puja adecuado para que Google nos ayude a obtener más conversiones.

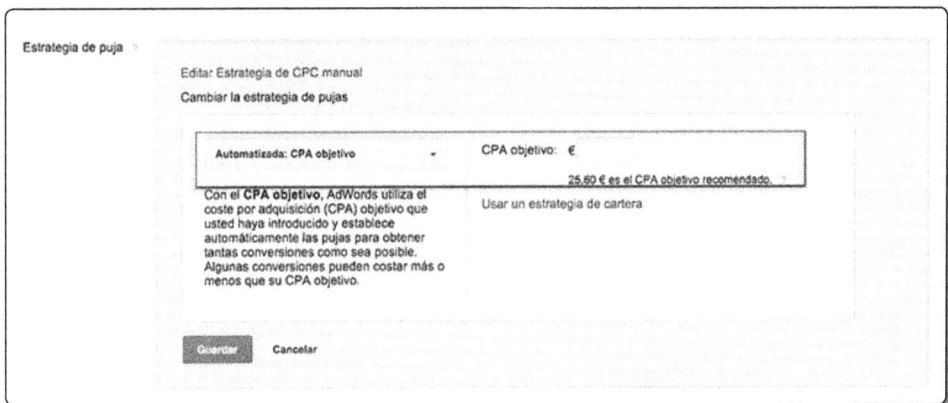

Estrategia de puja

Editar Estrategia de CPC manual

Cambiar la estrategia de pujas

Automatizada: CPA objetivo

CPA objetivo: €

25,60 € es el CPA objetivo recomendado.

Con el **CPA objetivo**, AdWords utiliza el coste por adquisición (CPA) objetivo que usted haya introducido y establece automáticamente las pujas para obtener tantas conversiones como sea posible. Algunas conversiones pueden costar más o menos que su CPA objetivo.

Usar un estrategia de cartera

Guardar   Cancelar

Figura 9.14

Si recuerdas el capítulo 6, hablamos sobre las estrategias de pujas automatizadas, y esta es una de ellas. Lo único que tenemos que hacer es establecer un CPA objetivo, aunque Google nos recomienda uno basado en los datos que ha obtenido de nuestra campaña durante las últimas semanas.

Ten en cuenta el CPA objetivo recomendado por Google para ajustar tu puja, no es una buena idea establecer un CPA poco real. Por ejemplo, si nos recomienda un CPA de 20€, no sería aceptable poner un CPA objetivo de 5€. El optimizador se basa en estadísticas de nuestras campañas y el historial de conversiones y desgraciadamente no hace milagros.

Para tener bien claro tu CPA objetivo, calcula hasta cuánto estás dispuesto a pagar por cada conversión.

Otra cosa importante a tener muy en cuenta, es que este tipo de optimización, se activa en toda la campaña, así que si solo queremos que afecte a un solo grupo de anuncios o palabra clave, lo que tenemos que hacer es seleccionar el grupo o las palabras clave y modificar la estrategia de pujas.

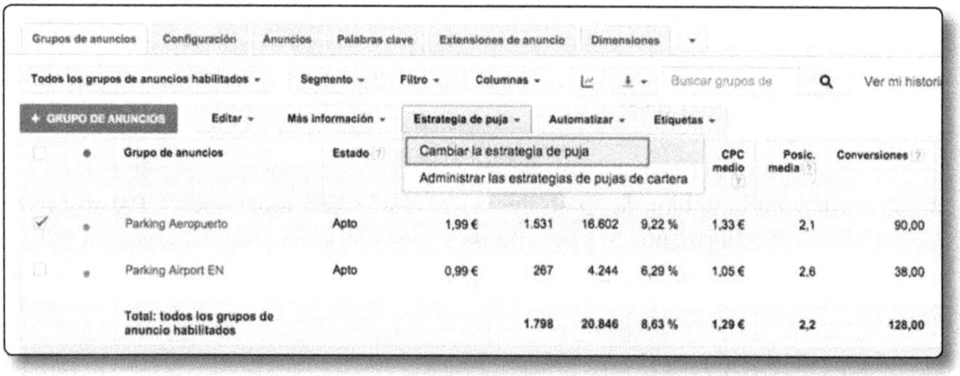

Figura 9.15

Como verás las estrategias de puja son bastante flexibles y podemos cambiarlas según nos convenga, teniendo en cuenta que los grandes cambios se hacen a nivel de campaña.

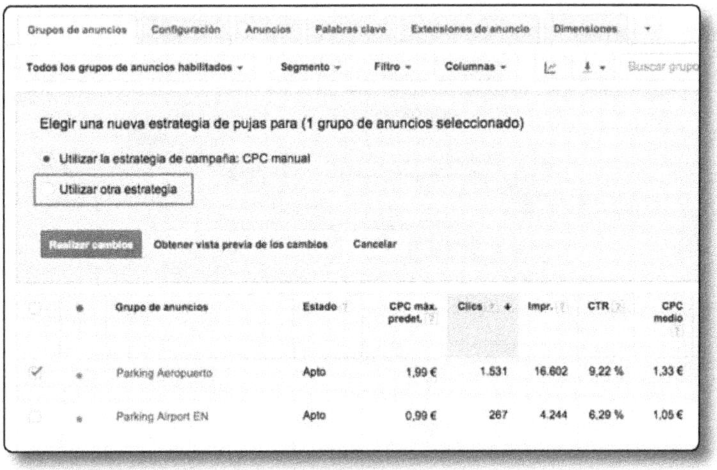

Figura 9.16

9.9 CPC MEJORADO (CPCM)

Si estamos utilizando una estrategia de pujas de CPC manual y queremos ver qué tal nos va con CPA objetivo, es decir, con el anteriormente llamado, optimizador de conversiones. Es una buena práctica activar antes el CPC mejorado para ver qué tal le va a Adwords incrementado nuestras conversiones.

Las diferencias entre el CPC mejorado y el CPA objetivo son:

▶ El CPC mejorado permite a Adwords aumentar hasta un 30% nuestras pujas para conseguir más conversiones.

▶ El CPA objetivo permite que Adwords tome el control de las pujas en la campaña para conseguir el objetivo de coste por adquisición. Nosotros solo podemos sugerir el CPA máximo.

▶ El CPCM realiza pequeños ajustes a nuestras pujas manuales de CPC Máximo, mientras que el CPA genera pujas automáticas para intentar alcanzar nuestro CPA objetivo.

No sería una mala idea dar el primer paso con el CPC mejorado para empezar a tener más conversiones y controlar qué palabras clave destacan en este aspecto. Esto nos puede dar mucha información para cuando queramos activar el CPA objetivo.

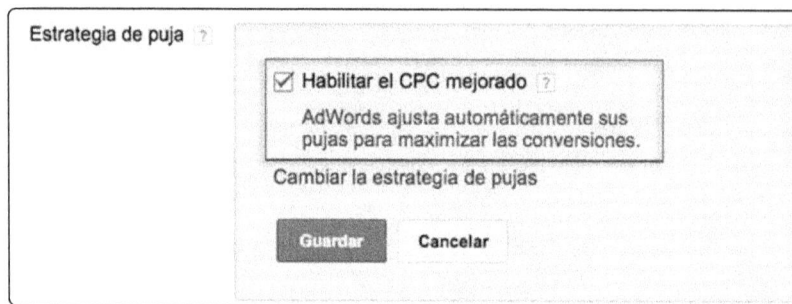

Figura 9.17

Recomendaciones para utilizar CPA objetivo:

▶ Dejarlo durante un tiempo aceptable para que Adwords pueda trabajar y alcanzar nuestros objetivos.

▶ No realizar demasiados cambios en la campaña cuando tengamos activado el CPA objetivo, esto hará que Adwords pierda datos y tenga que volver a calcular.

▶ Comparar el CPA y el porcentaje de conversiones antes y después de usar CPA objetivo.

▶ Si es posible, utiliza palabras clave en concordancia exacta. Esto facilita mucho el trabajo al motor de optimización de Adwords.

▶ No te olvides del *Quality Score*, es la clave para casi todo.

9.10 ATRIBUCIÓN

Google Adwords ha añadido últimamente una nueva herramienta que no es más que un fragmento de Analytics que nos va a venir estupendo para nuestro proceso publicitario. Se trata de los **informes de atribución**.

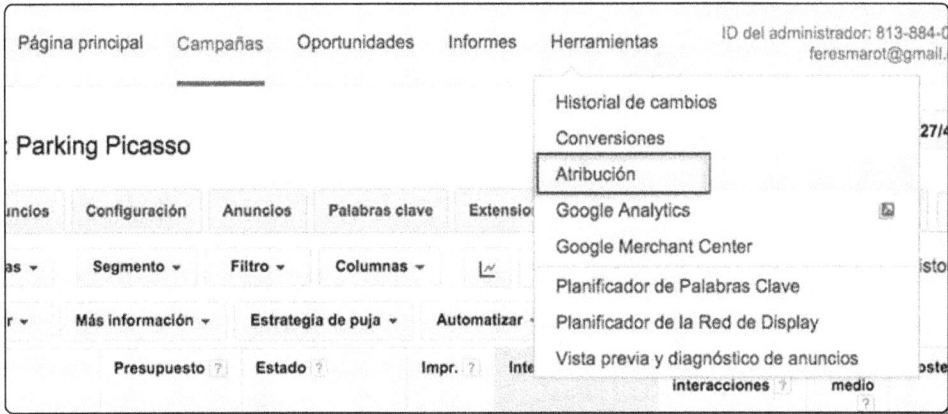

Figura 9.18

Para saber de qué se trata, podemos comenzar hablando de los modelos de atribución. Concretamente se trata de observar en detalle las rutas que utilizan nuestros usuarios desde que ven nuestro anuncio por primera vez y acaban realizando una conversión en nuestro sitio.

Este camino puede ser más largo de lo que pensamos ya que el consumidor de hoy en día, tiene muchas más opciones donde elegir, es más inteligente y sabe utilizar mejor el buscador de Google. Esto significa que buscará y buscará, comparará, revisará opiniones, entrará en foros, preguntará en Facebook, y cuanto ya está lo suficientemente seguro, realizará una conversión o compra.

Os puede sorprender el camino que puede llegar a hacer un usuario antes de convertir, por ejemplo, ¿sabías que un usuario puede llegar a visitar 20 veces una tienda *online* antes de realizar una compra? Esto en el mundo de las tiendas físicas es una locura, en el mundo *online* es lo normal.

Existen muchos factores por los que puede ocurrir esto y a nosotros lo que nos interesa en realidad, es el camino que siguen los clientes que convierten en nuestro sitio, ya que nos da muy buenas pistas e información sobre nuestra campaña que puede resultarnos de gran ayuda.

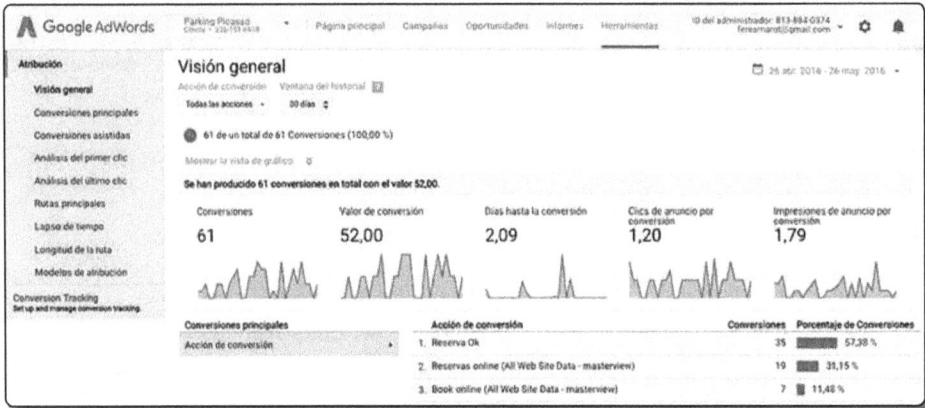

Figura 9.19

En la visión general de esta herramienta nos encontramos con toda la información sobre nuestras conversiones. Cabe destacar que si no tenemos activado el seguimiento de conversiones, no veremos nada en "Atribución".

Podremos observar cosas tan interesantes como las conversiones asistidas, para ello necesitamos saber primero qué son las conversiones *post-clic* y conversiones post-impresión.

Lo vamos a ver con un ejemplo:

9.11 CONVERSIÓN POST-CLIC

1. Una usuaria entra en Google y escribe "tienda de zapatos Madrid" hace clic y entra en nuestra web, luego se marcha.

2. Al día siguiente realiza otra búsqueda en Google: "tienda de zapatos mujer", hace clic y de nuevo entra en nuestra web, luego se marcha.

3. Pasados tres días, busca en Google "zapato de tacón rojo 38" entra otra vez en nuestra web y por fin hace su compra. **Conversión.**

Veamos los pasos con más detalle:

Día 1	"tienda de zapatos Madrid"	1 clic
Día 2	"tienda de zapatos mujer"	2 clic **(conversión post-clic)**
Día 5	"zapato de tacón rojo 38"	3 clic y conversión (último clic)

Aquí puedes observar claramente que la palabra clave "tienda de zapatos mujer" asiste a la conversión siguiente, por lo tanto es una **conversión *post-clic***. En nuestros informes veremos una conversión normal y una conversión *post-clic*.

Es interesante saber que la palabra clave "tienda de zapatos mujer" ha ayudado en el proceso de conversión. Esta sería una conversión asistida.

Figura 9.20

9.12 CONVERSIÓN POST-IMPRESIÓN

Son el mismo tipo de conversión asistida pero sin que haya habido un clic, simplemente el usuario ha visto nuestro anuncio en la red de búsqueda y más adelante decide acceder a nuestra web sin hacer clic en nuestro anuncio, puede que nos tenga en sus favoritos o recuerde nuestro dominio. Entra y realiza una conversión sin clic, lo cual es fantástico, desde el punto de vista de costes.

Podríamos utilizar el mismo ejemplo anterior, añadiendo la vista de nuestro anuncio en la ruta:

Día 1	"tienda de zapatos Madrid"	1 clic
Día 2	"tienda de zapatos mujer"	2 clic
Día 4	Ve un anuncio nuestro	**(conversión post-impresión)**
Día 5	Accede a nuestra web	Conversión

9.13 CONVERSIÓN CON VISTA

Es exactamente el mismo caso anterior pero cuando el usuario ha visto nuestro anuncio de vídeo o *banner* de imagen en la Red de Display.

Podremos ver varias conversiones con vista en nuestras campañas de *remarketing* ya que son ideales para recordarles a nuestros usuarios que ya nos han visitado. Y son una excelente fuente de contribución para nuestras conversiones. Por ejemplo, podemos ir a nuestra campaña de *remarketing* y habilitar la columna "Conversión con vista" para comprobar qué ubicaciones nos están asistiendo conversiones.

Para poder ver estos datos en nuestros informes, deberemos habilitar las columnas correspondientes a la métrica "Atribución".

Figura 9.21

En la nueva herramienta de "Atribución" de Adwords también podremos analizar las conversiones realizadas en el primer clic o en el último, para que podamos valorar mejor nuestro trabajo publicitario en Adwords. Por ejemplo, podemos hacer un análisis de las palabras clave que han convertido en el primer clic, y así obtener una información muy valiosa si queremos fomentar el tráfico de nuevos clientes potenciales de calidad.

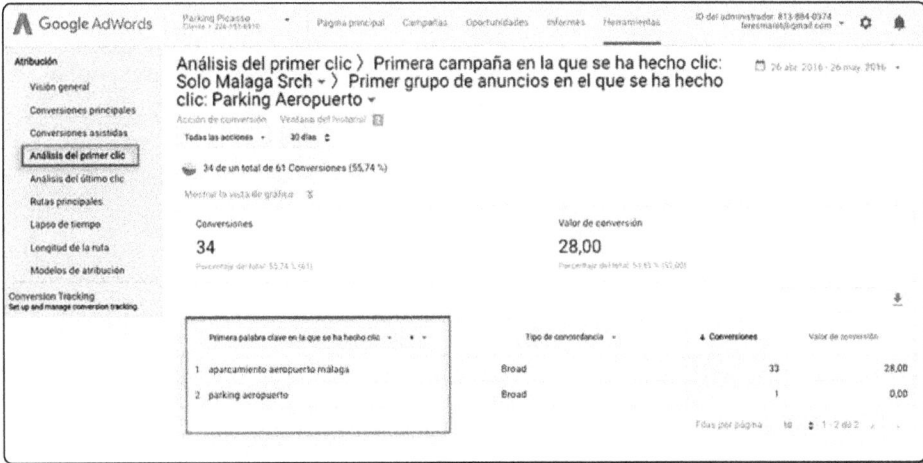

Figura 9.22

También podemos analizar las **rutas principales** por las que nuestros usuarios llegan a la conversión, por ejemplo las diferentes palabras clave que utilizan en sus búsquedas y el orden.

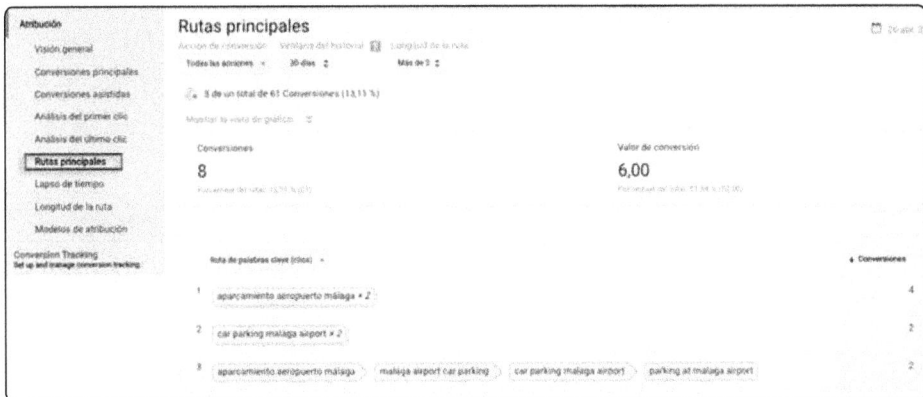

Figura 9.23

"Lapso de tiempo" nos indica cuánto tiempo ha pasado desde que nuestro usuario vio nuestro anuncio, entró en nuestra web y realizó una conversión. Esto es un dato interesante para conocer el tiempo medio de la ventana de conversiones.

Figura 9.24

"Longitud de la ruta" nos informa de la cantidad de clics e impresiones que hacen nuestros usuarios hasta la conversión.

Figura 9.25

9.14 MODELOS DE ATRIBUCIÓN

El usuario actual de búsquedas, utiliza diferentes dispositivos, escribe diferentes términos o palabras y afina su búsqueda antes de hacer su compra. Debido a esto, tenemos que tener muy en cuenta, que el modelo hasta ahora habitual en Adwords, (el último clic) ya no nos ofrece toda la historia.

Con los modelos de atribución podemos ver en realidad, como los usuarios interactúan con nuestros anuncios y cómo debemos valorar cada paso que dan hacia la conversión.

Con esta opción podemos comparar modelos de atribución para reasignar el valor a los pasos que da el usuario hasta la conversión. Por ejemplo, podemos comparar el modelo del primer clic con el último clic, para ver qué valores o resultados tenemos. De esta manera podemos tomar decisiones para optimizar nuestras pujas en los grupos de anuncios correspondientes.

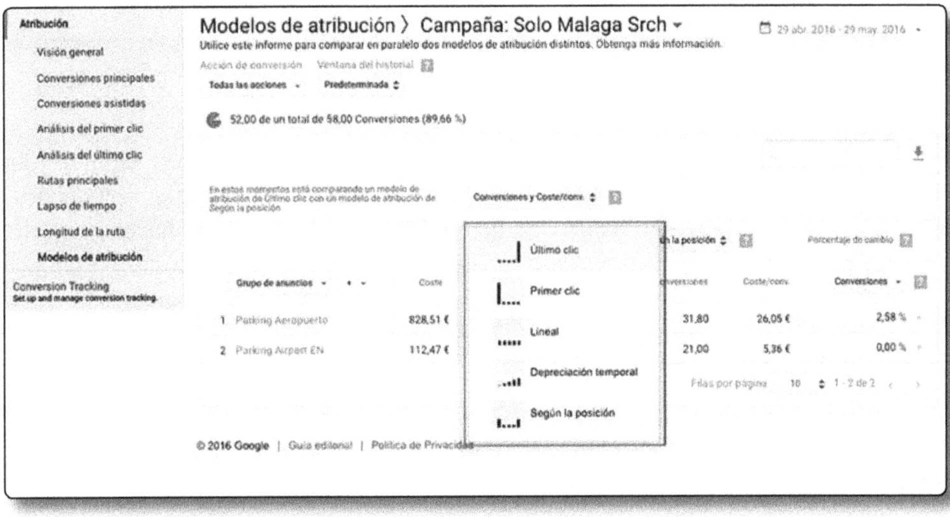

Figura 9.26

Modelos de atribución disponibles para analizar:

▼ Último clic.
▼ Primer clic.
▼ Lineal.
▼ Depreciación temporal.
▼ Según la posición.

Cuando escogemos un nuevo modelo, el crédito de las conversiones se a través del camino hacia las conversiones que han tenido nuestros anuncios.

Puedes ver los modelos a nivel de campaña, grupos de anuncios, o palabras clave.

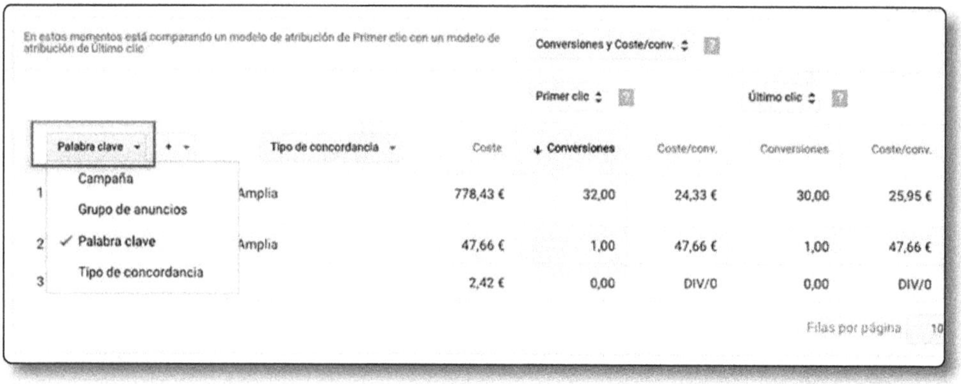

En estos momentos está comparando un modelo de atribución de Primer clic con un modelo de atribución de Último clic

Palabra clave ▾	← ▾	Tipo de concordancia ▾	Coste	↓ Conversiones	Coste/conv.	Conversiones	Coste/conv.
Campaña							
1 Grupo de anuncios	Amplia		778,43 €	32,00	24,33 €	30,00	25,95 €
2 ✓ Palabra clave	Amplia		47,66 €	1,00	47,66 €	1,00	47,66 €
3 Tipo de concordancia			2,42 €	0,00	DIV/0	0,00	DIV/0

Filas por página 10

Figura 9.27

Toda esta información es muy útil para tomar decisiones en nuestras campañas con datos más fiables del comportamiento de nuestros clientes potenciales. Es como tener un pequeño espía que nos informa de todo lo que hacen nuestros clientes potenciales.

Llegados a este punto, tenemos una información enorme que debemos estudiar para tomar las medidas necesarias y conseguir más y mejores conversiones.

Estamos aquí para alcanzar nuestros objetivos publicitarios y las conversiones son el punto clave para controlar cada paso. Con los nuevos modelos de atribución, se nos abre un poco más el camino y el comportamiento de nuestros usuarios para que conozcamos que partes de nuestro trabajo publicitario merece más atención.

Todo lo que hemos visto en este capítulo te ayudará a comprobar si tus campañas están funcionando a la perfección o si necesitan desarrollar algún aspecto.

Optimizar nuestro trabajo publicitario en Adwords teniendo en cuenta nuestras conversiones, es la clave para el éxito.

10

EL NUEVO ENTORNO MULTIDISPOSITIVO

El "nuevo" entorno multidispositivo es más que una realidad, es el presente, que nos rodea por todas partes y que todos vivimos a diario. Yo mismo en este preciso instante, estoy escribiendo este capítulo en la terraza de mi cafetería favorita, utilizando mi tableta para hacer consultas y búsquedas en Google y mi móvil para estar conectado.

Vivimos en un entorno multipantalla mientras que hace apenas pocos años, nuestras interacciones en internet eran exclusivamente desde nuestro ordenador de sobremesa en casa o en la oficina.

Es asombroso ver cómo podemos encontrar al consumidor en diferentes dispositivos buscando información y productos. Por ejemplo:

1. Eva necesita unas nuevas zapatillas para correr y aprovecha el momento del desayuno para comenzar su búsqueda desde su móvil.

2. Al día siguiente, utiliza su tableta en casa para seguir su búsqueda y encuentra una oferta muy interesante que le ofrece 15€ de descuento en su compra si se da de alta en el sitio web para recibir ofertas. Eva se da de alta.

3. Días después, Eva recibe un correo en su ordenador personal donde le recuerdan que tiene un descuento disponible y que ha visitado ciertos productos. Entonces entra y realiza su pedido.

Como puedes observar, Eva ha comenzado en su móvil el proceso de compra y lo ha terminado en su portátil. Es un tipo de interacción bastante común que nos da una clara imagen del entorno multidispositivo y de lo importante que es el móvil en el proceso.

Es un hecho que el móvil se está convirtiendo en un asistente de búsquedas nunca antes visto.

Veamos algunos datos interesantes que nos da el mismo Google.

▼ 77% de los usuarios ha buscado un producto o servicio en su móvil.

▼ 46% de los usuarios afirma que ha terminado una compra en su móvil.

▼ 40% de los usuarios afirma que ha usado un móvil para buscar información sobre una compra realizada en su ordenador.

▼ 38% de los usuarios afirma que usado su móvil para buscar información sobre una compra realizada en una tienda física *offline*.

Según otro estudio realizado por eMarketer en 2014 concluye que el tiempo dedicado a diario a los medios por los consumidores, es el siguiente:

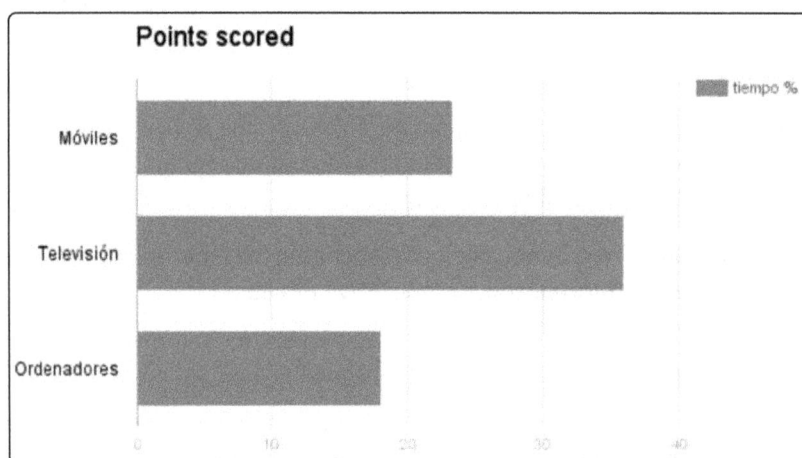

Figura 10.0

Sin duda, el *smartphone* es el dispositivo donde pasarán más tiempo nuestros usuarios. Y el 65% de las compras *online*, comienzan en un móvil, como el ejemplo de Eva. Te recomiendo que eches un vistazo a un estudio sobre el uso de móviles en las compras creado por la agencia Nielsen para Google y que puedes descargar en la web *thinkwithgoogle*[42].

---

42   *https://www.thinkwithgoogle.com/research-studies/mobile-path-to-purchase-5-key-findings.html*

10.1 EL ASISTENTE PERFECTO PARA TUS VENTAS

El *smartphone* es el asistente perfecto para nuestras ventas, ya que se utiliza para investigar y conocer productos y servicios, además de ayudar en la toma de decisiones de compra, aunque esta, se realice en otro dispositivo.

En mi experiencia personal como gestor de cuentas de Adwords, puedo decir que la mayoría de mis clientes han tenido una subida exponencial de usuarios que acceden a sus anuncios, a través de sus móviles, de hecho, tuve que ponerme las pilas muy deprisa, porque muchos de mis clientes no tenían sus webs preparadas para móviles. Hoy en día tengo algún cliente con más del 70% de tráfico móvil.

Todos estos datos nos muestran algo que debemos tener muy en cuenta en nuestro *marketing online* con Adwords. Sería un error no tener en cuenta el potencial que supone que nuestros anuncios se muestren en móviles y que nuestro sitio web esté adaptado para que nuestro usuario tenga una buena experiencia desde su teléfono móvil.

Para ello debemos crear páginas y *landings* simples pero efectivas y además adaptadas al entorno, esto quiere decir que cuidemos los detalles como el tamaño del texto, el color, las imágenes, los botones, etc. Es muy común tener diseños *responsive*, donde nuestra web se ve perfectamente en cualquier dispositivo, pero debes asegurarte de que tu *landing* cumple los mínimos requisitos para que se muestre correctamente y sea efectiva, de lo contrario estaremos perdiendo tráfico. En algunos casos es recomendable que optemos por un diseño específico para móviles y lo podamos añadir a nuestros anuncios.

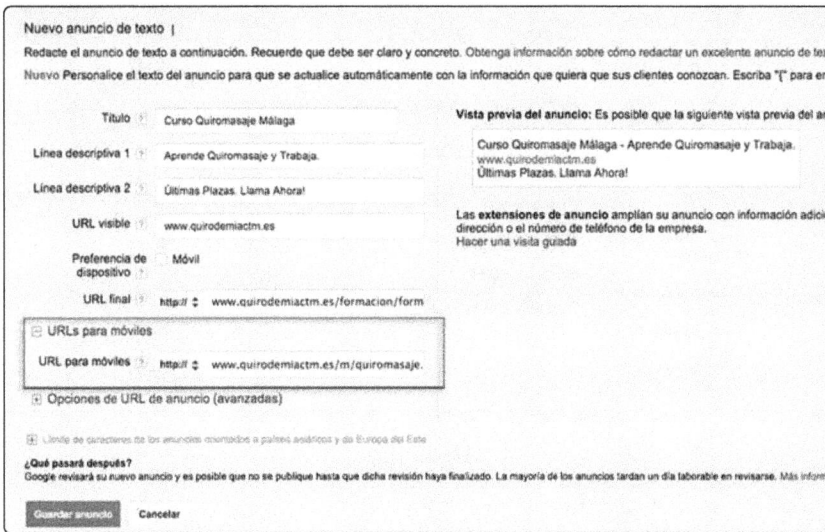

Figura 10.1

En este ejemplo que puedes ver en la imagen, optamos por una *landing* específica para móviles, porque mejoraba el rendimiento de nuestros anuncios y la respuesta de los usuarios.

10.2 ¿CÓMO PODEMOS COMPROBAR EL TRÁFICO QUE OBTENEMOS DESDE MÓVILES EN ADWORDS?

Esto resulta imprescindible para saber si tenemos que aumentar nuestras pujas, vigilar nuestro sitio o mejorar cualquier aspecto de nuestra *landing*, como por ejemplo, añadir una llamada a la acción para móviles, o una conversión.

Lo que tenemos que hacer es ir al listado de campañas o grupos de anuncios que queramos comprobar y segmentar nuestro informe por dispositivos:

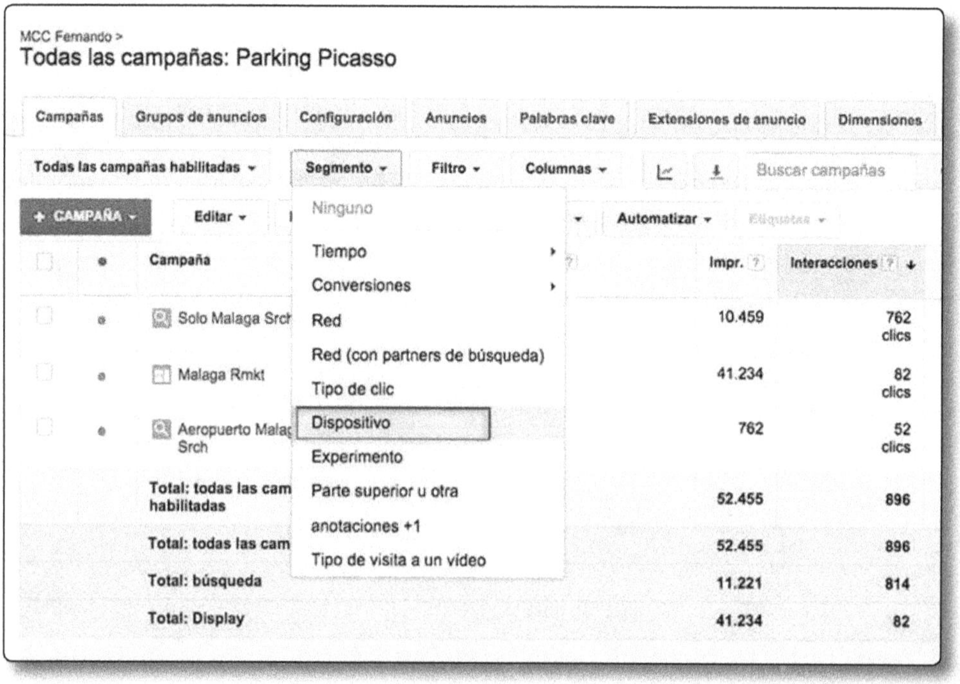

Figura 10.2

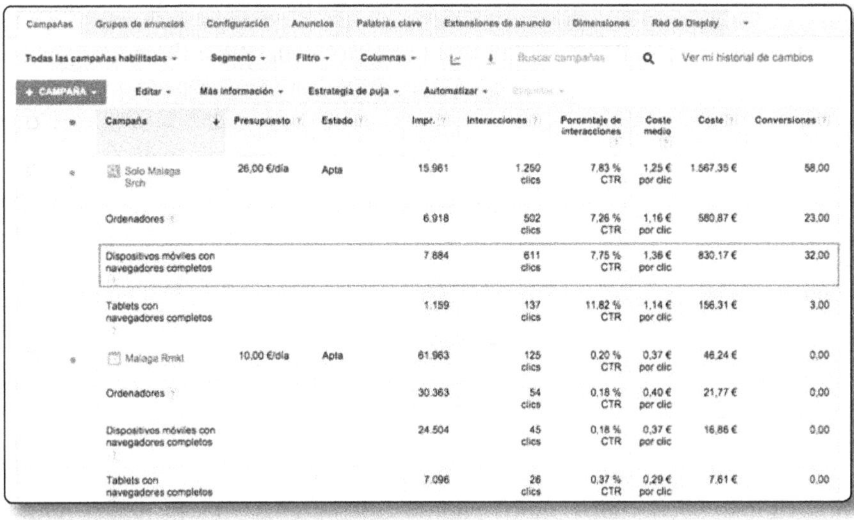

Figura 10.3

A continuación podemos ver nuestro tráfico desde móviles, ordenadores y tabletas que recibe cada una de nuestras campañas. Si detectamos que nuestros anuncios tienen muchas impresiones desde *smartphones* y tenemos un buen CTR, podemos aumentar la puja de nuestros anuncios en dispositivos móviles para beneficiarnos de esta demanda y conseguir más clientes potenciales. Veamos cómo podemos hacerlo.

Debemos de ir a la configuración de campaña elegida y a la pestaña "Dispositivos", desde ahí podemos pulsar en la puja para aumentarla o disminuirla en un %, de manera que si hay tráfico desde móviles, pujaremos un poco más para salir más arriba.

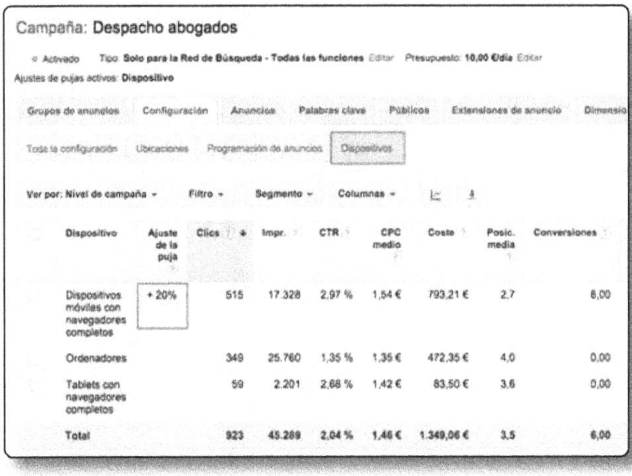

Figura 10.4

Ten muy en cuenta que en los dispositivos móviles es muy importante salir en las primeras posiciones para tener un buen CTR y un resultado óptimo, ya que se trata de ocupar el espacio disponible en los resultados de Google de los dispositivos y en algunas ocasiones solo podremos ver un solo resultado en la pantalla de un móvil.

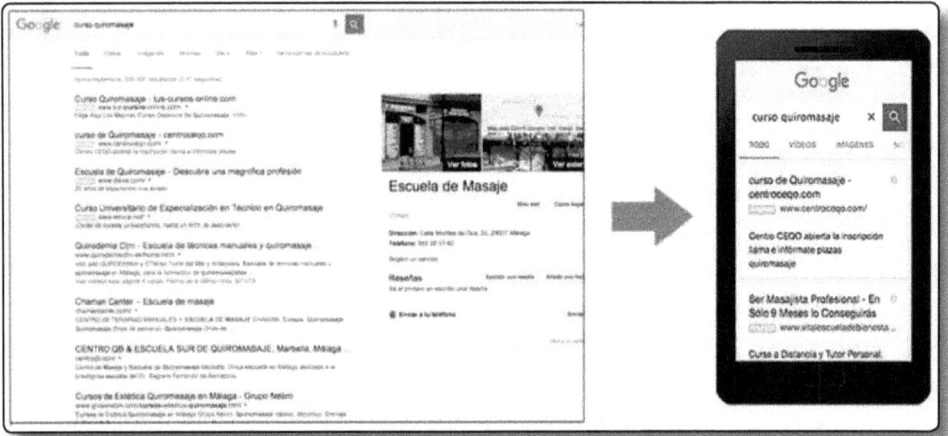

Figura 10.5

En esta imagen 5, puedes ver claramente la diferencia al ver los resultados de Google en un dispositivo móvil frente a un ordenador o tableta. Está claro que disponemos de menos espacio para aparecer sin hacer *scroll*. Y está comprobado que la primera posición en móviles tiene el triple de valor que la segunda.

Recuerda que también puedes decidir que tus anuncios no se muestren en móviles si así lo contemplas en tu plan de *marketing*. Para ello solo tenemos que ir a la pestaña "Dispositivos" y reducir la puja en un 100%.

Dispositivo	Ajuste de la puja [?]	Clics [?] ↓	Impr. [?]	CTR [?]	CPC medio [?]	Coste [?]
Dispositivos móviles con navegadores completos	Reducir un ▾ 100 %					
Ordenadores	Ejemplo: una puja de 10,00 € se convertirá en una puja de 0,00 €.					
Tablets con navegadores completos	Guardar Cancelar					
Total		194	8.133	2,39 %	1,44 €	278,64 €

Figura 10.6

10.3 DISEÑA TU ESTRATEGIA MÓVIL

Es esencial que tengamos en cuenta una estrategia de captación de clientes que utilizan sus *smartphones*. Podemos empezar ofreciendo a nuestros usuarios una web optimizada ya que eso puede suponer en un alto porcentaje de clientes potenciales. ¿Sabías que el 40% de los consumidores abandonan un sitio web que no está optimizado para el móvil? Esto es una auténtica pena. No obstante, podemos sacarle partido a funciones que nos ofrece Adwords como las extensiones de llamada, extensiones de ubicación y anuncios de solo llamada.

De esta manera, podemos aprovechar el tráfico de usuarios web desde *smartphones* aunque aún no tengamos nuestro sitio web listo para móviles. Aunque yo no esperaría demasiado para tener nuestro sitio listo para *smartphones*.

Teniendo en cuenta que 1 de cada 3 búsquedas desde móvil tienen intención local, es muy recomendable hacer uso de las extensiones de ubicación y así a los clientes, les resultará mucho más fácil encontrarnos.

Como vimos en el capítulo 5, podemos añadir nuestra extensión de ubicación a nivel de campaña o grupo de anuncios, desde la pestaña "Extensiones". Ten en cuenta que para añadir nuestra ubicación, debemos darnos de alta en Google My Business y Adwords enlazará la ubicación de nuestro negocio en Google Maps.

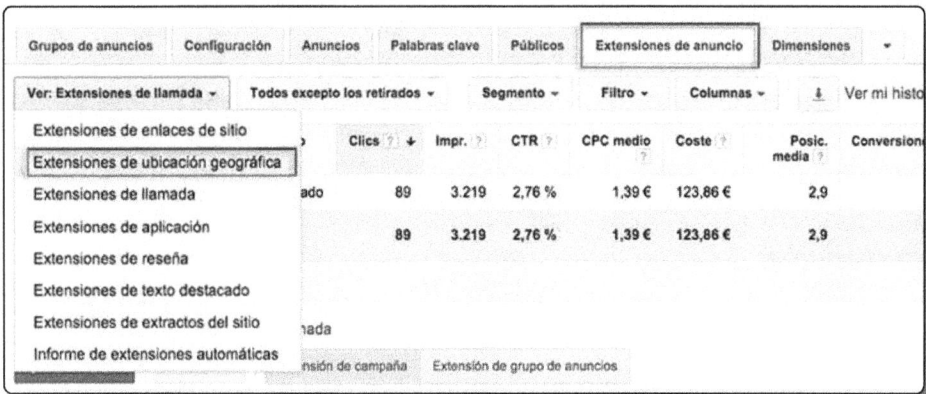

Figura 10.7

Cuando añadimos nuestra ubicación en los anuncios para móviles obtenemos una ventaja sobre los demás anunciantes, ya que Google mostrará un enlace al mapa de Google en nuestro anuncio. Si queremos ver cuántos usuarios se han beneficiado de este enlace, nos vamos a "Extensiones de anuncio" > "Ubicación geográfica" y añadimos el segmento "Tipo de clic".

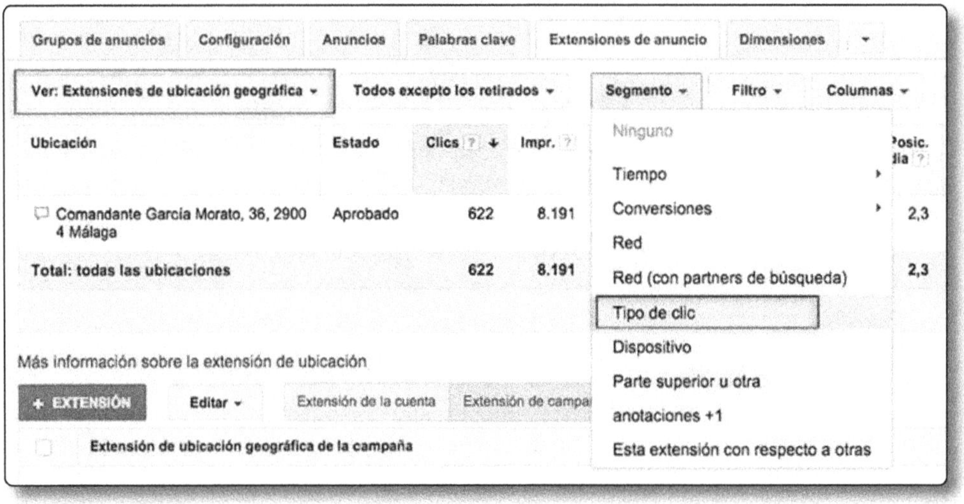

Figura 10.8

Aquí podremos ver cuántos usuarios han hecho clic en nuestro mapa e incluso cuántos han llamado directamente desde nuestro anuncio en el móvil.

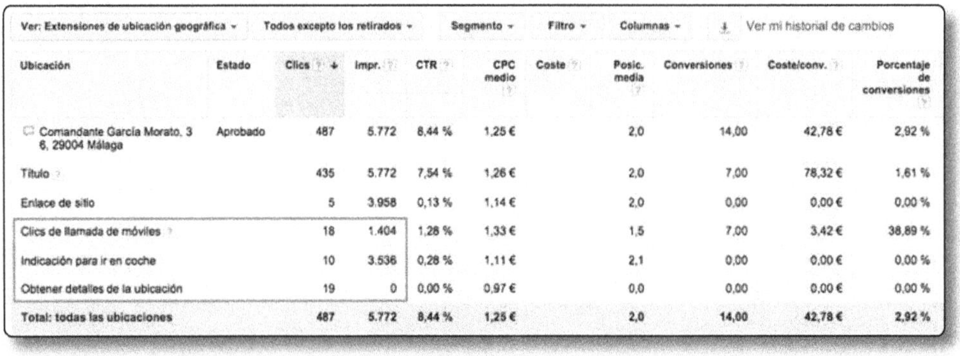

Figura 10.9

Con los anuncios de Adwords podremos alcanzar a nuestra audiencia cuando realicen búsquedas o cuando estén navegando por la web desde su teléfono:

- Anuncios de búsquedas para móviles.
- Anuncios de *display* para móviles.
- Anuncios de aplicaciones para móviles.

10.4 ¿DÓNDE PUEDEN APARECER LOS ANUNCIOS PARA MÓVILES?

Dónde	Tipos de anuncios
Dispositivos móviles con navegadores completos	Anuncios de texto Anuncios de imagen estático Anuncios de promoción de *apps*
En *apps* (*smartphone* o tabletas)	Anuncios de texto Anuncios de imagen estático Anuncios de promoción de *apps* Anuncios de vídeo de promoción de *apps*

10.5 NUESTRA AUDIENCIA

Debemos tener en cuenta el tráfico móvil cuando hacemos la investigación de nuestras palabras clave. Por ejemplo, si queremos planificar una estrategia para móviles, podemos empezar utilizando el planificador de palabras clave y determinar el volumen de búsquedas para móviles de nuestros términos elegidos.

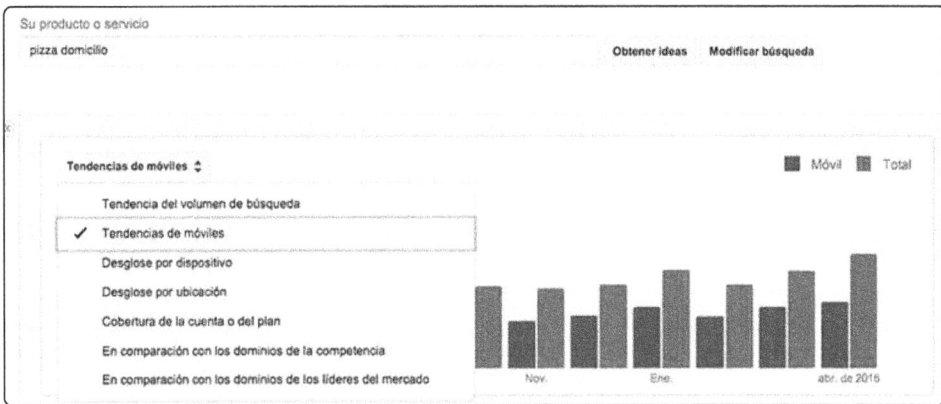

Figura 10.10

El desglose de los datos por dispositivos también nos dará una buena pista para determinar si enfocamos nuestra campaña para *smartphones*.

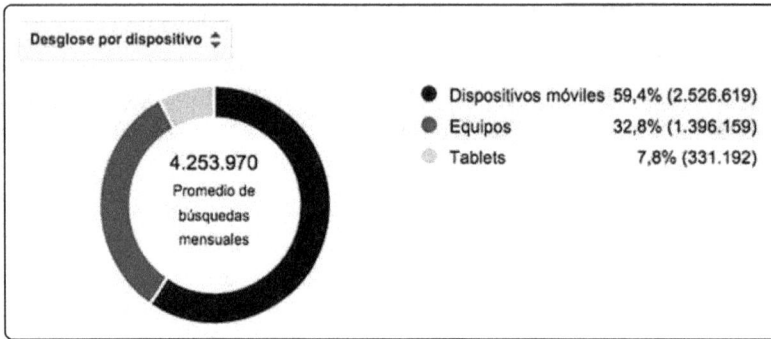

Figura 10.11

En este ejemplo puedes ver cómo el 59,4% de las búsquedas "pizza domicilio" se hacen desde teléfonos móviles. Más que en cualquier otro dispositivo.

También podemos hacer una previsión de nuestros costes por clic utilizando el estimador de tráfico en el planificador de palabras clave. Para acceder añadiremos algunas palabras clave a nuestro plan y revisamos el plan:

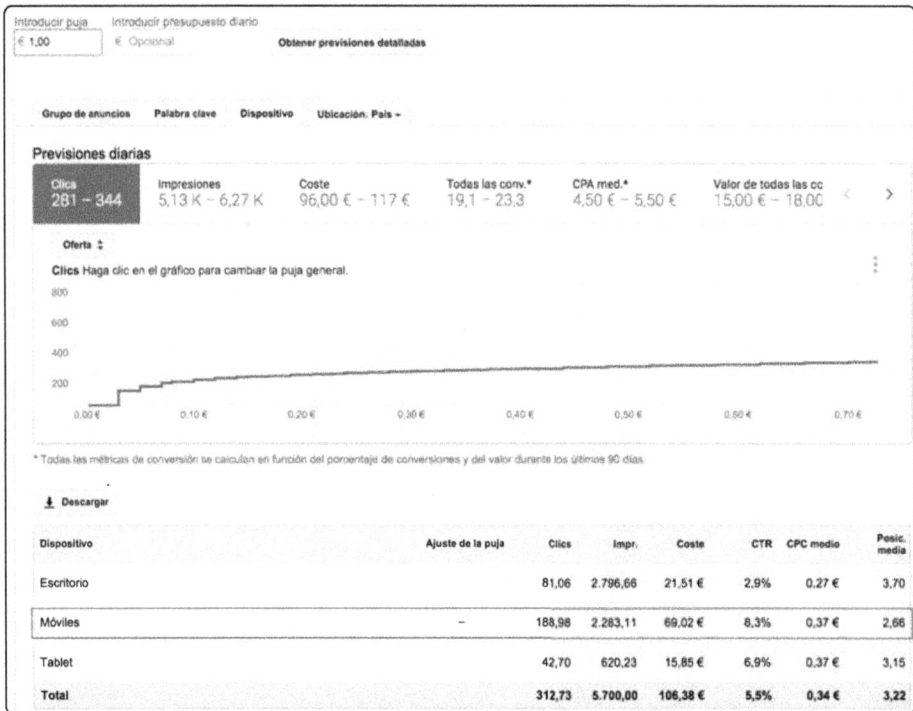

Figura 10.12

Segmentaremos nuestros anuncios con las palabras clave que van a utilizar nuestros clientes potenciales desde sus móviles para poder llegar a ellos en el mejor momento.

Es muy recomendable en el caso de campañas para móviles, que utilicemos palabras clave en concordancia amplia, ya que los usuarios pueden cometer errores, escribir menos palabras, etc., incluso pueden utilizar la función de *micro* y hablar directamente con Google para realizar su búsqueda. Para asegurarte de que tu presupuesto no se esfuma en un día, debes tener un buen listado de negativas.

10.6 TIPOS DE ANUNCIOS PARA MÓVILES

Disponemos de varios tipos de anuncios para interactuar con nuestros usuarios en sus móviles:

▼ Anuncios de texto.

▼ Anuncios de imagen.

▼ Anuncios de solo llamada.

▼ Anuncios de promoción de aplicaciones.

10.6.1 Anuncios de texto

Son anuncios de texto normales que se muestran en todos los dispositivos con la particularidad que podemos crear una versión específica para móviles, cosa muy recomendable, ya que debemos adecuar el mensaje para un usuario ligeramente diferente, que se encuentra en un sitio y circunstancia que le hace usar su móvil.

También es muy recomendable el uso de extensiones como la ubicación y la llamada telefónica. Esto puede dotar a nuestros anuncios para móviles de un arma muy poderosa de respuesta directa.

Otro aspecto destacable de nuestros anuncios para móviles es el espacio de la pantalla y como hablamos anteriormente la posibilidad de aparecer en las primeras posiciones puede resultarnos muy rentable. Un buen truco es añadir extensiones de enlaces de sitio para ocupar más espacio en la pantalla.

Figura 10.13

Otra recomendación importante es que nunca te olvides de crear una versión de tu anuncio para móviles, y adaptar el texto para este público con un mensaje más directo y una llamada a la acción específica (imagen 14).

Ten en cuenta que Adwords optimiza de manera dinámica nuestro anuncio en móviles teniendo en cuenta varios factores. Adwords puede reemplazar la segunda línea descriptiva de nuestro anuncio por la extensión que considere más relevante, como los enlaces de sitio o ubicación. Esto puede ayudar a ofrecer la información más relevante a nuestros usuarios, que como ya sabes, es la obsesión de los chicos de Google.

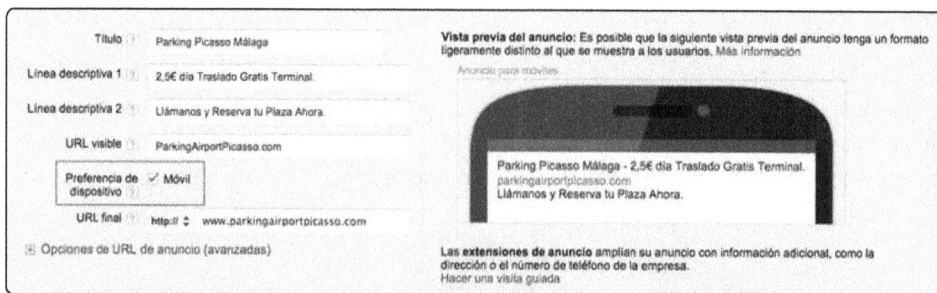

Figura 10.14

10.6.2 Anuncios de imagen para móviles

Nuestros anuncios para la Red de Display también pueden aparecer en móviles y en *apps*, por lo que debemos considerar ciertas cosas a la hora de diseñar nuestros *banners*, lo primero los tamaños, y lo segundo el mensaje.

Los tamaños en píxeles recomendados para *banners* en móviles son: 320x50, 300x250, 336x280, para tabletas: 300x250, 728x90, 468x60, 336x280.

Teniendo en cuenta esto, es aconsejable que optemos por diseños que se vean bien en cualquier dispositivo y que cumplan con su objetivo. Por ejemplo, no utilices una fuente de texto demasiado pequeña, ya que no se verá bien en una pantalla de 320x480px que es el estándar móvil, aunque cada día salen al mercado nuevos dispositivos y nuevos tamaños.

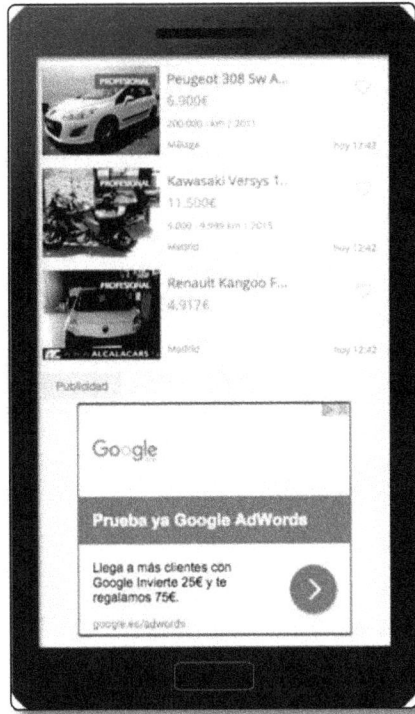

Figura 10.15

¡Últimas Noticias!

Google ha anunciado recientemente un nuevo tipo de anuncio para la Red de Display totalmente adaptado para móviles y que será muy sencillo de implementar. Lo comento un poco más en el último capítulo.

10.6.3 Anuncios de solo llamada

Este tipo de anuncios, que ya vimos en el capítulo anterior, pueden ser la solución perfecta para muchos negocios locales que requieren el contacto directo. Existen muchos casos donde la inmediatez hace posible que nuestro móvil sea el aliado perfecto para buscar cualquier producto o servicio de manera rápida. Además, muchos usuarios no tienen tiempo de entrar en diferentes sitios web para investigar, simplemente quieren llamar a alguien que les resuelva el problema lo antes posible. Por ejemplo un cerrajero, un taller, un dentista, una pastelería, etc.

Para esto Adwords ha creado las campañas y anuncios de solo llamada y lo primero que tenemos que preguntarnos antes de crear nuestro primer anuncio es:

▼ ¿Nuestro usuario busca algo inmediato?

▼ ¿Le podemos resolver su problema con una llamada?

▼ ¿Utilizará su móvil para encontrarnos?

Si las respuestas son afirmativas, tenemos claro que debemos utilizar los anuncios de solo llamada.

Podemos crear una campaña para este cometido, y configurar nuestro presupuesto y programación de anuncios teniendo en cuenta el horario para la recepción de llamadas. Aunque también podemos crear anuncios de solo llamada en cualquier grupo de anuncios de la red de búsquedas.

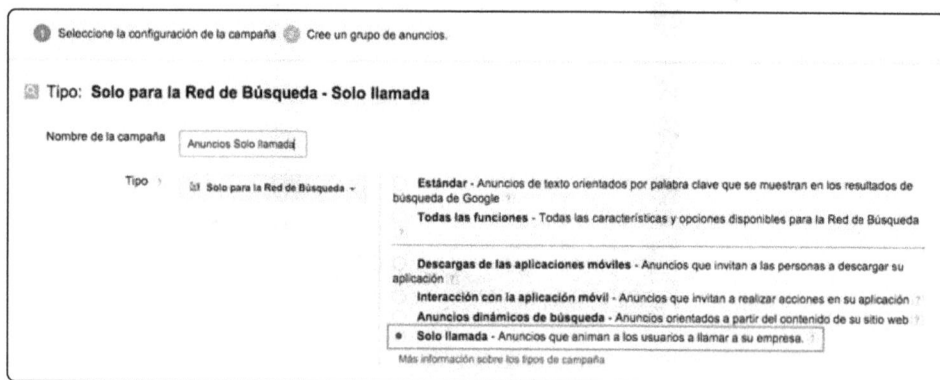

Figura 10.16

A la hora de configurar nuestra campaña deberemos tener presente algunos aspectos como:

1. Presupuesto diario para recibir llamadas.

2. Elegir bien las palabras clave (*keyword* +ciudad / *keywords* +cerca) Por ejemplo: "veterinario más cercano".

3. Programar los anuncios para que se muestren en horario disponible.

4. Redactar anuncios enfocados a la llamada.

5. Añadir el seguimiento de conversiones para llamadas.

6. Empieza con pujas altas. Prueba maximizar clics.

7. Mide los resultados y optimiza los anuncios.

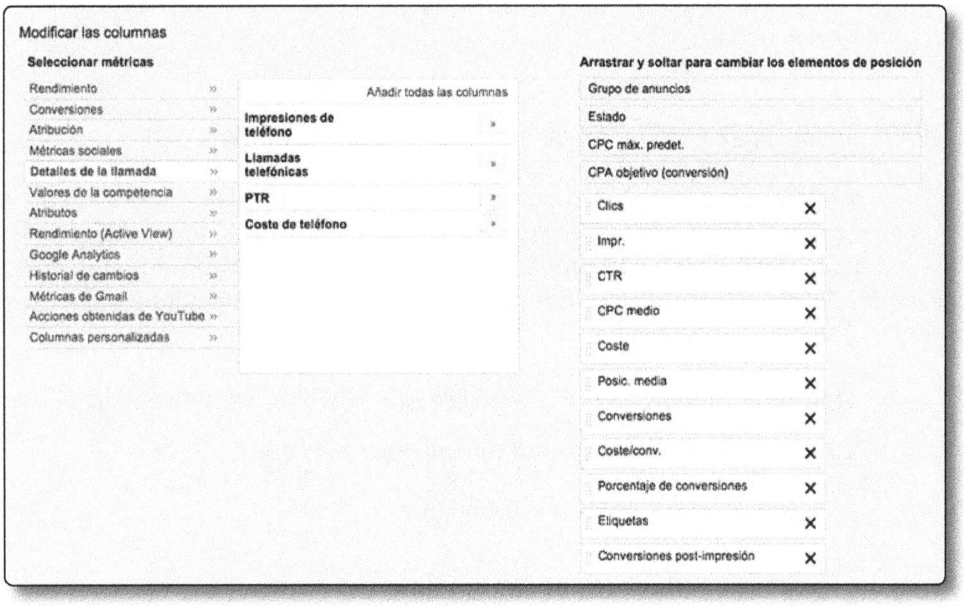

Figura 10.17

La redacción de tus anuncios de solo llamada pueden marcar la diferencia, así que tenlo muy en cuenta, redacta para conseguir esa llamada. Y no te olvides de medir los resultados con las columnas de "Detalles de llamada".

·Figura 10.18

En tus informes de anuncios verás clics pero esto no significa que se ha realizado una llamada completa, simplemente se ha hecho clic sobre el anuncio, el usuario puede decidir cancelar la llamada. Por eso es muy recomendable utilizar los números de desvío de Google para controlar mejor las conversiones como vimos en el capítulo anterior.

10.6.4 Anuncios de promoción de aplicaciones con Adwords

Con Google Adwords podemos promocionar nuestras *apps* o las de nuestros clientes, exclusivamente en *smartphones* y tabletas. Podremos crear campañas en la red de búsquedas, en la Red de Display, en YouTube y dentro de otras *apps*. Para decidir el mejor sitio, debemos pensar dónde se encuentran nuestros usuarios potenciales.

Podemos crear dos tipos de campañas para promocionar nuestras *Apps*:

1. **Campaña de descargas de aplicaciones móviles.**

2. **Campaña universal de aplicaciones.**

10.6.4.1 CAMPAÑA UNIVERSAL DE APLICACIONES

Este tipo de campaña nos hace el proceso mucho más sencillo y permite que nuestra aplicación Android, se promocione a través de toda la red de Adwords. Esto quiere decir la Google Play Store, búsquedas en Google, Red de Display y YouTube.

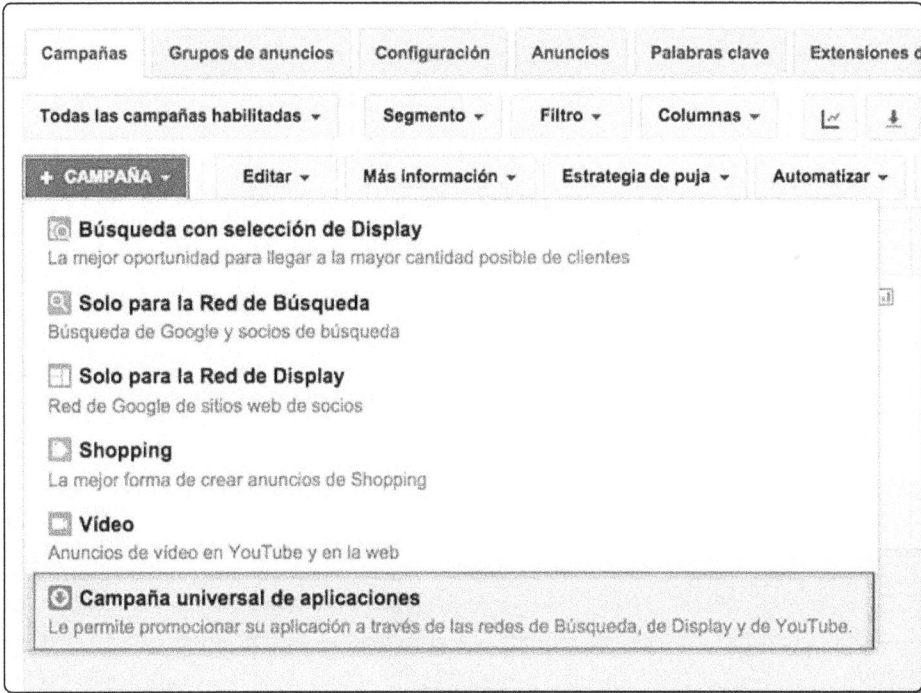

Figura 10.19

El proceso de creación de este tipo de campaña es bastante simple, tan solo debemos crear una campaña nueva, elegir el tipo de campaña universal de aplicaciones y una vez estamos dentro, elegimos la *app* que debe estar en la Google Play Store.

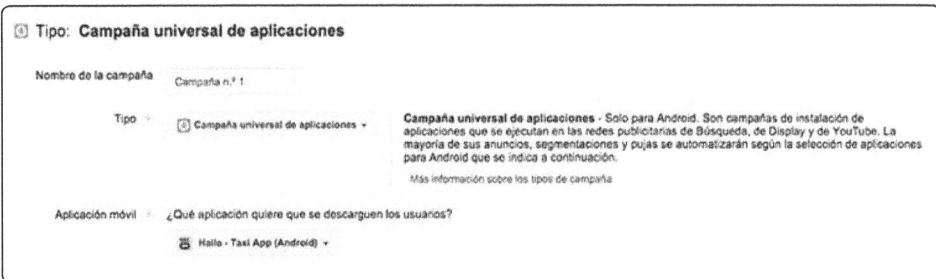

Figura 10.20

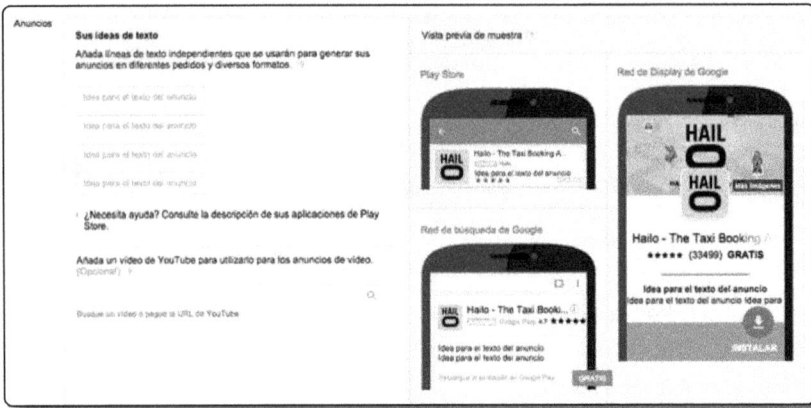

Figura 10.21

A continuación solo tendremos que escribir un texto de promoción y seleccionar la ubicación y la puja, que en este caso será coste por instalación objetivo CPA.

Si configuramos el seguimiento de conversiones como vimos en el capítulo anterior, Adwords registrará las instalaciones como conversiones en *apps* Android de la Google Play Store. En el caso de aplicaciones iOS para Apple App Store, deberemos configurarlo manualmente siguiendo las instrucciones y políticas[43] de Google Adwords.

10.6.4.2 CAMPAÑAS DE DESCARGA DE APLICACIONES

Este tipo de campañas están disponibles para todas las redes (Búsquedas, Display o YouTube) de manera independiente. Este tipo de campaña muestra nuestros anuncios a usuarios que no tienen instalada nuestra *app* en su dispositivo.

Figura 10.22

---

43 *https://support.google.com/adwordspolicy/answer/6258274?hl=es*

El objetivo de estas campañas es conseguir descargas de nuestra aplicación y nuevos usuarios. Podemos crear una campaña para la red de búsquedas y seleccionar el tipo: **"Instalaciones de aplicaciones móviles"**. Nuestros anuncios se mostrarán en móviles y conducirán a nuestros usuarios directamente a la App Store de Android o Apple.

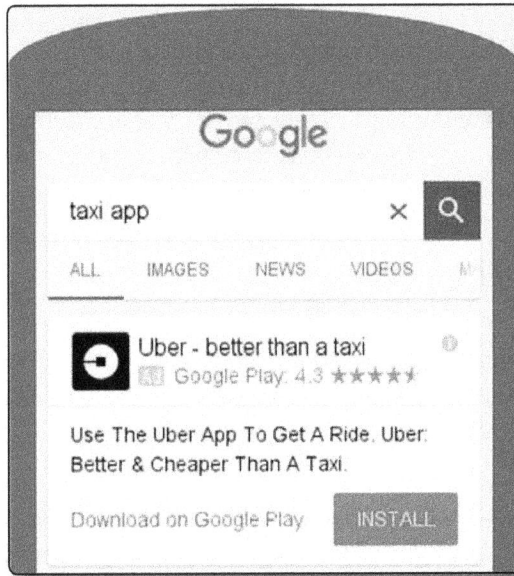

Figura 10.23

Podremos llegar a nuestros usuarios:

▶ **En las búsquedas.** Aquellos que estén interesados en nuestra marca o producto o estén buscando nuestra *app* en Google. También aquellos usuarios que estén buscando una aplicación similar a la nuestra, son un buen *target*. Otra opción estupenda es añadir una extensión de aplicación para los que buscan en Google nuestra marca o dominio.

▶ **En la Red de Display.** Podemos alcanzar a usuarios que no están buscando nuestra *app*, pero que pueden estar utilizando alguna parecida y podemos recomendarle la nuestra en el mismo sitio. Por ejemplo, en el caso de aplicaciones de juegos, nos encontramos anuncios para descargar e instalar otro juego parecido o mejor.

En la Red de Display podemos segmentar nuestros anuncios de aplicaciones por:

- Categorías de *apps* instaladas por lo usuarios.
- Nuevos dispositivos móviles.
- Categorías de *apps*.
- Datos demográficos (edad, género).

También podemos alcanzar a usuarios que ya han instalado nuestra *app* para invitarlos a interactuar y utilizarla más a menudo, para ello escogeremos el tipo de campaña **"Interacción con la aplicación móvil"** y solo mostrará nuestros anuncios a nuestros usuarios de *app*. Esto es interesante para reconectar con nuestros clientes potenciales y conseguir usuarios más fieles y participativos.

10.7 GOOGLE BEST PRACTICES!

Si tienes una *app* grandiosa o estás planteando crearla, estás de suerte porque es el mejor momento para mostrarla al mundo. Ahora mismo hay más de un millón de aplicaciones móviles en las diferentes plataformas, y la gente dedica más tiempo que nunca a utilizarlas desde su *smartphone* o tableta.

Con Google Adwords podremos ponerlas a disposición de nuestros usuarios allí donde se encuentren. Google recomienda algunas buenas prácticas para la promoción de tus *apps*.

1. **Calcula el valor de una descarga de tu *App*.** Esto puede ayudarte a saber hasta cuánto debes invertir en un usuario de aplicación.

2. **Empieza tu promoción con una campaña universal.** Ahorra tiempo y benefíciate de las automatizaciones de Google para colocar tu *app* en toda su red.

3. **Utiliza la Red de Display**. Consigue nuevos usuarios que están utilizando otras *apps* similares.

4. **Añade un vídeo promocional de uso de tu *app*** en la página de tu aplicación en la Google Play Store y Apple App Store.

10.8 ¿QUÉ ES ADMOB?

Se trata de la plataforma más interesante para monetizar nuestras *apps*. Es decir, que si tenemos una aplicación y queremos ganar algo de dinero con ella, podremos hacerlo gracias a esta plataforma de Google.

Admob es algo parecido a Adsense de Google, pero enfocado en *apps*. Para los que no conozcáis Adsense, se trata del programa publicitario de Google Adwords que permite a cualquier propietario de una página web poner anuncios de Adwords en su contenido. Así se crea la Red de Display y Google Adwords paga una parte de los CPC a los propietarios de dichos sitios web.

Admob es el mismo concepto pero para aplicaciones. Así que si tienes una *app* o incluso varias con muchos usuarios, quizás te interesa beneficiarte de ese tráfico para seguir invirtiendo en tus nuevas *apps* o en tu negocio.

Admob te permite monetizar y promocionar tus *Apps* y además nos ofrece una combinación de herramientas para ver el rendimiento de nuestras aplicaciones y el uso que le dan nuestros usuarios.

Desde el punto de vista del *marketing* actual, es interesante lanzar nuestras *apps* de manera gratuita para conseguir captar usuarios leales, así que se nos plantea un dilema, ¿cómo puedo monetizar mi *app*? La respuesta es Admob.

Lo único que tienes que hacer es darte de alta en Admob aquí: *www.google.com/admob* con tu cuenta de Google y empezar a crear los espacios publicitarios donde vas a mostrar los anuncios dentro de tus *apps*.

A la hora de saber qué formato de anuncios quieres incluir en tu *app*, piensa en tus usuarios y en cómo utilizan e interactúan con tu Aplicación, para saber cuál es el formato y tamaño ideal de anuncio. El sitio también es importante, Admob nos permite incluir los anuncios en cualquier parte, solo debemos añadir el código que nos da en nuestra *app*.

Lo más recomendable es poner los anuncios en una ubicación natural no intrusiva, como en la parte de arriba o abajo en nuestra *app*.

Existen varios formatos publicitarios para añadir a nuestra *app*:

▶ **Intersticial.** Son anuncios a pantalla completa, que se utilizan bastante entre los niveles de las *apps* como juegos. Existe una variedad de este formato de texto, imagen o instalación de *apps*.

▶ **Anuncio nativo.** Se incluye en el diseño natural y el contenido de nuestra *app*.

▶ *True View.* Como los intersticial nos incluye un vídeo promocional enfocado en el *engagement* del usuario.

▼ **Smart Banners.** No ocupan demasiado espacio y son adaptables al tamaño de la pantalla de móvil o tableta en cualquier orientación del dispositivo.

▼ **Lightbox**. Se muestran como *banners* pero cuando hacemos clic, se expanden para permitir al usuario interactuar con el anuncio.

Si quieres sacarle provecho a tus *apps*, únete a Admob, te recomiendo el canal de YouTube "Admob by Google" para que estés informado/a de todo lo que puedes hacer con esta herramienta.

Ya hemos visto todas las posibilidades publicitarias que nos ofrece Adwords para los dispositivos móviles, y lo que queda por venir. Sácale el máximo partido y recuerda que Google está apostando muy fuerte por el móvil, ya que según ellos mismos han comprobado, ha cambiado las reglas del juego.

Ahora vivimos en el *Mobile First World*, según Sridhar Ramaswamy, vicepresidente sénior de Adwords Advertising and Commerce en la última conferencia Google Performance Summit 2016, donde anuncia las innovaciones en Adwords y Analytics para un futuro móvil.

10.9 INSTALA LA APP DE GOOGLE ADWORDS EN TU MÓVIL

Adwords ha lanzado recientemente una *app* para que podamos llevar con nosotros en nuestro bolsillo, nuestra cuenta de Adwords y poder ver el rendimiento y efectuar cambios dondequiera que estemos. Toda una declaración de intenciones para el nuevo *Mobile First World*, ¿no crees?

La tienes disponible en la Google Play Store y en App Store de Apple.

11

INFORMES EN ADWORDS

Ha llegado el momento de medir y optimizar, revisar los datos y el rendimiento de nuestras campañas publicitarias en Google. El éxito de una campaña publicitaria reside en la capacidad de tomar decisiones con los datos que nos dan nuestras estadísticas, especialmente en Google Adwords, donde podemos hacerlo en tiempo real.

La herramienta de informes de Google Adwords es absolutamente genial para obtener datos estructurados del rendimiento de nuestras campañas. Además la nueva interfaz que ha desarrollado Adwords es muy fácil de manejar, con más gráficos y mucho más intuitiva.

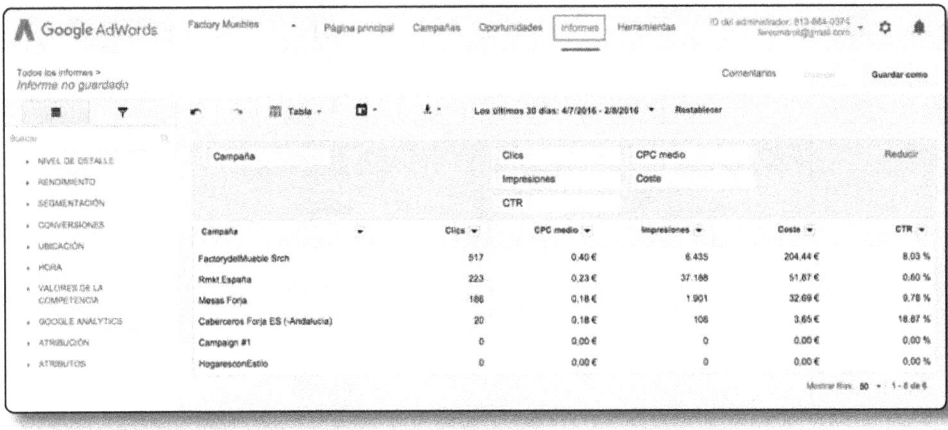

Figura 11.1

En las anteriores versiones de Adwords, realizar informes era algo tedioso y complicado. Ahora es realmente sencillo crear informes con todo tipo de datos y generar gráficas con un solo clic. Ahora no es necesario exportar tus datos a una hoja de cálculo para revisar en detalle nuestro rendimiento, lo podemos hacer todo en nuestro navegador desde Adwords.

Crear un informe es tan simple como escoger las métricas al nivel de detalle deseado e ir añadiendo las que más nos interesen. Para hacerlo solo tenemos que arrastrarlas a la derecha en la sección de informes.

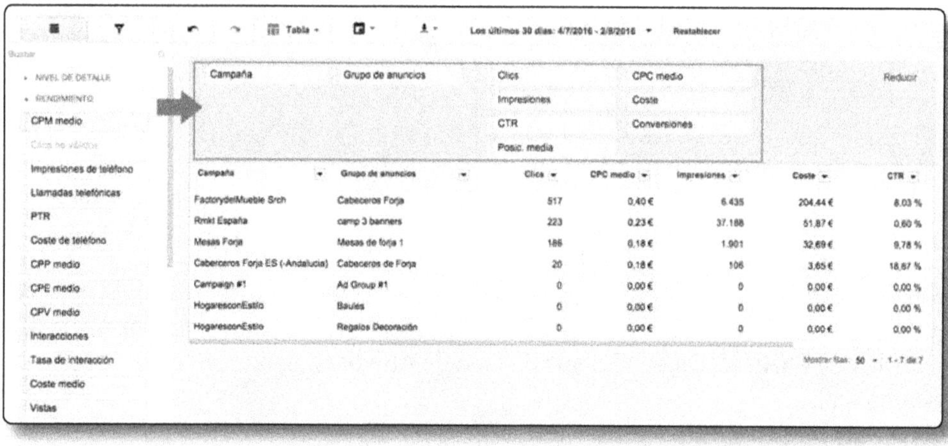

Figura 11.2

Nuestro informe se creará automáticamente mientras sigamos añadiendo métricas. Es 100% configurable. Además podemos crear filtros en las columnas de rendimiento.

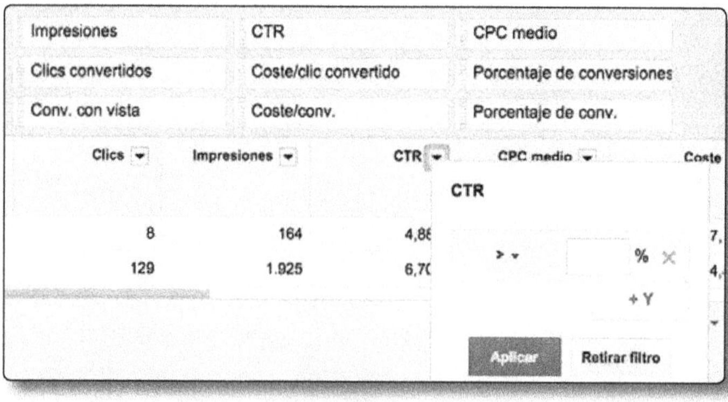

Figura 11.3

En realidad, con toda la información que nos aporta Adwords con la personalización de nuestras columnas, segmentos y filtros, disponemos de la mayoría de datos que necesitamos para trabajar. No obstante, con el editor de informes podemos desglosar los datos visualmente para tener una vista mucho más amplia de nuestras estadísticas. Además podemos compartir nuestros informes, descargarlos y guardarlos.

Por ejemplo, imagina que queremos hacer un gráfico para ver los clics que hemos tenido los últimos 30 días, en los diferentes dispositivos. Es tan fácil como crear un informe nuevo, añadir clics y dispositivos, y crear el gráfico lineal.

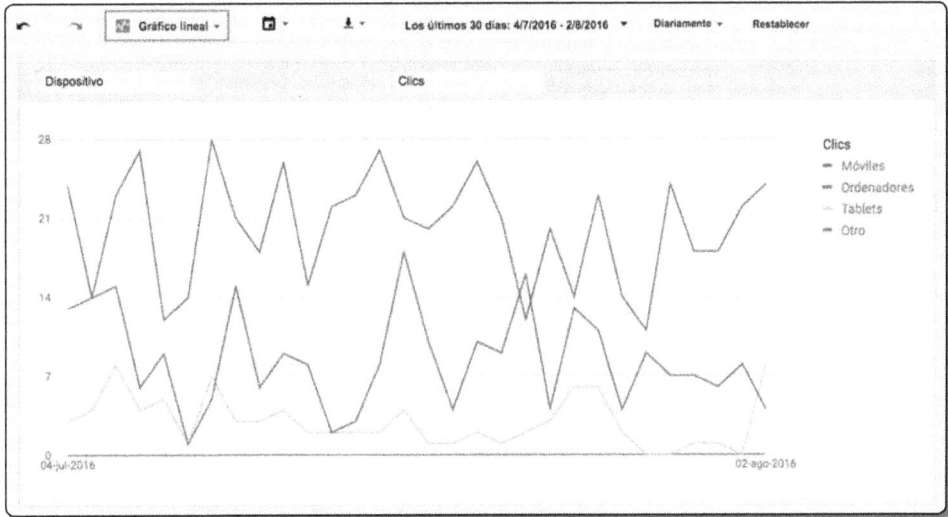

Figura 11.4

En apenas unos segundos tenemos esta información visual de los últimos 30 días, donde podemos ver claramente los clics en los diferentes dispositivos.

Veamos el editor un poco más de cerca para saber cómo podemos sacarle todo el provecho. Lo primero accederemos a la pestaña "Informes" donde podremos ver un listado de los que tengamos guardados, podemos crear uno nuevo:

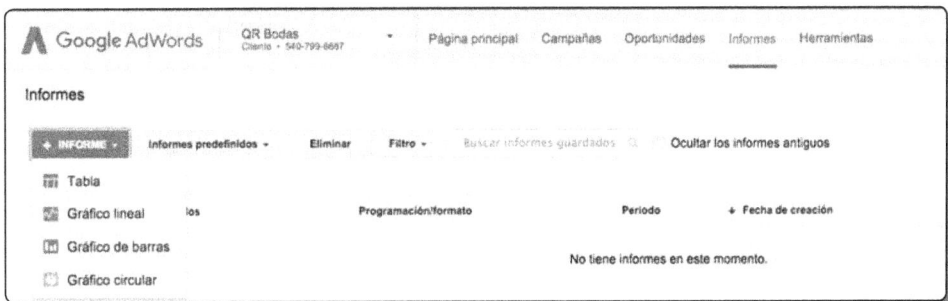

Figura 11.5

Para empezar elegimos "Tabla" para comenzar a crear nuestro primer informe y accederemos al editor.

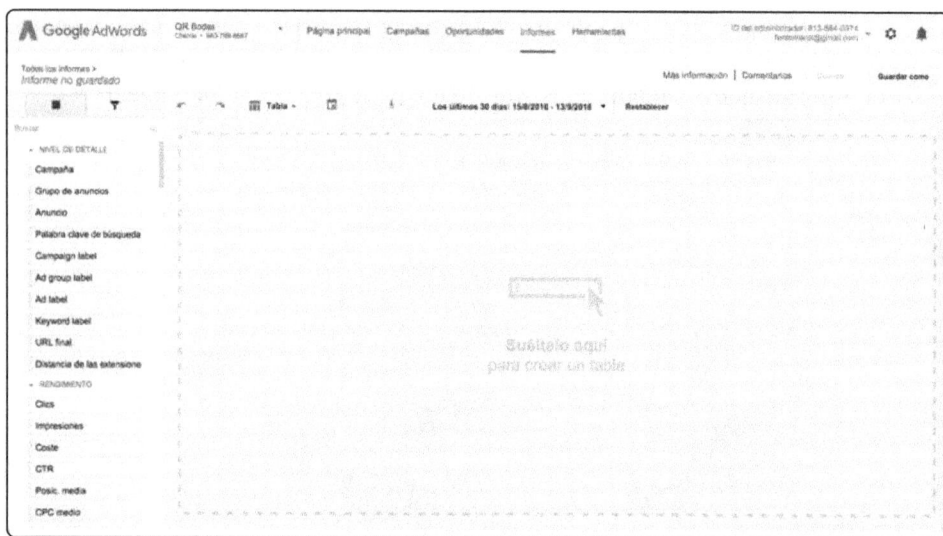

Figura 11.6

A la derecha tenemos la sección más grande llamada "Lienzo", donde arrastraremos y soltaremos mosaicos de la barra lateral para crear tablas y gráficos de nuestros informes. A la izquierda tenemos la barra lateral que contiene los diferentes filtros y mosaicos.

En la barra lateral encontraremos dimensiones y métricas. Las dimensiones son categorías de datos y las métricas son números que miden estos datos.

Podemos filtrar un poco más nuestros informes desde la barra lateral con el botón "Filtro" o desde las columnas en los informes:

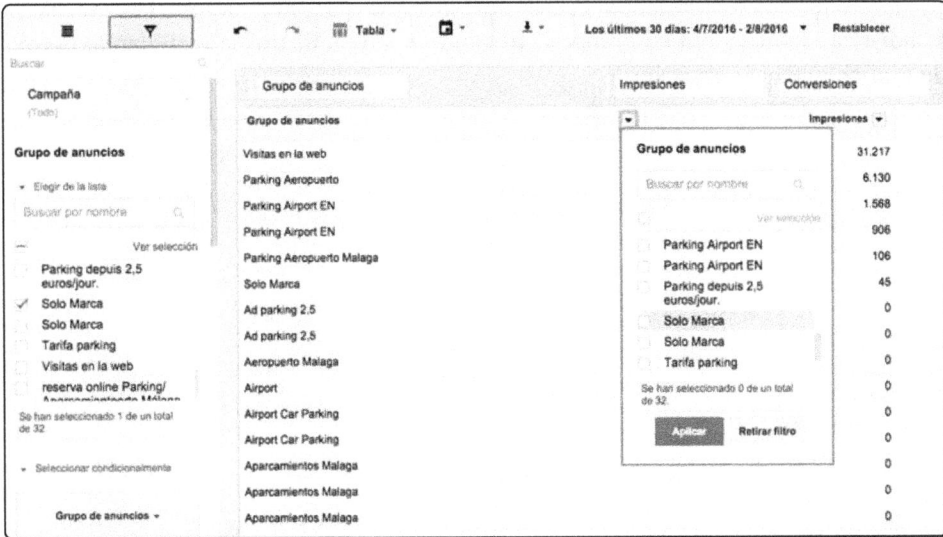

Figura 11.7

Luego tenemos a nuestra disposición la estantería, donde están todas las métricas que hemos seleccionado arrastrando desde la barra lateral para crear nuestro informe. Estas las podemos reordenar o eliminar.

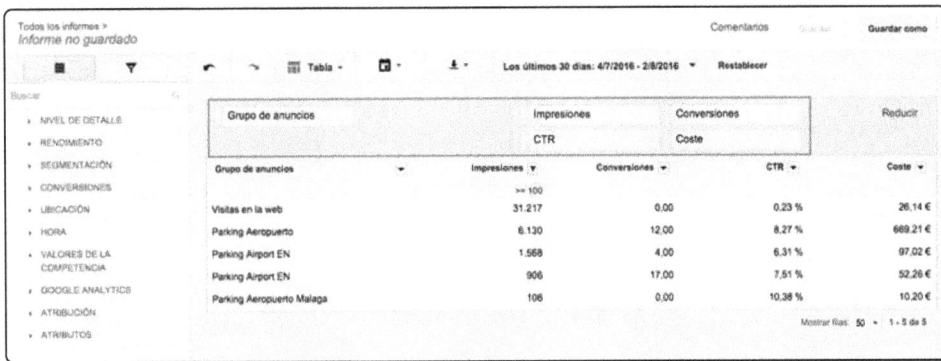

Figura 11.8

314   GOOGLE ADWORDS. DISEÑA TU ESTRATEGIA GANADORA

Una vez que hemos creado el informe podemos hacer que nuestras estadísticas se muestren en gráficos utilizando el botón de arriba y eligiendo el tipo de gráfico que queremos ver.

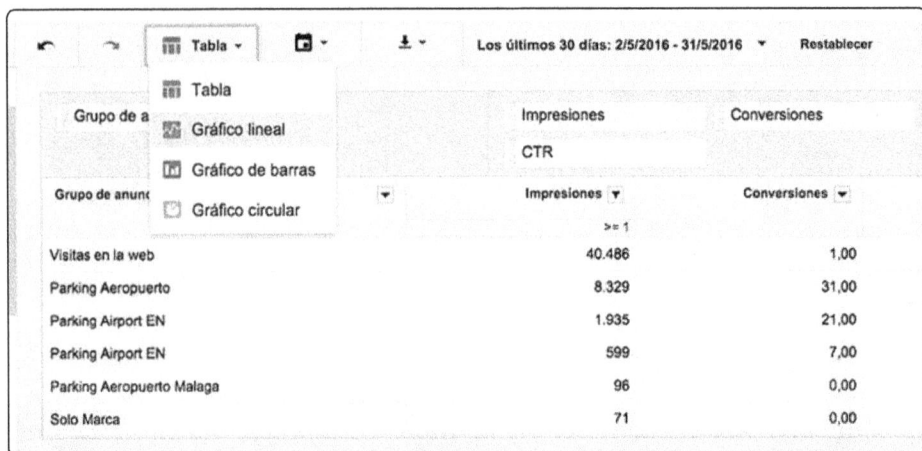

Figura 11.9

Así de fácil es crear un informe detallado con el rendimiento de nuestras campañas. Una vez que lo tengas creado a tu gusto, puedes guardarlo, descargarlo en varios formatos o enviarlo periódicamente por *email*.

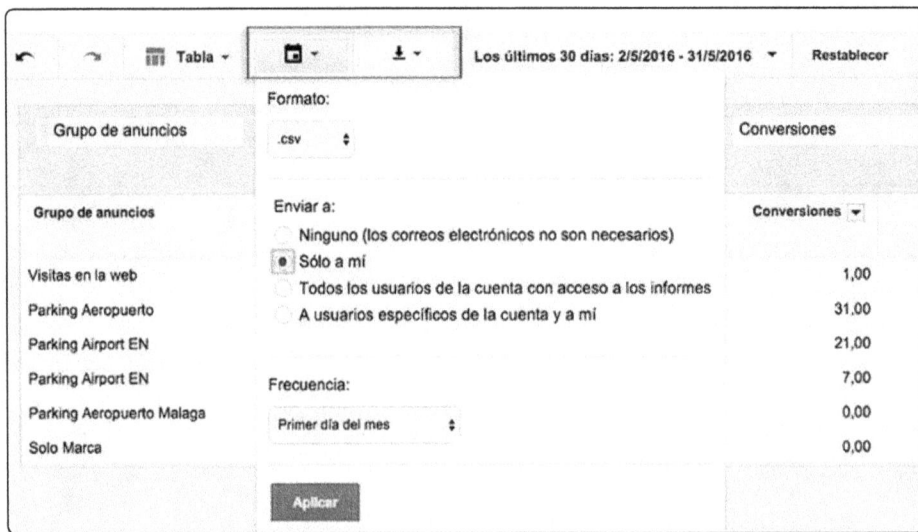

Figura 11.10

Es muy sencillo crear informes con el nuevo editor de Adwords, tómate un momento y pruébalo.

11.1 GOOGLE ANALYTICS Y ADWORDS

Seguro que ya conoces Google Analytics ya que se trata de una de las mejores plataformas de estadísticas web que están disponibles y además es gratuita.

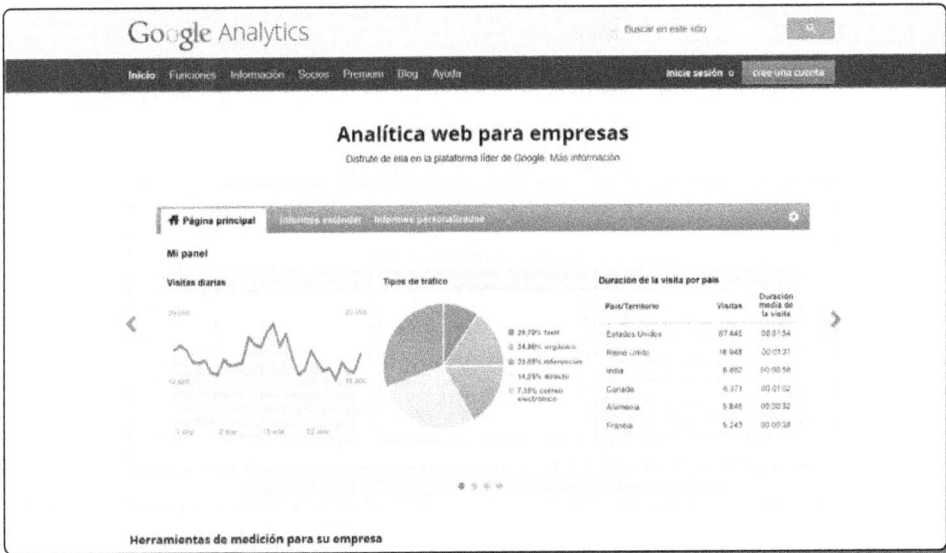

Figura 11.11

Con Google Analytics podremos obtener información muy valiosa de lo que está ocurriendo en nuestra web, más allá de lo que ocurre en Adwords. Este es un aspecto fundamental en cualquier estrategia de *marketing online*.

En Analytics vamos a encontrar información de todo el tráfico que llega a nuestra web desde cualquier fuente. Y también podremos ver el comportamiento de nuestros usuarios, cosas como el tiempo que pasan en nuestro sitio, porcentajes de rebote[44], etc.

---

44   Porcentaje que se refiere a los usuarios que ingresan en nuestra web y seguidamente se marchan.

Si nuestra estrategia de *marketing online* contempla diferentes canales de tráfico como SEO, redes sociales, *email*, etc., Google Analytics nos ayuda a entender cómo trabajan todos juntos para atraer clientes potenciales a nuestro sitio web, incluido Adwords.

Al enlazar nuestra cuenta de Adwords con Analytics podremos tener una información más completa de la actividad de nuestros usuarios en nuestra web, después de haber hecho clic en nuestros anuncios. También nos permitirá compartir datos de Analytics en los informes de Adwords e importar nuevas audiencias de *remarketing* creadas en Analytics.

Lo primero es tener nuestra cuenta de Google Analytics e incluir el código en nuestro sitio web.

Para ello nos crearemos una cuenta en el sitio oficial de Google Analytics con nuestra cuenta de Adwords. A continuación debemos añadir el código de seguimiento de UA[45] a todas las páginas que queramos medir en nuestro sitio web.

Este código lo podemos encontrar en la sección de "Administrador" en nuestra propiedad elegida, ya que con una misma cuenta de Analytics podemos medir diferentes sitios web de nuestra propiedad.

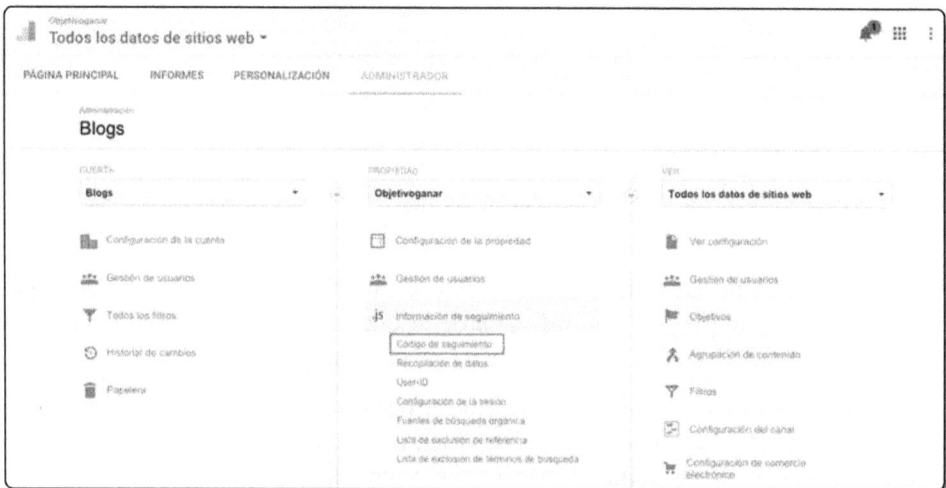

Figura 11.12

Una vez tenemos el código de seguimiento añadido en nuestro sitio web, empezaremos a ver datos y métricas de nuestra audiencia.

45   Universal Analytics.

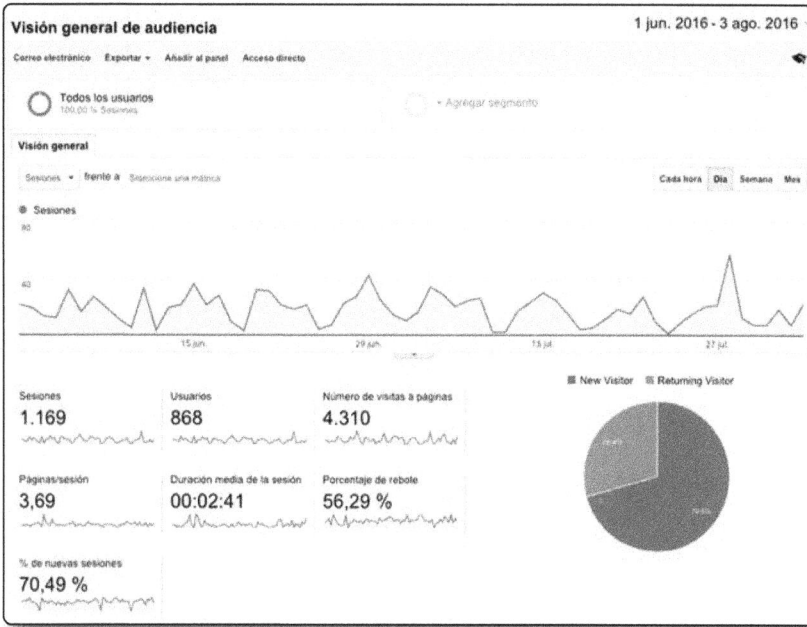

Figura 11.13

Ahora nos queda enlazar nuestra cuenta de Adwords con Google Analytics para ver cómo podemos aprovechar todo el potencial de esta plataforma tan potente en nuestro proceso publicitario.

Para ello iremos a nuestra cuenta de Adwords a configuración en el icono arriba a la derecha y seleccionamos "Cuentas enlazadas".

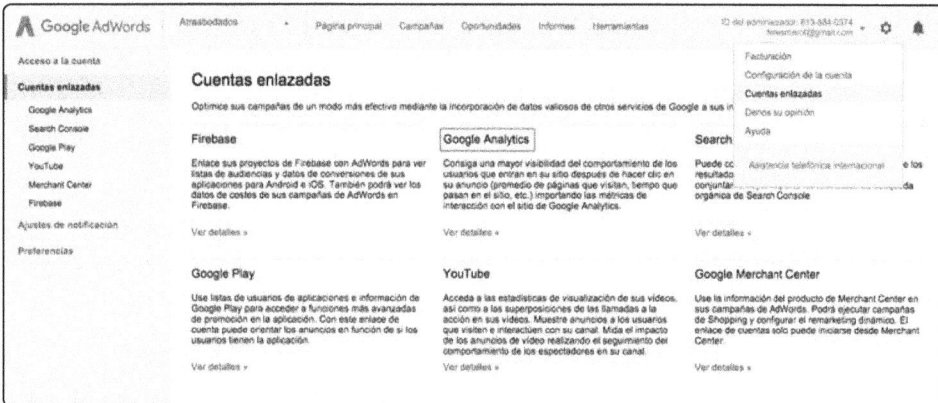

Figura 11.14

Hacemos clic en "Ver detalles" y accedemos a la cuenta enlazada de Analytics, donde podremos editarla, importar objetivos y listas de *remarketing* de Analytics.

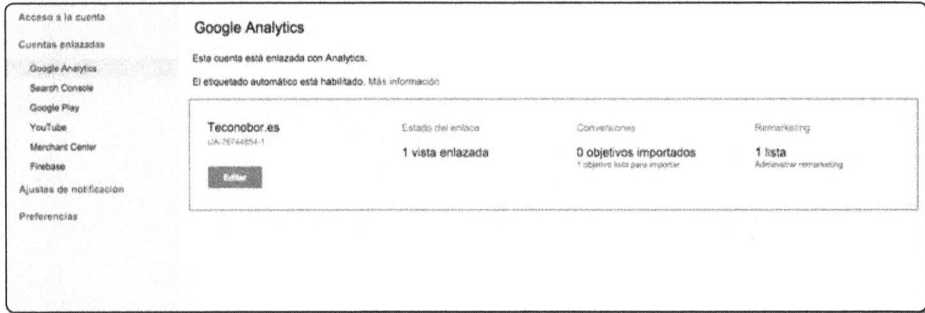

Figura 11.15

11.2 BUENOS CONSEJOS PARA USAR GOOGLE ANALYTICS CON ADWORDS

1. **Segmentar el comportamiento de nuestra audiencia.**

   Este es un buen consejo si queremos conocer un poco más a los usuarios que nos visitan por primera vez desde Adwords y cómo reaccionan a nuestro sitio web, comparados con los usuarios recurrentes.

Figura 11.16

2. **Utiliza dimensiones secundarias en los informes de Adwords.**

   Las dimensiones secundarias en Analytics son como los segmentos que utilizamos en Adwords para obtener una información más específica. En Analytics podemos utilizarlas para llegar a ver cualquier métrica.

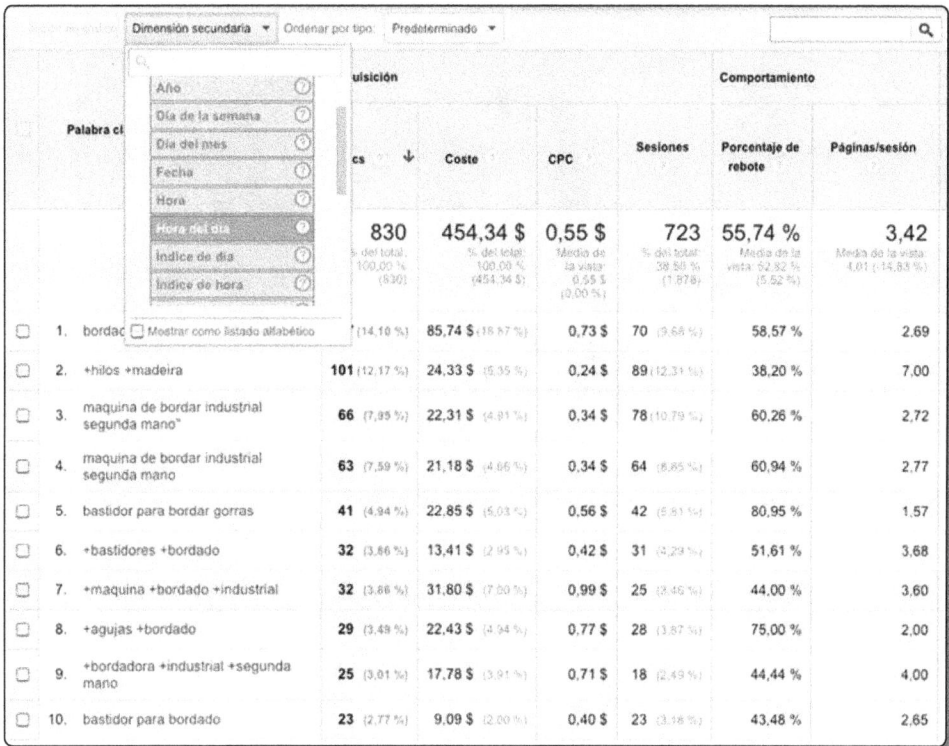

Figura 11.17

3. **Qué campañas, anuncios y palabras clave consiguen más *engagement* en nuestro sitio.**

   Es un hecho triste que muchos de nuestros clics no consiguen conversiones, pero podemos observar que está pasando con esos clics en nuestro sitio web. Estas métricas la podemos importar desde Analytics para poder verla en nuestros informes de Adwords.

   Primero, mostraremos algunas columnas de Google Analytics en nuestros informes:

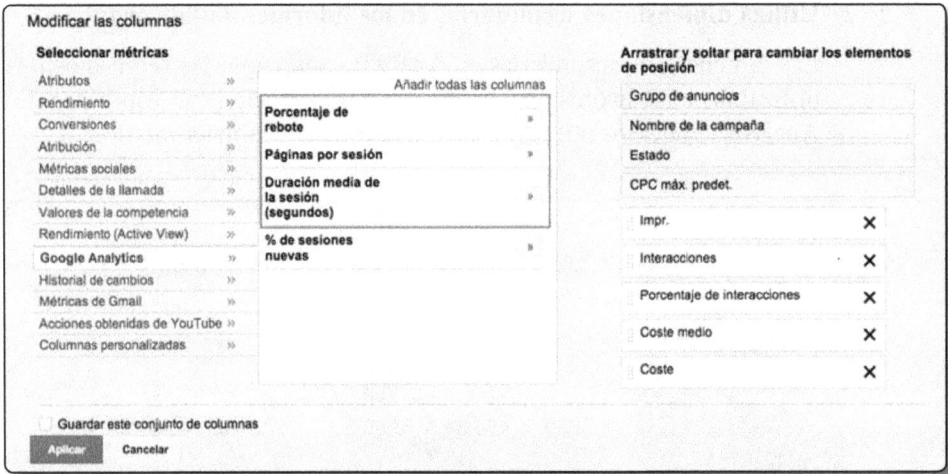

Figura 11.18

Al añadir estas columnas tendremos una información clave para saber el porcentaje de rebote, es decir, usuarios que abandonan nuestro sitio, páginas por sesión, que es el número de páginas que recorre un usuario y duración media de la sesión. Esto nos ayudará a ver qué anuncios o palabras clave pueden estar fallando o llegando al usuario equivocado.

Ahora disponemos de mucha más información para tomar decisiones en nuestras campañas.

11.3 REMARKETING CON ANALYTICS

Anteriormente hablamos de las posibilidades que nos daban las campañas de *remarketing* para reconectar con nuestros clientes potenciales, pero con Analytics podemos darle otra vuelta de tuerca a esta utilidad, ya que podremos crear listas de *remarketing* en nuestra cuenta de Analytics para captar clientes que llegan a nuestra web desde cualquier fuente de tráfico que no sea Adwords. Esto amplía nuestras posibilidades, ¿no crees?

Además las listas de *remarketing* con Analytics pueden ser más amplias y con más opciones que las de Adwords.

Veamos cómo crearlas:

Lo primero es habilitar los informes de datos demográficos y de intereses de nuestra propiedad en Analytics:

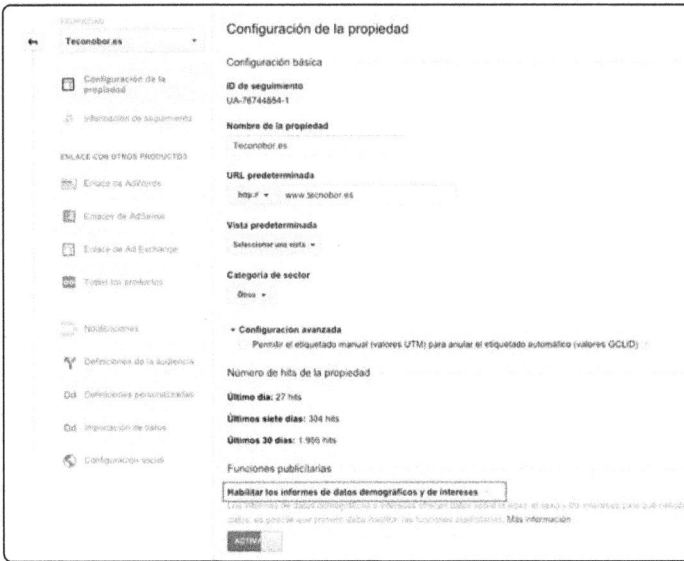

Figura 11.19

Este paso es importante para poder hacer que nuestras listas de *remarketing* funcionen correctamente.

A continuación nos volvemos a nuestra propiedad en Analytics y seleccionamos "Audiencias" en la sección "Definiciones de la audiencia":

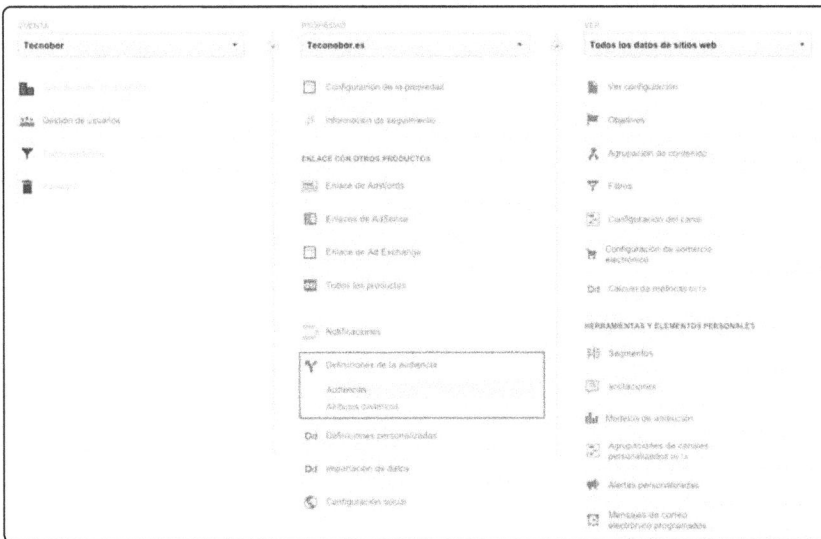

Figura 11.20

En "Definir audiencias" nos encontraremos con algunas listas de *remarketing* recomendadas por Google Analytics, como "Todos los usuarios", "Usuarios nuevos" o "Lista inteligente". Esta última es interesante para probar, pues se trata de una lista en la que Google trata de alcanzar a los usuarios con mayor potencial de conversión.

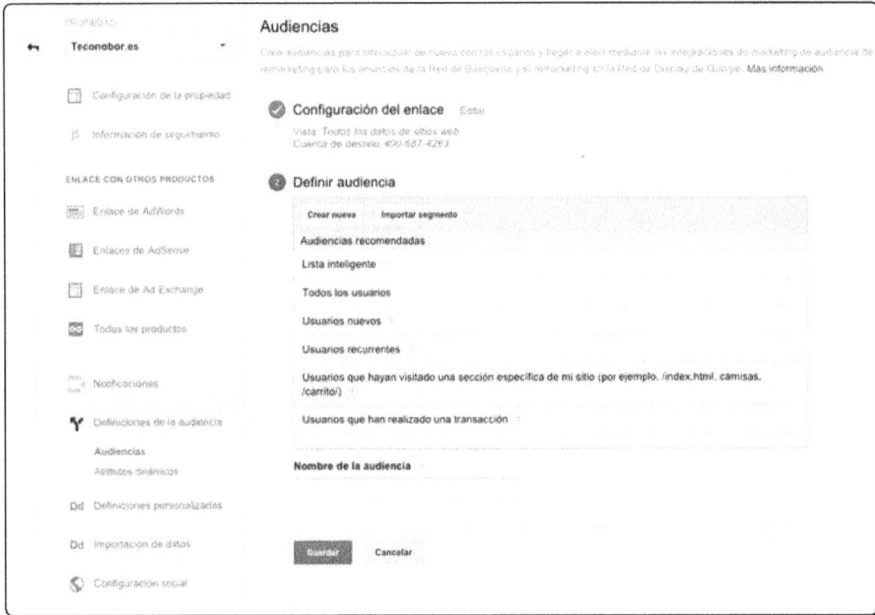

Figura 11.21

También podemos crear nuevas listas con nuestros propios criterios:

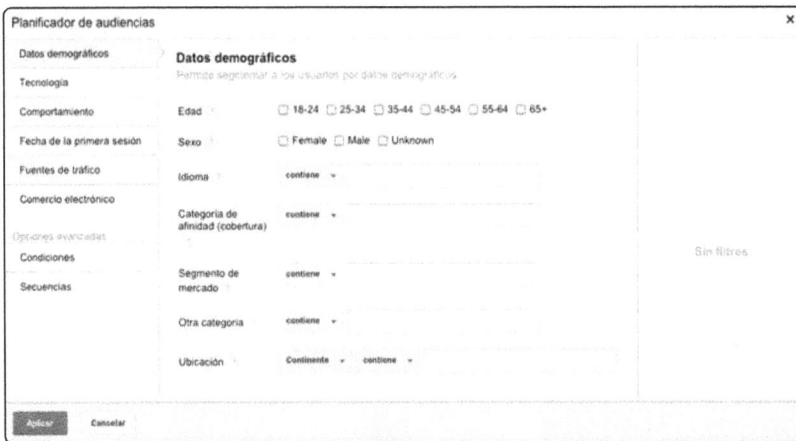

Figura 11.22

Todas nuestras listas se verán en Analytics y, por supuesto, estarán disponibles en Adwords para hacer uso de ellas en nuestras campañas de *display*[46].

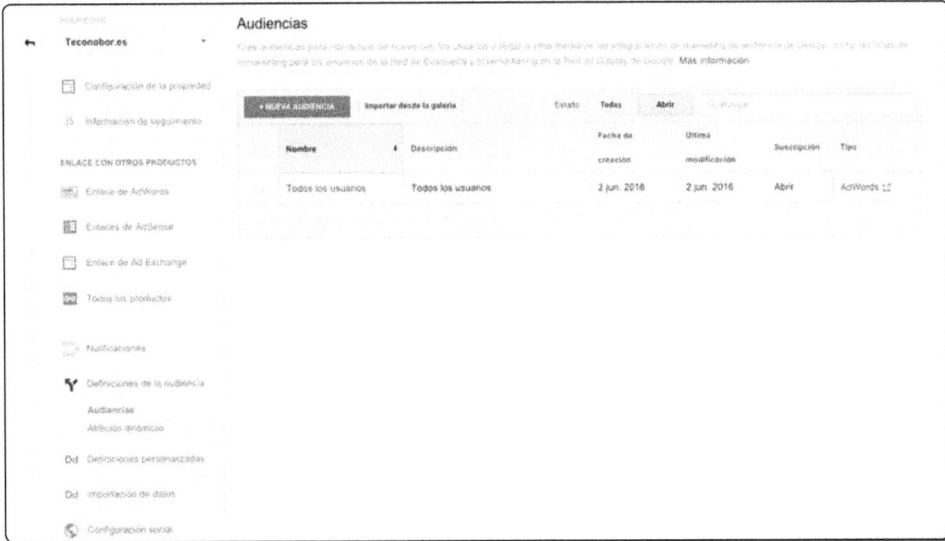

Figura 11.23

Para poder utilizar estas listas de re*marketing* de Analytics en nuestras campañas de Adwords, tan solo tenemos que ir a la segmentación de nuestro grupo de anuncios y elegir "listas de re*marketing*", ahí veremos todas las disponibles incluidas las que hayamos creado en Analytics.

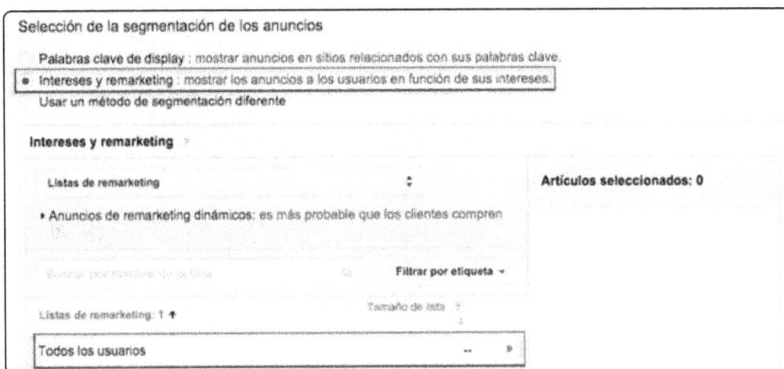

Figura 11.24

---

46   Las listas de *remarketing* en Analytics solo funcionan en la Red de Display.

Un aspecto que no debes olvidar nunca cuando hagas campañas de *remarketing*, es la limitación de frecuencia con la que se muestran nuestros anuncios a los usuarios de nuestras listas. Si no quieres que estos acaben cansados y agobiados de tus anuncios. Así que limita la frecuencia diaria a un número que consideres aceptable. Te recuerdo que para limitar la frecuencia, debes ir a la configuración avanzada de tu campaña.

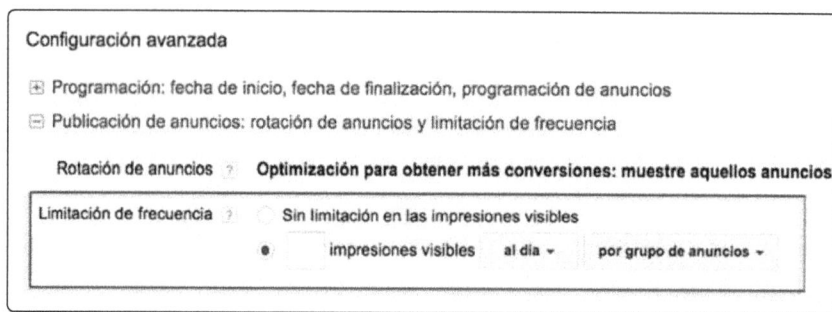

Configuración avanzada

⊞ Programación: fecha de inicio, fecha de finalización, programación de anuncios
⊟ Publicación de anuncios: rotación de anuncios y limitación de frecuencia

    Rotación de anuncios ?   **Optimización para obtener más conversiones: muestre aquellos anuncios**

    Limitación de frecuencia ?   Sin limitación en las impresiones visibles

                          ⦿   impresiones visibles   al día ▾   por grupo de anuncios ▾

Figura 11.25

Como puedes ver, esta herramienta es un potente aliado para nuestro *marketing online* si sabemos cómo aprovecharlo. En Analytics tenemos toda la información necesaria para tomar medidas y además para cruzar datos con Adwords y optimizar nuestras campañas. Todo un lujo al alcance de cualquiera.

11.4 OPORTUNIDADES EN ADWORDS

Google Adwords dispone de una cantidad casi ilimitada de herramientas que están a nuestra disposición para ayudarnos a realizar mejoras y conseguir mejor nuestros objetivos. Quería mostrarte la opción "Oportunidades" en nuestro menú principal, aunque Adwords se encargará reiteradamente de que la conozcas en sus constantes notificaciones.

Google Adwords detecta oportunidades con los datos de tu cuenta y no puede evitar informarnos sobre ello. Esto está muy bien, pero debemos tener en cuenta, que nosotros somos los que gestionamos nuestra cuenta y sobre todo nuestro presupuesto.

Es recomendable echar un vistazo a las oportunidades que Adwords ha detectado simplemente para ver de qué se trata, y de si podemos mejorar algo, pero en ningún caso son dogmas de fe. Es decir, que no tenemos que hacerles caso siempre. Debemos tener nuestro propio criterio para tomar las decisiones correctas sobre nuestras campañas.

Figura 11.26

Recuerda la importancia de examinar los datos de tu analítica web y de tus informes y comprobar que estamos cumpliendo nuestros objetivos publicitarios.

12

··

¡TRUCOS PARA TUS CAMPAÑAS!

Hemos llegado a la última parte de nuestra aventura publicitaria en Google Adwords y ahora te toca a ti poner en práctica todo lo que hemos visto. Creo que ya dispones de información suficiente para crear tus campañas desde cero, optimizarlas y sacarles un buen partido.

Podría decirte que casi todo está dicho y que hemos demostrado la eficacia de cada aspecto de Adwords, al menos los que yo considero más importantes. No obstante se trata de una herramienta tan amplia y con tantas opciones que resulta difícil completar todos los detalles en un solo libro.

Cabe decir que Google Adwords es una plataforma en constante evolución y desarrollo, es un ejemplo perfecto del lema "*Work in Progress*". Lo habréis podido notar vosotros mismos si leísteis mi anterior libro. Hace apenas un par de años no disponíamos de algunas opciones y herramientas que hemos visto en este nuevo libro. Incluso Google acaba de anunciar nuevos cambios importantes que se llevarán a cabo en unos meses y que según nos adelantan se trata de mejoras en nuestros anuncios para lo que ellos llaman *Mobile First World*[47], es decir un encuadre publicitario donde la prioridad son los dispositivos móviles y que ya hemos visto en capítulos anteriores.

Está previsto que a finales de este año 2016 estén disponibles los nuevos anuncios de texto con más caracteres que los que tenemos ahora.

Por ejemplo, los nuevos títulos tendrán 30 caracteres disponibles, 5 más que ahora. Y la descripción pasará de 2 líneas de 35 caracteres, a una frase de 80.

───────────

47   *http://goo.gl/lavyFz*

Mejorar en los Anuncios	Activos ahora	Nuevos Anuncios
Título más largo	25 caracteres	30 caracteres
Descripción larga	2 líneas de 35 caracteres	Una sola línea descriptiva de 80 caracteres
URL más relevante	URL manual	El dominio se extrae automáticamente de la URL para que sea más preciso.

Google afirma que estos cambios ayudarán a que nuestros anuncios cumplan mejor su cometido en cualquier pantalla, especialmente para los usuarios con móviles que disponen de menos tiempo y quieren saber exactamente que ofrecemos antes de hacer clic.

Otra nueva mejora que Adwords nos traerá muy pronto son los **"Responsive Display Ads"** es decir, los anuncios de *display* adaptables. Este nuevo formato hará que nuestros anuncios de *display* se adapten funcionalmente a los contenidos de miles de sitios web y *App*s que engloban la Red de Display. Tan solo tendremos que redactar un título, una descripción, añadir una imagen y una URL y Google creará nuestros anuncios para que se integren con el *look & feel* de la ubicación que los contiene. La verdad es que pinta muy bien.

Otro destacable adelanto será la posibilidad de incluir anuncios en Google Maps, toda una apuesta muy interesante para los negocios locales. Google informa que un tercio de las búsquedas en móviles son relacionadas con la ubicación de algún sitio. Por ello con este tipo de anuncios, los negocios podrán incluir *pins*, información y su logos en el mapa de Google, así como promociones.

Toda una batería de nuevas propuestas que estarán muy pronto en Adwords y que a buen seguro han sido testadas por Google para ofrecer los mejores resultados y la mejor experiencia posible para el usuario.

Aunque parezca una paradoja, los cambios en Google Adwords, son una constante que te encontrarás a menudo. Pero no te preocupes, son cambios que nos ayudarán a conseguir mejor nuestros objetivos publicitarios.

Dicho esto, ha llegado el momento de que te revele alguno de mis trucos y técnicas que he recopilado durante más de die< años trabajando con Adwords en mis propios proyectos y con mis clientes.

Algunos de estos trucos son de mi propia experiencia a base de pruebas y errores y gastos en clics. Otros son fruto de estudiar a los grandes como Perry Marshall y Brad Geddes. Toma nota y ponlos en práctica en tus campañas.

12.1 ANUNCIOS CON SÚPER FILTROS

Recuerda siempre esto: A nuestro cliente potencial no le cuesta nada hacer un clic, a nosotros sí.

Esto es especialmente provechoso cuando tenemos poco presupuesto, cosa bastante frecuente. Debes encontrar la fórmula para conseguir que tus anuncios solo sean relevantes y atractivos para tus clientes potenciales, eso está claro, pero si utilizas filtros en tus anuncios, puede ahorrarte bastante dinero en clics poco o nada productivos.

Se trata de utilizar el texto de tus anuncios para filtrar aún más a tus clientes potenciales, incluyendo información como precios, características y cualquier cosa que deje bien claro quién debe hacer clic y evite a los simplemente curiosos.

Veamos un ejemplo:

Anuncio sin filtro:

Coches de Ocasión
www.ocasion-car.com
Multimarcas de Ocasión.
Ven a Probarlos con Descuento!.

Anuncio con filtro:

Ofertas BMW de Ocasión
www.ocasion-car.com
Coches BMW de Ocasión.
Ven a Probarlos con Descuento!

Anuncio con súper filtro:

BMW x1 Azul Ocasión
www.ocasion-car.com
15.559€ Mod. 2008 Gasolina.
Seguro Gratis. Infórmate aquí.

Como puedes ver en este último anuncio estamos asegurando los clics con un buen súper filtro. Cualquiera de estos anuncios puede funcionar, pero no cabe duda que el último va a ahorrarnos muchos clics, ya que solo conseguiremos que hagan clic los interesados en el modelo, marca, color y precio que hemos puesto.

Seguro que ya has captado la idea, no utilices anuncios demasiado genéricos, a menos que se haya previsto en el plan de *marketing* o que tengas una campaña destinada a promocionar tu marca o a conseguir nuevos clientes.

Si puedes hacerlo, lo ideal es que incluyas en tus grupos de anuncios, uno nuevo con súper filtro y compares los resultados por ti mismo/a. Es posible que obtengas menos clics, pero serán más productivos, es decir, ¡mejores clics!

Las extensiones de enlaces de sitio y las de texto destacado, también son un buen recurso para que sigamos filtrando. Que no te de miedo poner el precio de un producto o servicio en tus anuncios, es el filtro perfecto, ya que nadie haría clic en algo cuyo precio no le interesa.

En el caso de anuncios de *display* también puedes filtrar con textos e imágenes sugerentes que les haga sentirse identificados a tus clientes potenciales y no les resulten interesantes a los demás. Una buena idea es añadir un texto bien visible que haga de filtro. Por ejemplo: puedes añadir una pregunta como "¿Eres empresario?, ¿Tienes un negocio? ¿Te gusta el Sushi?, etc.

Dile adiós a los clics improductivos, filtra tus anuncios.

12.2 PALABRAS CLAVE DE ALTA CONVERSIÓN

Ya hablamos de este tipo de palabras clave en nuestra investigación de *keywords* en el capítulo 2. Son términos a los que tienes que prestar atención, sobre todo, si tienes una tienda *online* y vendes productos. Recordarás que son términos que contienen verbos o palabras de acción relacionadas con nuestro producto o servicio.

Por ejemplo: "comprar…", "reservar…", "pedir…".

Si tienes la gran fortuna de encontrar una o varias de estas palabras clave con la suficiente demanda, deberás sacar toda tu artillería de Adwords y ponerlas a funcionar a pleno rendimiento. Eso significa que pongas a funcionar las automatizaciones más interesantes como maximizar clics, CPC mejorado, etc., para que Google nos ayude a conseguir más clientes.

Escoge estas palabras y crea un grupo de anuncios específico para redactar un buen anuncio optimizado y filtrado. Ten en cuenta que no es lo mismo redactar un anuncio para "camisetas *online*" que para "comprar camisetas Star Wars", a este último debes hacerle una oferta que no pueda rechazar, lo que quiero decir es, que utilices el poder de la fuerza.

12.3 FLYERS 3.0

Si eres capaz (estoy convencido que sí), de crear una campaña de *display* ubicada en tu localidad o en la de tu cliente, bien segmentada y utilizas *banners* bien visibles como los de 300x600px, los de 300x250px y los Rch Media, con un mensaje bien definido y directo, tendrás una campaña de *flyers* 3.0 y podrás olvidarte de tus pedidos a la imprenta.

La idea consiste en dejar atrás cosas como el buzoneo, *flyers* en los parabrisas de los coches y cosas parecidas. Esto ya no funciona y además sale caro. La realidad de este tipo de publicidad que se tiene por *low cost*, es que sale demasiado cara y no es nada rentable, de hecho el 90% de tus folletos acabarán en el contenedor azul de reciclado.

Prueba una campaña de *flyers*, pero en la Red de Display, donde tienes todas las herramientas de Google a tu disposición para llegar a tu audiencia ideal.

La clave de este tipo de campañas es la segmentación, que debe ser muy fina y enfocarse de manera local a tus clientes potenciales. Por ejemplo, ¿vas a abrir un nuevo restaurante en la ciudad? Qué tal si te presentas con una buena campaña de *banners* en foros de gastronomía, blogs de cocina y directorios de restaurantes. Haz una propuesta divertida y verás que éxito.

Prueba con pujas por impresiones (CPM), lo importante no es que vayan a tu sitio web, sino que te conozcan.

Otro aspecto importante son los *banners*, recuerda que deben ser visibles y filtrar a tu audiencia. Prueba a poner un botón con una invitación o una descarga de un cupón descuento. Tus clics serán clientes potenciales.

12.4 REMARKETING ESPÍA

Seguro que te gustaría saber qué páginas web visitan tus clientes potenciales, además de la nuestra. Esto nos daría una pista impagable para saber qué ubicaciones podemos utilizar en nuestras campañas de *display*.

Empieza por crear una campaña de *remarketing* y en apenas un par de semanas tendrás una lista de las ubicaciones en las que se les ha mostrado nuestros *banners*. Lo ideal es crear la lista en Analytics para tener la información de todos los usuarios que llegan a nuestro sitio web.

Crea una campaña de re*marketing* con impresiones y poco presupuesto para averiguar las ubicaciones de nuestros clientes potenciales y además también obtendremos datos demográficos. Toma nota y date cuenta que muchos sitios serán aleatorios y poco relevantes, pero encontrarás otros que son oro puro.

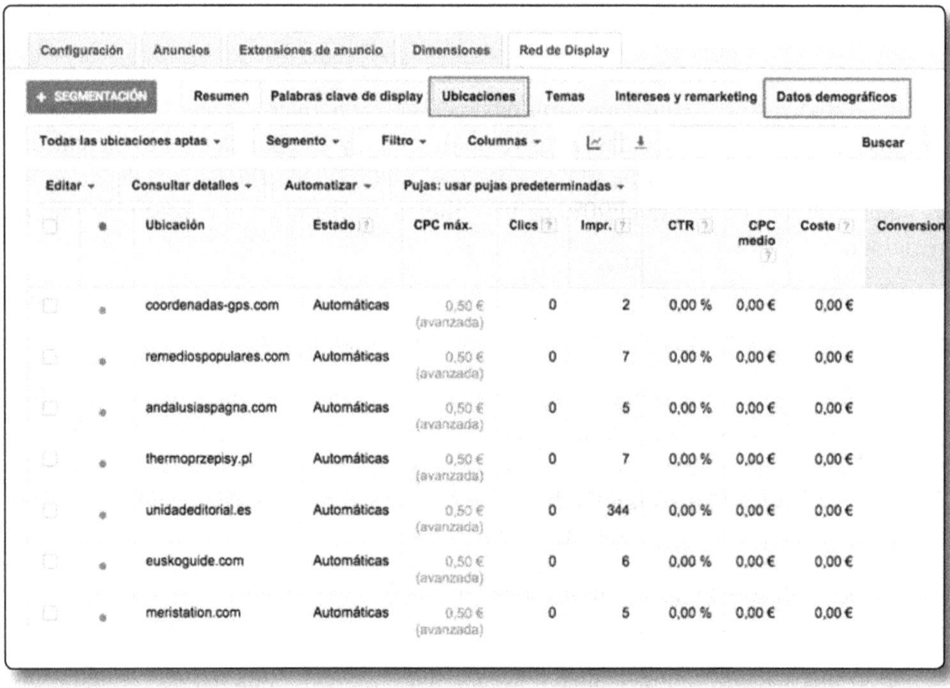

Ubicación	Estado	CPC máx.	Clics	Impr.	CTR	CPC medio	Coste	Conversion
coordenadas-gps.com	Automáticas	0,50 € (avanzada)	0	2	0,00 %	0,00 €	0,00 €	
remediospopulares.com	Automáticas	0,50 € (avanzada)	0	7	0,00 %	0,00 €	0,00 €	
andalusiaspagna.com	Automáticas	0,50 € (avanzada)	0	5	0,00 %	0,00 €	0,00 €	
thermoprzepisy.pl	Automáticas	0,50 € (avanzada)	0	7	0,00 %	0,00 €	0,00 €	
unidadeditorial.es	Automáticas	0,50 € (avanzada)	0	344	0,00 %	0,00 €	0,00 €	
euskoguide.com	Automáticas	0,50 € (avanzada)	0	6	0,00 %	0,00 €	0,00 €	
meristation.com	Automáticas	0,50 € (avanzada)	0	5	0,00 %	0,00 €	0,00 €	

Figura 12.1

12.5 CAMPO DE MINAS

Esta es otra buena técnica bastante sencilla de implementar que nos puede ofrecer muy buenos resultados sobre todo para que tengamos mayor exposición en los sitios más indicados mezclando campañas de búsqueda y de *display*.

Está comprobado que muchos de los usuarios que buscan algo en Google, solo tienen en cuenta los resultados orgánicos o naturales del buscador y no tienen en cuenta los enlaces patrocinados. Tu anuncio pasará de largo y puede que nadie lo tenga en cuenta, en cualquier caso, podríamos hacer varias cosas.

Lo primero es dejar nuestro anuncio en las búsquedas que es donde debe estar, claro está, si es así como lo hemos planeado. Y lo segundo es empezar a mirar en los resultados naturales de esas mismas búsquedas para ver si encontramos ubicaciones que contengan anuncios de Google y, ¿adivinas?, lo que tendremos que hacer es crear una campaña en la Red de Display para colocarnos justo en esas ubicaciones.

De manera que estaremos saliendo en las búsquedas y en el contenido de las páginas de resultados naturales de Google, siempre que estas estén disponibles en las ubicaciones de *display*. Podemos buscar en las tres primeras páginas de resultados, además también debemos hacerlo con palabras clave más genéricas que quizás no contemplemos en nuestras campañas de búsqueda.

Este también es un truco genial para encontrar buenas ubicaciones para nuestras campañas de *display*.

12.6 SEO INTELIGENTE

El posicionamiento natural en Google es una buena idea si disponemos de la posibilidad y los medios. Aunque a veces resulta demasiado complicado obtener un buen posicionamiento para según qué términos. Además, puedo decirte por experiencia que estar en los primero puestos de Google, a veces no resulta rentable. ¿Cómo es posible?

Algunas palabras clave pueden darte clics y tráfico, pero no conversiones y aquí es donde está el dilema. Imagínate un equipo de SEO trabajando a destajo durante 6 meses para acabar posicionando tu tienda *online*, y después resulta que tu palabra, anuncio o *landing* no convierte. Esto es muy frustrante.

Puedes ahorrarte este mal trago probando antes de comenzar tu trabajo SEO, con una buena campaña en Adwords. Es tan simple que parece una bobada, pero no lo es. Te puedes ahorrar mucho tiempo y esfuerzo.

Una vez que hayas probado tu campaña con tus palabras clave y tu página web, debes ver si has tenido los resultados esperados; si es así, sigue adelante con tu SEO.

No cabe duda de que Adwords es un mecanismo estupendo, no solo para vender nuestros productos, sino también para realizar todo tipo de test y pruebas, ya que resulta mucho más barato que un estudio de mercado.

12.7 DAVID Y GOLIAT

Adwords es una buen ejemplo de cómo un pequeño negocio puede igualar incluso superar a un gigante empresarial. Lo único que nos puede separar de las grandes empresas es el presupuesto dedicado a sus campañas, pero nosotros tenemos un as en la manga que, unido a nuestra habilidad para el PPC, puede llevarnos a competir con el más grande o a beneficiarnos de su marca o reconocimiento.

La mayoría de usuarios escribe en el buscador palabras clave sueltas, productos y servicios, pero también realizan búsquedas utilizando marcas, nombres comerciales y URL´s.

Por ejemplo, mucha gente escribe cada día en Google "pizzas a domicilio", pero también hay una buena cantidad de personas que escriben directamente las marcas más conocidas de pizzas a domicilio y, ¿sabes qué?, tú puedes utilizar estos términos como palabras clave en tus campañas.

Lo único que debes tener en cuenta, es no utilizar la marca en tu anuncio ya que incumplirías los términos de Google y por supuesto, no se trata de falsear nuestro anuncio para engañar a nuestro usuario sino de ofrecer tu producto en el sitio adecuado a la gente adecuada. Eso sí, tendrás que ofrecer algo mucho mejor como alternativa a la gran marca, un mejor servicio, más económico, más rico, más sano, etc.

Imagina que alguien quiere una pizza y escribe en Google la marca más conocida de pizzas a domicilio, podríamos mostrarle este anuncio:

Pizzas +Grandes y Jugosas
www.PizzasFer.com
Hoy 2x1 Pedidos Online.
Pruébalas y Repetirás Seguro.

Una vez que hemos conseguido ese clic, debemos realizar un buen trabajo en nuestra *landing page* para convencer a nuestro nuevo cliente de que nuestro producto puede ser mejor. Para ello podemos utilizar testimonios reales de clientes satisfechos, cupones, vídeos, etc.

Ten preparada una buena lista de palabras negativas para evitar clics improductivos de búsquedas irrelevantes con la marca en cuestión.

12.8 PEEL & STICK

Esta técnica es muy simple pero efectiva y te recomiendo que la utilices siempre que te sea posible. El gran Perry Marshall[48] la llama *Peel and Stick*, que se podría traducir como "despegar y pegar", algo así como que nuestras palabras clave son adhesivos de poner y quitar.

Consiste en consultar los informes de nuestras palabras clave para descubrir si alguna de ellas brilla por su rendimiento sobre las demás. Es decir, que tenga clics, impresiones y un CTR superior a la media.

Si esto se da, coge esta palabra clave y crea un nuevo grupo de anuncios solo para ella, ponla en el título y en la primera frase de tus anuncios. Acabas de crear un grupo de anuncios súper relevante que superará todavía más el CTR y por descontado nos costará menos.

Ten en cuenta que al poner solo esta palabra en un nuevo grupo de anuncios, ha dejado de competir con las otras palabras del grupo anterior por las impresiones, por lo que aumentará nuestro nivel de calidad de manera inmediata.

No te olvides de eliminar la palabra clave de su grupo de anuncios original. Es un truco fácil y muy eficaz y lo único que hay que hacer es despegar y pegar.

12.9 INCLUYE A TU COMPETENCIA EN TU LANDING

Este truco es una idea loca de Perry Marshall, que alguna vez yo mismo me he planteado. Se trata de algo que puedes calificar de imprudencia temeraria o algo parecido, pero en realidad tiene mucho sentido.

¿Qué pasaría si incluyes en tu *landing* las webs de tu competencia? Te lo diré muy rápido, que tu CTR subirá como la espuma. ¿Cómo es posible? Muy fácil, porque tus usuarios se quedarán más tiempo en tu página web, ya que no tienen que seguir buscando.

¿A que parece demencial? En realidad no lo es, es muy inteligente, de hecho cada día hay más comparadores que le ahorran tiempo y trabajo a los usuarios.

Si eres capaz de hacer algo parecido, le estarás dando a tu usuario la posibilidad de quedarse en tu web y además te verán como una autoridad en tu

---

48   Autor de "*Ultimate Guide to Google Adwords*".

sector. Eso sí, hay que hacerlo con mucho esmero, se trata de que tus visitas no abandonen tu sitio web, así que puede poner información de tu competencia, precios y demás, pero cuidado con los enlaces.

12.10 AUTOMATIZACIONES EN ADWORDS

No quería terminar este libro sin hablaros de las automatizaciones en Adwords. Son una técnica genial para ahorrarnos tiempo de optimización en la herramienta.

Podemos utilizar las automatizaciones a todos los niveles de nuestra cuenta de Adwords: a nivel de campaña, grupos de anuncios, palabras clave, ubicaciones, etc.

Se tratan de condiciones sencillas que si se cumplen podemos programar para que Adwords haga algo por nosotros. La mejor forma de que lo veas es con algunos ejemplos.

Imagina que queremos pausar las palabras clave de una campaña que tengan un volumen de búsquedas bajo y ningún clic. Podríamos hacerlo nosotros, pero ¿por qué no crear una regla para que lo haga Adwords automáticamente?

Veamos cómo se hace:

1. Seleccionamos la campaña o el grupo de anuncios y nos vamos a la pestaña "Palabras clave".

Figura 12.2

2. Pulsamos el botón "Automatizar" y seleccionaremos la opción "Detener palabras clave cuando " y luego creamos la regla.

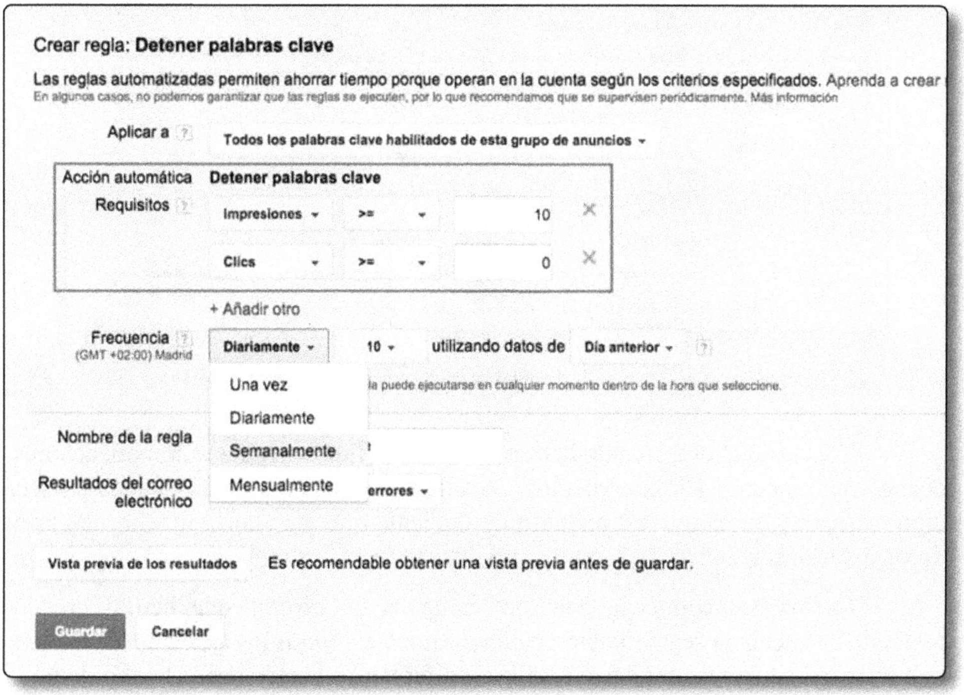

Figura 12.3

3. Definimos los requisitos de nuestra regla y la frecuencia con la que se va a efectuar, por ejemplo, semanalmente a las 00h.

4. Guardamos y listo.

Así de simple es crear una regla automatizada para que Adwords nos haga el trabajo duro. La verdad es que resulta algo muy interesante a lo que podemos sacarle bastante provecho. Existen otras reglas muy eficaces como:

▶ Pausar palabras clave o ubicaciones que no conviertan.

▶ Pausar palabras clave con costes por conversión demasiado altos.

▶ Habilitar o detener una campaña en fechas concretas.

▶ Detener anuncios con CTR muy bajo.

▶ Incrementar el presupuesto de campañas con buenas conversiones.

▶ Etc.

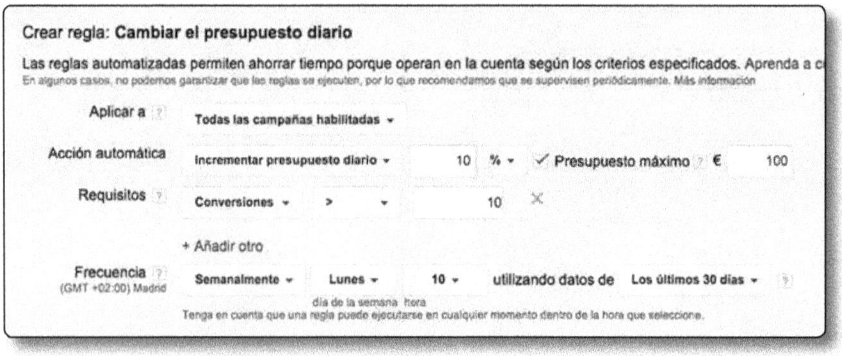

Figura 12.4

Y es justo ahora, cuando hemos visto cómo funcionan las automatizaciones, cuando quiero compartir con vosotros otro de mis trucos que quizás pueda parecer algo extraño, pero es una estrategia muy eficiente que me ahorra mucho tiempo y dolores de cabeza.

La historia comienza con una campaña de *display* que hemos creado, teniendo en cuenta la segmentación cuidadosamente y todos los aspectos, de manera que nuestros anuncios empiezan a salir en diferentes ubicaciones. Al cabo de unos días revisaremos el listado de ubicaciones para ver dónde se están mostrando los anuncios y observar qué tal van las conversiones.

De repente, nos encontraremos ubicaciones con un 100% de CTR, algo inaudito en la Red de Display, podrías pensar que es algo bueno, pero en realidad no lo es. Ten en cuenta que un CTR normal en la Red de Display ronda entre un 0,1% y un 1%, que se podría considerar un buen CTR. Así que cuando nos encontramos con ubicaciones con un CTR tan brutal, ¿qué está ocurriendo?

		Ubicación	Grupo de anuncios	Estado ?	CPC máx.	Clics ?	Impr. ?	CTR ? ↓	CPC medio ?	Coste ?
	●	issuu.com	Liberacion Somatoemocional	Campaña finalizada	0,35 €	1	1	100,00 %	0,30 €	0,30 €
	●	area-documental.com	Liberacion Somatoemocional	Campaña finalizada	0,35 €	1	1	100,00 %	0,08 €	0,08 €
	●	diariocordoba.com	Osteopatia Visceral	Campaña finalizada	0,31 €	1	1	100,00 %	0,23 €	0,23 €
	●	remediospopulares.com	Liberacion Somatoemocional	Campaña finalizada	0,35 €	1	2	50,00 %	0,34 €	0,34 €
	●	trovit.es	Liberacion Somatoemocional	Campaña finalizada	0,35 €	1	2	50,00 %	0,35 €	0,35 €
	●	bulgaria365.info	Liberacion Somatoemocional	Campaña finalizada	0,35 €	1	2	50,00 %	0,06 €	0,06 €
	●	elblogdelasalud.info	Liberacion Somatoemocional	Campaña finalizada	0,35 €	1	2	50,00 %	0,16 €	0,16 €

Figura 12.5

Mi experiencia me ha enseñado a investigar un poco más de cerca estas ubicaciones, entrando en cada sitio y observando dónde se muestran los anuncios y descubrí que en la mayoría de estas ubicaciones donde tenemos un CTR tan alto, los anuncios se muestran muy arriba, casi al principio del contenido y en otras muchas ocasiones se muestran tan bien ajustados al contenido que parecen formar parte de el mismo, y no se perciben como un *banner* publicitario.

Esto significa que son clics poco o nada productivos ya que el usuario hace un clic pensando en que es otra sección de la web o algo parecido.

Conclusión, ubicación con más de 50% de CTR y 0 conversiones no nos interesan, me atrevería a decir con más del 20%, pero puede haber excepciones, por eso es tan importante tener activado el seguimiento de conversiones.

Así que ahora, en lugar de estar entrando cada dos o tres días para vigilar y eliminar estas ubicaciones, lo que podemos hacer es una automatización como la siguiente:

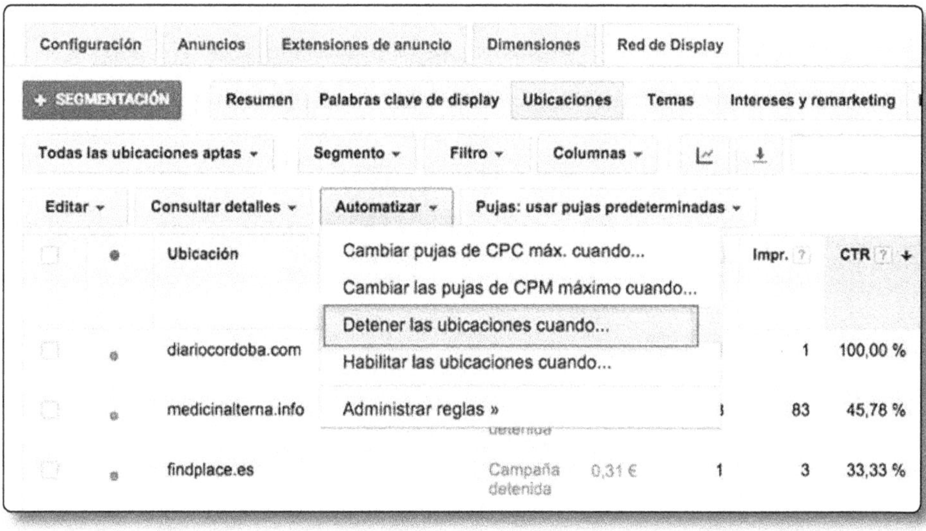

Figura 12.6

Utilizaremos la regla "Detener ubicaciones cuando…" el CTR sea mayor que 50% y las conversiones menor que 1.

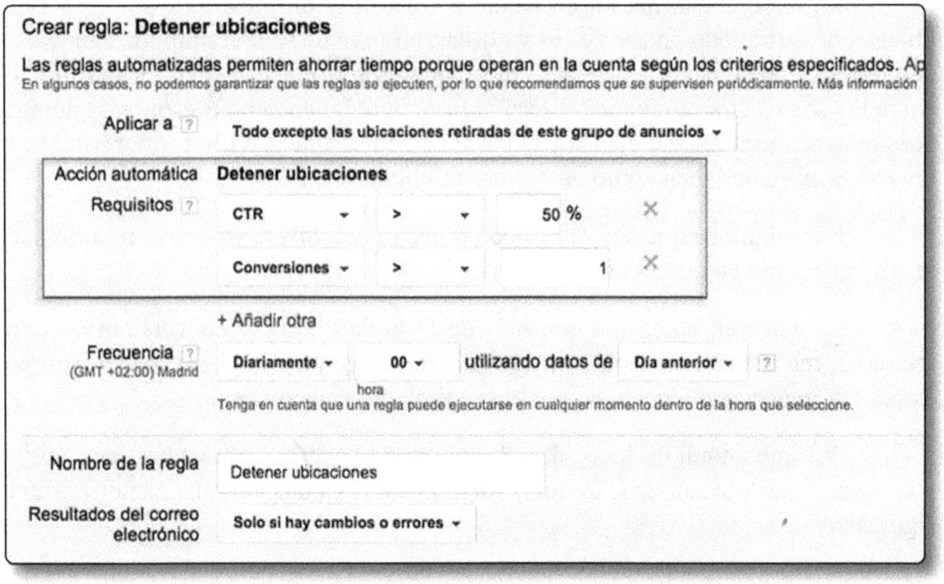

Crear regla: Detener ubicaciones

Las reglas automatizadas permiten ahorrar tiempo porque operan en la cuenta según los criterios especificados. Ap
En algunos casos, no podemos garantizar que las reglas se ejecuten, por lo que recomendamos que se supervisen periódicamente. Más información

Aplicar a ?   Todo excepto las ubicaciones retiradas de este grupo de anuncios ▾

Acción automática **Detener ubicaciones**
Requisitos ?   CTR   ▾   >   ▾   50 %   ✕

Conversiones ▾   >   ▾   1   ✕

+ Añadir otra

Frecuencia ?   Diariamente ▾   00 ▾   utilizando datos de   Día anterior ▾   ?
(GMT +02:00) Madrid
                                                    hora
Tenga en cuenta que una regla puede ejecutarse en cualquier momento dentro de la hora que seleccione.

Nombre de la regla   Detener ubicaciones

Resultados del correo
electrónico   Solo si hay cambios o errores ▾

Figura 12.7

Esta automatización te ahorrará mucho tiempo y clics poco productivos, lo cual es fantástico, aunque sí te animo a que revises algunas ubicaciones para comprobarlo por ti mismo y tomar tus propias decisiones.

Espero que estos trucos, y todos los que he compartido en este libro, te sean útiles y te ayuden a conseguir mejores resultados en tus campañas de Adwords.

13

ANUNCIOS DE VÍDEO EN YOUTUBE

Anunciar tu negocio en YouTube[49] es tan fácil como hacer una campaña en Adwords. En apenas unos minutos podemos configurarla y ponerla *online* para empezar a tener espectadores. Es algo increíble.

Por si aún no lo sabes, YouTube es el 2º buscador más utilizado en el mundo y pertenece a Google desde 2006. Pero todavía hay más: es la 3ª web más visitada en internet y tiene aproximadamente 1 billón de visitantes únicos cada mes.

No hace falta que te diga las virtudes de esta red social, pero solo te contaré un dato más que es muy significativo: según un estudio de Nielsen, YouTube llega a más adultos de Estados Unidos entre 18 y 24 años que ningún canal de televisión por cable, y estos números siguen creciendo.

YouTube se ha convertido en el lugar donde todo el mundo ve y comparte vídeos, es una auténtica revolución, pero lo mejor de todo, es que podemos anunciarnos justo ahí y además con la capacidad de poder segmentar nuestra audiencia a nuestro capricho y con varios tipos de anuncios que ahora veremos.

Lo primero que necesitamos para crear nuestra campaña en YouTube es un anuncio de vídeo, lógicamente. Este deberá ser un *spot* creado para tu público objetivo y que deberá tener ciertos requisitos, no de manera obligatoria, sino para que obtenga mejores resultados en YouTube.

A la hora de crear tu spot para YouTube, debes tener en cuenta la duración y tu audiencia. La duración está relacionada con el tipo de anuncio que vayamos

---

49   *https://www.youtube.com/yt/advertise/es/*

a promocionar y la capacidad de retención de tu audiencia. Si tienes un canal en YouTube, puedes ver estos datos en YouTube Analytics de tu canal.

Figura 13.1

Aquí podrás observar la media de tiempo que se ven tus vídeos y nos ayuda a tenerlo muy en cuenta a la hora de crear un spot. En el caso de este vídeo, puedes ves que a partir del minuto 2 aproximadamente, la retención empieza a bajar, esto significa que tu audiencia abandona el vídeo y no lo ve completo.

Los *spots* publicitarios estándar de televisión suelen durar entre 20 y 30 segundos y no solo por razones de presupuesto sino porque se han realizado estudios que demuestran que es la duración adecuada para un mensaje publicitario. En cualquier caso no vamos a entrar en estudios neurocientíficos ni mucho menos, simplemente tener en cuenta esto a la hora de crear nuestro vídeo publicitario.

Otra cosa muy recomendable a tener en cuenta en la creación de tu *spot*, es que sea capaz de enganchar a tu audiencia en los primeros segundos o al menos dejar bien claro el mensaje o marca para que si el usuario decide "Saltar el Anuncio", por lo menos, haya captado la idea, el mensaje o nuestra marca.

13.1 TIPOS DE ANUNCIO DE VÍDEO

Actualmente hay disponibles dos tipos de anuncios de vídeo en YouTube: anuncios TrueView In-Stream y TrueView In-Display.

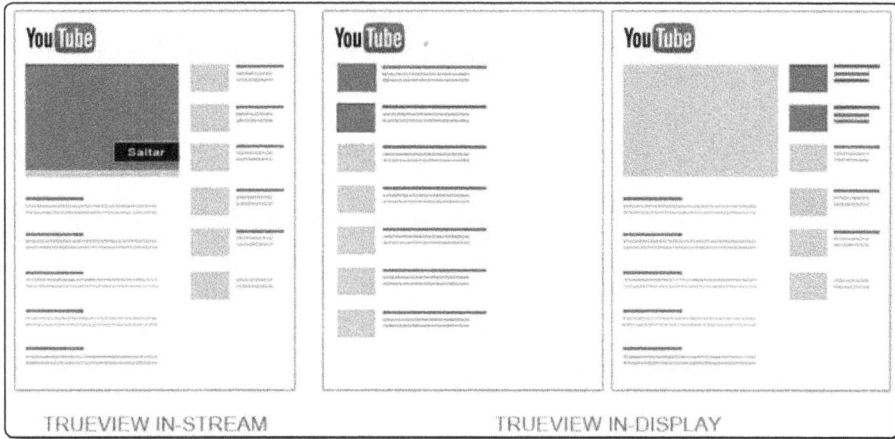

Figura 13.2

Reitero actualmente, pues será hasta que Google realice otro cambio, cosa bastante probable que nos hace la vida un poco más complicada a los que nos dedicamos a escribir libros y guías de Adwords. Dicho esto, y antes de meternos en los diferentes anuncios TrueView, quiero recordarte que *youtube.com* también es una ubicación disponible en la Red de Display de Google, por lo que si te interesa mostrar tus *banners* ahí, puede hacerlo. De hecho es muy utilizado.

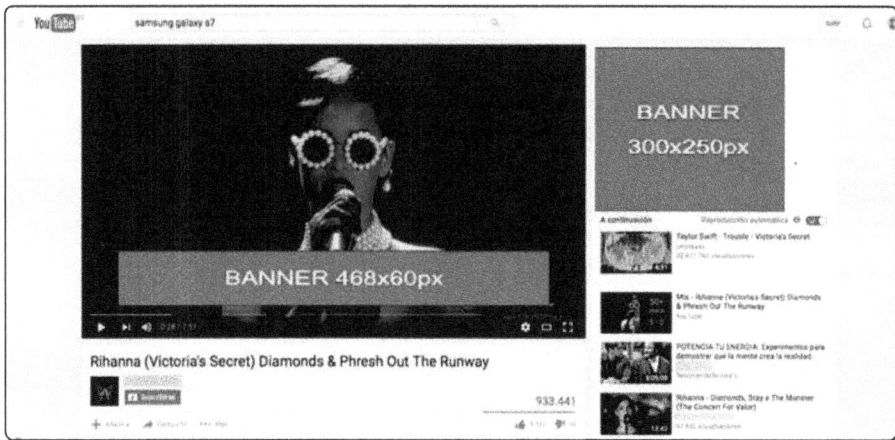

Figura 13.3

Para poner tus *banners* en YouTube, lo único que tienes que hacer es crear un par de *banners* (300x250px - 468x60px) y crear un grupo de anuncios en tu campaña de *display* con la segmentación que más te convenga y la ubicación *youtube.com*. Así de sencillo.

Pero volvamos a lo interesante, a los tipos de anuncio TrueView que son los que van a interactuar en la red de YouTube y nos van a permitir estar presentes con nuestros vídeos delante de nuestra audiencia ideal, como si se tratara de un *spot* publicitario de TV.

13.1.1 TrueView In-Stream

Este formato permite que se reproduzca nuestro spot dentro de otros vídeos que están en YouTube. Estos anuncios también pueden verse en vídeos que están incrustados en otros sitios web y *apps*. También aparecen en las aplicaciones de YouTube para Android e iOS y Smart TVs.

La particularidad de este formato es que los usuarios pueden decidir saltar el anuncio pasados 5 segundos lo que implica que no pagaremos por esa vista. En realidad con el formato TrueView In-Stream, solo pagaremos si un usuario ve 30 segundos de nuestro *spot*, o lo ve completo, en el caso que dure menos de 30 segundos.

Por ejemplo, si nuestro spot dura 28 segundos y un usuario hace clic en "Saltar anuncios" a los 20 segundos, no nos habrá costado nada.

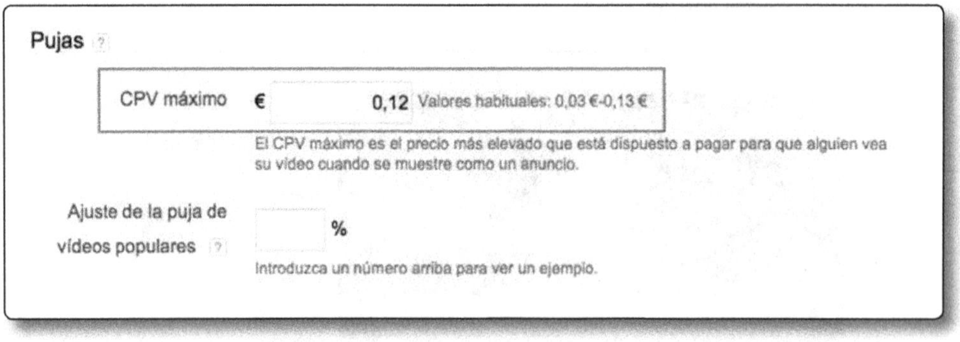

Pujas ?

| CPV máximo | € | 0,12 | Valores habituales: 0,03 €-0,13 € |

El CPV máximo es el precio más elevado que está dispuesto a pagar para que alguien vea su vídeo cuando se muestre como un anuncio.

Ajuste de la puja de vídeos populares ?   %

Introduzca un número arriba para ver un ejemplo.

Figura 13.4

En nuestro anuncio In-Stream podemos incluir interacciones como clics para ir a nuestra web, CTAs (*Call to actions overlays*), *cards* y un *banner* complementario de 300x60px que puede aparecer justo al lado del vídeo. Los clics en estos elementos se contarán como una vista o CPV.

En este formato nos encontramos con la forma de pago de *Cost per View* (CPV), para referirnos al coste por cada usuario que ha visionado nuestro *spot*. Algo a lo que le debes prestar atención es que estos costes son muy bajos, de momento, así que puedes aprovecharlo mientras esto siga así. El inventario de anunciantes de YouTube todavía no está al 100%, por lo que hay menos competencia y esto reduce los costes.

13.1.2 TrueView In-Display

Este formato se puede parecer un poco más a lo que ya conocemos, pues mostrará nuestros vídeos como parte de resultado de las búsquedas en YouTube y en los vídeos relacionados a la derecha de otros vídeos.

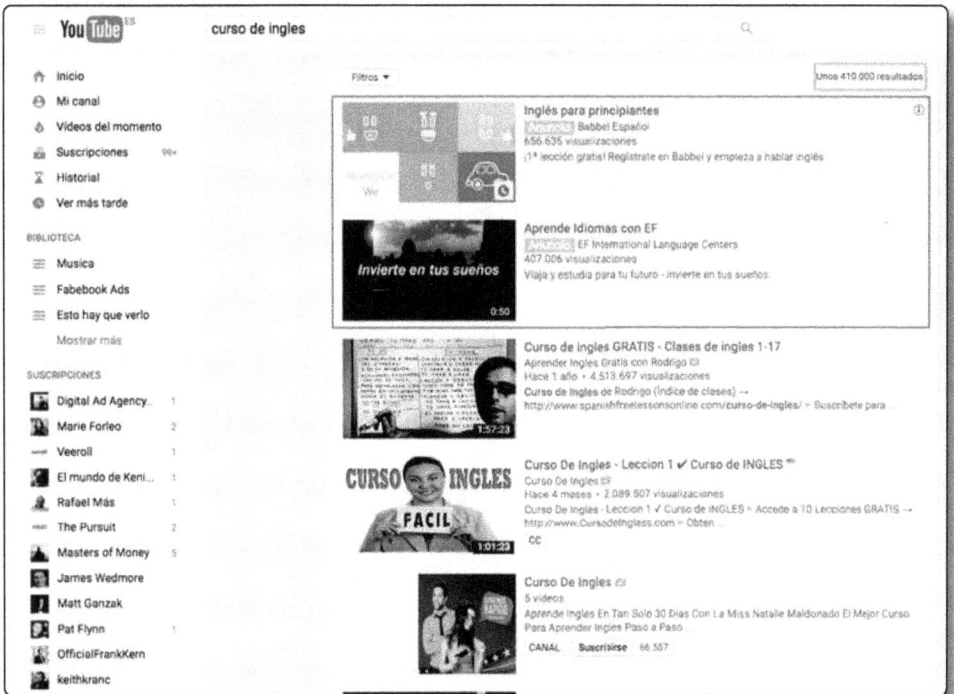

Figura 13.5

Ten en cuenta que YouTube es también un buscador de vídeos y podemos aprovecharlo para posicionar y promocionar los nuestros.

13.2 VAMOS A CREAR UNA CAMPAÑA TRUEVIEW

Antes de comenzar un par de cosas:

1. Tipo de campaña de vídeo.

2. Nuestro spot publicitario debe estar publicado en YouTube.

3. Deberemos habilitar las métricas de vídeo en nuestros informes.

4. Cada grupo de anuncios nos permite un formato (In-Stream / In-Display).

Tenemos un *spot* publicitario de nuestro negocio y vamos a crear una campaña de vídeo para crear un anuncio TrueView In-Stream, verás que sencillo.

Lo primero es crear nuestra campaña y elegimos el tipo de campaña de "Vídeo":

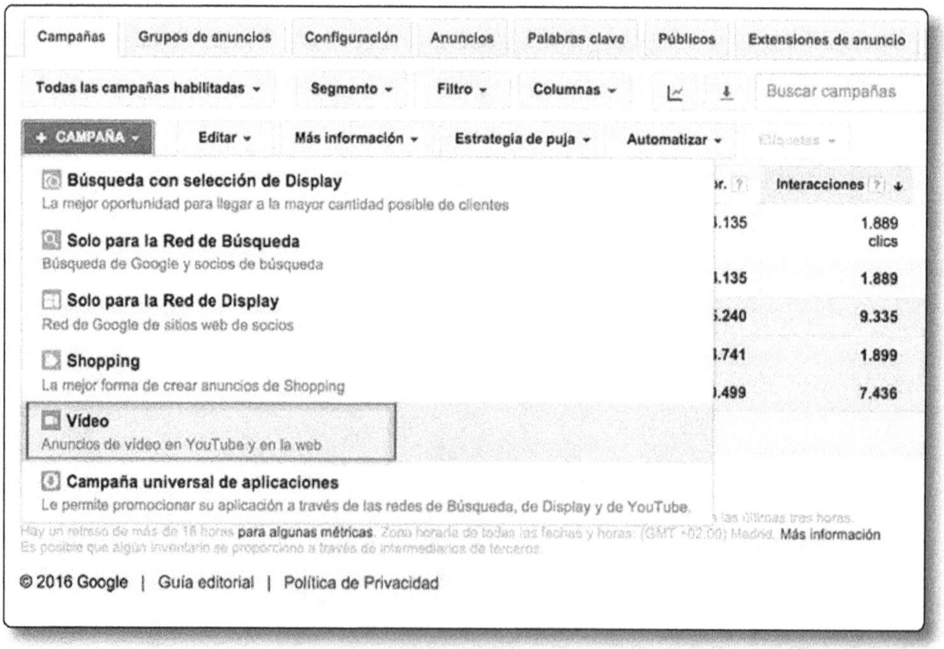

Figura 13.6

La nombramos y le asignamos el presupuesto diario.

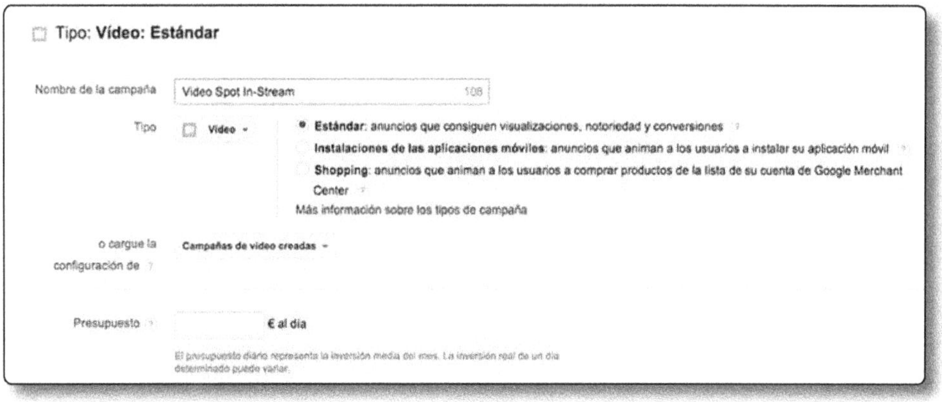

Figura 13.7

A continuación elegimos la red, pero esta vez, dentro de YouTube:

Figura 13.8

Esta vez elegimos "Vídeos de YouTube" porque queremos que nuestro *spot* aparezca dentro de otros vídeos. Podemos seleccionar las tres redes si así lo deseamos. Si quieres que tu vídeo aparezca en las búsquedas, selecciona la opción "Búsqueda en YouTube".

A continuación elegiremos la ubicación como vimos anteriormente, idioma, dispositivos y en la configuración avanzada, podremos programar nuestros anuncios como lo hacemos en cualquier campaña. Luego en la publicación de anuncios tenemos que tener en cuenta la limitación de frecuencia y las exclusiones de contenido.

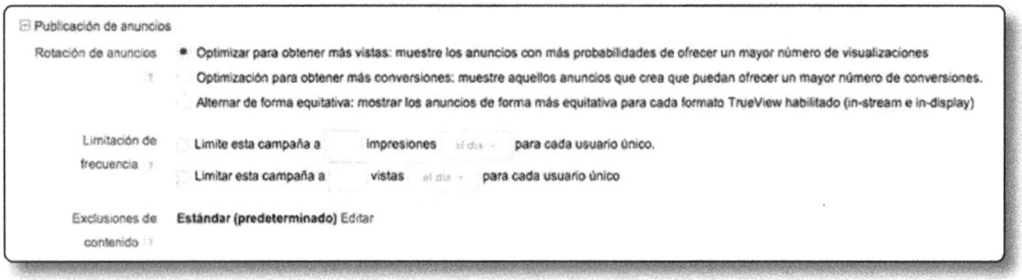

Figura 13.9

Ten en cuenta que las impresiones al día por cada usuario son las veces que se van a mostrar nuestros anuncios para cada usuario único. Sin embargo, las vistas son las veces que nuestros anuncios se verán completos, por lo que debes limitarlo para no gastar tu presupuesto en los mismos usuarios. Por ejemplo, limita las impresiones a diez y las vistas a dos.

En las exclusiones de contenido podemos controlar dónde se van a mostrar nuestros anuncios y el tipo de temáticas que queremos evitar. Es recomendable excluir los vídeos insertados, juegos y vídeos en directo, para no malgastar tráfico.

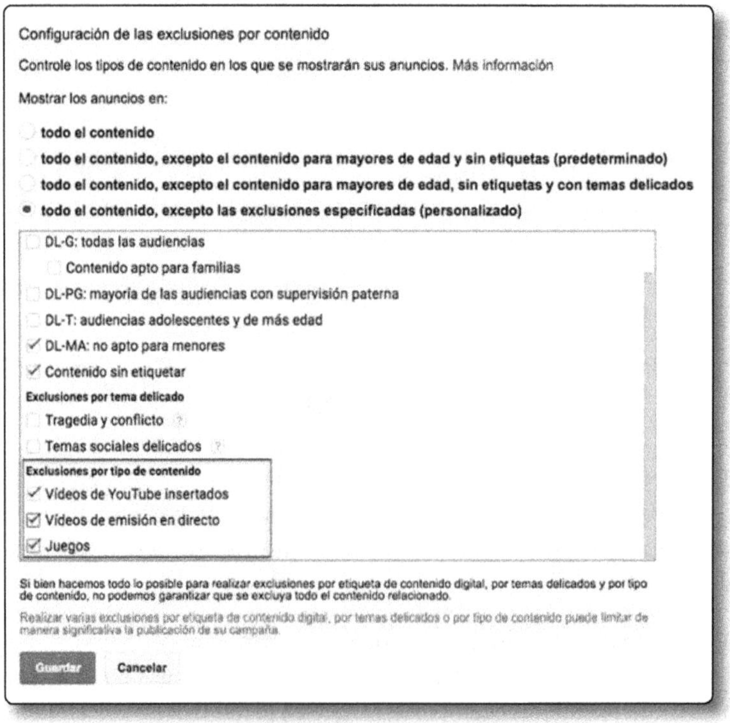

Figura 13.10

Continuamos creando nuestro primer grupo de anuncios, donde Adwords nos pedirá el nombre del grupo y la URL del vídeo en YouTube, que podemos copiar directamente o buscar ahí mismo.

Anuncio de vídeo

Tu video de YouTube   https://www.youtube.com/watch?v=eVDpFpbYzQA

Busque un video o pegue la URL de YouTube.

Figura 13.11

Una vez haya encontrado el vídeo, nos lo muestra y nos pide el formato del anuncio:

13.2.1 Anuncio de vídeo In-Display

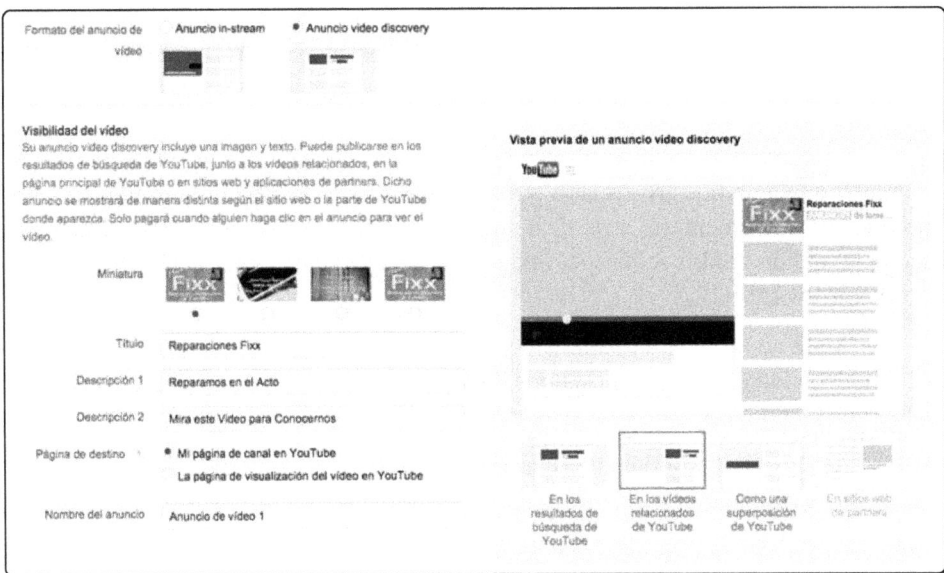

Figura 13.12

Como puede ver tenemos todas las opciones, podemos elegir la imagen miniatura y redactar el texto que se mostrará en los vídeos relacionados. Puedes elegir que cuando un usuario haga clic vaya a tu canal de YouTube o a la página de visualización del vídeo.

13.2.2 Anuncio de vídeo In-Stream

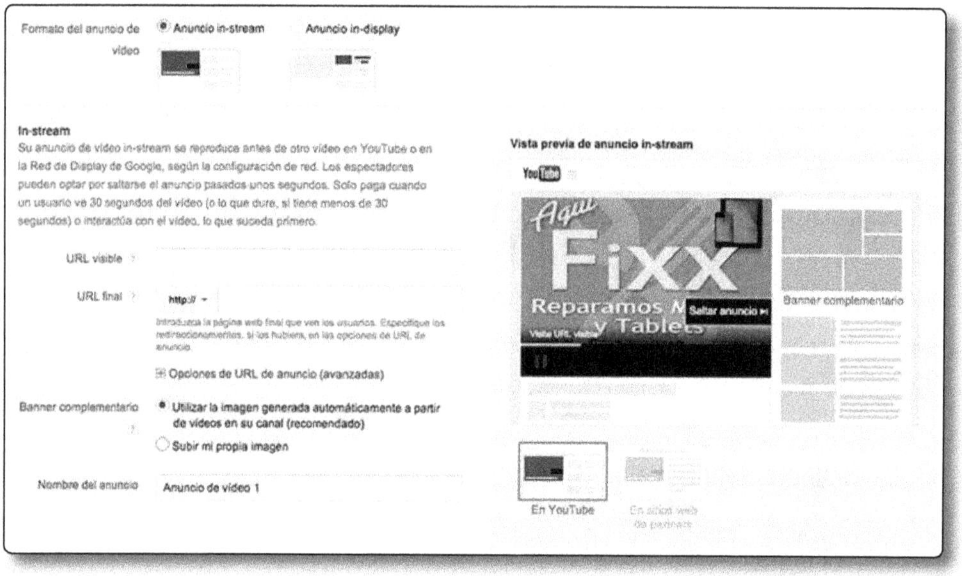

Figura 13.13

En nuestro anuncio In-Stream pondremos la URL visible y la final donde queremos enviar a nuestro usuario y luego Adwords nos genera automáticamente un *banner* complementario a partir de nuestro vídeo, pero si quieres poner el tuyo, escoge la opción "Subir mi propia imagen" y recuerda que debe ser de 300x60px y no superar los 150KB.

Ponle un nombre a tu anuncio y seguimos con la puja CPV, que son el coste por visualización máximo que estamos dispuestos a pagar por cada anuncio de vídeo que se vea completo.

Puedes ver como las pujas recomendadas por Adwords para YouTube son bajas y eso es genial.

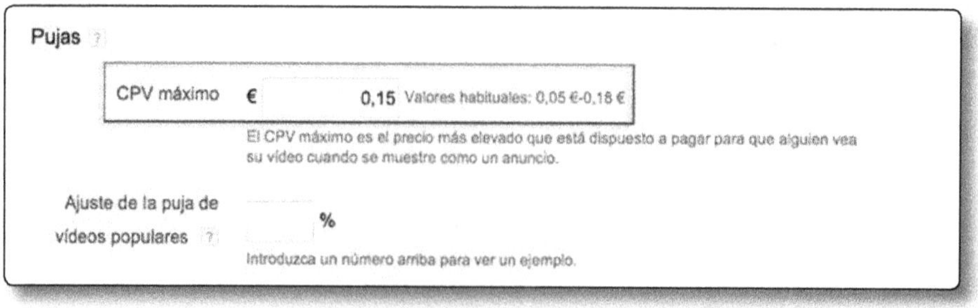

Figura 13.14

El ajuste de la puja de vídeos populares, es una opción para aumentar nuestra puja si queremos salir más en vídeos con más popularidad, yo de momento lo dejo en blanco.

Verás un recuadro a la derecha, que te va informando un poco sobre las posible visualizaciones diarias y costes teniendo en cuenta tu CPV y segmentación.

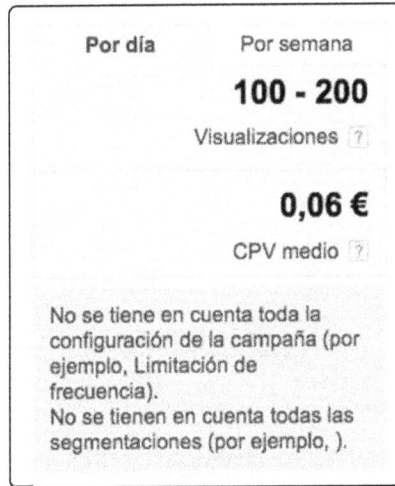

Por día	Por semana
	100 - 200
	Visualizaciones [?]
	0,06 €
	CPV medio [?]

No se tiene en cuenta toda la configuración de la campaña (por ejemplo, Limitación de frecuencia).
No se tienen en cuenta todas las segmentaciones (por ejemplo,).

Figura 13.15

Por último nos queda la segmentación, que es muy parecida a las campañas de *display* con algunas diferencias.

En YouTube podemos segmentar nuestros anuncios de vídeo por:

▼ Datos demográficos.
▼ Intereses.
▼ Temas.
▼ Palabras clave.
▼ Listas de re*marketing*.
▼ Ubicaciones (canales de YouTube, vídeos, sitios web y aplicaciones).

Las ubicaciones en este tipo de anuncios en YouTube nos permiten mostrar nuestros anuncios en determinados canales de YouTube o vídeos concretos, y esto es muy interesante porque puedes saber qué vídeos interesan a tus clientes potenciales y partir de ahí crear tu campaña.

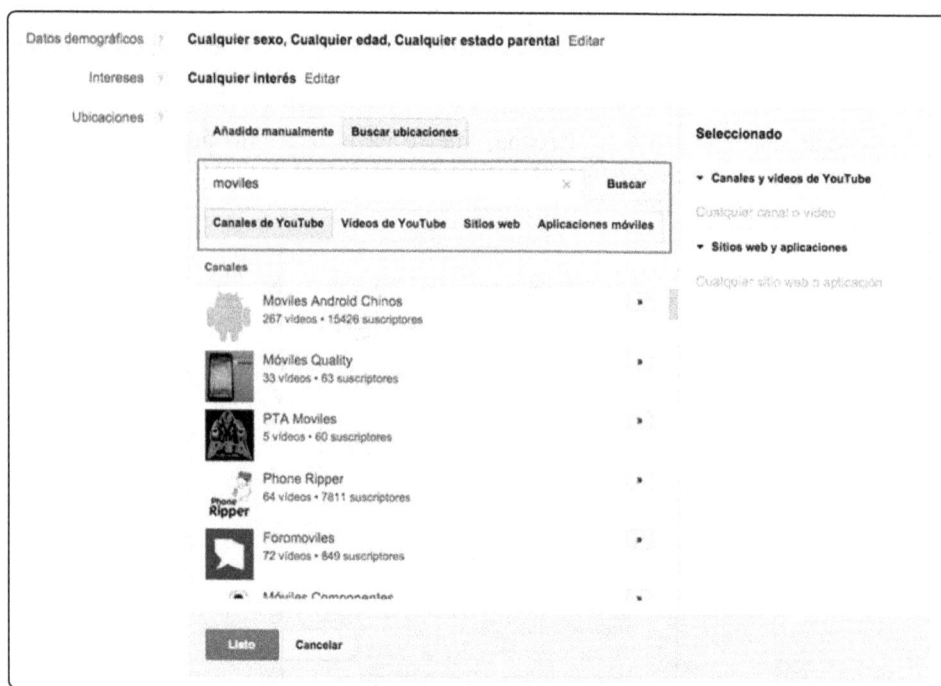

Figura 13.16

Con el *remarketing* en YouTube podemos crear listas de usuarios que hayan visto nuestros vídeos o hayan visitado nuestro canal. Para tener una lista de *remarketing* con vídeo debemos crear una lista diferente en la sección de "Públicos" en nuestra biblioteca compartida, como vimos en el capítulo 8.

Otra fórmula interesante de *remarketing* que sorprenderá a tus clientes potenciales es ofrecerles un *spot* cuando visiten YouTube. Es increíble el efecto que esto puede conseguir. Para ello puedes tener tus campañas de búsquedas o *display* habituales y ofrecerle a tu lista de *remarketing* una campaña de vídeo en YouTube. En otras palabras, debemos crear una campaña de vídeo y como segmentación utilizaremos nuestra lista de *remarketing*.

Bien, una vez hemos configurado nuestro primer grupo de anuncios, guardamos y ya tenemos listo nuestro primer *spot* publicitario en YouTube. A partir de ahora veremos una pestaña nueva en nuestra campaña de vídeo:

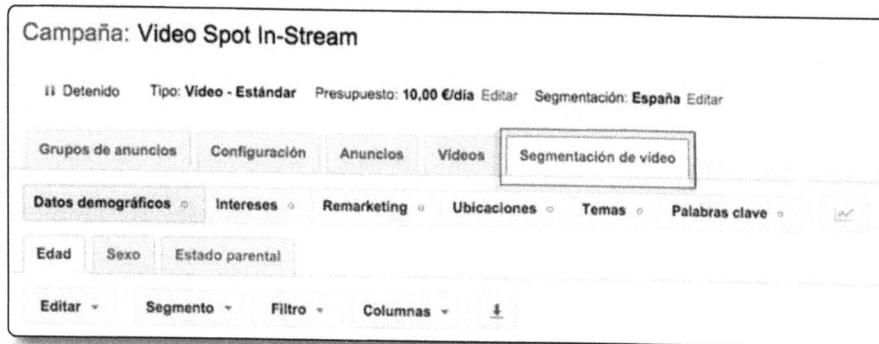

Figura 13.17

Desde aquí podemos ver los resultados de nuestra campaña, las impresiones, visualizaciones, porcentaje de visualizaciones, CPV medio, etc.

Como has podido ver, es bien sencillo poner un anuncio de vídeo en YouTube, lo más importante de todo es que tu *spot* publicitario capte la atención de tu público objetivo y haga llegar el mensaje con claridad, frescura y originalidad.

Trucos para maximizar tus anuncios de YouTube:

1. Vídeos cortos y procura que el mensaje importante este al principio.

2. Deja claro el siguiente paso a los usuarios que vean tu *spot* completo.

3. Asegúrate que tu *landing* es relevante al contenido de tu anuncio de vídeo.

4. El humor siempre funciona, pero con inteligencia.

5. Cuenta una historia con un final inesperado.

6. Haz tu vídeo interactivo con enlaces y anotaciones desde el gestor de vídeos de tu canal. Este es un buen ejemplo: *https://www.youtube.com/watch?v=4ba1BqJ4S2Mhttps*

No hace falta contratar a Spielberg para tener un buen anuncio de vídeo, solo un poco de imaginación y la capacidad de hacer llegar tu mensaje a tu audiencia. Algo que no debes olvidar es la ayuda maravillosa que te puede ofrecer de nuevo el "Planificador" de la Red de Display para tus campañas en YouTube. Para ello solo tienes que acceder como hemos visto anteriormente y filtrar tu investigación por formato de vídeo:

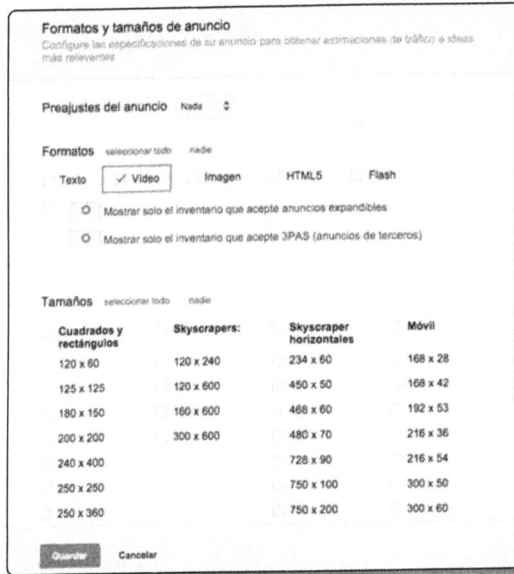

Figura 13.18

A partir de aquí, realiza tu investigación para encontrar a la mejor audiencia posible para tu campaña en YouTube. Puedes encontrar palabras clave, temas, intereses, e incluso canales de YouTube donde puedes encontrar a tu audiencia.

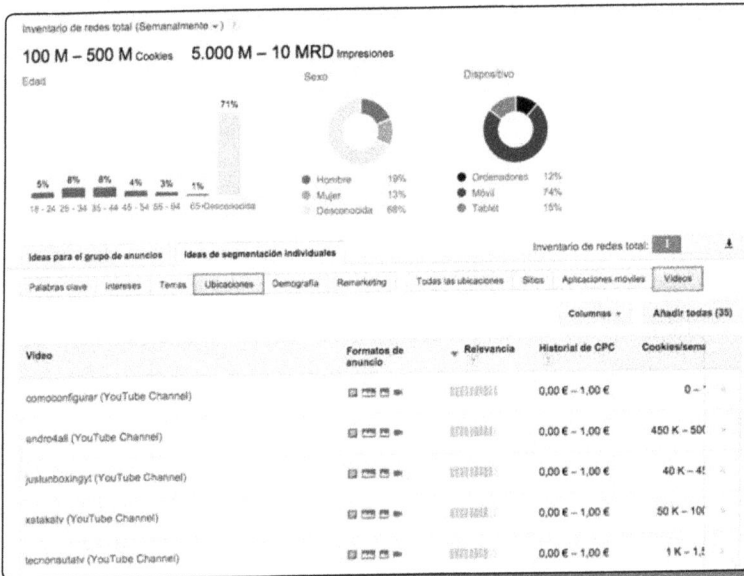

Figura 13.19

¡Ya puedes empezar a poner tu negocio en la TV del futuro!

¡Ahora te toca a ti!

Ha sido un verdadero placer haber escrito este libro y poder ayudarte con tu publicidad *online* en Google. Me sentiré satisfecho si con todo lo que hemos visto en estos 13 capítulos, has conseguido un nuevo cliente para tu negocio.

Ahora lo que toca es trabajar y estar siempre al día de las últimas innovaciones y cambios en la herramienta de Adwords, que últimamente son cada vez más frecuentes. Puedes estar al día de todo lo que está por venir en el blog oficial de Adwords aquí: *http://adwords-es.blogspot.com.es*

¡Adelante, tus nuevos clientes están esperando!

Anexo I

▼ **CPC (*Cost per Click*):** coste por cada clic en tus anuncios

▼ **CPC Máx.:** el coste máximo que estás dispuesto a pagar por cada clic.

▼ **PPC (*Pay per Click*):** modelo publicitario *online* donde el anunciante paga por cada clic de sus visitantes.

▼ **CPM (*Cost per Mile*):** modelo de publicidad de pago por cada mil impresiones.

▼ **CPA (*Cost per Acquisition*):** modelo de publicidad *online* donde el anunciante paga por cada acción especificada (una compra, alta en formulario, etc.) podemos llamarlo coste por conversión.

▼ **CPV (Coste por Visualización):** es el tipo de puja que utilizaremos en las campañas de vídeo en YouTube.

▼ **CPCM (Coste por Clic Mejorado / Avanzado):** tipo de puja que ajustará nuestro CPC para conseguir más conversiones. En inglés ECPC.

▼ **CTR (*Click Trough Rate*):** indica la eficacia de una campaña de publicidad *online*, se obtiene dividiendo los clics de un anuncio entre el número de impresiones y se expresa en tanto por ciento.

▼ **DKI (*Dynamic Keyword Insertion*):** utilidad que te permite insertar automáticamente las palabras clave de tus grupos de anuncios en el texto de tu anuncio.

▼ **GDN (*Google Display Network*):** la Red de Display de Google Adwords.

▼ **Impresiones:** el número de veces que se han mostrado tus anuncios.

▼ *Landing page* (Página de aterrizaje): página web a la que se accede después de hacer clic en nuestros anuncios.

▼ *Quality Score* (QS): una medida de calidad y relevancia relativa a nuestros anuncios, *landing page* y palabras clave. Google lo utiliza para determinar el *ranking* de nuestros anuncios.

▼ ROI (*Return on Investment*) el ratio entre lo que hemos gastado y los beneficios obtenidos.

▼ *Split Testing*: testear dos anuncios para ver cuál obtiene mejor rendimiento.

▼ Ubicaciones: página o sitio web en la Red de Display de Google, donde nuestros anuncios se muestran.

▼ URL: son las siglas de Localizador de Recurso Uniforme (en inglés *Uniform Resource Locator*), la dirección global de documentos y de otros recursos en internet. Dirección web.

ÍNDICE ALFABÉTICO